타입스크립트, 리액트, Next.js 로 배우는
실전 웹 애플리케이션 개발

타입스크립트, 리액트, Next.js로 배우는
실전 웹 애플리케이션 개발

지은이 테지마 타쿠야, 요시다 타케토, 타카바야시 요시키

펴낸이 박찬규   엮은이 최용   디자인 북누리   표지디자인 Arowa & Arowana

펴낸곳 위키북스   전화 031-955-3658, 3659   팩스 031-955-3660

주소 경기도 파주시 문발로 115, 311호(파주출판도시, 세종출판벤처타운)

가격 35,000   페이지 556   책규격 188 x 240mm

1쇄 발행 2023년 05월 30일

2쇄 발행 2024년 03월 20일

ISBN 979-11-5839-433-2 (93000)

등록번호 제406-2006-000036호   등록일자 2006년 05월 19일

홈페이지 wikibook.co.kr   전자우편 wikibook@wikibook.co.kr

TypeScript TO React/Next.js DE TSUKURU JISSEN Web APPLICATION KAIHATSU
by Takuya Tejima, Taketo Yoshida and Yoshiki Takabayashi
Copyright © 2022 Takuya Tejima, Taketo Yoshida and Yoshiki Takabayashi
All rights reserved.
Original Japanese edition published by Gijutsu-Hyoron Co., Ltd., Tokyo
This Korean language edition published by arrangement with Gijutsu-Hyoron Co., Ltd., Tokyo
in care of Tuttle-Mori Agency, Inc., Tokyo, through Botong Agency, Seoul.

타입스크립트, 리액트, Next.js로 배우는

실전 웹 애플리케이션 개발

테지마 타쿠야, 요시다 타케토, 타카바야시 요시키 지음 / 김모세 옮김

TypeScript / React / Next.js로
빠르고 견고한 모던 웹 애플리케이션 만들기

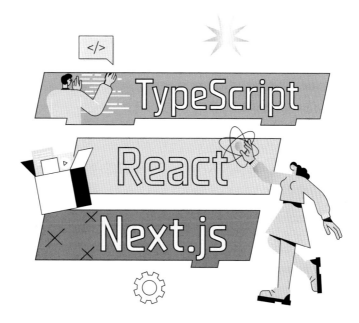

위키북스

이 책을 구입해 주셔서 감사합니다.

먼저, 제가 책을 쓰게 된 배경을 소개합니다. 저는 2014년경에 리액트(React)와 처음 만났습니다. 당시 다양한 사상을 가진 자바스크립트(JavaScript) 라이브러리들이 등장하면서, 프런트엔드 개발을 둘러싼 기술 요소는 눈이 돌아갈 정도로 변화했습니다. 저는 실무에서 처음으로 리액트를 도입했을 때 단순한 설계에서 우러나오는 좋은 개발자 경험을 느낌과 동시에, 당시에는 완전히 새로운 개념이었던 가상 DOM이나 JSX 도입 등에 대해 혁신적인 라이브러리라는 감명을 받았습니다. 그 당시 등장했던 많은 라이브러리는 지금은 이름도 찾아볼 수 없는 것들도 있지만, 리액트는 거대한 개발자 커뮤니티를 통한 지원으로 프런트엔드 개발의 중심적인 기술로써 계속 지지를 받아왔습니다.

그 후, 리액트 기반의 풀스택 프레임워크인 Next.js가 등장했습니다. 제가 Next.js를 실전에서 활용한 것은 2020년 신규 서비스 개발 프로젝트였습니다. 당시 개발 멤버들이 이 책의 공동 저자인 요시다 타케토 씨와 타카바야시 요시키 씨입니다.

개발했던 애플리케이션에서는 성능이나 검색 엔진 최적화(SEO)에 관한 요건이 강력했습니다. 그런 배경으로 우리는 서버 사이드 렌더링이나 정적 사이트 생성 기능을 가진 Next.js를 채용했습니다. 컴포넌트 설계와 실전에는 Atomic Design과 Storybook을 도입했습니다. Next.js는 프런트엔드의 구현뿐 아니라 개발 환경이나 배포도 간편하게 할 수 있게 도와줍니다. 이제까지 시간을 들여야 했던 번잡한 작업이 사라지므로 좀 더 효율적인 개발 경험을 얻을 수 있었습니다. 결과적으로 확장성이 높고, 성능도 뛰어난 서비스를 빠른 시간에 릴리스할 수 있었습니다.

이 프로젝트에서의 경험을 통해 습득한 타입스크립트(TypeScript)와 Next.js 등의 기술 요소와 컴포넌트 지향 설계 방법은, 이제는 우리에게 웹 애플리케이션 개발을 효율적으로 진행하는 데 강력한 무기가 되었습니다.

2021년 이 실무 경험을 통해 얻은 개발 방법을 기반으로 더 많은 엔지니어들에게 노하우를 전하기 위해 무엇인가 할 일이 없을지 요시다 씨, 타카바야시 씨와 이야기를 나누었습니다. 그리고 리액트와 Next.js를 사용한 실무 개발 현장에서 체계적으로 학습할 수 있는 서적이 많지 않다고 판단하여 이 책을 집필하였습니다. 여러분이 Next.js의 기초를 확실히 이해할 수 있도록 설명하고 샘플 애플리케이션 개발을 통해 실무에 그대로 도움이 되는 실전적인 스킬을 몸에 익힐 수 있도록 구성했습니다.

저는 최근 해외의 여러 개발 프로젝트에도 참여하게 되었는데, 특히 리액트와 Next.js의 점유율이 점점 높아져 간다는 것을 느끼고 있습니다. 앞으로 수년 동안은 프런트엔드 개발에 관여하는 분이라면 피할 수 없는 기술이라고 생각합니다.

이 책은 여러분이 전 세계에서 동일하게 평가되고 있는 프런트엔드 스킬을 학습하는 것을 목표로 합니다. 프런트엔드 개발 영역에서 여러분이 활약하는 데 조금이나마 도움이 된다면 더없이 기쁠 것입니다.

– 저자를 대표하여, 테지마 타쿠야

이 책의 대상 독자

이 책은 리액트와 Next.js의 기초부터 시작해 실전적인 애플리케이션 개발까지 설명하며 다음과 같은 웹 프런트엔드 개발에 관여하는 분들을 대상으로 합니다.

- 리액트를 이제부터 학습하려고 하는 웹 프런트엔드 엔지니어
- 리액트를 경험한 적이 있지만, Next.js는 사용해 본 적이 없는 프런트엔드 엔지니어
- 리액트와 Next.js의 기본에 관해서는 이해하고, 좀 더 실전적인 서비스를 개발하고자 하는 프런트엔드 엔지니어

애플리케이션 개발 경험이 없는 분들도 쉽게 이해할 수 있도록 썼지만, 후반의 웹 애플리케이션 개발 부분을 이해하기 위해선 기초적인 프런트엔드 개발 지식이 필요할 수 있습니다.

이 책을 읽기 위한 사전 지식

- HTML/CSS/자바스크립트 등의 프런트엔드에 관한 초보적인 지식을 갖고 있으며, 코드 기술 방법에 관해 이해하고 있다.
- 커맨드라인에 관한 기초적인 지식을 갖고 있다.

위 항목에 관해 자신이 없는 분은 다른 책이나 인터넷 등을 참고해서 이해해 두는 것을 권장합니다.

이 책의 구성

이 책은 총 7장의 본편과 부록으로 구성되어 있습니다.

- **1장: Next.js와 타입스크립트를 활용한 모던 개발**

  Next.js가 필요하게 된 배경과 모던 프런트엔드 개발에 관해 설명합니다.

- **2장: 타입스크립트 기초**

  타입스크립트 기초 문법에 관해 설명합니다.

- **3장: 리액트/Next.js 기초**

  리액트와 Next.js 기본에 관해 설명합니다.

- **4장: 컴포넌트 개발**

  Atomic Design을 사용한 컴포넌트 설계와 개발 방법에 관해 설명합니다.

- **5장: 애플리케이션 개발 1 – 설계/환경 설정**

  실전적인 애플리케이션을 주제로 설계와 환경 설정에 관해 설명합니다.

- **6장: 애플리케이션 개발 2 – 구현**

  설계한 실전적인 애플리케이션의 구현에 관해 설명합니다.

- **7장: 애플리케이션 개발 3 – 릴리스와 개선**

  배포나 SEO/보안 등 Next.js 애플리케이션 릴리스에 관해 설명합니다.

- **부록**

  결제 도구, UI 스냅샷 테스트 도구, 반응형 대응, 국제화 도구 등 발전적인 내용에 관해 설명합니다.

감사의 글

이 책을 집필하면서 많은 분들의 도움을 받았습니다.

리뷰를 해 주신 우에스키 슈사쿠 씨, 테라지마 유우키 씨, 우시지마 쇼손 씨, 우에무라 소오 씨, 나카이 소오타 씨 덕분에 책의 내용이 더욱 충실해졌습니다.

특히, 우에스기 씨는 Next.js의 개발사인 버셀(Vercel)에서 활약하고 계시며, 대단히 중요한 점들을 지적해주셔서 감사와 경의를 표합니다.

그리고 여기에 이름을 적지 못한 다른 분들에게도 감사의 말씀을 전합니다.

마지막으로 집필 시작부터 끝까지 인내심을 가지고 함께 작업해 주신 기술평론사의 노다 씨께 진심으로 감사합니다.

03

리액트/Next.js 기초

04

컴포넌트 개발

05

애플리케이션 개발 1
~ 설계/환경 설정 ~

06

애플리케이션 개발 2
~ 구현 ~

07

애플리케이션 개발 3
~릴리스와 개선~

부록

Next.js의
다양한 활용

01

Next.js와 타입스크립트를 활용한
모던 개발

이 책에서 설명하는 Next.js와 타입스크립트(TypeScript)는 모던한 프런트엔드 개발이 유행하면서 함께 주목받는 기술입니다.

이 기술들은 날로 복잡해지고 규모가 커지는 오늘날의 웹 애플리케이션 개발을 지탱하며, 보다 효율적인 개발을 가능하게 합니다. 그리고 Next.js가 도입되면서 우수한 사용자 경험을 제공할 수 있게 됐습니다. 이런 이유로 최근 많은 인기를 얻고 있습니다.

이번 장에서는 Next.js와 타입스크립트의 특징과 함께, 이것들이 필요해진 이유를 설명합니다.

1.1 Next.js와 타입스크립트

Next.js[1]는 오픈 소스 웹 애플리케이션 프레임워크입니다. 웹 프런트엔드 라이브러리인 리액트(React)를 기반으로 구현 및 개발됐습니다. 서버 사이드 렌더링이나 정적 웹사이트 생성 등, 리액트[2]를 기반으로 웹 애플리케이션 개발에 편리하게 사용할 수 있는 기능을 추가했습니다. 리액트를 기반으로 하지만, 프런트엔드 뿐만 아니라 서버의 기능도 일부 갖고 있습니다.

---

1 https://nextjs.org
2 https://ko.reactjs.org/

Next.js는 리액트로 웹 애플리케이션을 만들 때 가장 인기 있는 프레임워크입니다. 리액트 공식 문서에서도 Node.js[3]로 서버 사이드 렌더링 웹사이트를 구축할 때 Next.js를 활용할 것을 권장합니다[4].

기존 리액트 애플리케이션은 모든 콘텐츠를 클라이언트 사이드인 브라우저에서 렌더링합니다. 이것은 리액트가 웹 프런트엔드 렌더링에 특화된 라이브러리이기 때문입니다. Next.js를 활용해 리액트의 기능을 서버 사이드에서 렌더링되는 애플리케이션으로 확장할 수 있습니다.

다음 그림은 전형적인 리액트 애플리케이션 구성과 Next.js를 도입했을 때의 구성이 어떻게 다른지를 나타냅니다.

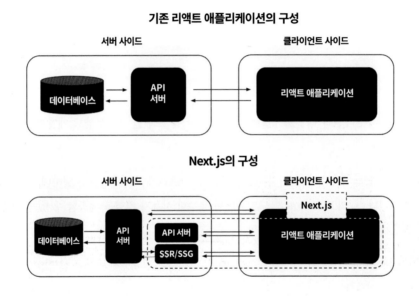

그림 1.1 Next.js의 구성

Next.js는 리액트의 기능성을 살리면서, 리액트만으로는 다룰 수 없는 영역을 포함하는 실전적인 웹 프레임워크입니다. 리액트 자체만 사용할 때보다 개발하기 쉽고, 쾌적한 사용자 경험(UX)을 제공할 수 있어 인기를 얻고 있습니다. 자세한 기능은 3.6에서 소개합니다.

Next.js의 저작권과 상표권을 소유한 버셀사[5]에서 오픈 소스 개발을 유지 및 주도하고 있습니다.

---

3 https://nodejs.org/ko/

4 https://ko.reactjs.org/docs/create-a-new-react-app.html

5 https://vercel.com/

그림 1.2 Next.js 웹사이트

타입스크립트[6]는 자바스크립트에 정적 타입 기능 등을 탑재한 프로그래밍 언어로, 마이크로소프트가 중심이 되어 개발을 추진하고 있습니다. 원래 자바스크립트를 확장한 AltJS의 하나로 등장했으며, 이 책을 쓰는 현재 시점을 기준으로 모던 프런트엔드 개발 프로그래밍 언어의 표준으로 자리 잡았습니다.

그림 1.3 타입스크립트 웹사이트

---

6 https://www.typescriptlang.org/

이 책에서는 타입스크립트로 Next.js(리액트) 웹 애플리케이션을 개발하는 방법을 소개합니다. 이 조합은 개발 효율성이 높고 우수한 사용자 경험을 실현할 수 있는 모던 프런트엔드 개발의 결정판이라고도 할 수 있습니다.

앞에서 Next.js와 타입스크립트를 활용한 모던 프런트엔드라고 소개해 왔습니다. 애초에 모던 프런트엔드 개발이 무엇일까요? 그리고 왜 필요하게 됐을까요?

현재는 웹 애플리케이션 개발에 빼놓을 수 없는 자바스크립트이지만, 원래는 지금과 같은 복잡한 용도로 사용되는 것을 가정하지 않았습니다. 그러나 기술 진화나 응용에 따라 점점 적용 범위가 넓어져, 오늘과 같이 쓰이게 됐습니다.

Next.js나 타입스크립트가 사용되는 배경을 이해하기 위해, 이번 절에서는 이제까지의 프런트엔드 기술의 변천을 살펴보고, 모던 프런트엔드 개발의 설계 사상을 소개합니다.

1.2 프런트엔드 개발의 변천

여기에서는 프런트엔드의 등장부터 모던 프런트엔드까지의 개발 역사를 살펴봅니다. 역사의 흐름에서 Next.js와 타입스크립트가 인기를 얻은 이유가 보일 것입니다.

1.2.1 자바스크립트 여명기와 제이쿼리의 인기

자바스크립트(JavaScript)의 탄생은 1995년으로 거슬러 올라갑니다. 자바스크립트는 넷스케이프 (Netscape)사가 개발한 것으로 브라우저에서 작동하는 스크립트 언어로서 등장했습니다. 같은 시기에 마이크로소프트도 윈도우에 인터넷 익스플로러를 탑재하고, 자바스크립트와 비슷한 언어인 JScript가 작동하는 브라우저를 구현했습니다. 하지만 자바스크립트와 호환되지 않는 부분이 많고, 브라우저 사이에서 작동이 달라 개발자들이 어려움을 겪는 상황이었습니다.

이런 상황에서 ECMA라는 표준화 단체에서 자바스크립트 표준을 만들기 시작했습니다. 하지만 모질라 (Mozilla, 구 Netscape), 마이크로소프트, 어도비, 야후 등 당시 웹을 주도하던 대기업의 의견이 엇갈려 표준화가 이뤄지지 못했습니다.

당시 자바스크립트의 유효한 활용 방법은 폼의 유효성 검사(validation) 정도였습니다. 그 밖의 용도에서는 과도한 애니메이션 구현이나 브라우저에 부담을 주어 브라우저 크래시를 일으키는 구현이 증가하면서 자바스크립트는 악질적인 사이트를 만들어내는 원인이 되어버렸습니다. 그리고 자바스크립트는 보안상 문제가 있다는 인식이 퍼지면서, 브라우저 설정에서 자바스크립트를 비활성화하는 것을 권장하는 목소리를 높이기도 했습니다. 시간이 지남에 따라 사람들이 받아들이게 되면서, 결과적으로 당시 자바스크립트는 프런트엔드의 겉모습을 꾸미는 정도의 보조적인 요소로만 쓰였습니다.

하지만 2005년에 구글에서 지도 서비스(Google Maps)를 출시하면서 판도가 바뀌었습니다. 구글 지도는 비동기로 HTTP 통신을 하는 Ajax를 활용해, 웹에서 인터랙티브한 애플리케이션을 구현했습니다. Ajax는 Asynchronous JavaScript and XML[7]의 약어로, 자바스크립트를 사용해 비동기로 데이터 통신을 하는 구현 방법을 나타냅니다. 페이지를 새로 고치지 않고도 필요한 부분만 서버로부터 정보를 얻어 UI를 변경하는 이 기술로 인해, 당시 웹사이트의 겉모습을 꾸미는 데만 쓰이던 자바스크립트가 다시금 주목을 끌게 됐습니다.

이 Ajax를 활용한 웹 애플리케이션 개발은 전 세계로 퍼졌으며, 지메일(Gmail) 같은 메일 애플리케이션이나 실시간성이 높은 분석 도구, SNS 구현, 게임 개발 등 다양한 개발에서 자바스크립트가 쓰이게 됐습니다.

그리고 자바스크립트를 많이 사용한 웹 애플리케이션이 보급된 것으로 2008년 크롬(Google Chrome) 브라우저의 탄생을 꼽을 수 있습니다. 크롬에는 V8[8]이라는 JIT VM 타입의 자바스크립트 엔진이 탑재되어, 자바스크립트 실행 속도를 비약적으로 높였습니다.

결과적으로 웹 애플리케이션은 브라우저 위에서 작동하는 애플리케이션으로써, 당시 건재했던 자바 애플릿(Java Applet)이나 플래시(Flash) 등으로 만든 애플리케이션에 비해서도 성능이 뒤지지 않게 됐습니다. 브라우저만 있다면 설치하지 않고 실행할 수 있는 자바스크립트를 활용한 웹 애플리케이션이 점차 보급됐습니다.

이렇게 자바스크립트는 처음부터 꼭 좋은 이미지를 가진 것은 아니었습니다. 하지만, 브라우저의 진화와 함께 다양한 획기적인 웹 애플리케이션이 탄생하고, 시대가 지나면서 사람들의 인식이 바뀌었으며, 전 세계 수많은 엔지니어들이 사용하는 인기 높은 언어로 재탄생했습니다.

■ 제이쿼리의 전성기

Ajax의 충격 이후, 웹 애플리케이션의 진화가 계속됩니다. 기존보다 많은 기능을 가진 애플리케이션으로 RIA(Rich Internet Application)이라 불리는 클라이언트 사이드의 구현으로서 Ajax나 고도의 DOM 조작이 요구됐습니다.

---

7 실제로는 XML이 아니라 JSON을 일반적으로 사용합니다.

8 https://v8.dev/

문서 객체 모델(DOM: Document Object Model)은 브라우저가 HTML을 해석할 때 생성되는 트리 구조의 객체 모델입니다. 브라우저에서는 DOM의 각 노드를 조작하기 위한 API를 제공하며, 자바스크립트를 사용해 이를 조작해 동적으로 UI를 변경할 수 있게 됐습니다.

자바스크립트를 사용한 대규모 애플리케이션 개발의 수요는 계속 늘어났으며, 개발 현장에서는 자바스크립트로 애플리케이션을 개발하는 프런트엔드 엔지니어를 채용하는 기업도 많아졌습니다.

2014년경에 모질라(Mozilla), 마이크로소프트, 애플, 구글 등 거대 브라우저 벤더들의 최신 웹 표준 구현 및 작동 속도 경쟁이 치열해졌습니다. 제2차 브라우저 전쟁이라 불리며, 각 브라우저 벤더가 독자적으로 구현을 계속해 자바스크립트 엔진과 렌더링 엔진의 작동에 많은 차이가 발생했습니다. 그리고 이와 함께 아이폰이나 안드로이드 등 모바일용 단말기도 웹 브라우저의 기능을 함께 제공하면서 급속하게 보급됐습니다.

각 벤더에서 제공하는 브라우저의 성능이나 기능이 진화하는 것은 좋은 일이지만, 일반 사용자가 사용하는 단말기의 브라우저가 다양해짐에 따라 프런트엔드 엔지니어가 개발에 대응할 부분이 많아졌습니다. 웹 애플리케이션을 개발하려면 각 브라우저의 작동을 이해하고, 테스트와 수정에 상당한 시간을 들여야 했습니다. 그래서 당시 브라우저 사이의 작동의 차이를 어느 정도 고려해 코드를 작성할 수 있는 자바스크립트 라이브러리인 제이쿼리(jQuery)[9]가 유행했습니다. 예를 들어, 자바스크립트로 Ajax나 DOM의 이벤트 조작 등을 코드로 작성할 때 크로스 브라우저 호환을 고려해 많은 조건 분기를 사용해 코드가 불필요하게 길어졌는데, 그런 경우에도 제이쿼리를 사용하면 간결하게 코드를 작성할 수 있습니다.

당시 제이쿼리는 다음과 같은 점에서 획기적이었습니다.

- 크로스 브라우저 호환을 구현할 수 있다
- DOM을 간결하게 조작할 수 있다
- 애니메이션을 간결하게 구현할 수 있다
- jQuery UI 등 주변 라이브러리가 풍부하다

풍부한 웹 애플리케이션에 자주 사용되는 대화 상자(dialog)나 폼의 구현 등을 간략하게 구현할 수 있는 패키지가 제공되어, 당시 많은 프런트엔드 엔지니어가 제이쿼리를 무조건 사용할 정도로 널리 보급됐습니다.

---

[9] https://jquery.com/

■ **제이쿼리의 인기 하락**

제이쿼리의 전성기 이후로 프런트엔드의 요건은 점점 복잡해졌습니다. 이런 흐름 가운데, 제이쿼리는 점차 자취를 감췄습니다. 그때까지 유행하던 제이쿼리가 사용되지 않게 된 이유는 다음과 같습니다.

- 글로벌 스코프를 오염시킨다.
- DOM 조작 구현이 복잡해지기 쉽다.
- 라우팅(routing) 등, 여러 페이지의 웹 애플리케이션을 구현하는 구조가 없다.
- 브라우저의 표준화로 작동의 차이가 점점 눈에 띄지 않아, 브라우저 호환 코드가 필요하지 않게 됐다.

제이쿼리를 사용하는 대규모 애플리케이션 개발에서 자바스크립트의 글로벌 스코프가 오염되는 점이 특히 큰 문제였습니다. 이것은 모던한 프런트엔드 개발의 축이 되는 SPA나 컴포넌트 지향 사고방식과 잘 맞지 않습니다.

이런 배경으로 제이쿼리는 점점 쓰이지 않게 됐습니다. 웹사이트 제작 애니메이션을 만드는 자바스크립트 구현으로서는 아직 쓰이지만, 대규모 웹 애플리케이션 개발에 제이쿼리를 활용하는 사례는 줄어들고 있습니다.

1.2.2 SPA의 등장과 MVC/MVVM 프레임워크

싱글 페이지 애플리케이션(SPA: Single Page Application)이란 기동 시에 한 차례 HTML 전체를 로드하고, 이후에는 사용자 인터랙션에 맞춰 Ajax로 정보를 얻고, 동적으로 페이지를 업데이트하는 웹 애플리케이션을 말합니다.

SPA는 기존의 HTML 전체를 페이지 이동 시마다 로딩하는 방법보다 빠르게 UI의 작동을 실현할 수 있습니다. 네이티브 애플리케이션처럼 부드러운 사용자 경험을 제공할 수 있어, 현재는 많은 웹 애플리케이션이 SPA로 구현돼 있습니다.

브라우저의 URL을 지정해 서버로부터 콘텐츠를 반환하는 기존 방식이 아니라, SPA에서는 페이지 이동을 클라이언트 사이드에서 수행합니다. 이때 Ajax를 사용해, 필요할 때 필요한 부분만 데이터를 얻어 뷰(View)를 표시하므로 오버헤드가 줄어듭니다.

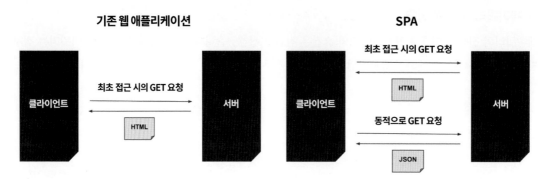

그림 1.4 기존 웹 애플리케이션과 SPA

SPA가 유행하면서 서버 사이드의 구현도 바뀌었습니다.

SPA 이전에는 자바 스트럿츠(Struts)[10]나 루비 온 레일즈(Ruby on Rails) 등 서버 사이드의 MVC 프레임워크가 제공하는 뷰 기능을 활용해 일반적으로 UI를 구현했습니다. 이 형식에서는 서버 사이드가 뷰(HTML 생성)까지 담당하고, HTML 전체를 클라이언트 사이드에 전달합니다.

SPA가 등장함에 따라 JSON 형식의 API가 서버 사이드와 프런트엔드의 연결을 담당하는 설계가 보급됐습니다. 서버 사이드는 JSON을 클라이언트 사이드에 전달하고, 그 JSON에 기반해 클라이언트 사이드는 뷰를 만듭니다. HTML 전체를 전달하는 것에 비해, JSON을 전달하면 뷰를 부분적으로 빠르게 업데이트할 수 있다는 장점이 있습니다.

웹 프레임워크 스타일	프런트엔드의 역할	서버 사이드의 역할
Rails 등의 스타일(SPA 이전)	보조적/한정적	MVC 전부를 담당. HTML 생성까지 담당.
리액트 등의 SPA	뷰 생성 등 큰 역할을 담당.	간단한 구현을 선호. JSON을 반환.

웹 애플리케이션에서는 뷰의 로직이 복잡해지기 쉬운데, 서버 사이드 로직과 프런트엔드 로직을 분리하기 쉬운 JSON API 형식으로 구현하면 느슨한 결합을 구현하기 쉽습니다. 또한 프런트엔드(클라이언트 사이드)와 서버 사이에서의 담당자의 역할 분담도 쉽다는 장점이 있습니다.

그리고 JSON API를 사용하면 SPA로 만들어진 웹 애플리케이션 이외에도 클라이언트 애플리케이션으로써 iOS나 안드로이드 네이티브 애플리케이션도 구현할 때 동일하게 구성할 수 있습니다. 서버 사이드는 웹 애

---

10 https://struts.apache.org/

플리케이션용처럼 API만 제공하면, 같은 아키텍처에서 제품을 개발할 수 있습니다.

SPA를 도입하는 장점은 다음과 같습니다.

- 고성능의 애플리케이션을 제공할 수 있다
- 서버 사이드 엔지니어와 프런트엔드 엔지니어의 분업이 쉬워진다
- JSON API를 통해 느슨한 결합의 설계를 할 수 있다
- iOS나 안드로이드 등 네이티브 애플리케이션 클라이언트에 대해서도 API를 통한 느슨한 결합의 시스템을 구성해 대응할 수 있다

한편, 다음과 같은 단점도 있습니다.

- 자바스크립트 읽기와 렌더링이 발생하며, 이에 대한 대책이 없으면 초기 표시에 다소 시간이 걸린다(Next.js에서는 해결됨. 3.7절 참조)
- 프런트엔드 학습 비용이 높다
- 프런트엔드 코드양이 많아진다
- 경험이 풍부한 사람을 채용하기 어렵다

위와 같은 단점이 있으므로 무조건 SPA가 우수하다고는 말할 수 없습니다. 애플리케이션이나 팀의 특성에 맞춰 기술적 접근 방식을 선택해야 합니다.

SPA는 다음과 같은 기술 요소로 구성됩니다.

- URL 경로와 뷰의 라우팅 관리
- 클라이언트 사이드에서의 브라우저 이력 관리를 통한 페이지 이동
- 비동기를 통한 데이터 얻기
- 뷰 렌더링
- 모듈화된 코드 관리

리액트는 이 중에서는 View와 연관된 내용에 주목한 라이브러리입니다. 따라서 React Router 같은 라우팅 기능을 가진 라이브러리를 사용해 SPA를 구현하는 것이 일반적입니다. 라우팅 라이브러리를 사용함으로써 URL마다 특정한 컴포넌트를 분류하고, 표시를 바꾸어 페이지 이동을 구현하기 위한 작동이 가능해집니다.

Next.js는 라우팅 기능을 내장하고 있으며, 그 밖에도 SPA와 같은 애플리케이션을 개발하기 위한 편리한 기능이 모여 있습니다.

▪ MVC/MVVM 자바스크립트 라이브러리 난립 시대

2009년경부터 웹 애플리케이션은 SPA를 대표로, 복잡한 요건이 요구되는 경향이 있었으며, 프런트엔드 개발의 패러다임 시프트가 일어났습니다. 제이쿼리는 점차 자취를 감추고, MVC/MVVM을 활용한 Backbone.js[11], AngularJS[12] 등 새로운 웹 애플리케이션 프레임워크, 라이브러리가 속속 나타났습니다.

이 시기 프런트엔드 개발에서 자바스크립트가 담당하는 역할은 비약적으로 확대됐습니다. 이 상황에서 프레임워크 등이 제공하는 설계 방침없이 구현을 진행하면, 매우 복잡한 레거시화로 이어지기 쉬운 코드가 만들어질 우려가 있습니다. 그래서 MVC 설계[13]라는 기존의 서버 사이드에서 보급됐던 프레임워크의 개념이 프런트엔드에도 도입됐습니다.

MVC 프레임워크로서 당시 경량으로 인기가 높았던 것이 Backbone.js였습니다[14]. MVC 모델을 도입함으로써 뷰와 모델이 직접 연동하는 것이 사라지고, 복잡해지기 쉬운 프런트엔드의 코드의 역할을 명확하게 하고, 느슨하게 결합된 구현을 실현할 수 있었습니다. 프런트엔드 프레임워크의 아키텍처가, 유지보수성이 높은 프런트엔드 개발을 지탱하는 것이라는 인식이 많아졌습니다.

---

11 https://backbonejs.org/

12 https://angularjs.org/

13 데이터 모델층(M), 사용자 인터페이스층(V), 이 두 층을 연결하는 컨트롤러층(C)로 구성되는 아키텍처.

14 Backbone.js는 데이터 바인딩과 커스텀 이벤트를 갖춘 데이터층을 담당하는 모델(Model), 배열 정보를 나타내는 컬렉션(Collection), UI를 담당하는 뷰(View)로 구성됩니다. 그리고 서버 사이드 애플리케이션과 연동하기 위한 JSON API 연동 등의 기능을 프레임워크로서 갖추고 있습니다.

Backbone.js가 유행한 뒤 MVVM 라이브러리가 난립하기 시작했습니다. MVVM이란 데이터를 관리하는 Model, 화면 표시와 관련된 View, 데이터와 표시의 가교 역할을 하는 ViewModel을 사용한 아키텍처입니다. 제이쿼리에서는 데이터 업데이트에 맞춰 DOM을 조작하는 코드를 작성해야 했습니다. MVVM에서는 모델로부터 뷰로 데이터를 연동하고, 뷰로부터 모델로 데이터의 양방향 바인딩을 수행하는 아키텍처로, DOM 조작 코드를 작성하지 않고도 데이터 변경을 반영할 수 있습니다. 그리고 UI로부터 정보 입력이 데이터와 자동으로 동기화됨에 따라 생산성이 높은 프런트엔드를 구현할 수 있습니다. 유명한 라이브러리에는 AngularJS, KnockoutJS[15], Riot.js[16], Vue.js[17]가 있습니다.

2015년경까지 프런트엔드 라이브러리가 난립하는 시기가 이어졌습니다[18]. 지금도 위에서 소개한 프레임워크 기반의 웹 애플리케이션이 스마트폰의 브라우저 안에서 당연한 듯이 작동하고 있습니다.

이 라이브러리 난립 시대에 등장한 것이 다음에 소개할 리액트입니다.

1.2.3 리액트의 등장과 컴포넌트 지향/상태 관리

리액트는 2013년에 페이스북(Facebook)이 공개한 UI 라이브러리입니다. 현재 가장 인기 있는 프런트엔드 라이브러리입니다[19].

모던 웹 애플리케이션 개발에서는 프런트엔드 코드양이 많아지고 가독성이 떨어져 유지보수하기 어려워지기 쉽습니다. 리액트는 이런 문제를 피하고 효율적으로 개발을 진행하기 위한 컴포넌트나 상태 관리 등의 설계를 기반으로 하는 사상을 적용하고 있습니다.

---

15 https://knockoutjs.com/

16 https://riot.js.org/

17 https://vuejs.org/

18 현재는 그다지 사용되지 않는 라이브러리도 여럿 존재합니다.

19 2021년 State of JS에서 보고된 사용률을 참고해서 판단했습니다. https://2021.stateofjs.com/en-US/libraries/front-end-frameworks/

그림 1.5 리액트 웹사이트

리액트를 사용함으로써 복잡한 UI나 인터랙션을 짧고 간략하게, 읽기 쉽게 작성할 수 있게 되어, 상태 관리 역시 쉬워졌습니다.

리액트의 특징으로 다음을 들 수 있습니다.

- 가상 DOM

- 선언적 UI

- 단방향 데이터 전달

- 컴포넌트 지향 / 함수 컴포넌트

- 플럭스(Flux) 아키텍처와의 친화성

리액트의 특히 획기적이었던 점은 가상 DOM과 상태 관리 설계라고 할 수 있습니다. 가상 DOM은 직접 브라우저가 가진 DOM의 API를 조작하지 않고, 노드의 변경이 있을 경우 변경 전후의 가상 DOM을 비교해서 업데이트 위치를 특정하고, 필요에 따라 이를 모아서 실제 DOM에 변경을 적용하는 발상에서 태어난 기술입니다. 성능을 향상할 수도 있으며, 테스트도 쉬워지고, 브라우저의 구현에 의존하지 않는 형태로 DOM을 삽입할 수 있어서 나중에는 서버 사이드에서의 컴포넌트 렌더링 등에 적용됐습니다.

리액트는 API를 작게 유지하는 등 학습 비용을 함부로 늘리지 않도록 설계합니다. 하지만 확실히 잘 사용하기 위해서는 JSX, 데이터 흐름에 관한 지식, 라이브러리 선정 등 많은 학습이 필요합니다. 그리고 라이브러리 고유의 이야기는 아니지만, 프런트엔드 기술의 진화에 맞춰 모듈화, 빌드, 정적 구문 확인, 테스트 등의 개발 환경 셋업도 필요합니다.

▪ 대규모용 상태 관리 Flux

컴포넌트 지향 애플리케이션을 개발하면서 애플리케이션이 복잡해지면 상태(state) 관리가 중요해집니다.

페이스북은 KnockoutJS와 AngularJS를 필두로 빠르게 보급된 MVVM 프레임워크의 양방향 데이터 바인딩(bi-directional data binding) 기능에 대해 문제를 제기했습니다. 양방향 데이터 바인딩을 활용해 애플리케이션을 개발하면 코드가 간략해지는 장점이 있지만, 지나치게 사용하면 어디의 변경이 어디에 영향을 미치는지 추적하기 어렵고, 코드의 복잡성이 높아진다는 이유였습니다.

그래서 2014년에 페이스북은 플럭스 애플리케이션 아키텍처를 제안합니다. 플럭스를 사용하면 데이터 흐름을 단방향으로 한정(uni-directional data binding)함으로써 상태를 좀 더 쉽게 관리할 수 있습니다. 다음 그림에 플럭스의 데이터 흐름의 구조를 나타냈습니다. MVC와 같은 설계상의 지침으로서 기능하며, 데이터 흐름이 단방향이라는 점이 특징입니다.

그림 1.6 플럭스 아키텍처

애플리케이션 표시를 담당하는 뷰(View)에서 필요한 상태 획득은 스토어(Store)에서 수행하는 한편, 상태 업데이트는 액션(Action)이라는 데이터를 디스패처(Dispatcher)에 전달함으로써 수행합니다. 이렇게 해서 상태 획득과 업데이트 역할을 분담합니다.

플럭스는 날로 복잡해지는 프런트엔드 개발에 큰 영향을 미쳤습니다. 현재 상태 관리 라이브러리, 프레임워크는 대부분 플럭스의 사상을 어느 정도 받아들였습니다. 현재는 플럭스를 발전적으로 계승한 리덕스(Redux)[20]라는 라이브러리가 인기를 얻고 있습니다.

---

20 https://redux.js.org/

리액트가 등장한 지 수년이 지난 지금도 인기를 유지하고 있는 이유로 가상 DOM의 발명뿐만 아니라, Flux 와 같은 '데이터 흐름'에 관한 제안도 적극적으로 있었던 것을 들 수 있습니다. 이렇게 리액트는 전 세계 프런트엔드 개발에 큰 영향을 미쳤습니다.

1.2.4 Node.js의 약진

Node.js는 서버 사이드에서 자바스크립트를 실행할 수 있는 환경입니다. 2009년에 라이언 달이 구글 크롬에 탑재된 자바스크립트 실행 엔진인 V8을 사용해서 만들었습니다. 논블로킹(non-blocking) I/O라 불리며 여러 요청을 짧은 지연으로 처리할 수 있는 성능이 주목을 받아, 현재는 전 세계 많은 기업에서 Node.js를 사용하고 있습니다.

이제까지 웹 애플리케이션에서는 웹 서버 측의 프로그램은 PHP나 자바 등의 언어로 개발하고, 프런트엔드는 자바스크립트로 개발하는 것이 일반적이었습니다. Node.js가 등장함에 따라 프런트엔드 엔지니어가 사용하는 언어를 그대로 사용해 서버 사이드를 구현할 수 있게 되어, 서버 사이드와 프런트엔드 사이의 코드 공통화도 가능하게 됐습니다. 그리고 결과적으로 인재 획득 측면에서도 장점이 됐습니다.

또한, Node.js는 그저 서버 사이드에서도 자바스크립트를 실행하는 기능에 그치지 않고, 진화를 계속하고 있습니다. CLI 도구 등 로컬에서 활용할 수 있는 도구에서도 자바스크립트 에코 시스템을 만들어냈습니다.

Node.js의 공적에는 npm이라 불리는 패키지 관리자, 패키지 시스템의 존재도 빼놓을 수 없습니다. npm[21]은 프런트엔드 개발에 패키지의 개념을 도입하고, 자바스크립트의 에코시스템을 만들어 냈습니다.

npm을 활용해 얻을 수 있는 장점은 다음과 같습니다.

- 모듈 로딩 구조
- 패키지 관리
- 빌드 시스템
- 엔지니어 채용 시 기술 스택 통일

---

[21] https://www.npmjs.com/

현재 많은 OSS가 npm을 통해 배포되고 있으며, 애플리케이션 측은 사용할 라이브러리와 버전을 package.json에 지정해서 기술하기만 하면 해당 라이브러리를 삽입할 수 있습니다. 이 구조로 인해 자바스크립트의 프로그램이 모듈이라는 단위로 분할되므로, 유지보수성이나 재사용성이 향상됩니다.

현재 프런트엔드 개발은 모듈을 import해 트랜스파일(transpile)하기 위한 빌드 시스템도 당연하게 보급됐습니다. 이 빌드 시스템을 통해 많은 모듈로 개발된 것을 하나로 압축된 자바스크립트로서 브라우저에 쉽게 로드할 수 있습니다. 또한 개발 시, 배포 시에 빌드라는 프로세스를 통해 자바스크립트 파일을 수행하므로, 개발자는 자바스크립트뿐만 아니라 다른 언어에서 기술할 수 있는 AltJS라는 발상도 생겨났습니다.

> 칼럼
> ### CommonJS와 ES 모듈
>
> 자바스크립트의 모듈화의 역사는 아직 짧고, 그 구조에 관한 논의도 계속되고 있습니다. 현재 사용되고 있는 대표적인 모듈의 사양으로 CommonJS와 ES 모듈이 있습니다. Node.js가 일찍이 채용한 CommonJS가 해결하고자 한 문제 영역은 다음과 같습니다.
>
> - 모듈 구조가 없다
> - 표준 라이브러리가 없다
> - 웹 서버와 데이터베이스와의 표준 인터페이스가 없다
> - 패키지 관리 시스템이 없다
>
> 다음은 CommonJS 모듈의 구현 예입니다. 모듈 정의에 module.exports를, 로딩에 require()를 사용합니다.
>
> ```
> // util.js 파일 정의
> module.exports.sum = (x, y) => x + y
>
> // util.js를 읽는 main.js
> const { sum } = require('./util.js')
> console.log(sum(5, 2)) // 7
> ```
>
> 한편, ES2015가 발표됐을 즈음, ES 모듈이 명세에 포함됐습니다. ES 모듈은 CommonJS와는 달리 자바스크립트 명세를 정하는 ECMA 표준화 단체가 추진하는 것으로, 공식적인 모듈 구조입니다. Internet Explorer 이외의 모던 브라우저에서는 ES 모듈을 표준으로 사용할 수 있게 됐습니다. 그리고 2019년경, Node.js에서도 ES 모듈을 표준으로 사용할 수 있게 됐습니다.
>
> ES 모듈에서는 다음과 같이 모듈 정의에 export를 사용하고, import를 사용해서 로딩합니다.

```
// util.js 파일 정의
export const sum = (x, y) => x + y

// util.js를 읽는 main.js
import { sum } from './util.js'
console.log(sum(5, 2)) // 7
```

현재는 ES 모듈을 사용하는 것이 일반적이며, CommonJS 형식으로 기술할 기회는 점점 줄어들고 있습니다.

칼럼

Deno

Deno는 JSConf EU 2018이라는 콘퍼런스에서 Node.js 창시자인 라이언 달의 강연 'Node.js에 관한 10가지 반성'에서 발표된 새로운 자바스크립트, 타입스크립트 런타임입니다.

특히 보안 부분과 npm 등의 패키지 관리 도구를 별도로 준비하지 않는 설계를 채용한 점이 Node.js와 다릅니다. Node의 앞 글자인 No와 de를 반대로 하여 붙인 이름입니다.

- 파일이나 네트워크 접근 등은 명시적으로 선언한 경우에만 허가한다
- 타입스크립트를 기본으로 사용할 수 있다
- 모듈 의존 환경인 npm과 package.json 폐지
- ES 모듈 형식으로 지정해 import를 수행하고, 실행 시 모듈 관리가 수행된다
- 실행 환경은 단일 바이너리 파일로 제공된다

그 외 Node.js와 비교해 세세한 차이가 많습니다. 자세한 내용에 관해서는 Deno 공식 사이트[22]를 참조하기 바랍니다.

이 책을 집필하는 시점에는 실험적인 요소도 많지만, 이후 Deno의 동향에 주목할 필요가 있습니다.

1.2.5 AltJS의 유행과 타입스크립트의 꾸준한 확산

AltJS는 컴파일을 통해 자바스크립트를 생성하는 프로그래밍 언어입니다. 자바스크립트는 프로그래밍 언어로서 인기가 있고 특히 프런트엔드 개발에서의 입지를 굳건히 지키고 있지만, 자바스크립트 언어 문법 등에

---

22 https://deno.land/

문제가 있다고 생각하는 개발자도 적지 않습니다. 2010년경부터 커피스크립트(CoffeeScript)[23]를 시작으로 자바스크립트가 아닌 언어로 코드를 기술하고, 그것을 자바스크립트로 컴파일하는 방식의 클로저스크립트(ClosureScript)[24]와 다트(Dart)[25] 같은 AltJS가 다수 생겨났습니다. 한 언어를 다른 언어로 컴파일하는 것을 트랜스파일이라 부릅니다.

표 1.1 AltJS의 예(이 외에도 다양함)

언어명	특징
TypeScript	마이크로소프트가 개발. 정적 타입 언어가 특징. 2장에서 설명.
CoffeeScript	코드양을 줄이는 사상의 AltJS.
ClojureScript	Clojure라는 함수형 프로그래밍 언어의 AltJS.
Dart	구글이 개발을 이끌고 있는 AltJS로서도 사용되는 언어. Flutter에서 사용된다.

타입스크립트도 AltJS의 일종이며, 현재 개발에서 점점 널리 사용되고 있습니다.

AltJS와는 다소 발상이 다르지만, 바벨(Babel)[26]이라는 도구도 주목을 받고 있습니다. ECMA가 매년 명세를 결정하면, 브라우저 벤더의 구현이 그 사양에 따라 기능을 제공할 때까지 시간이 걸려 상당히 균형이 맞지 않았습니다. 바벨은 새로운 ES6 사양의 자바스크립트 로딩, 그리고 표준 구현되지 않은 브라우저용의 ES5 형식으로 출력을 할 수 있어 자바스크립트의 최신 사양에 앞서는 도구입니다.

1.2.6 빌드 도구와 태스크 러너

빌드라는 개념은 현재의 모던 프런트엔드 개발과 뗄 수 없는 존재입니다.

빌드 시스템이란 소스 코드상에 로딩한 모듈의 의존성을 해결하고, 실행 가능한 자바스크립트 형식으로 변환하는 구조입니다. 이 구조는 자바스크립트를 사용한 서버 사이드/프런트엔드 양쪽의 개발에도 사용됩니다.

---

23 https://coffeescript.org/
24 https://clojurescript.org/
25 https://dart.dev
26 https://babeljs.io/

2012년경, Node.js, npm을 통해 서버 사이드 자바스크립트 패키지 관리가 용이하게 되고, 그 구조를 프런트엔드 개발에 가지고 오려는 움직임이 활발했습니다. RequireJS[27]나 Browserify[28] 등이 각각 AMD 형식과 CommonJS 형식의 모듈을 브라우저에서 사용할 수 있도록 한 도구로서 사용됐습니다.

자바스크립트의 트랜스파일도 보급되면서, 프런트엔드 엔지니어의 개발 환경은 복잡해지고 많은 태스크를 실행해야 하게 됐습니다.

예를 들어, AltJS의 트랜스파일, SCSS의 CSS로의 변환, 이미지 압축, 배포 등의 태스크입니다. 그래서 빌드 단계를 관리하고 실행하기 위한 태스크 러너인 Grunt[29]나 gulp[30]가 일시적으로 유행했습니다.

하지만 태스크 러너 도구 자체의 학습 비용이 있기 때문에 그 사용도가 점점 줄어들었습니다. 패키지를 관리하는 npm 스크립트를 활용한 커맨드 실행을 사용하는 방향으로 바뀌었습니다.

2015년경부터 웹팩(webpack)[31]을 시작으로 빌드 도구의 존재감이 커졌습니다. 빌드 도구는 많은 기능을 가진 프런트엔드 개발 환경을 극적으로 변화시켰습니다. 커맨드라인에서 빌드를 실행할 수 있고, 필요한 파라미터나 플러그인을 임의로 삽입할 수도 있습니다.

그림 1.7 webpack 웹사이트

27 https://requirejs.org/
28 https://browserify.org/
29 https://gruntjs.com/
30 https://gulpjs.com/
31 https://webpack.js.org/

프런트엔드 개발에서 웹팩을 활용하면 다음과 같은 장점을 얻을 수 있습니다.

- 사용하는 의존 모듈의 버전 관리와 해결을 자동화할 수 있다

- 파일 결합이나 코드 압축 등을 자동화할 수 있다

- 플러그인 메커니즘을 통해 다양하게 커스터마이즈할 수 있다

- hot report 등 개발 효율화 도구를 포함하고 있다

최근에는 ES 모듈 기반으로 라이브러리 배포 등에 사용되는 rollup.js[32]이나 Next.js에서도 채용된 고속의 러스트(Rust) 기반 SWC[33]라는 빌드 도구도 등장했습니다.

1.2.7 SSR/SSG의 필요성

앞에서 설명한 것처럼 SPA 등의 클라이언트 사이드 렌더링은 그대로 사용하면 초기 표시가 지연되는 문제가 있습니다. 이를 해결하는 데 중요한 것인 SSR/SSG입니다.

- ### SSR

서버 사이드 렌더링(SSR: Server Side Rendering)은 서버 사이드 자바스크립트 실행 환경에서 요청에 대한 페이지를 생성해서 HTML을 반환하는 것입니다[34].

리액트에서는 보통 사용자의 브라우저가 자바스크립트를 실행하고, JSON을 기반으로 페이지를 구축합니다. 그에 반해 SSR은 서버 측에서 이를 수행하고, HTML을 생성해서 반환합니다.

Node.js를 통해 서버 사이드에서 자바스크립트를 실행할 수 있는 환경이 보급되고, 리액트를 대표로 하는 프런트엔드 컴포넌트가 가상 DOM에 의해 구현 가능하게 됨에 따라, 서버 측에서 UI 컴포넌트를 렌더링해서 프런트엔드에 반환하는 구현 방법이 주목받았습니다.

SPA로 대표되는 클라이언트 사이드에서의 구현에 비해 SSR을 도입해서 얻을 수 있는 장점은 다음과 같습니다.

---

32 https://rollupjs.org/introduction/
33 https://nextjs.org/docs/advanced-features/compiler
34 가상 DOM에 기반한 프레임워크를 사용해, 가상 DOM의 렌더링을 수행한다고 생각하기 바랍니다.

- 렌더링을 서버 사이드에서 수행한 결과를 반환하므로, 사이트를 빠르게 표시할 수 있다.

- 서버 사이드에서 콘텐츠를 생성하므로, SPA에서는 복잡했던 SEO를 향상할 수 있다.

한편, 단점은 다음과 같습니다.

- Node.js 등 서버 사이드 자바스크립트 실행 환경이 필요하다.

- 서버 사이드에서 렌더링하므로 서버 CPU의 부하가 증가한다.

- 서버와 클라이언트에서 자바스크립트의 로직이 분산될 가능성이 있다.

- ## SSG

정적 사이트 생성(SSG: Static Site Generation)은 사전에 정적 파일로서 생성, 배포하는 구조입니다.

SSR에서는 서버로 접근할 때 HTML을 생성하므로, 트래픽이 많을 때는 서버의 부하에 관해 고려해야만 합니다. SSG의 개념은 SSR의 관점을 보완합니다.

예를 들어, 블로그 같은 사이트 구축을 가정한 경우 등, 포스트의 상세 페이지를 사전에 렌더링한 결과를 서버상에서 처리하지 않고, 정적 HTML 파일로서 호스팅할 수 있습니다. 그에 따라 보다 경량의 부하로 강력한 서비스를 구축할 수 있습니다.

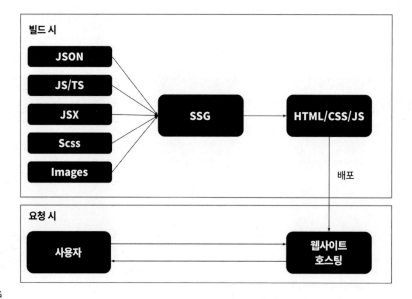

그림 1.8 SSG

단, 예를 들어 로그인하는 사용자에 따라 표시를 전환할 필요가 있는 동적 콘텐츠를 송신해야 할 때는 상성이 좋지 않으므로, 사용하는 경우에 따라 적절하게 구분해서 사용해야 합니다. SSR과 SSG를 구분해 사용하는 것에 관해서는 3.7에서도 설명합니다.

1.2.8 Next.js 등장

Next.js는 버셀(Vercel)사가 개발했으며, 리액트 기반 모던 애플리케이션을 위한 풀 스택 프레임워크입니다. 리액트의 기능에 SSR과 SSG 등의 기능을 추가해서 구현했습니다.

기존의 모던 웹 애플리케이션을 개발할 때는 리액트 기반의 React Router를 사용해, SPA로서 렌더링하는 것이 주류였습니다. Next.js에서는 애플리케이션의 특징에 맞춰 페이지의 렌더링을 서버 측에서 수행할 수 있기 때문에, SEO나 성능 측면에서도 뛰어납니다.

Next.js는 프런트엔드 엔지니어들을 고민하게 했던 복잡한 프런트엔드 개발 환경을 단순화할 수 있는 다양한 기능을 포함합니다.

- 리액트 프레임워크
- SPA/SSR/SSG의 쉬운 전환
- 간단한 페이지 라우팅
- 타입스크립트 기반
- 간단한 배포
- 낮은 학습 비용
- 웹팩 설정 은폐
- 디렉터리 기반의 자동 라우팅 기능
- 코드 분할 및 결합

다음 그림과 같이 Next.js는 리액트를 기반으로 많은 기능을 포함하고 있습니다.

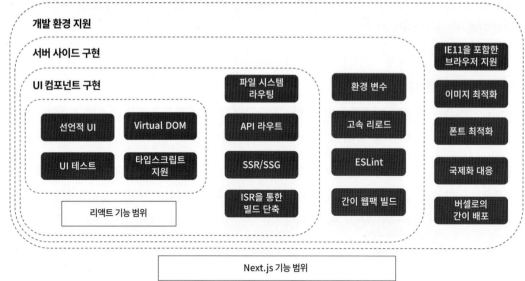

웹 애플리케이션 배포

개발 환경 지원

서버 사이드 구현

UI 컴포넌트 구현

| 선언적 UI | Virtual DOM |
| UI 테스트 | 타입스크립트 지원 |

리액트 기능 범위

파일 시스템 라우팅

API 라우트

SSR/SSG

ISR을 통한 빌드 단축

환경 변수

고속 리로드

ESLint

간이 웹팩 빌드

IE11을 포함한 브라우저 지원

이미지 최적화

폰트 최적화

국제화 대응

버셀로의 간이 배포

Next.js 기능 범위

그림 1.9 Next.js의 전체 이미지

Next.js 기능에 관해서는 3.6에서 자세하게 설명합니다.

1.3 모던 프런트엔드 개발의 설계 사상

프런트엔드 개발의 역사에서 소개한 것처럼 자바스크립트에 연관된 개발 환경은 수년 전에 비해 극적으로 변화했습니다.

이 책에서 Next.js와 타입스크립트를 활용한 모던 프런트엔드 개발을 진행하는 데 기초가 되는 설계 사상에 관해 소개합니다.

1.3.1 프런트엔드 기술의 복잡화

웹의 진화에 맞춰 네이티브 애플리케이션과 같은 기능이나 사용자 경험을 제공할 수 있게 됐습니다. 그런 배경에서 프런트엔드가 담당하는 역할이 수년 전보다도 늘어나고 있습니다. 최근의 모던 프런트엔드 개발을 하려면 다음과 같은 요소를 학습해야 합니다.

그림 1.10 모던 프런트엔드 기술 요소

이 책을 집필하는 시점에 인기 있는 것을 게재했습니다. 새로운 기술 요소가 등장할 때마다 요소는 달라집니다. 이 책에서는 위 요소 기술 중에서 특히 타입스크립트, 리액트, 아토믹 디자인, Next.js를 중심으로 다루면서 실전적인 애플리케이션 개발에 관해 설명합니다.

1.3.2 컴포넌트 지향

모던 프런트엔드 개발을 할 때는 기본이 되는 설계의 사고방식인 컴포넌트 지향에 관해 소개합니다.

컴포넌트는 '재사용 가능한 부품'을 나타내고, 컴포넌트 조합을 통해 UI를 구현하는 설계 접근 방식이 컴포넌트 지향입니다.

■ 컴포넌트 설계

모던 프런트엔드에 요구되는 스킬은, 간단히 리액트와 같은 라이브러리를 자바스크립트나 타입스크립트로 작성할 수 있다는 것뿐만 아니라, 컴포넌트 설계를 확실하게 수행할 수 있는 것도 중요합니다.

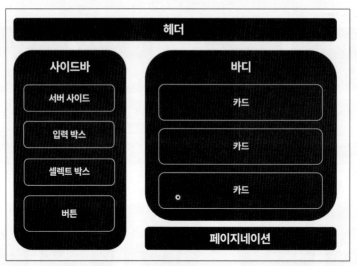

그림 1.11 전형적인 검색 결과 페이지의 컴포넌트 예

복잡한 UI를 가진 애플리케이션도 재사용 가능한 부품의 집합체라고 생각할 수 있습니다. 기본적으로는 DRY[35] 프로그래밍 원칙에 따릅니다. 컴포넌트를 설계함으로써 얻을 수 있는 장점은 다음과 같습니다.

- 부품 재사용을 쉽게 할 수 있다(느슨한 결합이 된다)

- 글로벌을 오염시키지 않는다

- 코드 가독성이 높아진다

- 테스트를 쉽게 할 수 있다

좋은 컴포넌트 설계는 어떤 것일까요? 컴포넌트는 가능한 추상적이어야 합니다. 개발하는 서비스에는 적든 많든 전문적인 비즈니스 로직과 그에 부합하는 데이터가 필요합니다. 서비스나 기능 고유의 로직을 포함하는 UI 부품의 구현해버리면, 재사용성이 낮아져 컴포넌트의 장점을 얻을 수 없습니다.

예를 들어, 소셜 연동 인증 버튼을 구현하는 것을 생각해 봅니다. 페이스북이나 트위터를 통해서 로그인하는, 자주 볼 수 있는 버튼입니다. 아이콘 옆에는 라벨이 있습니다.

---

35 Don't Repeat Yourself. 같은 의미의 코드를 반복해서 쓰지 않는다는 것으로 재사용을 촉진하기 위한 원칙.

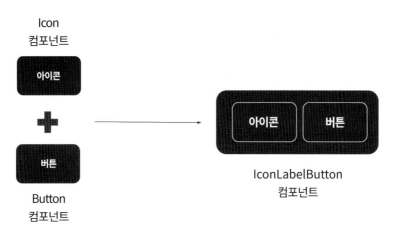

그림 1.12 IconLabelButton 컴포넌트의 예

이 컴포넌트를 구현할 때, `FacebookButton`이라는 컴포넌트로 만드는 것이 아니라, 예를 들어 `IconLabelButton`이라는 미래의 다른 소셜 연동을 지원할 때 재사용할 수 있는 형태가 바람직합니다. 각각의 종류의 인증 버튼을 각각 컴포넌트로서 작성하는 것이 아니라, 하나의 인증용 버튼을 컴포넌트로서 구현하고, 그 컴포넌트에 대해 아이콘과 라벨의 정보를 외부에서 전달해 구현하는 접근 방식을 사용합니다.

컴포넌트의 눈에 보이는 작동을 변경하기 위해서는 외부에서 그 컴포넌트에 필요한 값을 전달하거나, 컴포넌트 안의 상태를 변화시킬 수 있습니다. 가능한 컴포넌트가 사용하는 상태를 다른 컴포넌트에 의존하지 않는 형태로 구현하는 것이 중요합니다. 컴포넌트는 값을 전달할 때의 UI로의 변환기라고도 할 수 있습니다. 컴포넌트 지향으로 구현한다는 의미는, 가능한 기초적인 컴포넌트 부품을 재사용 가능한 형태로 애플리케이션의 콘텍스트에 의존하지 않는 형태로 구현하는 것을 의식합시다.

■ 컴포넌트의 상태 관리

구현에 컴포넌트를 집결시킨 애플리케이션으로 작동하게 하려면, 컴포넌트가 적절하게 데이터를 다루는 UI에 표시되어야 합니다.

해당 데이터를 컴포넌트에서 어떻게 취급하는가, 상태 관리의 기본 개념으로써 리액트의 컴포넌트가 가진 `props`와 `state`에 관해 소개합니다.

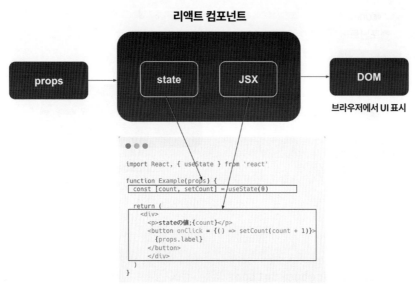

그림 1.13 리액트 컴포넌트

- props: 컴포넌트의 외부에서 받을 수 있는 값. 컴포넌트 안에서 무언가 트리거될 때 호출되는 함수도 전달할 수 있다.

- state: 컴포넌트 내부에서 저장하는 데이터. props와 달리 컴포넌트 외부에서 값을 전달할 수 없으며, 외부로부터 접근할 수 없다.

props는 단방향 데이터 흐름 구조를 갖는 것이 특징입니다. 그리고 state는 반드시 해당 컴포넌트 자신 및 그 하위의 컴포넌트에만 영향을 미칩니다.

이 원칙을 지킴으로써 데이터를 위에서 아래 방향으로 항상 전달하는 것이 약속되며, 역방향으로는 전달할 수 없으므로, 예상치 못한 부가 작용을 피할 수 있습니다. 결과적으로 느슨한 결합을 구현할 수 있습니다.

예를 들어, 다음 IconLabelButton 컴포넌트의 예를 생각해 봅니다.

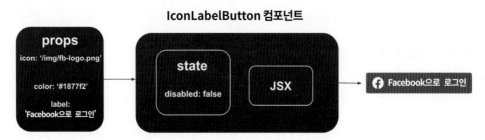

그림 1.14 IconButtonLabel 컴포넌트

소셜 연동 버튼을 만들 때, **props**의 값에 icon의 이미지, 버튼의 색상, 라벨을 전달합니다. **props**를 받은 컴포넌트는 해당 정보에 기반해 JSX로 정의한 대로 UI를 표시합니다. 버튼 클릭 후의 더블 클릭을 방지하기 위해 **disabled**라는 플래그를 **state**로서 컴포넌트 안에 상태를 저장합니다.

위 예는 간단한 것이지만, 이런 식으로 **props**와 **state**를 활용할 수 있습니다.

그리고 리액트는 컴포넌트의 **state** 값을 업데이트하려면 훅(React Hooks)이라 불리는 기능의 하나인 **useState** 함수 등을 사용해야 합니다. **useState**로 대표되는 리액트가 공개하고 있는 API를 사용함으로써, 이번 장에서 소개한 가상 DOM을 통한 렌더링 효율화가 가능합니다. 리액트 컴포넌트를 구현할 때는 이런 리액트의 규칙을 지키면서, 컴포넌트를 항상 재렌더링해도 문제가 되지 않도록 구현하는 것이 중요합니다. **useState** 등의 훅에 관한 자세한 내용은 3.5절을 참조합니다.

▪ 컴포넌트 사이의 데이터 전달

리액트에서는 위에서 설명한 것처럼 **props**를 통해 부모에서 자식 방향으로 데이터를 전달합니다. 하지만, 현실적으로 애플리케이션을 구현하면서 위에서 아래로 데이터를 보내는 **props**를 건너뛰고 컴포넌트 사이에 데이터 전달을 구현하고 싶을 때가 있습니다.

간단한 용도라면 **props**를 통해 콜백을 주고받는 방법을 사용할 수 있습니다. 부모 컴포넌트가 자식 컴포넌트에게 이벤트가 발생했을 때 호출하는 함수를 사전에 **props**로 전달해 두는 방법입니다. 예를 들어 폼 부품을 가진 부모 컴포넌트가

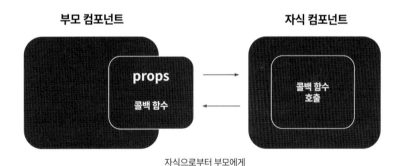

그림 1.15 자식으로부터 부모에게 콜백 함수를 통해 데이터를 전달

자식 컴포넌트인 버튼을 클릭했을 때 무언가의 함수를 실행하고 싶은 때 사용할 수 있습니다.

위의 예는 간단한 것이지만, 콜백 함수를 사용한 코드는 복잡해지기 마련입니다. 만약 UI가 업데이트되어 부모 컴포넌트와 자식 컴포넌트 사이에 또 다른 컴포넌트를 삽입해야 한다면 **props**를 2단계로 전달해야 합니다.

그렇다면 부모 자식 관계가 없는 형제 관계의 컴포넌트 사이에서의 데이터 전달은 어떻게 해야 할까요? 예를 들어 PC 버전의 채팅 애플리케이션과 같은 화면 이미지에서, 왼쪽에 채팅 스레드가 존재하고, 오른쪽에 선택한 스레드의 채팅 화면이 있다고 가정합시다. 이런 좌우 컴포넌트는 직접적인 부모 자식 관계에 있는 컴포넌트가 아니지만, 서로 데이터를 주고받아야 하는 경우가 존재합니다.

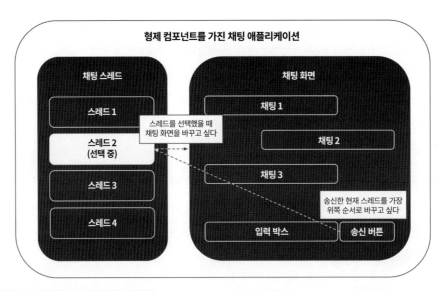

그림 1.16 형제 컴포넌트를 가진 채팅 애플리케이션

이들을 앞에서 설명한 콜백 형식으로 구현하는 경우, 형제 각각의 부모를 찾고, 톱 레벨의 컴포넌트 트리를 경유해 props의 체인으로 콜백의 비킷 릴레이(bucket relay)를 해서 구현할 수는 있습니다. 하지만 컴포넌트 트리를 경유하기 위해 관계없는 컴포넌트도 형제 컴포넌트 사이의 전달을 위해 props를 전달해야만 합니다. 결과적으로 가독성이 낮은 코드를 만들 가능성이 있습니다.

그런 문제를 해소하는 방법으로 Flux 또는 Context[36]를 사용한 2가지 접근 방식이 있습니다. 이들은 애플리케이션 안의 데이터 전달을 효율적으로 수행하기 위한 아키텍처입니다. Flux에 관해서는 이번 장에서 이미 소개했으므로 Context에 관해서 소개합니다. 그리고 이 책의 실전 애플리케이션에서는 Context를 활용한 접근 방식을 사용합니다.

예를 들어, 로그인이 필요한 애플리케이션에서는 헤더 또는 다른 위치에 컴포넌트에 관계없이 사용자 정보를 표시하고 싶을 때가 많습니다. 그리고 애플리케이션에서 표시하는 언어 설정이나 UI 테마 설정 등도 설

---

36 React는 Context를 위한 API를 제공합니다. React v16.3에서 도입됐습니다.

정한 값이 애플리케이션을 구성하는 많은 컴포넌트에 관계되는 경우도 있습니다. 이런 경우, Context를 사용하면 **props**를 경유하지 않고도 컴포넌트 사이에 데이터를 전달할 수 있습니다.

사용 방법은 먼저 공유하기 위한 데이터를 포함하는 Context를 작성하고, Provider를 통해 Context를 적용할 범위를 지정합니다. 데이터를 사용하는 컴포넌트 안에서는 **useContext**를 호출해서 값을 얻을 수 있습니다.

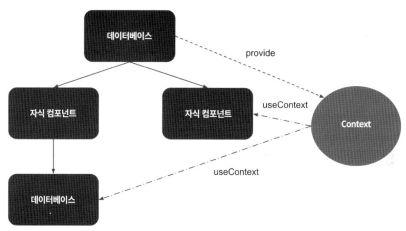

그림 1.17 Context 사용

Context를 사용하는 목적은 **props**에 따른 버킷 릴레이를 피하는 것입니다. Context는 Provider를 지정한 리액트 컴포넌트 아래의 트리에 대해 '글로벌'로 접근할 수 있는 구조이기 때문에, 너무 많이 사용하면 가독성을 떨어뜨릴 수 있습니다. **props**와 필요에 따라 구분해서 사용하는 것이 좋습니다.[37]

칼럼

Flux 라이브러리 Redux

Flux는 아키텍처의 이름이며 Redux는 Flux 아키텍처에 영향을 받은 구현(라이브러리)의 하나입니다. Redux 외에도 몇 가지 Flux 라이브러리가 존재하지만, 그중에서도 Redux의 인기가 가장 높습니다. 확장 라이브러리도 풍부하기 때문에 리액트 기반 애플리케이션에서 Flux 기반의 상태 관리를 실행할 때 권장합니다.

Flux와의 큰 차이는 Reducer라 불리는 State, Action을 받아 State 값을 변경하는 요소가 있다는 점입니다. 자세한 내용은 Redux 개발자인 댄 아브라모프(Dan Abramov)가 직접 스택오버플로(stackoverflow)[37] 답변으로 설명했습니다. 그는 현재 페이스북 리액트 개발 팀에서 일하고 있습니다.

---

37 https://stackoverflow.com/a/32920459

■ **아토믹 디자인과 컴포넌트 세밀도**

컴포넌트를 설계할 때 어떤 범위까지 컴포넌트로서 정의할 것인지에 관해 많은 고민을 할 것입니다. 보통 자주 볼 수 있는 포털 사이트 같은 웹사이트 등을 볼 때도, 컴포넌트를 어떻게 구분하는 것이 적절할지 고민한 경우도 많을 것입니다.

컴포넌트 설계의 세밀도에 관해 팀 안에서 공통의 인식이 없다면, 컴포넌트 수가 많아질수록 재사용성과 코드 가독성이 떨어집니다.

기존 웹사이트의 디자인은 페이지라는 단위로 다루었습니다. 시대의 흐름과 함께 리치 애플리케이션으로서 웹이 보급되면서, 페이지 단위의 디자인은 비효율적인 것이 됐습니다.

아토믹 디자인(Atomic Design)의 창시자인 브래드 프로스트(Brad Frost)는 UI는 페이지 단위가 아니라 기능과 컴포넌트 단위로 구성해야 한다는 개념을 공개했습니다[38].

아토믹 디자인이란 다음 그림[39]과 같이 컴포넌트를 각 세밀도로 분류하고, 보다 원만하게 컴포넌트 지향 개발을 진행하기 위한 가이드라인과 같은 것입니다.

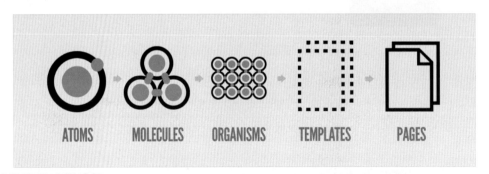

그림 1.18 아토믹 디자인 개념도

아토믹 디자인 도입은 팀 안에서 공통의 인식을 가진 상태에서 확장성이 높은 코드를 기술하는 데 도움이 됩니다.

세세한 분류 기준은 개발 프로젝트 정책에 따라 달라지지만, 일반적으로 다음과 같이 해석할 수 있습니다. 단, 팀에 따라 세세한 분류의 정의는 다르므로, 어디까지나 하나의 예시로 소개합니다.

---

38 https://bradfrost.com/blog/post/atomic-web-design/

39 브래드 프로스트의 블로그 아티클, 'Atomic Design(https://bradfrost.com/blog/post/atomic-web-design/)'에서 인용

- **아톰**(Atoms, 원자): UI의 최소 단위. 기능적으로 더 이상 분리할 수 없는 것. 버튼 등.

- **몰리큘**(Molecules, 분자): 한 개 이상의 아톰을 조합해서 만든 요소. 검색 폼 등.

- **오거니즘**(Organisms, 유기체): 한 개 이상의 몰리큘을 조합해서 만든 요소. 헤더 등.

- **템플릿**(Templates): 오거니즘을 조합해서 하나의 화면으로 만든 것.

- **페이지**(Pages): 템플릿에 애플리케이션으로서 작동하는 데이터를 포함시킨 것.

아토믹 디자인에 관해서는 4장에서 자세히 소개합니다. 그리고 이 책의 실전 샘플 애플리케이션도 아토믹 디자인 원칙을 따라 구현했습니다.

■ 스토리북: 컴포넌트의 카탈로그화

스토리북(Storybook)[40]은 컴포넌트를 카탈로그화해서 관리할 수 있는 개발 도구입니다.

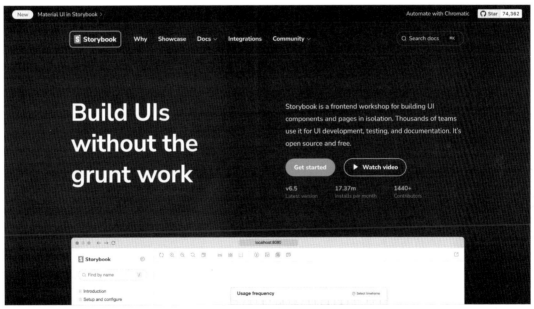

그림 1.19 스토리북 웹사이트

제품 개발에서 디자이너와 프런트엔드 엔지니어의 원만한 커뮤니케이션은 빼놓을 수 없습니다. 그러나 실제로 개발을 진행하면서, 원만한 커뮤니케이션을 실현할 수 있는지는 늘 고민되는 문제입니다.

---

40 https://storybook.js.org/

특히 컴포넌트 지향 개발에서는 개별 컴포넌트의 형태나 컴포넌트의 목록을 쉽게 확인할 수 있어야 합니다.

스토리북에서는 컴포넌트를 누구나 확인할 수 있는 형태로 카탈로그화함으로써 양쪽의 인식 차이를 줄일 수 있습니다. 그리고 인터랙티브하게 컴포넌트에 필요한 값을 변경할 수 있어 작동 확인이나 테스트를 할 수도 있습니다. 그리고 이들을 조합한 컴포넌트도 구현할 수 있어, 컴포넌트 원칙을 위반하지 않는 형태로 개발을 진행할 수도 있습니다.

스토리북을 사용함으로써 얻을 수 있는 장점은 다음과 같습니다.

- 컴포넌트 설계를 강제할 수 있다.
- 컴포넌트의 UI를 쉽게 확인할 수 있다.
- 개발자 사이에서의 분업을 쉽게 할 수 있다.
- 디자이너, 엔지니어 사이에서 공통 인식을 쉽게 맞출 수 있다.
- 컴포넌트에 전달하는 값을 동적으로 변경해서 작동을 확인할 수 있다.
- 컴포넌트의 단위 테스트/스냅샷 테스트를 쉽게 할 수 있다.

아토믹 디자인과 스토리북은 호환성이 뛰어나, 스토리북을 사용하는 실제 현장에서는 아토믹 디자인 요소를 사용할 것입니다. 4장에서 스토리북의 실제 사용 방법에 관해 설명합니다.

1.3.3 Next.js가 필요해진 이유

이번 장에서는 현재 프런트엔드 개발이 복잡해진 배경과, 구현을 함에 있어 필요한 요소에 관해 소개합니다.

프런트엔드 엔지니어의 업무는 리액트 컴포넌트 구현에 그치지 않습니다. 웹 애플리케이션을 구현할 때는 반드시 고려해야 할 것들이 매우 많다는 것을 알고 있습니까? 컴포넌트 설계는 물론, 그 밖에도 이번 장에서는 상세하게 소개하지 않은 배포, 테스트, 이미지 최적화, SEO 대책 등 많은 요소들을 학습해야만 합니다.

모던 웹 애플리케이션 경험이 있는 엔지니어가 아닌 한, 아무런 가이드 없이 처음부터 무언가를 만드는 것은 어려울 것입니다. Next.js는 이런 복잡한 모던 프런트엔드 개발에 필요한 풍부한 기능을 모두 제공합니다. 프레임워크나 CLI를 통해 복잡한 태스크를 의식하지 않고 자동으로, 또는 간단한 조작으로 처리합니다.

Next.js는 2016년 10월 25일 버셀사(당시에는 Zeit사로 불림)의 창업자들이 오픈 소스 프로젝트로 공개했습니다. 2017년 4월에 빌드 효율을 높이고, 확장성을 향상시킨 Next.js 버전 2.0을 발표했습니다. 2018년 9월에는 에러 처리를 개선하고, 리액트 콘텍스트 API를 지원하는 동적 라우팅 처리를 개선한 버전 7.0이 출시됐습니다.

2020년 3월에 발표된 버전 9.3에서는 다양한 최적화와 글로벌한 Sass 및 CSS 모듈 지원이 포함됐습니다. 2020년 7월에 발표된 버전 9.5에는 점진적인 정적 재생성(ISR: Incremental Static Regeneration) 등의 새로운 기능이 추가됐습니다. 그리고 2021년 10월에 발표된 버전 12에서는 러스트 컴파일러(SWC)를 통한 빌드 고속화, 유연하게 요청 처리를 추가할 수 있는 미들웨어 구조를 도입했습니다. 그리고 ES 모듈을 URL을 경유해서 임포트할 수 있는 실험적인 기능 등 많은 확장 요소가 도입됐습니다.

개발자용 프레임워크를 제공하는 회사로서는 드물게 2021년 6월에 약 1,100억 원의 투자금 조달에 성공했으며, 이 책을 집필하는 시점에는 사용 수도 계속해서 증가하고 있으며, 그 인기가 멈추지 않고 있습니다.

Next.js 개발자들의 사상은 클라이언트와 서버 사이에서 코드를 공유할 수 있는 유니버설한 자바스크립트 애플리케이션을 만드는 것입니다.

리액트의 특징인 렌더링 함수와 컴포넌트 라이프 사이클을 활용함으로써 자바스크립트를 사용해 이제까지보다 효율적으로 애플리케이션을 개발할 수 있는 세계를 구현하고 있습니다. 또한, Next.js의 SSR 기능을 활용해 웹 브라우저의 부담을 줄이고, 보안도 강화할 수 있습니다. SSR은 애플리케이션의 모든 부분에 대해, 또는 프로젝트 전체에 대해 수행할 수 있으며, 콘텐츠가 풍부한 페이지를 선택해 SSR을 수행하는 등으로 유연하게 설계할 수 있습니다. 그리고 SSG를 사용함으로써 보다 뛰어난 성능의 웹 애플리케이션을 구현할 수 있습니다.

앞으로 계속해서 고도의 웹 애플리케이션의 구현이 요구될 것이며, Next.js는 프레임워크의 영역을 넘어 반드시 있어야 할 필수품과 같은 위치에 있을지도 모릅니다.

이 책에서는 모던 프런트엔드에 필요한 요소를 하나씩 설명하고, Next.js를 사용해 실전적인 애플리케이션을 구축합니다.

Vue.js와 Nuxt.js

Vue.js는 이 책의 집필 시점에 리액트와 마찬가지로 인기 있는 자바스크립트 라이브러리입니다. Vue.js는 규모에 관계없이 단계적으로 사용할 수 있는 점진적 프레임워크(progressive framework)라 불리는 설계 사상을 갖고 있습니다.

리액트는 페이스북이 개발을 주도하고 있지만, Vue.js는 2013년부터 에반 유(Evan You)[41]라는 개인 크리에이터가 주도하고 있는 프로젝트입니다.

2020년 9월에 타입스크립트로 재구현된 Vue 3가 출시됐으며, 이제까지 많은 요청을 받았던 타입스크립트와의 호환성이 개선됐습니다. Vue Router[42], Vuex[43] 등 공식 지원되는 주변 라이브리도 확충되어 OSS 커뮤니티로서 성장하고 있습니다.

그리고 리액트의 Next.js에 대응하는 것으로 Vue.js의 Nuxt.js[44]가 있습니다. Nuxt.js는 이름 그대로 Next.js에 영향을 받아서 만들어진 것으로, 라우팅이나 SSR/SSG 등과 같은 기능을 갖고 있습니다.

Next.js 대응 브라우저

Next.js는 그 자체로 기본적으로 인터넷 익스플로러 11과 그 외의 모던 브라우저(에지, 파이어폭스, 크롬, 사파리, 오페라 등)를 지원합니다. 특별한 추가 설정은 필요하지 않습니다.

단, Next.js 프레임워크 위에서 임의로 추가한 코드가 구형 브라우저에 대한 대응 지정인 경우에는 커스텀으로 폴리필(Polyfill)을 추가해야 하므로 주의합시다. 이 경우는 페이지 초기화를 담당하는 〈app〉 컴포넌트로 커스터마이즈하거나, 개별 컴포넌트 안에서 임포트해야 합니다.

리액트 컴포넌트의 복원 – 하이드레이션

SSR, SSG에서는 리액트 컴포넌트의 렌더링은 브라우저에 반환되기 전, 즉 서버 사이드에서 실행됩니다.

클라이언트 측에서는 인터랙티브한 리액트 애플리케이션으로서 작동하도록 하기 위해 서버 측에서 미리 생성된 정적인 HTML을 다운로드한 뒤, 동적인 리액트 컴포넌트로 복원합니다.

그 프로세스를 하이드레이션(Hydration)이라 부릅니다. 수분 공급이라는 의미를 가진 용어입니다. 일단 리액트 컴포넌트로써 전개되어 정적으로 된 것을 동적인 것으로 되돌린다는 이미지에서, 수분을 공급한다는 형태를 연상할 수 있어 이런 용어를 사용합니다.

---

41 https://twitter.com/youyuxi
42 https://router.vuejs.org/
43 https://vuex.vuejs.org/
44 https://js.org/?nuxt

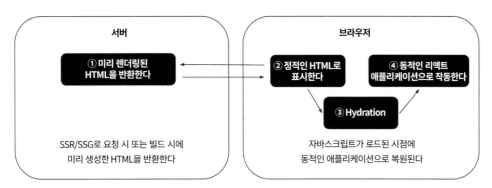

그림 1.20 하이드레이션

SSR/SSG로 미리 생성된 HTML이 브라우저에 로딩되면 즉시 화면에 UI가 표시됩니다.

한편, 하이드레이션을 하려면 자바스크립트를 로딩해야 합니다. 따라서 페이지 초기화 시 HTML 표시와 자바스크립트 실행 시점에 차이가 발생하는 점에 주의해야 합니다. 하이드레이션을 제공하지 않는 순수한 SPA의 경우, 자바스크립트 로딩이 완료될 때까지 화면에는 아무것도 표시되지 않는 상태가 됩니다. 그에 비해 하이드레이션을 제공하면 사용자 경험이 그만큼 좋아집니다.

하이드레이션 실행은 ReactDOM이라는 모듈의 hydrate()라는 API로 제공됩니다. 자세한 내용은 공식 API 문서[45]를 참조하기 바랍니다.

---

45 https://ko.reactjs.org/docs/react-dom.html#hydrate

타입스크립트, 리액트, Next.js로 배우는
실전 웹 애플리케이션 개발

타입스크립트 기초

이번 장에서는 타입스크립트 등장 배경과 기본적인 기능에 관해 설명합니다.

여기에서는 웹 프런트엔드 개발, 특히 리액트와 Next.js를 사용한 개발에 관해 최소한의 필요한 지식을 중점적으로 다룹니다. 타입스크립트의 고급 기능이나 응용 사례에 관해서는 설명하지 않으므로, 더 자세한 내용을 알고 싶은 분은 마이크로소프트에서 공식으로 제공하는 타입스크립트 문서[1]를 참조하기 바랍니다.

2.1 타입스크립트 기초 지식

타입스크립트는 마이크로소프트가 중심이 되어 개발을 추진하고 있는 오픈 소스 프로그래밍 언어입니다. 자바스크립트를 확장하는 형태로 설계돼 있으며 정적 타입 기능을 탑재한 AltJS입니다. 모던 프런트엔드 개발 표준이 되어가고 있습니다.

여기에서는 그 역사와 기본적인 지식에 관해 설명합니다.

2.1.1 타입스크립트 등장 배경

웹 애플리케이션 세계는 해가 갈수록 발전하고 있습니다. 전 세계에서 가동되는 웹 애플리케이션의 프런트엔드가 자바스크립트로 작성됩니다. 자바스크립트의 사용량은 막대합니다. 웹 브라우저가 직접 해석해서

---

1 https://www.typescriptlang.org/docs/

실행할 수 있는 유일한 프로그래밍 언어가 자바스크립트이기 때문에, 자바스크립트는 폭발적으로 인기를 얻었습니다.

웹 애플리케이션에서 필요로 하는 기능이 많아졌지만, 자바스크립트는 아직 기능적으로 불완전하거나 미성숙한 부분이 많습니다. 그래서 ECMA로 대표되는 표준화 단체에서 명세를 계속 개선하고 있습니다.

단, 자바스크립트는 하위 호환성을 중시하는 언어로, 사양의 근본적인 업데이트는 어렵습니다. 예를 들어, 자바스크립트에 직접 타입을 삽입하는 것은 현실적이지 않습니다. 이런 과제를 해결하기 위해 AltJS라 불리는, 자바스크립트로 변환할 수 있는 프로그래밍 언어가 인기를 얻고 있습니다. AltJS는 한 언어를 자바스크립트로 변환하는 구조를 가지며, 자바스크립트의 문법적 제약을 일부 피할 수 있습니다.

'타입' 사용 여부에 따라 프로그래밍 언어 사양은 매우 큰 차이를 갖습니다. 그래서 정적 타입 언어를 지지하는 마이크로소프트는 정적 타입 언어이면서 자바스크립트로 변환할 수 있는 타입스크립트 개발을 추진했습니다.

대규모의 웹 애플리케이션 개발에서 타입이 없는[2] 자바스크립트는 많은 문제를 갖고 있습니다. 컴파일 시에 에러를 검출할 수 없으며, 실행 시 버그가 발생하기 쉬운 상황이었습니다. 특히 여러 사람이 함께 개발할 때는 타입이 없어 의도하지 않은 버그가 많이 발생했습니다. 2014년경, 자바나 C# 등을 참고로 자바스크립트의 기능을 확장한 정적 타입 언어 타입스크립트가 고안됐습니다.

타입스크립트는 정적 타입 언어로, 컴파일 시 에러 검출이나 타입에 의한 코드 안정성 향상 등을 기대할 수 있습니다. 일반적으로 버그를 늦게 발견할수록 비용에 미치는 영향이 커집니다. 타입스크립트에서는 컴파일 시 에러를 빠르게 발견할 수 있으며, 개발 비용을 낮출 수 있습니다. 그리고, 그 외에도 대규모의 웹 애플리케이션 개발에 필요한 기능도 제공합니다. 현재는 당연하게 여겨지는 모듈의 구조도 타입스크립트에서는 빠르게 도입했습니다. 대규모 개발을 고려해 높은 모듈성을 가지고 진화했습니다[3].

다양한 AltJS들 중에서 타입스크립트가 패권을 차지한 이유로는 크게 다음 두 가지를 들 수 있습니다.

- 개발 생산성이 높은 정적 타입 언어다.
- 자바스크립트의 문법을 그대로 확장해 상위 호환성을 갖는다(superset).

---

2 정적 타입 언어와 비교해 '타입이 없는'이라고 표현하는 경우가 있습니다. 이 책에서도 그 표현을 사용합니다.

3 타입스크립트는 독자적으로 사양을 구현하는 것 이외에도, ECMAScript(자바스크립트)의 사양을 브라우저에 먼저 구현하기도 합니다.

타입에 관해서는 여기까지 설명했습니다.

상위 호환이란 타입스크립트에서 자바스크립트는 그대로 작동한다는 의미입니다. 즉, 이제까지 자바스크립트로 작성한 대규모 애플리케이션을 그대로 이행하는 형태로 도입할 수 있습니다. 이러한 높은 친화성으로, 자바스크립트에 관한 지식이 있다면 큰 비용을 들이지 않고 타입스크립트를 도입할 수 있습니다.

2017년경 구글도 타입스크립트를 사내 표준 언어로 승인했으며, 주도하고 있는 앵귤러(Angular)[4] 코드도 타입스크립트로 구현했습니다. 현재는 원래 자바스크립트로 작성됐던 많은 인기 OSS 라이브러리들도 점차 타입스크립트로 바뀌어 작성되고 있거나 타입 정보가 추가되어 공개되고 있으며, 전 세계적으로도 타입스크립트의 사용이 보급됐습니다.

개발하는 애플리케이션이 대규모화하면서 타입 기능을 통해 얻을 수 있는 장점이 많습니다. 이후 프런트엔드 개발이 점점 복잡해지면서 타입스크립트는 프런트엔드의 중심적인 언어로 사용될 것입니다[5].

2.1.2 타입스크립트와 Visual Studio Code

타입스크립트는 타입이 있기 때문에 IDE나 코드 편집기를 통한 타입 정보 표시나 자동 완성 등의 강력한 기능을 활용할 수 있습니다.

마이크로소프트가 제공하는 편집기인 Visual Studio Code(VSCode)[6]와 타입스크립트는 특히 호환성이 좋습니다. 자동 완성 기능을 제공하고, 타입 정보 표시나 타입을 활용한 코드 체크도 쉽게 할 수 있습니다.

2.1.3 타입스크립트와 자바스크립트의 차이

타입스크립트는 자바스크립트를 확장한 상위 호환 언어입니다. 즉, 전혀 다른 언어가 아니라 자바스크립트의 코드는 그대로 타입스크립트 코드로 읽을 수 있습니다.

예를 들어, 다음 자바스크립트 코드는 타입스크립트 코드로서 작동합니다.

```
function sayHello (firstName) {
  console.log('Hello ' + firstName)
}
```

---

4 https://angular.io/
5 타입의 장점을 활용하기 위한 정적 분석 도구 Flow는 타입스크립트와 비슷한 용도로 사용됩니다. 현재는 타입스크립트가 주류가 되어 사용되지 않습니다. https://flow.org/
6 https://code.visualstudio.com/

```
let firstName = 'Hana'
sayHello(firstName)
```

그리고 위 자바스크립트 코드의 변수와 인수에 타입 정보를 부여한 타입스크립트 코드는 다음과 같습니다.

```
// firstName 뒤에 string 타입을 붙여, 문자열 이외의 값을 전달하지 못하게 할 수 있다
function sayHello (firstName: string) {
  console.log('Hello ' + firstName)
}

let firstName: string = 'Hana'
sayHello(firstName)
```

타입스크립트 코드와 자바스크립트 코드에 큰 차이가 없음을 직관적으로 알 수 있습니다. 타입스크립트는 자바스크립트에 주로 다음 기능을 추가한 것입니다.

- 타입 정의
- 인터페이스와 클래스[7]
- null/undefined-safe
- 범용적인 클래스나 메서드 타입을 실현하는 제네릭(generic)
- 편집기의 입력 자동 완성
- 그 외, ECMA에서 정의되어 있는 자바스크립트의 최신 사양

특히, 대규모 개발에 적합한 많은 기능들을 확장했기 때문에, 복잡해지기 쉬운 모던 프런트엔드 현장에서는 타입스크립트를 사용하지 않을 이유가 없습니다.

타입스크립트로 작성된 소스 코드는 빌드 도구를 통해 최종적으로는 자바스크립트로 변환됩니다. 따라서 자바스크립트로 구현된 것에 비해 성능의 차이가 없고, 동시에 오래된 브라우저를 대상으로 한 트랜스파일도 가능합니다. 이 때문에, 실행 환경 등이 도입의 걸림돌이 되는 일은 거의 없습니다.

타입스크립트를 채용했을 때의 단점을 꼽는다면 다음을 들 수 있습니다.

---

[7] 클래스 구문 자체는 자바스크립트에도 있지만, 타입스크립트 고유의 확장 기능이 많기 때문에 이 책에서는 추가된 것으로 표현했습니다.

- 프로젝트 규모에 따라 컴파일에 시간이 걸린다.

- 팀에 타입스크립트 경험자가 없는 경우, 도입을 위한 많은 학습 비용이 발생할 수도 있다.

2.1.4 타입스크립트 커맨드라인 도구를 사용한 컴파일

타입스크립트 실행 환경 구축에 관해 설명합니다.

먼저 공식 사이트에서 Node.js를 설치합니다.[8] Node.js가 로컬 환경에 설치되면 패키지 관리 도구인 npm도 함께 설치됩니다. npm은 Node.js용 패키지 관리 도구입니다. 타입스크립트 컴파일 등을 커맨드라인에서 실행하기 위한 CLI 패키지도 npm으로 설치할 수 있습니다.

다음 npm 명령어로 타입스크립트 CLI(tsc)를 설치할 수 있습니다[9].

```
$ npm install -g typescript
```

타입스크립트 컴파일을 실행하기 위한 tsc 명령어의 인수에 ts 파일을 지정합니다.

2.1.3항의 예제 코드를 sayHello.ts라는 이름의 파일로 저장하고, 커맨드라인에서 같은 디렉터리로 이동한 뒤 다음 명령어를 실행합니다. --strictNullChecks는 엄격한 체크를 수행하는 옵션입니다[10].

```
$ tsc --strictNullChecks sayHello.ts
```

정상적으로 실행되면 같은 디렉터리에 sayHello.js라는 새로운 파일이 생성됩니다. 컴파일 에러가 발생하면 해당 에러의 내용이나 위치가 표시됩니다. 실행 전에 에러가 발생하는 것은 매우 큰 장점입니다. 코드 베이스의 규모가 클수록 그 장점을 실감할 수 있습니다.

그리고 실제 웹 애플리케이션 개발에서는 Next.js 같은 프레임워크가 컴파일을 실행해 줍니다. 일반적으로는 tsc 명령어를 사용해 개별적으로 .ts 파일을 컴파일하지 않아도 됩니다.

또한, 타입스크립트 코드를 시험할 때는 TS Playground[11]라는 온라인 REPL 도구를 사용할 수 있습니다.

---

8 이 책에서는 집필 시점의 최신 안정 버전인 v16.4.2를 사용합니다. https://nodejs.org/ko/download/ (https://nodejs.org/dist/v16.4.2/)

9 환경에 따라서는 실행할 때 sudo를 앞에 붙여야 할 수도 있습니다.

10 CLI 컴파일러 옵션에 관해서는 2.6.4을 참조하기 바랍니다.

11 https://www.typescriptlang.org/play

2.2 타입 정의

여기에서는 타입스크립트의 가장 큰 기능이라고 할 수 있는 타입 기능에 관해 설명합니다. 타입스크립트는 자바스크립트 문법을 기본으로 하지만, 타입이나 클래스 등 일부 코드 작성법이 다릅니다.

타입스크립트에서는 변수나 인수명 뒤에 **:　타입**과 같이 타입 애너테이션(Type Annotation)이라 불리는 타입 정보를 붙여서 변수나 인수에 저장할 값을 제한할 수 있습니다. 그리고, 타입 애너테이션은 변수 데이터 타입이 명확한 경우 등 일부 조건에서는 생략할 수도 있습니다(2.3.1 참조).

```
// firstName 뒤에 string 타입을 붙여, 문자열 이외의 값을 전달하지 못하게 할 수 있다
function sayHello (firstName: string) {
  console.log('Hello ' + firstName)
}


let firstName: string = 'Hana'
sayHello(firstName)
```

타입 애너테이션에 반환할 값을 대입하면 타입스크립트 컴파일 시 에러가 발생합니다. 예를 들어 **string** 타입을 받는 것으로 정의한 코드에 **number** 타입 변수를 대입하면 컴파일 시 다음과 같은 에러가 발생합니다.

```
// number 타임을 인수로 전달하는 경우, 컴파일 시 다음 에러가 발생한다. 이 기능은 자바스크립트에는 없다.
// error TS2345: Argument of type 'number' is not assignable to parameter of type 'string'.
let age: number = 36
sayHello(age)
```

또 다른 타입 정의의 예를 소개합니다. 문자열을 정의하고, 그 변수에 대해 함수로 호출하면 에러가 발생합니다. 타입스크립트는 정적 타입으로 컴파일을 전제로 하는 언어이므로, 컴파일 에러를 통해 문제점을 파악할 수 있습니다.

```
const message = 'hello!'

// 자바스크립트에는 실행 시에 에러가 발생하는 것에 비해, 타입스크립트에서는 컴파일 시에
// 다음과 같은 에러가 발생한다.
// error TS2349: This expression is not callable. Type 'String' has no call signatures.
message()
```

여기까지 소개한 예시들은 매우 간단한 것들입니다. 이것만으로는 타입스크립트의 장점을 느끼기 어려울 것입니다.

UI의 폼이나 API를 경유해 받은 값을 확실하게 검사하지 않아 예상치 못한 에러가 발생하는 일은 실제 개발 환경에서도 일어납니다. 이런 문제는 타입을 사용해 데이터의 종류를 제한/판별함으로써 대처할 수 있습니다. 타입스크립트에서는 문자열이나 숫자 타입뿐만 아니라 객체, 클래스, 함수 등에도 타입 정의 정보를 부여할 수 있습니다.

타입스크립트는 자바스크립트와 달리 타입에 묶인 변수의 전달을 수행하는 정적 타입 체크 기능을 통해 안전하게 구현을 할 수 있습니다. 복잡해지는 웹 개발에서는 마음이 든든해지는 기능입니다.

2.2.1 변수

타입스크립트는 타입 정의 이외에는 자바스크립트와 동일한 규칙으로 변수를 선언합니다.

변수 선언에는 var, let, const를 사용합니다. 변수명 뒤에 : 타입을 추가해 타입 애너테이션을 합니다(생략 가능, 2.3.1 참조). 타입스크립트의 변수는 자바스크립트와 마찬가지로 var 키워드를 사용해서 선언합니다. 스코프 규칙이나 대입 시 작동은 자바스크립트의 그것과 같습니다. ES6에서는 자바스크립트에 let과 const라는 키워드를 사용하는 두 가지 새로운 변수 선언이 도입됐습니다. 자바스크립트의 수퍼셋인 타입스크립트 역시 이 새로운 타입의 변수 선언을 지원합니다.

```
var 변수: 타입 = 값
let 변수: 타입 = 값
const 변수: 타입 = 값
let employeeName = 'John'
// 또는
let employeeName: string = 'John'
```

let을 사용해 변수를 선언한 경우, var로 선언된 변수의 스코프가 해당 변수를 포함하는 함수에서까지 사용할 수 있는 반면, 블록 스코프로 선언된 변수는 해당 변수를 포함하는 블록 안에서만 사용할 수 있습니다.

```
function calc(isSum: boolean) {
  let a = 100
  if (isSum) {
    // a가 정의된 안쪽의 블록 스코프 안의 사용이므로 에러가 발생하지 않는다
```

```
    let b = a + 1
    return b
  }
  // error TS2304: Cannot find name 'b'.
  // var로 정의한 경우는 에러가 발생하지 않지만, let으로 정의했을 때는 에러가 발생한다
  return b
}
```

const는 상수를 나타내는 이름 그대로, 값을 변경할 수 없는 상수를 선언합니다. 한번 값이 대입되면 다시 대입할 수 없습니다.

const 변수는 let 변수와 같은 스코프 규칙을 갖습니다.

```
const num: number = 100

// 값을 재대입하면 컴파일러 에러가 된다
num = 200
```

현재의 웹 프런트엔드 개발에서는 주로 let, const를 사용합니다.

2.2.2 원시 타입

자바스크립트에서 자주 사용되는 원시(primitive) 타입인 string(문자열), number(수치), boolean(논릿값)은 타입스크립트에 대응하는 타입이 있습니다. 이 타입들은 자바스크립트의 typeof 연산자를 사용할 때 표시되는 이름과 같습니다.

```
let age: number = 36
let isDone: boolean = false
let color: string = '파랑'
```

다른 타입의 값을 대입하고자 할 때는 에러가 발생합니다. 위와 같이 타입을 붙여 대입한 변수는 이후 정적 타입의 대상이 됩니다.

```
let mynumber: string = '200'
mynumber = '이백' // string 타입이므로 문제없이 대입할 수 있다
mynumber = 200 // string 타입 변수에 number 타입을 대입하려 하면 컴파일러 에러가 발생한다. Type
'number' is not assignable to type 'string'.
```

2.2.3 배열

배열에 타입을 지정할 때는 그 배열을 구성하는 타입과 [] 표기를 사용합니다. 예를 들어, number의 배열이라면 number[]라는 구문을 사용합니다.

```
const array: string[] = []
array.push('abc')
array.push(1) // 배열 타입과 맞지 않으므로 에러가 된다
```

이 구문은 string[] 등 원시 타입 외에도 뒤에서 설명할 인터페이스나 타입 앨리어스(type alias) 등에도 대응합니다. User[] 등과 같이 표기할 수도 있습니다.

배열은 []를 사용하는 방법 이외에 Array<string>과 같은 제네릭(2.4.2 참조)으로 표기할 수도 있습니다.

['foo', 1]과 같이 여러 타입이 있는 배열일 경우에는 Union 타입(2.4.3 참조)이나 튜플(tuple)[12]을 사용해 다음과 같이 표기할 수 있습니다.

```
const mixedArray = ['foo', 1]
const mixedArrayU: (string|number)[] = ['foo', 1] // Union 타입
const mixedArrayT: [string, number] = ['foo', 1] // 튜플
```

2.2.4 객체 타입

객체(object)는 키(key)와 값(value)을 이용한 데이터 형식 인스턴스입니다. 타입스크립트는 다음과 같이 키 이름과 값의 쌍을 지정해 객체 타입을 정의할 수 있습니다.

```
{ 키_이름_1: 값_1; 키_이름_2: 값_2; ... }
let 변수: { 키명_1: 타입_1; 키명_2: 타입_2; ... } = 객체
const 변수: { 키명_1: 타입_1; 키명_2: 타입_2; ... } = 객체
var 변수: { 키명_1: 타입_1; 키명_2: 타입_2; ... } = 객체
```

다음은 객체 타입 정의 예시입니다.

---

[12] https://www.typescriptlang.org/docs/handbook/2/objects.html#tuple-types

```
// string 타입의 name과 number 타입의 age를 가진 객체 타입을 정의한다
const user: { name: string; age: number } = {
  name: 'Hana',
  age: 36
}


console.log(user.name)
console.log(user.age)
```

객체 타입은 일부 또는 모든 속성을 ? 를 사용해 옵셔널(optional, 선택 가능) 속성으로 지정할 수 있습니다. 옵셔널 속성으로 타입을 정의하면 해당 속성이 존재하지 않아도 문제없이 작동합니다.

```
function printName(obj: { firstName: string; lastName?: string }) {
  // ...
}
// 다음 패턴은 모두 정상 작동한다
printName({ firstName: 'Hana' })
printName({ firstName: 'Hana', lastName: 'Kim' })
```

객체 타입은 코드가 길어지기 때문에 타입 앨리어스(2.3.3 참조)와 함께 사용하는 경우가 많습니다.

2.2.5 any

타입스크립트에는 any라 불리는 특별한 타입이 있습니다. 이름 그대로 모든 타입을 허용하는 타입입니다. 특정한 값에 대해 타입 체크 구조를 적용하고 싶지 않을 때 사용합니다.

```
let user: any = { firstName: 'Hana' }
// 다음 행의 코드는 모두 컴파일러 에러가 발생하지 않는다
user.hello()
user()
user.age = 100
user = 'hello'

// 다른 타입으로 대입해도 에러가 발생하지 않는다
const n: number = user
```

any를 사용하면 타입 체크 기능이 작동하지 않게 됩니다. 따라서 타입스크립트를 사용하는 장점을 활용할 수 없습니다. 자바스크립트 프로젝트를 타입스크립트로 마이그레이션하는 과정[13]이 아닌 한, 기본적으로는 any를 사용하지 않는 것이 바람직합니다.

2.2.6 함수

타입스크립트의 함수에서는 인수와 반환값의 타입을 지정할 수 있습니다.

```
function(인수_1_: 타입_1, 인수_2: 타입_2 ...): 반환값{
  // ...
}
```

다음 코드는 함수의 인수와 반환값에 string을 정의한 예시입니다.

```
function sayHello(name: string): string {
  return `Hello ${name}`
}
sayHello('Hana')
```

옵셔널 인수도 정의할 수 있습니다. 옵셔널 인수는 인수명 뒤에 ?를 붙입니다.

```
function sayHello(name: string, greeting?: string): string {
  return `${greeting} ${name}`
}

// 다음은 모두 문제없이 작동한다
sayHello('Hana') // Hana
sayHello('Hana', 'Hello') // Hello Hana
```

인수를 정의할 때 기본값을 지정할 수 있습니다. 함수를 호출할 때 해당 인수를 지정하지 않으면 기본값이 설정됩니다.

---

13 자바스크립트에서 타입스크립트로 마이그레이션할 때는 타입 정보가 아무것도 없는 상태에서 시작하므로, any를 사용해 단계적으로 마이그레이션하는 전략을 많이 사용합니다.

```
function sayHello(name: string, greeting: string = 'Hello'): string {
  return `${greeting} ${name}`
}

// 다음은 모두 문제없이 작동한다
sayHello('Hana') // Hello Hana
sayHello('Hana', 'Hey')  // Hey Hana
```

인수나 반환값의 타입에 다양한 타입을 지정할 수 있습니다. 다음은 함수를 인수로 받는 함수의 타입 지정 예시입니다.

```
// 이름과 포맷 함수를 인수로 받아 포매팅한 뒤 콘솔에 출력하는 함수를 정의한다
function printName(firstName: string, formatter: (name: string) => string) {
  console.log(formatter(firstName))
}

// '씨'를 뒤에 붙이는 이름 포맷 함수를 정의한다
function formatName(name: string): string {
  return `${name} 씨`
}

printName('홍길동', formatName) // 홍길동 씨
```

화살표 함수(arrow function)의 경우는 다음과 같이 타입을 지정합니다.

```
(인수명: 인수_타입): 반환값_타입 => 자바스크립트_식
let sayHello = (name: string): string => `Hello ${name}`
```

▪ 함수 타입

지금까지 함수의 인수나 반환값에 타입을 붙이는 내용에 관해 주로 설명했습니다. 타입스크립트(자바스크립트)는 인수에도 함수를 사용할 수 있습니다[14]. 함수 그 자체의 타입을 기입하는 방법을 소개합니다.

다음과 같은 표기법으로 함수 타입을 나타냅니다. **인수명**은 실제 함수의 인수명과 대응할 필요는 없습니다.

---

14 함수를 다른 변수와 마찬가지로 다룰 수 있는 것을 일급 함수(First-class function)라 부릅니다.

```
(인수명: 인수_타입) ==> 반환값_타입
```

다음 코드는 예시입니다. `singBirds`는 인수가 문자열이고 반환값이 배열(문자열 배열)인 함수를 인수로
받습니다.

```
function genBirdsInfo(name: string): string[]{
  return name.split(',')
}

// 함수 타입을 사용
// (x: string) => string[]
function singBirds(birdInfo: (x: string) => string[]): string{
  return birdInfo('오리, 비둘기')[0] + ' 꽥꽥'
}

console.log(singBirds(genBirdsInfo)) // "오리 꽥꽥"
console.log(singBirds('참새')) // 타입이 맞지 않으므로 에러
```

2.3 기본적인 타입의 기능

타입스크립트의 타입 기능 중, 기본적인 것을 소개합니다.

2.3.1 타입 추론

타입스크립트에서는 명시적인 변수의 초기화를 수행하면 타입 추론을 통해 자동적으로 타입이 결정되는 기
능이 있습니다.

```
const age = 10
console.log(age.length) // 에러: age는 number 타입이므로 length 속성은 없다

const user = {
  name: 'Hana',
  age: 36
}
console.log(user.age.length) // 에러: age는 number 타입이므로 length 속성은 없다
```

함수의 반환값도 마찬가지입니다.

```javascript
function getUser() {
  return {
    name: 'Hana',
    age: 36
  }
}
const user = getUser()
console.log(user.age.length) // 에러: age는 number 타입이므로 length 속성은 없다
```

배열의 값도 추론되므로, 명시적으로 **string**이라고 설정하지 않더라도 다음 for 루프에서는 **string** 타입으로 다루어집니다.

```javascript
const names = ['Hana', 'Wonjoon', 'Eunjeong']

names.forEach((name) => {
  // string 타입으로 다뤄지므로, 함수명이 잘못된 호출은 컴파일 에러가 된다.
  // toUpperCase가 올바른 함수명이다
  console.log(name.toUppercase())
})
```

그리고 타입스크립트 타입 추론은 대입할 대상 변숫값의 타입이 결정되어 있을 때, 대입할 값과 타입이 일치하지 않는 경우 에러가 발생하는 추론 기능도 있습니다. 다음은 자바스크립트를 실행할 때 표준으로 갖는 **window** 객체 함수 예시입니다.

```javascript
// window.confirm 함수의 반환 타입은 boolean인 것을 타입스크립트가 알고 있으므로
// 대입하는 함수 타입이 일치하지 않으면 컴파일 에러가 된다
window.confirm = () => {
  // boolean을 return하지 않는 한 에러가 된다
  console.log('confirm 함수')
}
```

타입스크립트는 정적 타입 언어이지만 우수한 타입 추론이 있기 때문에, 타입을 작성하는 복잡함을 크게 줄일 수 있습니다.

2.3.2 타입 어서션

타입스크립트가 구체적인 타입을 알 수 없는 경우도 있습니다. 예를 들어, `document.getElementById()` 라는 자바스크립트(DOM) 내장 함수를 그대로 사용하면 타입스크립트는 HTMLElement(또는 null)가 반환된다는 것만 알 수 있습니다[15]. HTMLElement라 하더라도 `div`인지, `canvas`인지에 따라 가능한 조작이 달라집니다. 단, 타입스크립트에서는 `document.getElementById()`로 얻을 수 있는 대상의 타입에 관여할 수 없으므로 `div`, `canvas` 등을 자동으로 판정해서 처리하지 않습니다.

다음 코드는 자바스크립트에서는 에러, 타입스크립트에서는 컴파일 에러가 발생합니다. `document.getElementById()`는 `HTMLElement`를 반환하며, `HTMLCanvasElement`를 반환하지 않으므로 타입이 일치하지 않는다는 에러가 발생합니다.

```
const myCanvas = document.getElementById('main_canvas')
console.log(myCanvas.width) // error TS2339: Property 'width' does not exist on type 'HTMLElement'.
```

만약 개발자가 대상 ID를 가진 DOM 노드가 `HTMLElement` 중에서도 `HTMLCanvasElement`라는 것을 알고 있다면, 명시적으로 타입을 지정할 수 있습니다[16].

```
변수 = 값 as 타입
```

```
const myCanvas = document.getElementById('main_canvas') as HTMLCanvasElement
```

타입스크립트에서 타입 어서션을 인정하는 것은 대상이 되는 타입보다 구체적이거나 범용적인 타입으로 변환하는 경우입니다. 이 규칙은 보수적이기 때문에 복잡한 어서션을 수행할 때는 잘 표현하기 어렵습니다. 이런 경우에는 먼저 `any`로 변환한 뒤, 원하는 타입으로 변환하는 2단계 어서션으로 구현할 수 있습니다.

```
const result = (response as any) as User
```

단, 타입 어서션은 실행 시에 에러를 일으킬 가능성이 있으므로 주의해야 합니다. 다음 코드 예시에서는 `number` 타입으로 타입 변환(casting)하는 것을 가정했습니다. 컴파일 시 에러는 발생하지 않지만, 실행 시 에러가 발생합니다.

---

15 타입스크립트는 DOM(HTML)이나 자바스크립트 함수 등의 타입 정보를 d.ts라는 형식으로 저장합니다. https://github.com/microsoft/TypeScript/tree/main/lib
16 HTML Canvas Element는 HTMLElement를 상속합니다.

```
const foo: any = 'test'
const bar: number = foo as number
// 컴파일 시에는 number 타입으로서 다뤄져 에러가 발생하지 않지만, 실행 시 사실은 string 타입이 전달되므
로 다음 에러가 발생한다
// TypeError: fuga.toFixed is not a function
console.log(bar.toFixed(2))
```

2.3.3 타입 앨리어스

지금까지 타입에 관해 변수나 인수의 정의 시에 직접 인라인으로 표기하는 방법을 소개했습니다. 단, 같은 타입을 여러 번 사용할 때 재사용하기가 좋지 않은, 코드 기술이 복잡해지는 것이 문제입니다.

타입 앨리어스(type alias)는 타입 지정의 별명(alias)을 덧붙이는 기능입니다. 타입 앨리어스를 활용하면 타입 정의에 이름을 붙일 수 있습니다. 그 이름을 참조해서 같은 타입을 여러 차례 재사용할 수 있습니다.

type 키워드를 사용해서 지정합니다.

```
type 타입명 = 값
```

원시 타입에 별명을 붙여서 사용할 수 있습니다. 타입명은 일반적으로 대문자로 시작합니다.

```
type Name = string
```

다음 코드는 x와 y 좌표 속성을 갖는 Point라는 타입 앨리어스를 정의한 예시입니다.

```
type Point = {
  x: number;
  y: number;
}

function printPoint(point: Point) {
  console.log(`x 좌표는 ${point.x}입니다`)
  console.log(`y 좌표는 ${point.y}입니다`)
}

printPoint({ x: 100, y: 100 })
// 타입이 맞아도 속성명이 다르면 에러
// printPoint({ z: 100, t: 100 })
```

함수 자체의 타입도 타입 앨리어스로 정의할 수 있습니다. 다음 코드 string을 인수로 받고 string 타입을 반환하는, 주어진 문자열의 포맷을 반경하는 함수의 타입을 지정하는 예시입니다. 타입 앨리어스를 사용함으로써 코드 기술이 단순하게 되므로 가독성이 좋아집니다.

```
type Formatter = (a: string) => string

function printName(firstName: string, formatter: Formatter) {
  console.log(formatter(firstName))
}
```

또한, 객체의 키 이름을 명시하지 않고 타입 앨리어스를 정의할 수도 있습니다. 이것은 인덱스 타입(2.5.5 참조)이라 불리는 타입 앨리어스입니다. 키 이름과 키 숫자가 미리 정해지지 않는 경우의 객체를 정의할 때 편리합니다.

```
{ [] : 타입명}
```

다음 코드는 key(객체의 키)에 문자열, 객체의 값에 문자열을 요청합니다[17].

```
type Label = {
  [key: string] : string
}
```

위 타입 앨리어스를 지정해 화면에 표시할 문자를 정의하는 객체의 키와 값을 다음과 같이 정의할 수 있습니다.

```
const labels: Label = {
  topTitle: '톱 페이지의 제목입니다',
  topSubTitle: '톱 페이지의 하위 제목입니다',
  topFeature1: '톱 페이지의 기능 1입니다',
  topFeature2: '톱 페이지의 기능 2입니다'
}

// 값 부분의 타입이 맞지 않으므로 에러
```

---

[17] 객체의 키는 항상 문자열이 되므로, 객체의 키에 문자열을 지정([key: string])해도 큰 의미는 없습니다.

```
const foo: Label = {
    message: 100
}
```

2.3.4 인터페이스

타입스크립트의 인터페이스(interface)는 타입 앨리어스와 비슷한 기능이지만, 보다 확장성이 높은 열린 기능을 갖고 있습니다. 클래스(2.3.5)와 함께 많이 사용합니다. 인터페이스로 객체 타입을 지정할 때는 다음과 같이 사용합니다. type과 비슷하지만 =가 필요하지 않고, 반드시 {로 타입 정의가 시작되어야 하는 등 몇 가지 차이가 있습니다.

```
interface 타입명 {
  속성_1: 타입_1;
  속성_2: 타입_2;
// ...
}
```

실제로 인터페이스를 사용해 봅니다. 다음 코드는 좌표 x와 y를 갖는 Point 인터페이스를 작성하고, 나중에 좌표 z를 추가하는 예시입니다.

```
interface Point {
  x: number;
  y: number;
}

function printPoint(point: Point) {
  console.log(`x 좌표는 ${point.x}입니다`)
  console.log(`y 좌표는 ${point.y}입니다`)
  console.log(`z 좌표는 ${point.z}입니다`)
}

interface Point {
  z: number;
}

// 인수의 객체에 z가 존재하지 않으므로 컴파일 시 에러가 된다
```

```
printPoint({ x: 100, y: 100 })

// 문제없이 작동한다
printPoint({ x: 100, y: 100, z: 200 })
```

Point에 나중에 z를 추가한 것처럼 인터페이스를 확장할 수 있습니다. 타입 앨리어스를 사용할 때는 나중에 같은 이름으로 타입을 정의할 수 없습니다.

인터페이스에서는 클래스의 작동 타입을 정의하고, `implements`를 사용해 클래스에 구현을 위임할 수 있습니다.

```
interface Point {
  x: number;
  y: number;
  z: number;
}

// 클래스가 인터페이스를 implements했을 때, z가 존재하지 않으므로 컴파일 시 에러가 된다
class MyPoint implements Point {
  x: number;
  y: number;
}
```

속성 정의에 ?를 사용하면 옵셔널(생략 가능) 속성이 됩니다.

```
interface Point {
  x: number;
  y: number;
  z?: number;
}

// 에러는 발생하지 않는다
class MyPoint implements Point {
  x: number;
  y: number;
}
```

또한, 인터페이스에서는 extends를 사용해 다른 인터페이스를 확장할 수 있습니다.

```
interface Colorful {
  color: string;
}

interface Circle {
  radius: number;
}

// 여러 인터페이스를 상속해서 새로운 인터페이스를 정의할 수 있다
interface ColorfulCircle extends Colorful, Circle {}

const cc: ColorfulCircle = {
  color: '빨강',
  radius: 10
}
```

객체 타입을 정의할 때 인터페이스와 타입 앨리어스 모두 사용할 수 있으며, 상속에 관한 세세한 기능의 큰 차이는 없이 거의 비슷한 기능을 갖습니다.

단, 타입스크립트의 설계 사상을 고려했을 때 이 2가지 기능은 다소 다른 점이 있습니다.

인터페이스는 클래스나 데이터의 한쪽 측면을 정의한 타입, 즉, 인터페이스에 매치하는 타입이라도 그 값 이외에 다른 필드나 메서드가 있음을 전제로 한 것입니다. 한편, 타입 앨리어스는 객체의 타입 자체를 의미합니다.

객체 그 자체가 아니라 클래스나 객체의 일부 속성이나 함수를 포함하는 일부 작동을 정의할 때는 인터페이스를 사용하는 것이 적합할 것입니다.

2.3.5 클래스

타입스크립트는 ES2015에서 자바스크립트에 도입된 클래스 표기법에 타입을 붙일 수 있습니다.

```
class 클래스명{
  필드_1: 타입_1;
  필드_2: 타입_2;
//...
```

```
}
class Point {
  x: number;
  y: number;

  // 인수가 없는 경우의 초깃값을 지정한다
  constructor(x: number = 0, y: number = 0) {
    this.x = x
    this.y = y
  }

  // 반환값이 없는 함수를 정의할 때는 void를 지정한다
  moveX(n: number): void {
    this.x += n
  }

  moveY(n: number): void {
    this.y += n
  }
}

const point = new Point()
point.moveX(10)
console.log(`${point.x}, ${point.y}`) // 10, 0
```

클래스는 extends를 사용해 다른 클래스를 상속할 수 있습니다. 다음 코드는 앞에서 정의한 Point 클래스를 상속하는 예시입니다.

```
class Point3D extends Point {
  z: number;

  constructor(x: number = 0, y: number = 0, z: number = 0) {
    // 상속원의 생성자를 호출한다
    super(x, y)
    this.z = z
  }

  moveZ(n: number): void {
    this.z += n
```

```
  }
}

const point3D = new Point3D()
// 상속원의 메서드를 호출할 수 있다
point3D.moveX(10)
point3D.moveZ(20)
console.log(`${point3D.x}, ${point3D.y}, ${point3D.z}`) // 10, 0, 20
```

인터페이스에 **implements**를 사용해 클래스에 대한 구현을 강제할 수 있습니다. 다음 코드는 User라는 인터페이스를 구현하는 클래스의 예시입니다.

```
// 머릿 글자의 I는 인터페이스임을 나타내기 위한 것이다
interface IUser {
  name: string;
  age: number;
  sayHello: () => string; // 인수 없이 문자열을 반환한다
}

class User implements IUser {
  name: string;
  age: number;

  constructor() {
    this.name = ''
    this.age = 0
  }

  // 인터페이스에 정의되어 있는 메서드를 구현하지 않으면, 컴파일 시 에러가 된다
  sayHello(): string {
    return `안녕하세요. 저는 ${this.name}이며, ${this.age}살입니다.`
  }
}

const user = new User()
user.name = 'Hana'
user.age = 36
console.log(user.sayHello()) // '안녕하세요. 저는 Hana이며, 36살입니다.'
```

▪ 접근 수정자

타입스크립트의 클래스에서는 접근 수정자(Access Modifier)로 `public`, `private`, `protected`를 제공합니다. 이들을 부여함으로써 멤버나 메서드의 접근 범위를 제어할 수 있습니다. 접근 수정자를 지정하지 않으면 `public`으로 취급됩니다.

```
class BasePoint3D {
  public x: number;
  private y: number;
  protected z: number;
}

// 인터페이스화했을 때의 접근 제어 예
const basePoint = new BasePoint3D()
basePoint.x // OK
basePoint.y // 컴파일 시 에러가 발생한다. private이므로 접근할 수 없다.
basePoint.z // 컴파일 시 에러가 발생한다. protected이므로 접근할 수 없다.

// 클래스를 상속했을 때의 접근 제어 예
class ChildPoint extends BasePoint3D {
  constructor() {
    super()
    this.x // OK
    this.y // 컴파일 시 에러가 발생한다. private이므로 접근할 수 없다.
    this.z // protected는 문제없이 접근할 수 있다.
  }
}
```

클래스의 기본적인 기능에 관해 소개했습니다. 자바스크립트의 클래스와의 차이나 상세한 기능에 관해서는 공개된 문서를 참조하기 바랍니다.

2.4 실제 개발 시 중요한 타입

지금까지 타입스크립트의 기본적인 사양에 관해 설명했습니다. 타입스크립트에는 이 외에도 많은 기능이 있습니다. 이 책에서는 모든 기능을 설명하지는 않으나, 실제 개발에서도 도움이 되는 몇 가지 주제에 관해 설명합니다.

2.4.1 Enum 타입

Enum을 사용하면 이름이 붙은 상수 셋을 정의할 수 있습니다. Enum은 자바스크립트에는 없는 기능으로, 타입스크립트에서 확장한 기능 중 하나입니다. 열거형이라고도 불립니다.

자바스크립트에서는 다음과 같은 정의를 볼 수 있습니다.

```
const Direction = {
  'Up': 0,
  'Down': 1,
  'Left': 2,
  'Right': 3
}
```

이 코드를 타입스크립트에선 다음과 같이 **enum**을 사용해 상수를 정의할 수 있습니다. Enum을 사용하면 열거한 값 이외에는 대입할 수 없는 타입을 정의할 수 있습니다. 예시와 같이 상하좌우 방향 등, 특정한 값만 받고 싶을 때 사용합니다.

```
enum Direction {
  Up,
  Down,
  Left,
  Right
}

// enum Direction을 참조
let direction: Direction = Direction.Left
// 2라는 숫자가 출력된다
console.log(direction)

// enum을 대입한 변수에 다른 타입의 값을 대입하려고 하면 에러가 된다
direction = 'Left' // string을 넣으려 하면 에러
```

콘솔에 출력된 **Directioin.Left**의 값이 2가 됩니다. 특별히 지정하지 않는 경우 Enum은 정의된 순서대로 0부터 숫자가 자동으로 증가하면서 설정됩니다(수치 기반 Enum 타입).

타입스크립트에서는 수치 기반 이외에 문자열 기반의 Enum 타입도 사용할 수 있습니다. 문자열 기반 Enum 타입을 사용할 때는, 각 멤버를 특정 문자열의 상수로 초기화해야 합니다.

```typescript
enum Direction {
  Up = 'UP',
  Down = 'DOWN',
  Left = 'LEFT',
  Right = 'RIGHT'
}

// 예를 들어, API의 파라미터로 문자열이 전달된 경우를 가정한다
const value = 'DOWN'
// 문자열에서 Enum 타입으로 변환한다
const enumValue = value as Direction

if (enumValue === Direction.Down) {
  console.log('Down is selected')
}
```

문자열 기반(문자열 열거형)의 경우, 상숫값은 자동 증가하지 않지만 문자열로 전달된 값과 Enum의 정숫값을 비교할 때 편리합니다.

Enum과 비슷한 기능으로 Union 타입(2.4.3)이 있습니다. Union 타입으로도 거의 비슷한 기능을 구현할 수 있어, Union 타입을 선호하는 개발자도 있습니다.

2.4.2 제네릭 타입

제네릭(Generic)은 클래스와 함수에 대해, 그 안에서 사용하는 타입을 추상화해 외부로부터 구체적인 타입을 지정할 수 있는 기능입니다. 바깥쪽에서 지정된 타입이 달라도 작동하도록 할 수 있는 범용적인 클래스나 함수를 정의할 때 편리합니다.

다음 코드는 임의의 타입의 배열과 호출 시 배열을 순서대로 꺼내는 함수를 가진 클래스의 예시입니다. 제네릭을 사용한 코드 예시를 소개합니다.

```typescript
// T는 클래스 안에서 사용하는 임시 타입 이름이다.
class Queue<T> {
  // 내부에서 T 타입의 배열을 초기화한다
  private array: T[] = []

  // T 타입의 값을 배열에 추가한다
```

```
  push(item: T) {
    this.array.push(item)
  }

  // T 타입의 배열의 첫 번째 값을 꺼낸다
  pop(): T | undefined {
    return this.array.shift()
  }
}

const queue = new Queue<number>() // 숫자 타입을 다루는 큐를 생성한다
queue.push(111)
queue.push(112)
queue.push('foo') // number 타입이 아니므로 컴파일 시 에러가 된다

let str = 'bar'
str = queue.pop() // str은 number 타입이 아니므로 컴파일 시 에러가 된다
```

예시와 같이 제네릭 타입은 타입을 바깥쪽에서 지정해 작동하는 클래스를 기술할 때 편리합니다. 이 책에서 설명하는 리액트 컴포넌트도 제네릭 타입의 클래스로 정의돼 있으며, 컴포넌트가 받는 props의 타입을 바깥쪽에서 정의할 수 있습니다.

2.4.3 Union 타입과 Intersection 타입

타입스크립트의 타입은 조합해서 사용할 수 있습니다. 다소 복잡한 타입을 표현하고 싶을 때, 지정한 여러 타입의 합집합을 의미하는 Union 타입과 교집합을 의미하는 Intersection 타입이 있습니다. 각각 |와 &를 사용해 타입을 정의할 수 있습니다. 함수나 반환값 타입, 또는, 타입 앨리어스에 대해 지정할 수 있습니다.

Union 타입은 지정할 몇 가지 타입에 해당하면 좋은 타입을 생성합니다.

```
// 변수나 인수 선언 시 Union 타입을 지정해, number 또는 string을 받을 수 있다
function printId(id: number | string) {
  console.log(id)
}
// number라도 정상 작동한다
printId(11)
// string이라도 정상 작동한다
printId('22')
```

타입 앨리어스로도 정의할 수 있습니다.

```typescript
type Id = number | string

function printId(id: Id) {
  console.log(id)
}
```

또한, 타입 앨리어스 사이에 새로운 타입을 정의할 수 있습니다.

```typescript
type Identity = {
  id: number | string;
  name: string;
}

type Contact = {
  name: string;
  email: string;
  phone: string;
}

// 합집합을 통한 새로운 Union 타입을 정의한다
// Identity 또는 Contact 타입을 받을 수 있다
type IdentityOrContact = Identity | Contact

// OK
const id: IdentityOrContact = {
  id: '111',
  name: 'Hana'
}

// OK
const contact: IdentityOrContact = {
  name: 'Hana',
  email: 'test@example.com',
  phone: '012345678'
}
```

한편, Intersection 타입은 여러 타입을 병합해서 하나로 만든 타입(모든 타입 정의의 내용을 합친 타입)을 생성합니다. 다음 코드는 2개의 타입을 조합한 예시입니다. 3개 이상의 타입도 조합할 수 있습니다.

```
// 앞에서 설명한 Identity와 Contact를 정의한다.
// 교집합을 통한 새로운 Intersection 타입을 정의한다.
// Identity와 Contact 양쪽의 모든 속성이 병합된 타입으로 다룬다.
type Employee = Identity & Contact

// OK
const employee: Employee = {
  id: '111',
  name: 'Hana',
  email: 'test@example.com',
  phone: '012345678'
}

// 에러: Contact 정보만으로 변수를 정의할 수 없다. id가 필요하다.
const employeeContact: Employee = {
  name: 'Hana',
  email: 'test@example.com',
  phone: '012345678'
}
```

2.4.4 리터럴 타입

|로 데이터를 구분하는 리터럴 타입을 사용하면 정해진 문자열이나 수치만 대입할 수 있는 타입으로 제어할 수 있습니다.

```
변수: 허용하는_데이터_1 | 허용하는_데이터_2 | ...
```

예를 들어, 데이터의 상태를 나타내는 값 등에 사용할 수 있습니다. 이것도 타입스크립트로 제어할 수 있습니다.

```
let postStatus: 'draft' | 'published' | 'deleted'
postStatus = 'draft' // OK
postStatus = 'drafts' // 타입 선언에 없는 문자열이 할당돼 있으므로 컴파일 시 에러.
```

숫자에도 리터럴 타입을 쓸 수 있습니다. 다음 코드는 함수의 반환값을 타입 정보로 정의할 때 수치 리터럴 타입을 사용한 예시입니다.

```
// -1, 0, 1 중 하나만 반환하는 타입 정보를 정의한다
function compare(a: string, b: string): -1 | 0 | 1 {
  return a === b ? 0 : a > b ? 1 : -1
}
```

2.4.5 never 타입

never 타입은 절대로 발생하지 않는 값의 종류를 나타냅니다. 예를 들어, 항상 예외를 발생시키는 함수 등에서 절대로 값이 반환되지 않는 반환값의 타입을 never로 정의할 수 있습니다.

```
// 에러가 항상 반환되는 함수로 절대로 값이 정상으로 반환되지 않을 때 never 타입을 지정한다
function error(message: string): never {
  throw new Error(message)
}

function foo(x: string | number | number[]): boolean {
  if (typeof x === 'string') {
    return true
  } else if (typeof x === 'number') {
    return false
  }
  // never를 사용해서 명시적으로 값이 반환되지 않은 것을 컴파일러에 전달할 수 있다
  // never를 사용하지 않으면 타입스크립트는 컴파일 에러를 일으킨다
  return error('Never happens')
}
```

never와 같이 유효한 사용방법으로 if 문이나 switch 문에서 타입스크립트의 타입의 조건 분기에 누락이 없는 것을 보증하는 경우가 있습니다. 다음 코드는 Enum으로 정의한 각 페이지의 타입과 해당 타입에 대응하는 제목을 반환하는 함수를 구현한 예시입니다. 함수 안의 switch 문으로 각각의 Enum 타입의 확인을 수행한 후 명시적으로 never 타입을 사용함으로써, 미래 **PageType**이 새롭게 추가됐을 때 switch 문 구현에 누락이 있으면 컴파일 에러가 발생하게 할 수 있습니다.

```
// 미래에 상수가 추가될 가능성이 있는 enum 타입을 정의한다
enum PageType {
  ViewProfile,
  EditProfile,
  ChangePassword,
}

const getTitleText = (type: PageType) => {
  switch (type) {
    case PageType.ViewProfile:
      return 'Setting'
    case PageType.EditProfile:
      return 'Edit Profile'
    case PageType.ChangePassword:
      return 'Change Password'
    default:
      // 결코 일어나지 않는 일을 컴파일러에 전달하는 never 타입에 대입한다.
      // 이로 인해 만약 미래 PageType의 enum 타입에 상수가 새롭게 추가됐을 때
      // 컴파일 시에 에러가 발생하기 때문에 버그를 미연에 방지해서 대응할 수 있다.
      const wrongType: never = type
      throw new Error(`${wrongType} is not in PageType`)
  }
}
```

2.5 타입스크립트 테크닉

타입스크립트를 사용할 때 알아 두어야 할 편리한 고급 기능을 소개합니다.

2.5.1 옵셔널 체이닝

옵셔널 체이닝(Optional Chaining)을 사용하면 중첩된 객체의 속성이 존재하는가에 관한 조건 분기를 간단하게 기술할 수 있습니다[18]. 이제까지는 안전한 코드를 작성하려면 null 또는 undefined를 체크하는 if 조건 분기를 작성하거나, obj.prop1 && obj.prop1.prop2 같이 체크해야 했습니다.

---

18 타입스크립트 3.7부터 도입.

다음 코드처럼 속성 접근 시 옵셔널 체이닝 기능의 ?를 사용하면 null 또는 undefined가 될 수 있는 객체에 대해 안전하게 처리를 기술할 수 있습니다.

```
// null이 될 수 있는 social이라는 속성의 타입을 정의한다
interface User {
  name: string
  social?: {
    facebook: boolean
    twitter: boolean
  }
}


let user: User


user = { name: 'Hana', social: { facebook: true, twitter: true } }
// true가 출력된다
console.log(user.social?.facebook)


user = { name: 'Hana' }
// social이 존재하지 않는 경우에도 다음 코드는 실행 시 에러가 되지 않는다
console.log(user.social?.facebook)
```

2.5.2 논-널 어서션 연산자

컴파일 옵션 --strictNullChecks를 지정해 컴파일하면, 타입스크립트는 일반적으로 null일 가능성이 있는 객체에 대한 접근을 에러로 취급합니다. null이 아님을 나타내고 싶을 때 논-널 어서션(Non-Null Assertion)이라는 기능을 사용해 명시적으로 컴파일러에게 문제가 없음을 전달할 수 있습니다. 논-널로 나타낼 변수 등에 !를 붙입니다.

```
// user가 null이면, 실행 시 에러가 될 가능성이 있는 속성에 접근하면 컴파일 에러
// !를 사용해 명시적으로 지정함으로써 컴파일 에러를 억제
function processUser(user?: User) {
  let s = user!.name
}
```

?를 사용하는 옵셔널 체이닝과 다소 비슷하지만, 논-널 어서션은 어디까지나 에러를 발생시키지 않아도 된다고 타입스크립트 컴파일러에 알려줄 뿐이고, 실행 시에 에러가 발생할 가능성은 있습니다. 한편, 옵셔널 체이닝은 트랜스파일되어 생성된 자바스크립트에 null 체크 코드를 추가하므로, 실행 시 에러가 발생하지 않습니다.

2.5.3 타입 가드

타입스크립트에서 if 문이나 switch 문의 조건 분기에서 타입 체크를 수행할 때, 해당 조건 분기 블록 이후는 변수의 타입이 필터링되는 추론을 수행합니다. 이것이 타입 가드(type guard)입니다.

number와 string의 Union 타입으로 정의된 인수를 typeof를 사용해 string 타입의 판정을 하는 if 문을 작성했다고 가정합니다. if 블록 이후의 인수인 변수는 자동으로 number 타입으로 취급됩니다.

```
function addOne(value: number | string) {
  if (typeof value === 'string') {
    return Number(value) + 1
  }
  return value + 1
}

console.log(addOne(10)) // 11
console.log(addOne('20')) // 21
```

타입 가드 기능을 사용하면 실행 시 에러를 발생시키기 쉬운 as를 사용하는 타입 어서션보다 안전하게 타입을 사용한 코드를 작성할 수 있습니다.

옵셔널 속성으로 정의된 값을 if 문으로 필터링할 때도 마찬가지로 타입 가드 기능을 활용해, if 문 안에서는 null 안전한 속성으로서 다룰 수 있습니다. 다음 코드는 뒤에서 설명할 --strictNullChecks라는 컴파일 옵션을 활성화한 경우의 예시입니다.

```
// 옵셔널 속성으로 info를 정의한다
type User = {
  info?: {
    name: string;
    age: number;
  }
```

```
}

let response = {}
// response는 JSON 형식의 API 응답이 대입됐다고 가정한다. User에 타입 어서션을 한다.
const user = (response as any) as User

// 옵셔널 속성에 대한 타입 가드를 수행한다.
if (user.info) {
  // 옵셔널 속성 하위 속성인 user.info.name에 접근해도 에러가 발생하지 않는다.
  // 만약 if의 조건이 없을 때는 Object is possibly 'undefined'.라는 에러가 발생한다
  console.log(user.info.name)
}
```

2.5.4 keyof 연산자

타입에 대해 keyof 연산자를 사용하면 해당 타입이 가진 각 속성의 타입의 Union 타입을 반환합니다. 다음 코드와 같이 keyof의 결과는 리터럴 타입의 Union 타입으로 취급되므로, 객체에 존재하는 키를 사용해 무언가의 함수 처리를 수행하고자 할 때 안전하게 구현할 수 있습니다.

```
interface User {
  name: string;
  age: number;
  email: string;
}
type UserKey = keyof User // 'name' | 'age' | 'email'이라는 Union 타입이 된다.

const key1: UserKey = 'name' // 대입 가능하다.
const key2: UserKey = 'phone' // 컴파일 시 에러가 발생한다.

// 첫 번째 인수에 전달한 객체 타입의 속성명의 Union 타입과, 두 번째 인수로 전달한 값의 타입이 일치하지 않
으면 타입 에러가 된다.
// T[K]에 따라 키에 대응하는 타입이 반환값의 타입이 된다(예를 들어, 위 User의 age를 key로 전달하면, 반
환값 쪽은 number가 된다).
function getProperty<T, K extends keyof T>(obj: T, key: K): T[K] {
  return obj[key]
}

const user: User = {
```

```
  name: 'Hana',
  age: 36,
  email: 'test@example.com'
}

// name은 타입의 키로 존재하기 때문에 올바르게 string 타입의 값을 반환한다.
const userName = getProperty(user, 'name')

// gender는 객체의 키로 존재하지 않으므로, 컴파일 시 에러가 된다.
const userGender = getProperty(user, 'gender')
```

2.5.5 인덱스 타입

인덱스 타입(Index signature)을 사용하면 객체의 속성이 변할 때, 모아서 타입을 정의할 수 있습니다. 각 속성에 대응하는 타입을 정의할 수 없을 때 간단하게 기술할 수 있습니다.

```
// 속성명은 임의의 number로서 다루는 타입을 정의한 예이다.
type SupportVersions = {
  [env: number]: boolean;
}

// string의 속성에 정의한 경우 에러가 발생한다
let versions: SupportVersions = {
  102: false,
  103: false,
  104: true,
  'v105': true // -> error가 된다
}
```

2.5.6 readonly

타입스크립트에서는 타입 앨리어스, 인터페이스, 클래스에 대해 readonly 속성을 지정할 수 있습니다. readonly가 지정된 속성은 변경할 수 없습니다.

```
type User = {
  readonly name: string;
```

```
    readonly gender: string;
}

let user: User = { name: 'Hana', gender: 'Male' }

// 아래 대입을 수행했을 때 컴파일 시 에러가 발생한다
user.gender = 'Female'
```

자바스크립트의 재대입 불가 기능으로 const 기능이 있으나, 둘의 용도는 다릅니다. const는 변수의 대입에 대해 수행하는 선언, readonly는 객체나 클래스의 속성에 대해 수행하는 선언으로 컴파일 시 에러를 감지할 수 있습니다.

또한, Readonly 타입이라는 제네릭 타입도 있습니다. 다음 코드와 같이 Readonly 타입에 타입 앨리어스를 지정하면, 모든 속성이 변경 불가능한 타입이 작성됩니다.

```
type User = {
  name: string;
  gender: string;
}

type UserReadonly = Readonly<User>

let user: User = { name: 'Hana', gender: 'Male' }
let userReadonly: UserReadonly = { name: 'Hana', gender: 'Male' }

user.name = 'Jinho' // OK
userReadonly.name = 'Jinho' // 컴파일 시 에러가 발생한다
```

2.5.7 unknown

unknown은 any와 마찬가지로 모든 값을 대입할 수 있는 타입입니다[19]. 하지만 any와 달리 대입된 값 상태 그대로는 임의의 함수나 속성으로 접근할 수 없습니다. typeof나 instanceof 등을 사용해 타입 안전한 상태를 만든 뒤, 변숫값에 접근하는 함수 등의 처리를 실행할 수 있습니다.

---

19 타입스크립트 3.0에서 도입된 타입입니다.

```
// any와 마찬가지로 어떤 값에도 unknown으로 대입할 수 있다
const x: unknown = 123
const y: unknown = 'Hello'

// 함수나 속성에 접근했을 때, unknown 타입 그대로는 컴파일 시 에러가 발생한다.
// error TS2339: Property 'toFixed' does not exist on type 'unknown'.
console.log(x.toFixed(1))
// error TS2339: Property 'toLowerCase' does not exist on type 'unknown'.
console.log(y.toLowerCase())

// 타입 안전한 상황에서 함수나 속성에 접근해서 실행할 수 있다
if (typeof x === 'number') {
  console.log(x.toFixed(1)) // 123.0
}

if (typeof y === 'string') {
  console.log(y.toLowerCase()) // hello
}
```

이렇게 unknown은 임의의 타입을 대입할 수 있는 any와 같은 특성을 가지면서, 보다 타입이 불명확한 값을 나타내는 기능을 강조한 것입니다. 변수를 사용할 때는 타입을 지정함으로써 any로는 할 수 없었던 컴파일 시 에러를 사전에 감지할 수 있습니다. 결과적으로 any를 사용하는 것보다 안전한 코드를 작성할 수 있습니다.

2.5.8 비동기 Async/Await

비동기 처리 API인 Promise의 간략한 구문에 해당하는 것이 Async/Await의 기능입니다. 이 기능은 타입스크립트라기보다는 ECMAScript 사양 범위에 해당합니다. 간단한 샘플 코드를 소개합니다. 타입스크립트에서 async/await를 사용할 때 참고하기 바랍니다.

```
// 비동기 함수를 정의합니다
function fetchFromServer(id: string): Promise<{success: boolean}> {
  return new Promise(resolve => {
    setTimeout(() => {
      resolve({success: true})
    }, 100)
  })
```

```
}

// 비동기 처리를 포함하는 async function의 반환값의 타입은 Promise이다.
async function asyncFunc(): Promise<string> {
  // Promise한 값을 await하면 내용을 추출할 수 있다(그렇게 보인다)
  const result = await fetchFromServer('111')
  return `The result: ${result.success}`
}

// await 구문을 사용하기 위해서는 async function 안에서 호출해야 한다
(async () => {
  const result = await asyncFunc()
  console.log(result)
})()

// Promise로서 다룰 때는 다음과 같이 기술합니다
asyncFunc().then(result => console.log(result))
```

2.5.9 타입 정의 파일

TypeScrtipt로 웹 애플리케이션을 개발하는 도중 자바스크립트로 작성된 외부 라이브러리를 로딩하고 싶을 때가 많을 것입니다. 타입스크립트에서는 자바스크립트 라이브러리를 로딩해서 실행할 수 있지만, 타입 정의 정보가 없을 때는 타입 안전한 코드를 작성할 수 없습니다.

그래서 타입스크립트에는 자바스크립트 모듈에 대해, 타입 정보를 부여할 수 있는 타입 정의 파일이라는 구조를 제공합니다.

이를 도입하는 방법은 크게 2가지입니다.

- @types로 대표되는 공개된 타입 정의 파일을 도입한다.
- 타입 정의 파일을 직접 작성한다

▪ 타입 정의 파일 도입

첫 번째는 @types/[라이브러리명]으로 공개된 타입 정의 파일을 설치하는 방법입니다. 현재 타입스크립트 보급과 함께, 여러 유명한 자바스크립트 라이브러리들이 npm 저장소에 타입 정의 정보를 공개하고 있

습니다. 예를 들어, 제이쿼리를 사용할 때 다음과 같이 npm에서 **@types/jquery**를 로딩해서 타입 정보를 부여한 제이쿼리를 다룰 수 있습니다.

```
$ npm install --save-dev @types/jquery
```

또한, 위처럼 설치하지 않더라도 라이브러리에 포함된 경우도 있습니다. 그때는 별도로 npm으로 설치하지 않아도 됩니다.

▪ 타입 정의 파일 작성

의존하는 자바스크립트의 라이브러리가 타입 정의 파일을 포함하고 있지 않거나, 공개돼 있지 않을 때가 있습니다.

그때는 직접 .d.ts라는 확장자를 가진 타입 정의 파일을 설치하고, 로딩해서 사용할 수 있습니다. 다음 코드는 프로젝트에 자바스크립트 코드가 있을 때, .d.ts를 정의해 해당 코드를 타입스크립트에서 사용하는 예시입니다.

./lib/hello.js라는 자바스크립트의 유틸리티 함수가 존재한다고 가정했습니다.

```
exports.hello = function(name) {
  console.log('Hello, ${name}')
}
```

./lib/hello.d.ts라는 타입 정의 파일을 작성합니다.

```
export function hello(name: string): void
```

위와 같이 정의 파일을 설치하면 자바스크립트 유틸리티 함수가 타입 정보를 가진 타입스크립트 코드로 작동합니다.

```
import { hello } from './lib/hello'

// 에러: name의 인수를 전달하지 않으므로, 컴파일러 에러가 발생한다
hello()
```

또한, 이 책에서는 타입 정의 파일 도입 방식을 사용하며, 타입 정의 파일을 작성하지는 않습니다.

2.6 타입스크립트 개발 시 설정

타입스크립트로 개발을 진행할 때, 편리한 설정 파일인 tsconfig.json과 개발 도구 prettier, ESLint에 관해 소개합니다.

2.6.1 tsconfig.json

타입스크립트에서는 컴파일에 필요한 옵션이나 컴파일 대상이 되는 파일의 정보 등을 tsconfig.json에 기술합니다. IDE 편집기에서도 이 설정 파일을 기반으로 자동 완성이나 에러 감지가 가능하므로 활용하면 좋습니다. tsc --init 명령어를 실행하면 기본 tsconfig.json 파일이 생성됩니다. 프로젝트 루트에 배치합니다.

다음으로 이 책에서 샘플 코드로 사용하고 있는 tsconfig.json 파일에 관해 소개합니다.

```
{
  "compilerOptions": {
    "target": "es5",
    "lib": [
      "dom",
      "dom.iterable",
      "esnext"
    ],
    "allowJs": true,
    "skipLibCheck": true,
    "strict": false,
    "strictNullChecks": true,
    "forceConsistentCasingInFileNames": true,
    "noEmit": true,
    "esModuleInterop": true,
    "module": "esnext",
    "moduleResolution": "node",
    "resolveJsonModule": true,
    "isolatedModules": true,
    "jsx": "preserve",
```

```
    "baseUrl": "src"
  },
  "include": [
    "next-env.d.ts",
    "src/**/*.ts",
    "src/**/*.tsx"
  ],
  "exclude": [
    "node_modules"
  ]
}
```

tsconfig.json의 자세한 옵션에 관해서는 공식 문서[20]를 참조하기 바랍니다.

주요 컴파일 옵션에 관해서는 2.6.4에서 소개합니다.

2.6.2 Prettier

Prettier[21]를 사용하면 들여쓰기의 공백 수를 맞추거나, 큰따옴표와 작은따옴표를 정리하는 등 자동으로 코드를 포매팅할 수 있습니다. 특히 여러 사람이 동시에 파일을 변경할 때는 공통 코드 포맷을 사용해 Prettier를 실행함으로써 개발할 때 충돌을 줄일 수 있어 권장합니다. 여기서는 Prettier 도입 방법을 간단히 소개합니다.

다음 명령어로 Prettier를 설치합니다.

```
$ npm install prettier --save-dev
```

프로젝트 디렉터리 아래 .prettierrc라는 파일이 생성됩니다. 이 파일에는 다음과 같은 포맷 설정값들이 들어있습니다.

```
{
  // 코드 끝에 세미콜론을 넣는가
  "semi": false,
```

---

[20] https://www.typescriptlang.org/tsconfig
[21] https://prettier.io/

```
  // 객체 정의의 마지막 콤마를 빼는가
  "trailingComma": "none",
  // 문자열의 정의 등의 따옴표에 작은따옴표를 사용하는가
  "singleQuote": true,
  // 행을 줄바꿈할 문자 수
  "printWidth": 80
}
```

package.json 안의 scripts 항목에 다음의 행을 작성합니다.

```
{
  "scripts": {
    ...
    "prettier-format": "prettier --config .prettierrc 'src/**/*.ts' --write"
  }
}
```

다음 커맨드를 실행하면 src 아래의 모든 타입스크립트 소스 코드에 대해 포매팅이 실행됩니다.

```
$ num run prettier-format
```

2.6.3 ESLint

ESLint는 자바스크립트나 타입스크립트 코드를 해석해 문제가 있는 위치를 지적해 코드 품질을 높이는 데 도움을 주는 도구입니다. Prettier는 코드를 포매팅(형태를 정리해서 출력)하는 것이 주목적입니다. 한편, ESLint는 코드를 해석해 문자를 감지하는 것(lint)이 주목적입니다. 많은 모든 프런트엔드 개발 프로젝트는 prettier와 ESLint를 함께 사용하고 있습니다.

ESLint는 예를 들어 코드 안에 사용되지 않는 변수가 있을 때 등 에러를 출력합니다. 그 밖에도 if 문의 조건 안에서 비교가 아니라 대입이 된 부분을 감지하거나, 함수에서 사용되지 않는 인수를 정의하는 경우 등에도 에러를 감지합니다. 100가지 이상의 다양한 규칙에 대해 코드를 해석할 수 있으며, 설정도 커스터마이즈할 수 있습니다. 또한, 직접 ESLint 규칙을 작성해서 추가할 수도 있습니다.

.eslintrc.js라는 파일에 다음과 같이 설정을 작성합니다.

```
{
  "rules": {
    "semi": ["error", "always"],
    "quotes": ["error", "double"]
  }
}
```

위 설정 파일의 **semi**와 **quotes**는 각각 세미콜론과 따옴표를 어떻게 취급하는지 나타내는 규칙을 설정한 것입니다. 배열의 첫 번째 값은 에러 수준을 나타냅니다.

- off 또는 0, 규칙 비활성화

- warn 또는 1, 규칙을 경고로 취급

- error 또는 3, 규칙을 에러로 취급

두 번째 값은 각각 규칙에 전달하는 설정값입니다. 자세한 규칙의 설명에 관해서는 공식 문서의 규칙 페이지[22]를 참조하기 바랍니다.

ESLint의 규칙은 플러그인으로 풍부하게 제공되며 npm 명령어를 통해 설치할 수 있어 프로젝트에 간단하게 삽입할 수 있습니다. ESLint의 설치 방법이나 좀 더 자세한 ESLint 사용법에 관해서는 공식 문서[23]를 참조하기 바랍니다.

2.6.4 컴파일 옵션

타입스크립트의 컴파일 명령이나 **tsconfig**에 지정한 옵션에 관한 몇 가지 주의 사항을 소개합니다. 타입스크립트 CLI의 보다 자세한 사용 방법에 관해서는 공식 문서[24]를 참조하기 바랍니다.

- **noImplicitAny**

타입이 지정되지 않고 타입스크립트가 콘텍스트에 따라 타입을 추측할 수 없는 경우, 컴파일러는 일반적으로 기본 **any**를 사용합니다. 이것을 암묵적인 **any**라 부릅니다. 하지만 **any**는 타입 체크를 수행하지 않으므

---

22 https://eslint.org/docs/latest/rules/

23 https://eslint.org/docs/latest/user-guide/getting-started

24 https://www.typescriptlang.org/docs/handbook/compiler-options-in-msbuild.html

로 되도록 사용을 자제해야 합니다. 그래서, 컴파일 옵션인 **noImplicitAny**를 사용하면 암묵적인 **any**를 사용한 경우 에러를 발생하도록 설정할 수 있습니다.

예를 들어, 다음 코드와 같이 인수 타입을 정의하지 않는 함수가 있을 때, **noImplicitAny** 옵션을 활성화해서 실행하면 에러가 발생합니다.

```
// noImplicitAny 옵션을 지정해 컴파일을 실행하면 아래 인수의 타입 정의가 없는 경우 에러가 된다.
// error TS7006: Parameter 'word' implicitly has an 'any' type.
function hello(word) {
  console.log(`Hello, ${name}`)
}

hello('Hana')
strictNullChecks
```

컴파일 옵션 **strictNullChecks**을 사용하면 **null**, **undefined**를 엄격하게 다룰 수 있습니다. 옵션을 활성화하지 않으면, 변수에 **null**이나 **undefined** 등을 명시하지 않아도 허용됩니다. 한편, 옵션을 활성화해서 **null**이나 **undefined**를 사용하는 경우에는, Union 타입이나 생략 가능한 인수를 사용해 명시적으로 **null**이나 **undefined**를 허용하는 작성법도 필요합니다.

```
let date: Date
date = new Date()
// strincNullChecks를 활성화한 경우, null을 대입하려고 할 때 컴파일 에러가 발생한다.
// error TS2322: Type 'null' is not assignable to type 'Date'.
date = null
```

null 대입을 사용할 때는 다음과 같이 기술합니다.

```
// null을 명시적으로 허용하도록 타입을 정의한다
let date: Date | null
date = new Date()
// 컴파일 에러는 발생하지 않는다
date = null
```

이번 장에서 나온 !를 사용하는 논-널 어서션이라는 기능도 이 옵션이 활성화돼 있을 때 사용할 수 있습니다. 타입스크립트의 타입 체크를 통한 혜택을 얻을 수 있습니다.

매우 유용한 옵션으로, 이 책에서는 **tsc**를 처음 사용했을 때도 이 옵션을 지정했습니다. 여러분도 개발 시 활성화할 것을 권합니다.

3장 이후의 샘플 코드에서는 모두 이 옵션을 활성화했습니다.

▪ target

컴파일 옵션 target을 사용하면 타입스크립트가 컴파일을 수행할 때 어떤 버전의 ECMAScript로 출력할 것인지 지정할 수 있습니다. 예를 들어, Internet Explorer 11 등 조금 오래된 브라우저를 지원하는 경우에는 다음과 같이 es5를 지정해 ECMAScript 5 표준의 자바스크립트로 변환됩니다.

```
$ tsc --target es5 sayHello.ts
```

칼럼

코딩 스타일 가이드

개발 팀 안에서 코드 스타일 가이드를 통일하면 다음과 같은 장점이 있습니다.

- 스페이스나 들여쓰기 등 코드 스타일의 일관성을 확보함으로써 불필요한 커밋을 줄일 수 있다

- 프로그램을 실제로 실행하기 전에 에러를 감지할 수 있어, 잠재적인 에러나 품질이 낮은 코드를 조기에 수정할 수 있다

- 수동으로 코딩 가이드를 준수할 필요 없이, 도구 등을 사용해 형태를 정리함으로써 시간을 절약할 수 있다

prettier나 ESLint 등 편리한 도구들이 존재하지만, 예를 들어, 스페이스 수나 세미 콜론 사용 여부 등은 어떤 스타일 가이드에 따르는 것이 좋을까요? 사실 타입스크립트에서는 세미콜론을 붙이는 것을 권장하지만 Next.js에서는 세미콜론을 붙이지 않습니다.

결론적으로 스타일 가이드에는 언어마다의 사고방식이 있기 때문에, 유일한 가이드는 존재하지 않습니다. 다음과 같은 자바스크립트 및 타입스크립트 스타일 가이드가 나와 있습니다.

- **자바스크립트 표준 스타일(JavaScript Standard Style)**: 세미콜론을 생략하는 것이 특징인 모던한 스타일 가이드.

  https://github.com/standard/standard/blob/master/docs/README-kokr.md

- **에어비앤비(Airbnb) 스타일 가이드**: 에어비앤비에서 공개한 스타일 가이드. 많은 스타일이 베스트 프랙티스로 사용된다.

  https://github.com/airbnb/javascript

- **구글 스타일 가이드**: 구글에서 공개한 스타일 가이드. 타입스크립트에 관한 내용도 공개하고 있다.

  https://github.com/google/styleguide

- **TypeScript Deep Dive 스타일 가이드**: 타입스크립트에서 인기 있는 스타일 가이드.

  https://basarat.gitbook.io/typescript/styleguide

Next.js는 v11.0 이후, ESLint를 기본으로 설정하게 됐습니다. 리액트 기반의 것을 확장한 것으로, 독자적인 ESLint 플러그인인 `eslint-plugin-next`를 탑재하고 있습니다. Next.js의 ESLint 규칙에 관해서는 공식 가이드를 참조하기 바랍니다.

https://nextjs.org/docs/basic-features/eslint#eslint-plugin

이렇게 다양한 스타일 가이드가 존재하며, 각각의 우열을 가리기는 어렵습니다. 실제 개발 환경에서는 팀 안에서 공통 규칙에 대해 인식하는 것이 중요합니다.

칼럼
타입스크립트 컴파일러

`tsc`라는 명령어를 실행했을 때 타입스크립트의 컴파일러는 소스 코드를 해석해서 자바스크립트로 변환합니다. 이 때 컴파일러는 어떤 처리를 하는 것일까요? 컴파일러에서는 주로 다음과 같은 요소가 순서대로 실행됩니다.

01. **스캐너(Scanner)**: 타입스크립트 소스 코드를 읽고, 각각의 문법 요소를 위치 정보를 가진 토큰으로 변환한다.

02. **파서(Parser)**: 스캐너가 작성한 토큰을 받아 추상 구문 트리(Abstract Syntax Tree, AST)로 변환한다.

03. **바인더(Binder)**: AST를 기반으로 타입 체크의 기본이 되는 심벌을 작성한다.

04. **체커(Checker)**: 타입 체크를 실행한다. 컴파일러에서 가장 큰 부분이다(이 책 집필 시점 기준 4만 행 이상의 코드).

05. **이미터(Emitter)**: AST와 체커의 결과를 바탕으로 타입스크립트에서 자바스크립트로 변환해 출력한다.

이 책에서는 컴파일러의 상세한 구현에 관해서는 다루지 않습니다. 흥미가 있는 분들은 TypeScript Deep Dive의 컴파일러 장[25]을 참조하기 바랍니다.

---

[25] https://basarat.gitbook.io/typescript/overview

> **칼럼**
>
> ### import type
>
> 현재 타입스크립트 개발에는 ES 모듈[26]이 많이 쓰입니다.
>
> 타입스크립트의 ES 모듈에는 독자적인 확장이 있습니다. 타입만 임포트하는 import type입니다.
>
> ```
> // APIProps라는 타입만 import한다
> import type {APIProps} from './api'
> ```
>
> 타입만 임포트하므로 자바스크립트로 변환할 때는 이 코드가 제거됩니다.
>
> 자세한 사용 방법은 공식 문서[27]를 참조하기 바랍니다.

---

[26] https://www.typescriptlang.org/docs/handbook/2/modules.html#additional-import-syntax

[27] https://www.typescriptlang.org/docs/handbook/release-notes/typescript-3-8.html

리액트/Next.js 기초

이 책의 주제인 리액트와 Next.js의 기본적인 사용 방법에 관해 설명합니다.

실제 개발에 필요한 범위에서의 설명이 중심이므로, 전체적인 내용을 알고 싶다면 리액트[1], Next.js[2]의 공식 문서를 참고하기 바랍니다.

Next.js는 리액트 기반의 프레임워크로, 개발에는 리액트 관련 지식을 어느 정도 알고 있는 것이 좋습니다.

3.1 리액트 입문

3.1에서는 리액트의 기본적인 사용 방법을 샘플 코드와 함께 설명합니다.

가장 먼저 리액트를 사용한 컴포넌트의 작성 방법과 기본적인 기법에 설명하고, 훅(React Hooks)에 관해 설명합니다.

3.1.1 리액트 시작하기

실제로 리액트를 사용한 코드를 로컬에서 다뤄 봅니다.

---

1 https://ko.reactjs.org/docs/getting-started.html
2 https://nextjs.org/docs/getting-started

리액트 환경은 몇 가지 방법으로 구축할 수 있지만, 여기에서는 Create React App[3]을 사용합니다. Create React App은 리액트를 개발한 페이스북에서 공개한 리액트용 환경 구축 도구입니다.

`npx create-react-app [프로젝트명]`을 실행하면 리액트 프로젝트를 자동으로 만듭니다[4]. 이때 `--template` 인수를 전달하면 다른 코드 템플릿을 사용해서 프로젝트를 만들 수 있습니다. 여기에서는 타입스크립트를 사용해 타입을 부여한 프로젝트를 만들 것이므로 `--template typescript`를 지정합니다.

프로젝트명은 react-sample로 합니다. 다음 명령어를 실행하면 react-sample이라는 디렉터리가 만들어지고, 그 아래 리액트 프로젝트가 만들어집니다. 실행 중에 create-react-app 설치를 확인하는 표시가 나타나면 y를 누른 뒤 엔터 키를 입력하면 패키지가 설치되고 계속 실행됩니다.

```
# create-react-app으로 리액트 프로젝트를 만든다
$ npx create-react-app@latest react-sample --template typescript
```

먼저 만들어진 프로젝트 코드를 그대로 작동시켜 봅니다. 작성된 react-sample 디렉터리로 이동해 npm run start를 실행합니다. 커맨드를 실행하면 개발 서버가 실행되고, 자동으로 브라우저의 새로운 탭이 열리며 페이지가 표시됩니다. 자동으로 탭이 열리지 않는다면, 터미널의 문구를 참고해 Local:이라고 표시된 URL에 접속합니다.

```
# 프로젝트 루트 디렉터리로 이동해 개발 서버를 실행한다
$ cd react-sample
$ npm run start

...

Compiled successfully!

You can now view react-sample in the browser.

  Local: http://localhost:3000
  On Your Network: http://192.168.0.11:3000

Note that the development build is not optimized.
```

---

3 https://github.com/facebook/create-react-app
4 npx 명령어는 npm에 포함된 명령어 실행용 유틸리티 명령입니다. 뒤에서 이어지는 명령어/패키지가 로컬에 설치돼 있는 위치를 찾아서 실행합니다. 로컬에 없는 경우에는 원격에서 얻어서 실행합니다. 패키지명 뒤에 @를 넣어서 사용할 버전을 지정할 수 있습니다. 최신 버전을 사용할 때는 @latest로 지정합니다.

```
To create a production build, use npm run build.

webpack compiled successfully
No issues found.
```

다음 화면과 같은 페이지가 표시되면 환경 구축 완료입니다.

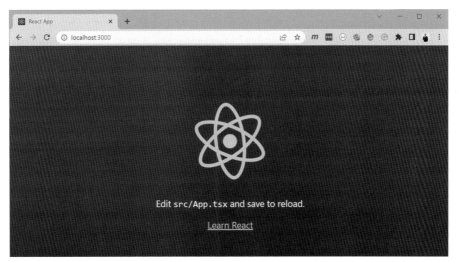

그림 3.1 환경 구축 직후의 기본 페이지

3.1.2 리액트 기본

Create React App으로 프로젝트를 구축한 직후의 구성은 다음과 같습니다.[5] 이 코드들이 빌드되어 최종적으로 결합, 최소화된 HTML/CSS/자바스크립트 코드가 되어 출력됩니다.[6]

```
.
├── README.md
├── package.json
├── public
│   ├── favicon.ico
│   └── index.html
├── src
```

---

5 중요한 파일만 발췌.

6 npm run build로 빌드한 결과물을 build 디렉터리 아래 출력할 수 있습니다.

```
├── index.tsx
├── index.css
├── App.css
└── App.tsx
```

리액트를 사용한 코드는 어떻게 작성돼 있는지, 초기 코드를 기반으로 설명합니다.

브라우저에서 페이지를 열면, `public/index.html`을 템플릿으로 한 페이지가 표시됩니다. 여기에서 `src/index.tsx`를 빌드한 자바스크립트가 실행됩니다.[7] `src/index.tsx`를 보면, 작성된 코드는 기본적으로는 타입스크립트이며, `render`라는 인수에는 HTML 태그와 같은 것이 주어져 있습니다. 보통의 자바스크립트나 타입스크립트라면 에러가 발생할 구문입니다.

코드 3.1 _ src/index.tsx를 일부 생략하고 주석을 추가

```
import React from 'react'
import ReactDOM from 'react-dom/client'
import App from './App' // App.js에서 App 함수를 로딩한다
//...

const root = ReactDOM.createRoot(
  // index.html에 있는 root를 ID로 가진 요소를 지정한다
  document.getElementById('root') as HTMLElement
)

root.render(
  // 화면에 그릴 JSX 태그를 지정한다
  <React.StrictMode>
  {/* App은 src/App.tsx로부터 임포트한 것을 사용한다 */}
    <App />
  </React.StrictMode>
)
```

이것은 코드가 JSX라는 자바스크립트를 확장한 구문을 채용하고 있으며, 빌드 시에 순수한 자바스크립트로 변화되기 때문에 가능합니다. 우선, JSX는 자바스크립트나 타입스크립트 안에 HTML 태그를 그대로 삽입

---

7 실제로는 빌드되며, 다른 파일에 썼습니다.

한 것이라고 생각해도 좋습니다.[8] 여기에서 사용된 **<React.StrictMode><App />**...는 JSX 태그라 불리는 것입니다.

그럼, 이 JSX 태그를 조금 더 살펴봅니다. 맨 위의 **React.StrictMode**는 부적절한 코드를 감지하기 위한 헬퍼입니다. 그 아래의 App은 **src/App.tsx**로부터 임포트한 것을 사용합니다.

src/App.tsx를 보면, App은 함수로, JSX 태그를 사용해서 HTML 요소를 반환합니다. 여기에서 쓰여진 요소가 현재 브라우저에서 표시됩니다.

코드 3.2 _ src/App.tsx를 일부 생략하고 주석을 추가

```
import React from 'react'
import logo from './logo.svg'
import './App.css'

// 함수로 App이라는 컴포넌트를 정의한다
function App() {
  // App 컴포넌트에서는 HTML 요소를 반환한다
  return (
    <div className="App">
      <header className="App-header">
        <img src={logo} className="App-logo" alt="logo" />
        <p>
          Edit <code>src/App.tsx</code> and save to reload.
        </p>
        ...
      </header>
    </div>
  );
}

// 정의한 App을 default로 익스포트한다
export default App
```

src/index.tsx로 돌아와, **render**를 보면 **ReactDOM.createRoot** 함수에 의해 작성된 **root** 객체의 메서

---

8 JSX에 관해 자세히 알고 싶다면, React 공식 문서를 참조하기 바랍니다.
https://ko.reactjs.org/docs/jsx-in-depth.html
https://ko.reactjs.org/docs/introducing-jsx.html

드로 돼 있습니다. ReactDOM.createRoot의 인수에서는 root라는 ID를 가진 요소를 지정하고 있습니다. public/index.html을 보면, 같은 ID를 가진 div 태그가 있습니다. 브라우저에서 페이지가 표시될 때, 다음의 순서를 통해 실제로 리액트에 작성된 내용이 페이지에 반영됩니다.

01. public/index.html을 로딩해서 브라우저에 그린다.

02. 브라우저가 자바스크립트 코드를 얻어, 리액트를 사용한 코드의 실행을 시작한다.

03. render()에 주어진 App을 root 객체 작성 시 주어진 root라는 ID를 가진 요소 아래 그린다.

```html
<!DOCTYPE html>
<html lang="en">
  <head>
    ...
    <title>React App</title>
  </head>
  <body>
    <noscript>You need to enable JavaScript to run this app.</noscript>
    <div id="root">
      <!-- 리액트 컴포넌트는 이 아래 표시된다 -->
    </div>
    ...
  </body>
</html>
```

브라우저의 개발자 도구에서 페이지의 구조를 보면, root라는 ID를 가진 div 태그 아래 App에서 정의된 요소가 전개된 것을 확인할 수 있습니다. 개발자 도구를 표시하려면 페이지를 오른쪽 클릭한 뒤 [검사] 메뉴를 클릭합니다.

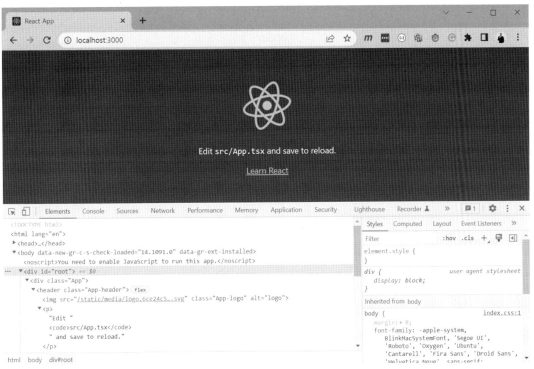

그림 3.2 리액트의 화면 그리기를 크롬 개발자 도구에서 확인

이 **App**은 컴포넌트라 불리며, 리액트에서는 컴포넌트를 구현함으로써 화면에 표시할 내용을 구축해 나갑니다.

■ 리액트의 기본 키워드

이제까지 소개한 내용을 정리합니다.

리액트에서의 개발은 일반적으로 자바스크립트/타입스크립트를 확장한 JSX를 사용합니다. JSX는 자바스크립트/타입스크립트 안에 HTML 태그를 직접 삽입할 수 있는 기능입니다. 타입스크립트에서 JSX를 사용하는 경우에는 **.tsx** 확장자를 사용하며 TSX라 부릅니다.[9]

```
let MyReactComponent = <div id='myreact'></div>
```

---

9 .tsx 문법의 주의 사항은 다음을 참조합니다. https://www.typescriptlang.org/docs/handbook/jsx.html

웹 페이지에 리액트로 생성한 내용을 표시하려면, ReactDOM.createRoot에 컨테이너(HTML/DOM에서의 설치 대상)를 전달해 root 객체를 작성하고, render 메서드에 요소를 전달합니다.[10]

```
const root = ReactDOM.createRoot(컨테이너);

root.render(요소);
```

요소(리액트 요소, 3.2.1 참조)는 앞에서 설명한 리액트 컴포넌트를 구성하는 부품을 말합니다. 현시점에서는 JSX 안의 HTML 태그로 구성된 것이 요소라고 생각하면 좋습니다. 예를 들어, 다음과 같이 render에 HTML 태그를 그대로 지정하는 경우에도 작동합니다. src/index.tsx를 수정해서 테스트해 봅니다.

코드 3.3 _ src/index.tsx의 ReactDOM.render 수정 예
```
const root = ReactDOM.createRoot(
  document.getElementById('root') as HTMLElement
);

root.render(
  <h1>제목</h1>
);
```

3.1.3 리액트 컴포넌트 작성하기

실제로 컴포넌트를 구현해 봅니다. src 아래에 components 디렉터리를 만들고, 그 안에 Hello.tsx라는 파일을 추가한 뒤, 다음 코드를 구현합니다.

코드 3.4 _ src/components/Hello.tsx
```
// Hello는 클릭하면 얼럿을 나타내는 텍스트를 반환한다
const Hello = () => {
  // 클릭 시 호출되는 함수
  const onClick = () => {
    // 얼럿을 나타낸다
    alert('hello')
  }
```

---

[10] 상세한 사용 방법은 API 레퍼런스를 참조합니다. https://ja.reactjs.org/docs/react-dom.html#render

```
  const text = 'Hello, React'

  // 텍스트를 자식으로 갖는 div 요소를 반환한다
  return (
    // div의 onClick에 클릭 시의 콜백 함수를 반환한다
    <div onClick={onClick}>
      {text}
    </div>
  )
}

// 외부로부터 Hello를 읽을 수 있도록 익스포트한다
export default Hello
```

Hello 컴포넌트를 표시하기 위해, **src/index.tsx**를 다음과 같이 수정합니다.[11]

코드 3.5 _ src/index.tsx

```
import React from 'react'
import ReactDOM from 'react-dom'
import './index.css'
// App 대신 Hello를 임포트한다
// import App from './App'
import Hello from './components/Hello'

ReactDOM.render(
  <React.StrictMode>
    {/* App에서 Hello로 치환한다 */}
    <Hello />
  </React.StrictMode>,
  document.getElementById('root')
)
```

파일을 저장하면 페이지가 다음 그림과 같이 표시됩니다.

---

11 이번 장에서 이외에 소개하는 컴포넌트도, 여기에서의 Hello를 참고로 적절하게 편집해서 사용하기 바랍니다.

그림 3.3 Hello 컴포넌트 화면

`npm run start`로 개발 서버를 기동하는 동안은 코드가 저장된 시점에 브라우저에 표시되고 있는 페이지가 자동으로 업데이트됩니다. 이후의 리액트 컴포넌트의 코드에 관해서도, 새롭게 컴포넌트용 파일을 작성하고 `src/index.tsx`에서 사용할 컴포넌트를 바꾸면 브라우저에서 확인할 수 있습니다.

3.2 리액트에서의 컴포넌트

리액트에서의 컴포넌트에 관해 설명합니다.

컴포넌트(리액트 컴포넌트)란 리액트 요소 또는 다른 컴포넌트를 조합한 것입니다. 페이지에 표시되는 UI의 일부를 추출한 것이라고 우선 생각해도 좋습니다.

`Hello` 컴포넌트는 `div`에 대응하는 리액트 요소를 반환합니다. 리액트에서는 컴포넌트를 만들고, 조합해서 UI를 구현합니다. 컴포넌트로 구현한 내용은 최종적으로 브라우저에서는 대응하는 HTML 태그 등으로 변환되어 표시됩니다.

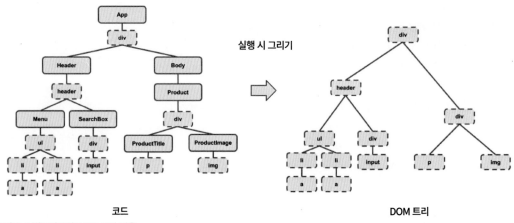

그림 3.4 컴포넌트와 DOM 트리 대응

JSX로 작성된 컴포넌트가 브라우저에서 표시될 때까지의 흐름을 간단히 설명합니다.

먼저 JSX 코드는 브라우저에서는 직접 해석할 수 없으므로, 웹팩[12]에 의해 자바스크립트 코드로 변환됩니다. 이때 JSX로 구현된 컴포넌트는 자바스크립트의 객체로 표현됩니다. 변환된 자바스크립트 코드를 브라우저가 읽어서 실행하고 화면을 그리기 시작합니다.

자바스크립트 코드에서 브라우저의 표시 내용을 바꿔 쓸 때는 DOM에 접근해야 하며, 리액트의 화면 그리기 엔진에서는 먼저 가상 DOM을 구현합니다. 가상 DOM이란 메모리에 저장된 모형화한 DOM 트리를 말합니다. 그리고 앞에서 구현할 때의 가상 DOM과 비교해, 차이가 있는 부분만 실제 DOM을 업데이트합니다.[13]

3.2.1 리액트 요소

지금까지 설명한 리액트 요소는 div나 span 등 HTML 요소에 대응하는 것으로, 리액트에서 UI를 구현하는 최소 단위입니다.

JSX상의 리액트 요소는 HTML과 거의 비슷하게 기술 및 사용할 수 있습니다.

```
// 태그 안에 직접 문자를 쓸 수 있다
<span>Hello, React!</span>
```

단, JSX 안의 리액트 요소와 HTML 태그에는 몇 가지 차이점이 있습니다.

JSX에서는 중괄호 {}를 사용해서 자바스크립트의 값을 삽입할 수 있습니다. 삽입한 값은 화면을 그릴 때 텍스트로 표시됩니다. 지금까지 나왔던 {/* */}라는 표기는 JS의 주석을 삽입한 것이라고 생각하면 됩니다.

```
// 중괄호 {} 안에 자바스크립트 값을 직접 삽입할 수 있다.
// 다음은 '안녕하세요. React님'이라고 표시된다.
const name = 'React'
<span>안녕하세요. {name}님</span>
```

또한, HTML의 일부 속성 등은 그대로는 사용할 수 없습니다. 예를 들어, 다음 HTML과 같은 리액트 컴포넌트를 구현하는 것을 생각해 봅니다.

---

12 자바스크립트 빌드 도구입니다. 빌드 도구는 여러 가지가 있으며 Next.js에서는 SWC를 주로 사용합니다.

13 가상 DOM에 관한 자세한 내용은 공식 문서를 참조합니다. https://ko.reactjs.org/docs/faq-internals.html

```
<div style='padding: 16px; background-color: grey;'>
  <label for="name">이름</label>
  <input id="name" class="input-name" type="text">
</div>
```

HTML 요소의 속성에 사용되는 class나 for는 자바스크립트에서 예약어에 해당하기 때문에, 그대로 사용할 수 없습니다. JSX에서는 대신 className, htmlFor를 사용합니다. 그 외의 속성으로 onclick이나 onchange는 onClick, onChange 같이 캐멀 케이스로 표현합니다.

예를 들어봅니다. style 속성 부분을 살펴봅니다. style 속성을 사용해 요소의 스타일을 지정할 때, HTML에서는 문자열을 부여하지만 리액트에서는 속성명을 키로 하는 객체로 나타냅니다. style에서는 중괄호 {}를 이중으로 사용하는 것에 주의합니다. 첫 번째 중괄호는 속성에 문자열 이외의 값을 삽입하기 위한 것, 두 번째 중괄호는 객체를 나타내기 위한 것입니다. style 안의 속성명도 마찬가지로 캐멀 케이스로 표현합니다.

코드 3.6 _ src/components/Name.tsx

```
import React from 'react'

// 이름을 입력하기 위한 텍스트 박스를 반환한다
const Name = () => {
  // input 요소의 onchange 이벤트에 대한 콜백 함수를 정의한다
  const onChange = (e: React.ChangeEvent<HTMLInputElement>) => {
    // 입력된 텍스트를 콘솔에 표시한다
    console.log(e.target.value)
  }

  return (
    // style 객체의 키는 캐멀 케이스가 된다
    <div style={{padding: '16px', backgroundColor: 'grey'}}>
      {/* for 대신 htmlFor를 사용한다 */}
      <label htmlFor="name">이름</label>
      {/* class나 onchange 대신, className이나 onChange를 사용한다 */}
      <input id="name" className="input-name" type="text" onChange={onChange} />
    </div>
  )
}

export default Name
```

3.2.2 컴포넌트(리액트 컴포넌트)

리액트에서 컴포넌트는 형태와 작동을 설정한 UI의 부품 단위입니다. 리액트 요소나 다른 컴포넌트를 조합한 것을 반환합니다.

컴포넌트는 함수나 클래스를 사용해서 구현합니다. 현재는 주로 함수를 사용한 함수 컴포넌트를 사용합니다.

- 함수 컴포넌트(주로 쓰임)

- 클래스 컴포넌트

코드 3.7은 컴포넌트 사용 예입니다. 여기에서는 Text와 Message라는 2개의 컴포넌트를 구현했습니다. 컴포넌트 이름은 대문자로 시작하는 파스칼 케이스[14]를 사용해야 하며, text나 message 등의 이름은 컴포넌트로 인식되지 않습니다.

코드 3.7 _ src/components/Message.tsx

```tsx
// 이름 없는 함수로 컴포넌트를 정의하고, Text라는 변수에 대입한다
// Text 컴포넌트는 부모로부터 `content`라는 데이터를 받는다
const Text = (props: {content: string}) => {
  // props로부터 content라는 값을 꺼낸다
  const { content } = props
  // props로 전달된 데이터를 표시한다
  return <p className="text">{content}</p>
}


// 마찬가지로 정의한 컴포넌트를 Message라는 변수에 대입한다
const Message = (props: {}) => {
  const content1 = 'This is parent component'
  const content2 = 'Message uses Text component'

  return (
    <div>
      {/* content라는 키로 컴포넌트에 데이터를 전달한다 */}
      <Text content={content1} />
      {/* 다른 데이터를 전달하면, 다른 내용이 표시된다 */}
      <Text content={content2} />
```

---

14 UserView나 MessagePattern과 같이 단어의 앞 글자, 연결하는 단어의 앞 글자를 대문자로 쓰는 표기법입니다. 어퍼 캐멀 케이스(Upper Camel Case)라고도 부릅니다.

```
    </div>
  )
}

// Message 컴포넌트를 기본 익스포트한다
export default Message
```

Text 컴포넌트에서는 p 태그 안에 텍스트를 넣은 것을 표시합니다. 이때, 표시하고자 하는 문자열을 그대로 쓰면 이 컴포넌트는 그 문자열만을 표시하는 컴포넌트가 됩니다. 표시할 문자열을 외부에서 전달하는 방법을 사용하면 다양한 위치에서 컴포넌트를 사용할 수 있어 코드 재사용성이 높아집니다.

컴포넌트에 외부에서 값을 전달하려면 props를 사용합니다. props는 컴포넌트를 사용한 부모로부터 전달되는 데이터입니다. 함수 컴포넌트에서는 함수의 인수 객체에 부모로부터 전달된 데이터가 들어갑니다. 컴포넌트를 사용하는 측은 속성에 같은 이름으로 데이터를 전달합니다.

props는 부모로부터 자식에게 한 방향으로 데이터를 전달하는 것입니다. props의 내용을 자식이 치환할수 없으며, 치환하고자 시도하면 에러가 발생합니다. 이런 제약으로 데이터를 여러 위치에서 변경할 수 없어서 디버그가 쉬워집니다. 만약 컴포넌트 안에서 표시 내용을 변경하고 싶다면 부모로부터의 콜백 함수를 전달해서 이벤트나 데이터를 알릴 수 있습니다. 또한 뒤에서 설명할 훅(3.5 참조)을 사용해 컴포넌트에 내부 상태를 가질 수 있습니다.

컴포넌트를 사용할 때는 시작 태그와 종료 태그로 다른 요소나 컴포넌트를 감쌀 수 있습니다.

이때는 props 안의 children에 해당 요소가 전달됩니다. 다음 코드에서는 Parent 컴포넌트에서 Container를 사용할 때 p 요소를 감싸고 있습니다. 감싼 p 요소가 Container인 children에 전달됩니다.

코드 3.8 _ src/components/ContainerSample.tsx
```
// Container는 빨간색 배경의 박스 안에 제목과 자식 요소를 표시한다
const Container = (props: { title: string; children: React.ReactElement }) => {
  const { title, children } = props

  return (
    <div style={{ background: 'red' }}>
      <span>{title}</span>

      {/* props인 children을 삽입하면, 이 컴포넌트의 시작 태그와 종료 태그로 감싼 요소를 표시한다 */}
      <div>{children}</div>
```

```
      </div>
  )
}

const Parent = () => {
  return (
    // Container를 사용할 때, 다른 요소를 감싸서 사용한다
    <Container title="Hello">
      <p>이 부분이 배경색으로 둘러싸여 있습니다.</p>
    </Container>
  )
}


export default Parent
```

칼럼

함수 컴포넌트와 클래스 컴포넌트

집필 시점 현재, 함수 컴포넌트가 클래스 컴포넌트보다 널리 쓰입니다.

원래 함수 컴포넌트는 부모로부터 props를 받아 JSX를 반환하기만 하는 컴포넌트였으며, 뒤에서 설명할 내부 상태나 라이프사이클을 다룰 수 없었습니다.

하지만 리액트 16.8부터 React Hooks(훅, 3.5절 참조)가 도입되면서, 함수 컴포넌트에서도 내부 상태나 라이프사이클을 다룰 수 있게 됐습니다. 그에 따라, 클래스 컴포넌트로만 표현할 수 있었던 컴포넌트를 함수 컴포넌트로도 기술할 수 있게 됐습니다.

함수 컴포넌트 + 훅과 비교해, 클래스 컴포넌트에는 다음과 같은 문제점이 있습니다.

- 콜백 함수에서 props나 state에 참조하려면 사전에 this 콘텍스트를 바인드해야 한다.

- 라이프사이클을 다루는 메서드가 많아서 복잡하다.

- 상태가 함께 있어서 작동을 다른 컴포넌트와 공통화하기 어렵다.

훅을 사용한 함수 컴포넌트를 사용함으로써 위 문제점을 해소하고 간단하게 컴포넌트를 기술할 수 있습니다.

이러한 이유로 현재는 함수 컴포넌트가 주류가 됐습니다.

3.3 리액트에서의 타입

리액트에서 사용하는 타입에 관해 바로 앞에서 만든 컴포넌트를 기반으로 설명합니다. 함수 컴포넌트는 임의의 객체를 props로서 인수로 가지며, JSX.Element 타입의 값을 반환하는 함수가 됩니다. 그러므로 인수인 props에 타입 애너테이션을 붙여서 부모 컴포넌트로부터 받을 수 있는 값을 제한할 수 있습니다. children을 가질 때는 children의 타입은 React.ReactNode를 지정합니다.[15]

코드 3.9 _ src/components/ContainerSample.tsx

```tsx
import React from 'react'

// Container의 props 타입을 정의한다
type ContainerProps = {
  title: string
  children: React.ReactNode
}

const Container = (props: ContainerProps): JSX.Element => {
  const { title, children } = props

  return (
    <div style={{ background: 'red' }}>
      <span>{title}</span>
      {/* props인 children을 삽입하면, 이 컴포넌트의 시작 태그와 종료 태그로 감싼 요소를 표시한다 */}
      <div>{children}</div>
    </div>
  )
}

const Parent = (): JSX.Element => {
  return (
    // Container를 사용할 때, 다른 요소를 감싸서 사용한다
    <Container title="Hello">
      <p>이 부분이 배경색으로 둘러싸여 있습니다.</p>
    </Container>
  )
```

---

15 React 요소나 컴포넌트 등을 가리키는 광범위한 타입. https://github.com/DefinitelyTyped/DefinitelyTyped/blob/d1c6213f3a87daa9233abd1ad75508446cf80e20/types/react/index.d.ts#L230

```
}

export default Parent
```

이렇게 코드 안에 타입 애너테이션을 추가해도 문제없이 빌드가 되고, 페이지가 표시됩니다. 여기에서 시험 삼아 다음과 같이 Parent 안에서 Container에 부여한 `title`을 삭제합니다.

코드 3.10 _ src/components/ContainerSample.tsx

```
...

const Parent = () => {
  return (
    {/* Container에서 title을 삭제한다 */}
    <Container>
      <p>이 부분은 배경색으로 둘러싸여 있습니다.</p>
    </Container>
  )
}
```

그러면 빌드 시 타입 체크가 실패하기 때문에 다음과 같은 에러 메시지가 표시됩니다. 또한, 개발 서버를 기동하고 있는 터미널이나 편집기에서도 같은 에러를 확인할 수 있습니다.

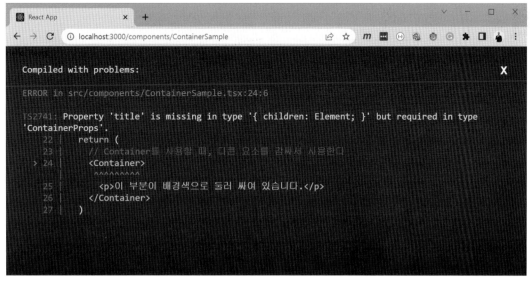

그림 3.5 브라우저에서의 타입 에러 확인

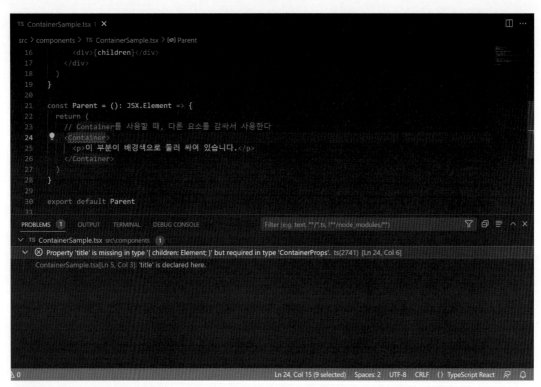

```
TS ContainerSample.tsx 1  ✕

src > components > TS ContainerSample.tsx > [∅] Parent
16            <div>{children}</div>
17         </div>
18       )
19     }
20
21     const Parent = (): JSX.Element => {
22       return (
23         // Container를 사용할 때, 다른 요소를 감싸서 사용한다
24         <Container>
25           <p>이 부분이 배경색으로 둘러 싸여 있습니다.</p>
26         </Container>
27       )
28     }
29
30     export default Parent
31
```

```
PROBLEMS  1    OUTPUT    TERMINAL    DEBUG CONSOLE          Filter (e.g. text, **/*.ts, !**/node_modules/**)

∨  TS ContainerSample.tsx  src\components   1
∨  ⊗ Property 'title' is missing in type '{ children: Element; }' but required in type 'ContainerProps'.  ts(2741) [Ln 24, Col 6]
      ContainerSample.tsx[Ln 5, Col 3]: 'title' is declared here.
```

```
0                                    Ln 24, Col 15 (9 selected)   Spaces: 2   UTF-8   CRLF   {} TypeScript React
```

그림 3.6 VSCode에서의 타입 에러 확인

타입 애너테이션을 사용함으로써 컴포넌트에 필요한 props가 전달되는지 정적으로 검사할 수 있습니다.

칼럼
---- FC와 VFC ----

리액트를 다뤄본 적이 있다면 다음과 같이 props에 타입 애너테이션을 하지 않고, 컴포넌트에 FC 혹은 VFC를 지
정하는 표기를 본 적이 있을 것입니다.

코드 3.11 _ src/components/ContainerSample.tsx

```
import React from 'react'

// React17 이전에는 FC를 지정한 경우 children이 props에 암묵적으로 포함된다.
type ContainerProps = {
  title: string
}

const Container: React.FC<ContainerProps> = (props) => {
  const { title, children } = props
```

```
    return (
      <div style={{ background: 'red' }}>
        <span>{title}</span>
        <div>{children}</div>
      </div>
    )
}

// React17 이전 버전에서는 children을 사용하지 않는 경우 VFC를 지정한다.
const Parent: React.VFC = () => {
  return (
    <Container>
      <p>이 부분은 배경색으로 둘러싸여 있습니다.</p>
    </Container>
  )
}
```

정의한 컴포넌트를 대입하는 변수에 FC, VFC 등의 타입을 지정합니다. FC는 children이 props 안에서 암묵적으로 정의하지만 VFC는 그렇지 않습니다. 그래서 children을 갖는 컴포넌트를 FC, 갖지 않는 컴포넌트에는 VFC라는 타입을 붙였습니다. 하지만, 리액트 18부터는 VFC를 권장하지 않게 됐고, FC에서는 children이 삭제됐습니다. 따라서 모든 컴포넌트는 FC 타입을 지정하고, children을 사용할 때는 props 타입 안에서 지정해야 합니다.

코드 3.12 _ src/components/ContainerSample.tsx

```
import React from 'react'

// React 18 이후의 컴포넌트에 대한 타입 지정 방법.
// VFC가 비추천되어 FC에서 암묵적인 children의 정의가 사라졌다.
type ContainerProps = {
  title: string
  children: React.ReactNode
}

const Container: React.FC<ContainerProps> = (props) => {
  const { title, children } = props

  return (
    <div style={{ background: 'red' }}>
      <span>{title}</span>
      <div>{children}</div>
```

```
        </div>
    )
}
```

하지만, FC도 다음과 같은 이유로 잘 사용되지 않는 경향이 있습니다.

- FC에서 암묵적으로 정의된 `displayName`이나 `defaultProps`는 최근 사용되지 않거나, 권장되지 않는다.

- `props`의 타입 정의에 제네릭을 사용하는 경우, FC에 적절한 타입을 지정할 수 없다.

현재는 이 책에서 설명한 것처럼 일반적으로 `props`에 타입을 명시하는 방법을 사용합니다.

```
const Container = (props: ContainerProps) => { //...
```

3.4 Context(콘텍스트)

props에서는 부모로부터 자식의 컴포넌트로 임의의 데이터를 전달할 수 있습니다. 데이터를 전달하는 또한 가지 방법으로 Context가 있습니다.

Context를 사용하면 데이터를 부모로부터 직접 전달하지 않아도 컴포넌트가 필요한 데이터를 참조할 수 있습니다.

예를 들어, 로그인한 사용자의 정보는 애플리케이션 안의 다양한 컴포넌트에서 참조할 가능성이 있으므로, props보다 Context를 사용하는 것이 적합합니다.

props를 사용할 때는 필요한 컴포넌트에 도달할 때까지 props를 사용해서 전달해야 합니다. 완전히 동일한 데이터를 그대로 props로 전달하는 방법을 props 버킷 릴레이(bucket relay)라고 부릅니다.

Context에서는 `Provider`와 `Consumer`라는 2개의 컴포넌트를 사용합니다. `Provider`에 데이터를 전달하고, `Consumer`가 데이터를 받습니다.

먼저, `createContext()`라는 함수를 호출해서 `Context`를 작성합니다. 첫 번째 인수에 지정한 값은 Context가 전달하는 데이터의 디폴트 값입니다. 데이터를 전달할 때는 `Context.Provider`라는 컴포넌트의 props인 `value`에 데이터를 전달합니다. 데이터를 참조할 때는 `Context.Consumer`라는 컴포넌트를 추가하고, 그 자식 요소로서 함수를 지정하면 인수로부터 데이터를 참조할 수 있습니다.

다음 코드 예에서는 **Page** 컴포넌트로부터 손자 컴포넌트인 **Title** 컴포넌트로 **Context**를 사용해서 문자열을 전달합니다. 이와 같이 1단계씩 props를 전달하지 않고도 데이터를 손자 요소에 전달할 수 있습니다.

코드 3.13 _ src/components/ContextSample.tsx

```tsx
import React from 'react'

// Title을 전달할기 위해 Context를 작성한다
const TitleContext = React.createContext('')

// Title 컴포넌트 안에서 Context 값을 참조한다
const Title = () => {
  // Consumer를 사용해, Context 값을 참조한다
  return (
    <TitleContext.Consumer>
      {/* Consumer 바로 아래 함수를 두고, Context 값을 참조한다*/}
      {(title) => {
        return <h1>{title}</h1>
      }}
    </TitleContext.Consumer>
  )
}

const Header = () => {
  return (
    <div>
      {/* Header에서 Title로는 아무런 데이터를 전달하지 않는다 */}
      <Title />
    </div>
  )
}

// Page 컴포넌트 안에서 Context에 값을 전달한다
const Page = () => {
  const title = 'React Book'

  // Provider를 사용해 Context에 값을 설정한다.
  // Provider 이하의 컴포넌트로부터 값을 참조할 수 있다.
  return (
```

```
    <TitleContext.Provider value={title}>
      <Header />
    </TitleContext.Provider>
  )
}

export default Page
```

Provider는 중첩할 수 있으며, 그 경우에는 Consumer에서 볼 때 가장 가까운 Provider의 데이터를 얻습니다. 또한, useContext 훅(3.5.4)을 사용하면 Consumer를 사용하지 않고도 Context의 데이터를 참조할 수 있습니다.

3.5 React Hooks(훅)

React Hooks[16]은 훅(Hook)을 통해 함수 컴포넌트 안의 상태나 라이프사이클을 다루기 위한 기능입니다.[17]

훅은 다루는 대상이나 기능에 따라 여러 종류가 있습니다. 리액트가 공식으로 제공하는 제공하는 훅은 10종류이며, 훅을 조합해 커스텀 훅을 구현할 수 있습니다.

훅의 도입에 따라 클래스 컴포넌트와 동등한 기능을 가진 함수 컴포넌트를 기술할 수 있게 됐습니다. 컴포넌트 안의 상태와 로직을 훅으로 추출합니다. 이에 따라 컴포넌트 코드를 깔끔하게 유지할 수 있어 코드 재사용성을 높일 수 있습니다.

여기에서는 우선, 리액트 공식 훅에 관해 살펴보고 마지막으로 커스텀 훅 구현에 관해 소개합니다.[18]

3.5.1 useState와 useReducer – 상태 훅

useState와 useReducer는 상태를 다루기 위한 훅입니다. 이 훅들을 사용하면 컴포넌트는 내부 상태를 가지며, 해당 상태의 변화에 따라 표시를 변경할 수 있습니다.

---

[16] https://ko.reactjs.org/docs/hooks-intro.html

[17] React 16.8에서 도입됐습니다.

[18] 훅에 관해서는 API 레퍼런스도 참조하기 바랍니다. https://ko.reactjs.org/docs/hooks-reference.html

- **useState**

useState는 이름 그대로 상태를 다루기 위한 훅입니다.

useState()로 하나의 새로운 상태를 작성합니다. 첫 번째 인수에 전달한 값이 초기 상태가 됩니다. useState()의 반환값은 배열이며, 배열의 첫 번째에 현재 상태를 유지할 변수, 두 번째에 업데이트 함수를 입력합니다.

```
const [상태,업데이트 함수] = useState(초기 상태)
```

업데이트 함수를 호출하면 상태가 바뀌고, 훅이 있는 컴포넌트는 다시 그려집니다. 업데이트 함수를 호출할 때는 인수에 값을 전달하는 방법과, 함수를 전달하는 방법이 있습니다. 값을 전달하면 해당 값이 다음 상태가 되며, 함수를 전달하면 함수의 반환값이 다음 상태가 됩니다. 또한, 해당 함수의 인수에는 현재 상태가 들어갑니다.

다음 코드는 카운터 컴포넌트의 예입니다. 버튼을 클릭하면 카운트가 변화합니다.

```
import { useState } from 'react'

type CounterProps = {
  initialValue: number
}

const Counter = (props: CounterProps) => {
  const { initialValue } = props
  // 카운트를 유지하는 첫 번째 상태를 useState()로 선언한다. 인수에는 초깃값을 지정한다.
  // count가 현재 상태, setCount가 상태를 업데이트하는 함수다.
  const [count, setCount] = useState(initialValue)

  return (
    <div>
      <p>Count: {count}</p>
      {/* setCount를 호출해서 상태를 업데이트한다 */}
      <button onClick={() => setCount(count - 1)}>-</button>
      <button onClick={() => setCount((prevCount) => prevCount + 1)}>+</button>
    </div>
  )
}

export default Counter
```

useState() 사용 방법을 확인해 봅니다. props인 initialValue를 전달함으로써 그 값을 초기 상태로 만듭니다. 반환값 배열의 첫 번째 count가 상태, 두 번째 setCount가 업데이트 함수입니다.

p 요소 안에 count를 삽입해서 현재 카운트를 표시합니다. 그렇기 때문에 최초 화면은 초깃값인 initialValue 값이 표시됩니다. 버튼을 클릭해서 콜백 함수가 호출되면, setCount가 호출되어 count가 변경됩니다. count가 변경되면 화면 다시 그리기가 발생하고, 표시도 달라집니다.

첫 번째 버튼에서는 setCount에 값을 전달하므로 인수로서 전달한 값이 그대로 다음 상태가 됩니다. 두 번째에서는 값 대신 함수를 전달합니다. 함수의 인수인 prevCount에는 현재 카운트가 들어갑니다. 함수 실행 결과는 현재 상태에 1을 더한 것이므로 결괏값으로 카운트를 1 증가시킨 것이 다음 상태가 됩니다.

▪ useReducer

useReducer는 상태를 다루기 위한 또 하나의 훅입니다. useReducer를 사용하면 복잡한 상태 전이를 간단하게 기술할 수 있습니다. 또한, 배열이나 객체 등의 여러 데이터를 모은 것을 상태로 다루는 경우에 많이 사용합니다. useState보다도 복잡한 용도에 적합합니다.

useState에서는 업데이트 함수에 다음 상태를 직접 전달했지만, useReducer에서는 업데이트 함수 (dispatch)에 action이라 불리는 데이터를 전달합니다.

현재 상태와 action을 전달하면 다음 상태를 반환하는 reducer라는 함수를 사용합니다.[19]

useReducer()의 반환값 배열의 첫 번째는 현재 상태, 두 번째는 dispatch 함수입니다. dispatch 함수에 action을 전달함으로써 상태를 업데이트할 수 있습니다.

reducer가 현재 상태와 action을 기반으로 다음 상태를 결정합니다.

```
reducer(현재 상태, action){
  return 다음 상태
}
const [현재 상태, dispatch] = useReducer(reducer, reducer에 전달되는 초기 상태)
```

---

[19] 여기에서 본 useReducer 사용 예에서는 사용하지 않는 일부 인수를 생략했습니다. 자세한 내용은 React 공식 문서를 참조합니다.

다음 코드는 앞의 예를 **useReducer**로 치환하고, 기능을 추가한 것입니다. 카운트를 2배하는 기능과 리셋하는 기능을 추가했습니다.

useState와 마찬가지로 **useRedecuer()**로 훅을 선언합니다. **useReducer**의 첫 번째 인수에는 reducer 함수, 두 번째 인수에는 초깃값을 전달합니다.

```
import { useReducer } from 'react'

// reducer가 받은 action 타입을 정의한다
type Action = 'DECREMENT' | 'INCREMENT' | 'DOUBLE' | 'RESET'

// 현재 상태와 action에 기반해 다음 상태를 반환한다
const reducer = (currentCount: number, action: Action) => {
  switch (action) {
    case 'INCREMENT':
      return currentCount + 1
    case 'DECREMENT':
      return currentCount - 1
    case 'DOUBLE':
      return currentCount * 2
    case 'RESET':
      return 0
    default:
      return currentCount
  }
}

type CounterProps = {
  initialValue: number
}

const Counter = (props: CounterProps) => {
  const { initialValue } = props
  const [count, dispatch] = useReducer(reducer, initialValue)

  return (
    <div>
      <p>Count: {count}</p>
      {/* dispatch 함수에 action을 전달해 상태를 업데이트한다 */}
```

```
        <button onClick={() => dispatch('DECREMENT')}>-</button>
        <button onClick={() => dispatch('INCREMENT')}>+</button>
        <button onClick={() => dispatch('DOUBLE')}>×2</button>
        <button onClick={() => dispatch('RESET')}>Reset</button>
      </div>
    )
}


export default Counter
```

버튼이 클릭되면 dispatch 함수를 사용해 action을 트리거합니다. setState()에 비해, 상태 업데이트를 호출하는 방법은 구체적인 상태에 의존하지 않기 때문에 코드를 간단하게 유지할 수 있습니다. 상태를 업데이트하는 로직을 컴포넌트 밖의 함수로 추출하기 때문에 테스트도 쉬워집니다.

3.5.2 useCallback과 useMemo – 메모이제이션 훅

useCallback과 useMemo는 메모이제이션[20]용 훅입니다. 값이나 함수를 유지하고, 불필요한 자식 요소의 렌더링이나 계산을 억제하기 위해 사용합니다.

이 훅들에 관해 설명하기 전에, 우선 리액트의 화면을 다시 그리는 시점과 메모이제이션 컴포넌트에 관해 설명합니다. 리액트의 컴포넌트는 다음과 같은 시점에 화면에 다시 그려집니다.

- props나 내부 상태가 업데이트됐을 때

- 컴포넌트 안에서 참조하는 Context 값이 업데이트됐을 때

- 부모 컴포넌트가 다시 그려졌을 때

부모 컴포넌트가 다시 그려지면 무조건 자식 컴포넌트는 다시 그려집니다. 그렇기 때문에 상위 컴포넌트에서 화면 다시 그리기가 발생하면, 그 이하의 모든 컴포넌트에서 화면 다시 그리기가 발생합니다. 이 화면 다시 그리기가 전파되는 것을 막기 위해, 메모이제이션 컴포넌트를 사용합니다. 메모이제이션 컴포넌트는 부모 컴포넌트에서 화면 다시 그리기가 발생했을 때도, props나 context 값이 바뀌지 않은 경우에는 부모 컴포넌트에 의한 화면 다시 그리기가 발생하지 않습니다.

---

20 어떤 함수의 계산 결과를 저장하고, 같은 호출이 발생했을 때 저장해둔 결과를 반환해 재사용하는 최적화 방법.

메모이제이션 컴포넌트는 함수 컴포넌트를 memo 함수로 감싸서 작성할 수 있습니다. 다음은 메모이제이션 컴포넌트를 사용한 예입니다. 부모 컴포넌트에서 카운터를 구현하고 있으며, 자식 컴포넌트의 Fizz와 Buzz에 각각 플래그를 전달합니다. Fizz는 일반적인 함수 컴포넌트지만, Buzz는 memo 함수로 감싼 메모이제이션 컴포넌트입니다.

코드 3.14 _ src/components/Parent.tsx

```tsx
import React, { memo, useState } from 'react'

type FizzProps = {
  isFizz: boolean
}

// Fizz는 보통의 함수 컴포넌트
// isFizz가 true이면 Fizz라고 표시하고, 그 이외에는 표시하지 않는다
// isFizz의 변화에 관계없이, 부모가 다시 그려지면 Fizz도 다시 그려진다
const Fizz = (props: FizzProps) => {
  const { isFizz } = props
  console.log(`Fizz가 다시 그려졌습니다. isFizz=${isFizz}`)
  return <span>{isFizz? 'Fizz' : ''}</span>
}

type BuzzProps = {
  isBuzz: boolean
}

// Buzz는 메모이제이션한 함수 컴포넌트
// isBuzz가 true이면 Buzz라고 표시하고, 그 이외에는 표시하지 않는다
// 부모 컴포넌트가 다시 그려져도 isBuzz가 변화하지 않는 한 Buzz는 다시 그려지지 않는다
const Buzz = memo<BuzzProps>((props) => {
  const { isBuzz } = props
  console.log(`Buzz가 다시 그려졌습니다. izBuzz=${isBuzz}`)
  return (
    <span>
      {isBuzz? 'Buzz' : ''}
    </span>
  )
})
```

```
// 이 형식으로 export했을 때는 import { Parent } from ...로 읽는다
export const Parent = () => {
  const [count, setCount] = useState(1)
  const isFizz = count % 3=== 0
  const isBuzz = count % 5=== 0

  console.log(`Parent가 다시 그려졌습니다. count=${count}`)
  return (
    <div>
      <button onClick={() => setCount((c) => c+1)}>+1</button>
      <p>{`현재 카운트: ${count}`}</p>
      <p>
        <Fizz isFizz={isFizz} />
        <Buzz isBuzz={isBuzz} />
      </p>
    </div>
  )
}

export default Parent
```

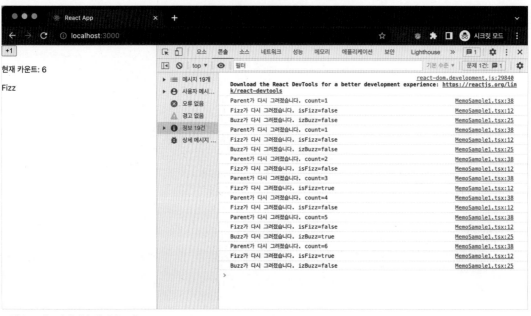

그림 3.7 메모이제이션 컴포넌트 예

이 컴포넌트를 표시해 보면 카운트가 증가할 때마다 **Parent**와 **Fizz**가 화면에 다시 그려지는 것을 확인할 수 있습니다. **Fizz**의 표시 내용은 **isFizz**가 변하기 전후에 변화하지만, **isFizz**가 직전과 바뀌지 않은 경우에도 **Fizz**가 화면에 다시 그려집니다. 한편, **Buzz**는 **isBuzz**가 달라지는 시점에만 화면에 다시 그려지는 것을 알 수 있습니다. 이렇게 메모이제이션 컴포넌트를 사용함으로써, 컴포넌트의 화면 다시 그리기를 억제할 수 있습니다. 만약 같은 내용의 로그가 연속으로 표시된다면, src/index.tsx에서 React.StrictMode 를 삭제해 보기 바랍니다.

하지만, 메모이제이션 컴포넌트에 함수나 객체를 전달하면, 다시 부모의 화면이 다시 그려질 때 컴포넌트 역시 다시 그려집니다. 다음 코드에서는 **Buzz**의 props에 **onClick**이라는 콜백 함수를 새로 추가합니다.

```
// 앞의 코드 예의 type BuzzProps 이후를 수정
type BuzzProps = {
  isBuzz: boolean
  // props에 onClick을 추가
  onClick: () => void
}

const Buzz = memo<BuzzProps>((props) => {
  const { isBuzz, onClick } = props
  console.log(`Buzz가 다시 그려졌습니다. izBuzz=${isBuzz}`)
  return (
    <span onClick={onClick}>
      {isBuzz? 'Buzz' : ''}
    </span>
  )
})

export const Parent = () => {
  const [count, setCount] = useState(1)
  const isFizz = count % 3=== 0
  const isBuzz = count % 5=== 0

  // 이 함수는 Parent가 다시 그려질 때마다 작성된다
  const onBuzzClick = () => {
    console.log(`Buzz가 클릭됐습니다. isBuzz=${isBuzz}`)
  }
  console.log(`Parent가 다시 그려졌습니다. count=${count}`)
```

```
  return (
    <div>
      <button onClick={() => setCount((c) => c + 1)}>+1</button>
      <p>{`현재 카운트: ${count}`}</p>
      <p>
        <Fizz isFizz={isFizz} />
        <Buzz isBuzz={isBuzz} onClick={onBuzzClick} />
      </p>
    </div>
  )
}


export default Parent
```

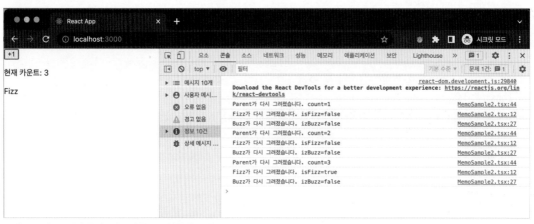

그림 3.8 메모이제이션 컴포넌트에 함수를 전달하는 경우

이것은 화면을 다시 그릴 때마다 **Parent**에서 새로 만들어진 함수가 **Buzz**에 전달되어 화면 다시 그리기가 발생하는 것입니다. 화면 다시 그리기를 억제하려면, 같은 함수를 전달해야 합니다. 또한, 객체나 배열 등도 컴포넌트 안에 작성하면, 화면을 그릴 때마다 새로운 것이 만들어지므로, 화면을 다시 그리는 원인이 됩니다.

useCallback이나 **useMemo**는 함수나 값을 메모이제이션합니다. 이 훅들을 사용함으로써 메모이제이션 컴포넌트에 함수나 객체를 전달해도 화면이 다시 그려지지 않습니다.

▪ useCallback

useCallback은 함수를 메모이제이션 하기 위한 훅입니다. 다음 코드는 카운터를 사용한 샘플로, 자식 컴포넌트로 버튼을 정의하고 있습니다. 버튼에는 부모로부터 콜백 함수가 주어지며, 버튼을 클릭하면서 각 함수들에 따라 카운트가 업데이트됩니다. double 함수에서는 함수의 구현을 useCallback으로 감싸고 있습니다. 또한 IncrementButton과 DoubleButton 컴포넌트는 메모이제이션 컴포넌트입니다.

버튼들을 클릭하면 카운터가 바뀝니다. DecrementButton과 IncrementButton은 카운트가 바뀔 때마다 다시 화면을 그립니다. DecrementButton은 memo 함수로 감싸지 않은 일반 함수 컴포넌트이므로, Parent가 다시 그려질 때마다 DecrementButton도 다시 그려집니다. IncrementButton은 memo로 감싼 컴포넌트이며, props의 onClick은 Parent가 그려질 때마다 업데이트됩니다. 따라서 Parent가 다시 그려지면 마찬가지로 다시 그려집니다.

DoubleButton에 전달한 onClick은 콜백 함수를 useCallback으로 감싸고 있습니다. useCallback의 첫 번째 인수는 함수이고 두 번째 인수는 의존 배열입니다. 함수가 화면을 다시 그릴 때, useCallback()은 의존 배열의 값을 비교합니다. 의존 배열 안의 값이 각각 이전 화면 그리기 때와 같을 때는 useCallback()은 메모이제이션된 함수를 반환합니다. 만약 의존 배열 안의 값에서 다른 것이 있으면, 현재의 첫 번째 인수의 함수를 메모에 저장합니다. 그러므로 의존 배열 안의 값에 다른 것이 있을 때는 새로운 함수를 반환합니다. 이번에는 의존 배열이 비어 있으므로, 첫 번째 그려질 때 생성된 함수를 항상 반환합니다. 그 결과, DoubleButton에 전달된 함수도 언제나 같으므로, 부모가 다시 그려지더라도 DoubleButton은 다시 그려지지 않습니다.

```
import React, { useState, useCallback } from 'react'

type ButtonProps = {
onClick: () => void
}

// DecrementButton은 보통의 함수 컴포넌트로 버튼을 표시한다
const DecrementButton = (props: ButtonProps) => {
  const { onClick } = props

  console.log('DecrementButton이 다시 그려졌습니다.')

  return <button onClick={onClick}>Decrement</button>
}
```

```typescript
// IncrementButton은 메모이제이션한 함수 컴포넌트로 버튼을 표시한다
const IncrementButton = React.memo((props: ButtonProps) => {
  const { onClick } = props

  console.log('IncrementButton이 다시 그려졌습니다.')

  return <button onClick={onClick}>Increment</button>
})

// DoubleButton은 메모이제이션한 함수 컴포넌트로 버튼을 표시한다
const DoubleButton = React.memo((props: ButtonProps) => {
  const { onClick } = props

  console.log('DoubleButton이 다시 그려졌습니다.')

  return <button onClick={onClick}>Double</button>
})

export const Parent = () => {
  const [count, setCount] = useState(0)

  const decrement = () => {
    setCount((c) => c - 1)
  }
  const increment = () => {
    setCount((c) => c + 1)
  }
  // useCallback을 사용해 함수를 메모이제이션 한다
  const double = useCallback(() => {
    setCount((c) => c * 2)
    // 두 번째 인수는 빈 배열이므로, useCallback은 항상 같은 함수를 반환한다
  }, [])

  return (
    <div>
      <p>Count: {count}</p>
      {/* 컴포넌트에 함수를 전달한다 */}
      <DecrementButton onClick={decrement} />
      {/* 메모이제이션된 컴포넌트에 함수를 전달한다 */}
```

```
      <IncrementButton onClick={increment} />
      {/* 메모이제이션된 컴포넌트에 메모이제이션된 함수를 전달한다 */}
      <DoubleButton onClick={double} />
    </div>
  )
}

export default Parent
```

▪ useMemo

useMemo에서는 값을 메모이제이션합니다. 첫 번째 인수는 값을 생성하는 함수, 두 번째 인수에는 의존 배열을 전달합니다.

useCallback과 마찬가지로 useMemo는 컴포넌트를 그릴 때 의존 배열을 비교합니다. 의존 배열의 값이 이전에 그릴 때와 다른 경우에는 함수를 실행하고, 그 결과를 새로운 값으로 메모에 저장합니다.

만약, 의존 배열의 값이 모두 같으면 함수를 실행하지 않고, 메모된 값을 반환합니다. **코드** 3.15는 useMemo를 사용한 샘플입니다. 텍스트 박스에 문자를 입력하고 버튼을 클릭하면, items에 문자열이 추가되고, 지금까지 추가된 문자열을 1행씩 표시합니다. 또한, 표시된 문자 수의 합계를 표시합니다.

코드 3.15 _ src/components/UseMemoSample.tsx

```
import React, { useState, useMemo } from 'react'

const UseMemoSample = () => {
  // text는 현재의 텍스트 박스의 내용을 저장한다
  const [text, setText] = useState('')
  // items는 문자열 리스트를 저장한다
  const [items, setItems] = useState<string[]>([])

  const onChangeInput = (e: React.ChangeEvent<HTMLInputElement>) => {
    setText(e.target.value)
  }

  // 버튼을 클릭했을 때 호출되는 함수
  const onClickButton = () => {
    setItems((prevItems) => {
```

```
      // 현재의 입력값을 items에 추가한다. 이때, 새로운 배열을 작성해서 저장한다
      return [...prevItems, text]
    })
    // 텍스트 박스 안의 값을 비운다
    setText('')
  }

  // numberOfCharacters1은 다시 그릴 때마다 items.reduce를 실행해서 결과를 얻는다
  const numberOfCharacters1 = items.reduce((sub, item) => sub + item.length, 0)
  // numberOfCharacters2는 useMemo를 사용해, items가 업데이트되는 시점에 items.reduce를 실행해서
결과를 얻는다
  const numberOfCharacters2 = useMemo(() => {
    return items.reduce((sub, item) => sub + item.length, 0)
      // 두 번째 인수의 배열 안에 items가 있으므로, items가 새롭게 됐을 때만 함수를 실행해서 메모를
업데이트한다
  }, [items])

  return (
    <div>
      <p>UseMemoSample</p>
      <div>
        <input value={text} onChange={onChangeInput} />
        <button onClick={onClickButton}>Add</button>
      </div>
      <div>
        {items.map((item, index) => (
          <p key={index}>{item}</p>
        ))}
      </div>
      <div>
        <p>Total Number of Characters 1: {numberOfCharacters1}</p>
        <p>Total Number of Characters 2: {numberOfCharacters2}</p>
      </div>
    </div>
  )
}

export default UseMemoSample
```

numberOfCharacters1은 reduce 함수를 직접 호출하고, 그 결과를 대입합니다. 한편, numberOf Characters2는 useMemo를 사용해 인수인 함수에서 reduce를 호출하고, 그 결과를 반환합니다.

numberOfCharacters1은 그릴 때마다 reduce 함수가 호출되어 업데이트됩니다. 그러므로 텍스트 박스에 문자열을 입력했을 때도 reduce 함수가 호출됩니다. 하지만, numberOfCharacters1은 텍스트 박스에 입력된 값과 관계없이 원하는 값이므로, 그릴 때마다 reduce를 호출하는 것은 의미가 없습니다. 또한, 배열이 커짐에 따라 1회당 계산량이 증가하므로, 성능 저하로 이어집니다.

실제는 items가 변경됐을 때만 계산하면 충분합니다. numberOfCharacters2는 useMemo를 사용하고 있으며, 두 번째 인수에 주어진 items가 업데이트될 때, 첫 번째 인수인 함수를 실행해서 값을 얻습니다. 그러므로 items가 새롭게 될 때만 계산해서 값을 업데이트합니다.

이렇게 useMemo는 useCallback과 마찬가지로 값을 메모이제이션함으로써 자식 요소의 그리기를 억제할 뿐만 아니라, 불필요한 계산도 억제하기 위해 사용됩니다.

3.5.3 useEffect와 useLayoutEffect – 부가 작용 훅

부가 작용을 위한 훅을 소개합니다. 부가 작용은 컴포넌트의 그리기와는 직접적인 관계가 없는 처리를 말합니다. 예에는 화면을 그린 DOM의 수동 변경, 로그 출력, 타이머 설정, 데이터 취득 등이 있습니다.

리액트에서는 이 부가 작용 훅을 적절하게 관리하는 것이 중요합니다.

- **useEffect**

useEffect는 부가 작용을 실행하기 위해 사용하는 훅입니다.

이 처리들을 그대로 함수 컴포넌트 안에서 실행하면, 처리 중에 참조하는 DOM이 그려짐에 따라 치환되는 등, 상태를 업데이트하거나 다시 그려지기 때문에 무한 루프에 빠질 가능성이 있습니다.

useEffect()를 사용하면, props나 state가 업데이트되고, 다시 그리기가 완료된 후 처리가 실행됩니다. 의존 배열을 지정해서, 특정 데이터가 변화할 때만 처리하도록 설정할 수 있습니다.

다음 코드는 useEffect를 사용한 샘플입니다. Clock 컴포넌트는 현재 시각을 표시합니다. 1초마다 시간이 업데이트되며, 드롭다운 메뉴를 선택해서 시각 표기를 변경할 수 있습니다. 시각 표기 설정은 로컬 스토리지에 저장됩니다. 리로드 뒤에는 로컬 스토리지에 저장된 데이터를 읽어, 가장 마지막에 선택한 값을 표시합니다. 이 샘플에서는 2가지 용도로 3개의 useEffect를 사용하고 있습니다.

```tsx
import { useState, useEffect } from 'react'

// 타이머가 호출되는 주기를 1초로 한다
const UPDATE_CYCLE = 1000

// 로컬 스토리지에서 사용하는 키
const KEY_LOCALE = 'KEY_LOCALE'

enum Locale {
  US = 'en-US',
  KR = 'ko-KR',
}

const getLocaleFromString = (text: string) => {
  switch (text) {
    case Locale.US:
      return Locale.US
    case Locale.KR:
      return Locale.KR
    default:
      return Locale.US
  }
}

const Clock = () => {
  const [timestamp, setTimestamp] = useState(new Date())
  const [locale, setLocale] = useState(Locale.US)

  // 타이머를 설정하기 위한 부가 작용
  useEffect(() => {
    // 타이머 셋
    const timer = setInterval(() => {
      setTimestamp(new Date())
    }, UPDATE_CYCLE)

    // 클린업 함수를 전달하고, 언마운트 시에 타이머를 해제한다
    return () => {
      clearInterval(timer)
    }
```

```
    // 초기 그리기 시에만 실행한다
  }, [])

  // 로컬 스토리지에서 값을 로딩
  useEffect(() => {
    const savedLocale = localStorage.getItem(KEY_LOCALE)
    if (savedLocale !== null) {
      setLocale(getLocaleFromString(savedLocale))
    }
  }, [])

  // 로케일이 바뀌었을 때 로컬 스토리지에 값을 저장
  useEffect(() => {
    localStorage.setItem(KEY_LOCALE, locale)
    // 의존 배열에 로케일을 전달하고, 로케일이 변할 때마다 실행
  }, [locale])

  return (
    <div>
      <p>
        <span id="current-time-label">현재 시각</span>
        <span>:{timestamp.toLocaleString(locale)}</span>
        <select
          value={locale}
          onChange={(e) => setLocale(getLocaleFromString(e.target.value))}>
          <option value="en-US">en-US</option>
          <option value="ko-KR">ko-KR</option>
        </select>
      </p>
    </div>
  )
}
```

첫 번째 useEffect에서는 타이머의 초기화 처리를 수행합니다. 타이머 설정에는 setInterval 함수를 사용하며, 주기적으로 처리를 실행합니다. 따라서 초기화 처리는 초기 그리기에서만 수행됩니다.

여기에서는 useEffect의 두 번째 인수에 빈 배열을 전달합니다. useEffect의 두 번째 인수는 의존 배열이며, useCallback/useMemo와 마찬가지로 그릴 때마다 내용을 확인해서, 이전의 그리기 때와 다를 경우

에만 첫 번째 인수의 함수를 실행합니다. 빈 배열을 전달한 경우에는, 초기 그리기를 마친 직후에만 실행되며, 그 뒤 다시 그릴 때는 실행되지 않습니다.

useEffect의 첫 번째 인수의 함수 안에서 setInterval을 호출하고 타이머를 설정합니다. setInterval에 전달한 콜백 함수에서는 setTimestamp를 호출하고 상태를 업데이트합니다. 이것으로 1초마다 다시 그리기를 실행하며, 현재 시각 표시를 업데이트합니다. 첫 번째 useEffect에 전달된 함수는 반환값으로 함수를 반환합니다.

이것은 클린업 함수라 불리는 것으로 다음 useEffect가 실행되기 직전 또는 언마운트 시 실행됩니다. 첫 번째 useEffect 의존 배열은 비어 있으므로, 컴포넌트가 언마운트될 때만 클린업 함수가 실행됩니다. 여기에서는 타이머 설정을 해제합니다. 언마운트 시에 타이머를 해제하지 않으면, 부모 컴포넌트에서 Clock 컴포넌트를 호출하지 않게 되어 표시되지 않은 뒤에도, 타이머가 계속 작동합니다. 이것은 버그나 메모리 누수의 원인이 됩니다. 그렇기 때문에 클린업 함수에서 이와 같은 처리를 실행해야 합니다.

두 번째와 세 번째는 로컬 스토리지 읽기/저장에 관한 처리를 수행합니다. 로컬 스토리지 함수는 동기적으로 실행되며, 읽기/쓰기 데이터가 커짐에 따라 시간이 걸립니다. 그리기 함수 안에 직접 로컬 스토리지를 사용하면 그리기에 지연이 발생합니다. 따라서 useEffect 안에서 로컬 스토리지를 사용합니다.

두 번째 useEffect는 로컬 스토리지에 저장돼 있던 값을 상태로 읽는 처리이므로, 첫 번째와 마찬가지로 초기 그리기 직후 1번만 실행됩니다.

세 번째 useEffect에서는 로컬 스토리지에 데이터를 저장합니다. 화면을 그릴 때마다 저장할 필요는 없으며, 드롭다운 메뉴를 선택해 locale이 업데이트될 때만 저장하면 되므로, 의존 배열에 로케일을 전달합니다.

■ useLayoutEffect

useEffect와 비슷한 혹으로 useLayoutEffect가 있습니다. 이것은 useEffect와 마찬가지로 부가 작용을 실행하기 위한 혹이지만, 실행되는 시점이 다릅니다.

useEffect는 화면 그리기 함수가 실행되고, DOM이 업데이트되고, 화면에 실제로 그려진 뒤에 실행됩니다. 한편, useLayoutEffect은 DOM이 업데이트된 후, 화면에 실제로 그려지기 전에 실행됩니다.

이전 샘플 코드(코드 3.16)의 두 번째 useEffect에서는 localstorage에 저장된 값을 읽어 locale에 저장합니다. locale은 useState에 초깃값을 전달합니다. 따라서, 초기 화면 그리기에서는 기본값인 US 표기로 표시되며, 그 직후 localstorage에 저장된 표기로 바뀝니다. 그래서 리로드할 때마다 잠깐 동안 US

표기로 표시되어, 살짝 이상하게 보입니다. 샘플 코드 안의 두 번째 useEffect를 useLayoutEffect로 치환하면, 초기 화면이 반영되기 전에 `localstorage`로부터 데이터를 읽으므로, 이런 현상을 없앨 수 있습니다. 하지만, useLayoutEffect로 실행하는 처리는 동기적으로 실행되므로. 무거운 처리를 실행하면 화면 그리기가 지연되므로 주의해야 합니다.

```
useLayoutEffect(() => {
  const savedLocale = localStorage.getItem(KEY_LOCALE)
  if (savedLocale !== null) {
    setLocale(getLocaleFromString(savedLocale))
  }
}, [])
```

useEffect, useLayoutEffect를 사용하면서 부가 작용에 관한 처리를, 화면 그리기를 막지 않고 적절한 시점에 호출할 수 있습니다.

칼럼

리액트 18에서의 useEffect/userLayoutEffect의 작동

useEffect, useLayoutEffect의 두 번째 인수에 빈 배열을 전달하면 초기 화면을 그리는 시점에서만 실행된다고 설명했습니다. 하지만, 리액트 18부터는 일부 작동이 다른 부분이 있습니다. 리액트 18에서 <React. StrictMode> 아래의 컴포넌트 안에서 선언된 useEffect, useLayoutEffect는 안전하지 않은 부가 작용을 발견하기 위해, 컴포넌트는 화면을 2번 그립니다. 그래서 빈 배열을 전달했을 때, 마운트 시에 useEffect나 useLayoutEffect가 2번 호출됩니다. 또한, 클린업 함수도 1번 호출됩니다. 1번만 실행되도록 보장할 때는, useRef 등을 사용해 앞에서 실행 유무를 저장해서 대처할 수 있습니다.

또한, 프로덕션 환경이나 <React.StrictMode>로 감싸지 않은 컴포넌트는 이렇게 작동하지는 않습니다.

```
const mounted = React.useRef(false)
useEffect(() => {
  if(mounted.current) {
  // 이미 실행 완료인 경우에는 아무것도 하지 않는다
    return
  }
  mounted.current = true

  // 1번만 실행하고 싶은 부가 작용을 실행한다
  const data = fetch(...)
}, [])
```

3.5.4 useContext – Context를 위한 훅

useContext는 Context로부터 값을 참조하기 위한 훅입니다. useContext의 인수에 Context를 전달함으로써, 해당 Context의 값을 얻을 수 있습니다.

```tsx
import React, { useContext } from 'react'

type User = {
  id: number
  name: string
}

// 사용자 데이터를 저장하는 Context를 작성한다
const UserContext = React.createContext<User | null>(null)

const GrandChild = () => {
  // useContext에 Context를 전달함으로써, Context로부터 값을 얻는다
  const user = useContext(UserContext)

  return user !== null ? <p>Hello, {user.name}</p> : null
}

const Child = () => {
  const now = new Date()

  return (
    <div>
      <p>Current: {now.toLocaleString()}</p>
      <GrandChild />
    </div>
  )
}

const Parent = () => {
  const user: User = {
    id: 1,
    name: 'Alice',
  }
```

```
  return (
    // Context에 값을 전달한다
    <UserContext.Provider value={user}>
      <Child />
    </UserContext.Provider>
  )
}
```

3.5.5 useRef와 useImperativeHandle – ref 훅

useRef는 치환 가능한 ref 객체를 작성합니다. ref는 크게 2가지 방법으로 사용할 수 있습니다.

- 데이터 저장
- DOM 참조

첫 번째는 데이터 저장입니다. 함수 컴포넌트 안에서 데이터를 저장하기 위해서는 useState나 useReducer가 있지만, 이들은 상태를 업데이트할 때 화면을 다시 그리게 됩니다. ref 객체에 저장된 값은 업데이트되더라도 화면을 다시 그리지 않습니다. 그렇기 때문에 화면 그리기와 관계없은 데이터를 저장할 때 사용합니다. 데이터는 ref.current에서 읽거나 치환합니다. 두 번째 사용 방법은 DOM 참조입니다. ref는 컴포넌트에 전달하면, 이 요소가 마운트될 때, ref.current에 DOM 참조가 설정되어, DOM 함수 등을 호출할 수 있습니다.

다음은 업로더의 샘플 코드입니다. '이미지를 업로드'라고 쓰인 텍스트를 클릭하면 파일 선택 다이얼로그가 표시됩니다. 이미지를 선택한 뒤 '업로드한다'라고 쓰인 버튼을 클릭하면, 일정한 시간 뒤 이미지가 업로드 됐다는 메시지가 표시됩니다.

여기에서는 2개의 ref를 사용합니다. 첫 번째는 input 요소의 참조를 저장하기 위한 inputImageRef로 input 요소인 ref에 inputImageRef를 전달합니다. 이 input 요소는 스타일 정의로 보이지 않게 돼 있습니다. p 요소가 클릭되면 inputImageRef.current.click()을 호출함으로써, input을 클릭하는 이벤트를 DOM에 발행해서 다이얼로그를 열 수 있습니다.

두 번째 ref인 fileRef는 선택된 파일 객체를 유지합니다. 파일이 선택되면 input 요소의 onChange 이벤트가 호출되기 때문에, 이 콜백 함수 안에서 fileRef.current에 업로드된 파일을 대입합니다. 파일을 선택한 뒤에 버튼을 클릭하면, 일정 시간이 지난 뒤 파일명과 파일이 업로드된 표시가 텍스트로 표시됩니다. 실제로 이 컴포넌트를 실행하면, 초기 화면 뒤 메시지가 표시되는 시점에 다음 내용이 그려집니다. 이미지가 선택됐을 때나 버튼을 클릭했을 때는 다시 그리기가 발생하지 않습니다. 이것은 상태가 아니라 **ref**를 사용해서 값을 읽고 쓰기 때문입니다.

```tsx
import React, { useState, useRef } from 'react'

const sleep = (ms: number) => new Promise((resolve) => setTimeout(resolve, ms))

const UPLOAD_DELAY = 5000

const ImageUploader = () => {
  // 숨겨진 input 요소에 접근하기 위한 ref
  const inputImageRef = useRef<HTMLInputElement | null>(null)
  // 선택된 파일 데이터를 저장하는 ref
  const fileRef = useRef<File | null>(null)
  const [message, setMessage] = useState<string | null>('')

  // '이미지 업로드'라는 텍스트가 클릭됐을 때의 콜백
  const onClickText = () => {
    if (inputImageRef.current !== null) {
      // input의 DOM에 접근해서, 클릭 이벤트를 트리거한다
      inputImageRef.current.click()
    }
  }
  // 파일이 선택된 후에 호출되는 콜백
  const onChangeImage = (e: React.ChangeEvent<HTMLInputElement>) => {
    const files = e.target.files
    if (files !== null && files.length > 0) {
      // fileRef.current에 값을 저장한다.
      // fileRef.current가 변화해도 다시 그리기가 발생하지 않는다.
      fileRef.current = files[0]
    }
  }
  // 업로드 버튼이 클릭됐을 때 호출되는 콜백
  const onClickUpload = async () => {
    if (fileRef.current !== null) {
      // 보통은 여기에서 API를 호출하고, 파일을 서버에 업로드한다.
      // 여기에서는 의사적으로 일정 시간 기다린다
```

```
        await sleep(UPLOAD_DELAY)
        // 업로드가 성공했음을 표시하기 위해, 메시지를 바꿔 쓴다
        setMessage(`${fileRef.current.name} has been successfully uploaded`)
      }
    }

    return (
      <div>
        <p style={{ textDecoration: 'underline' }} onClick={onClickText}>
          이미지 업로드
        </p>
        <input
          ref={inputImageRef}
          type="file"
          accept="image/*"
          onChange={onChangeImage}
          style={{ visibility: 'hidden' }}
        />
        <br />
        <button onClick={onClickUpload}>업로드한다</button>
        {message !== null && <p>{message}</p>}
      </div>
    )
  }
```

useRef와 관련된 훅으로 useImperativeHandle이 있습니다. 이것은 컴포넌트에 ref가 전달될 때, 부모의 ref에 대입될 값을 설정할 때 사용합니다. useImperativeHandle를 사용함으로써, 자식 컴포넌트가 가진 데이터를 참조하거나, 자식 컴포넌트에 정의된 함수를 부모로부터 호출할 수 있습니다.

다음은 메시지를 표시하는 샘플입니다. Parent 컴포넌트 안의 버튼을 클릭하면, Child 컴포넌트의 message가 업데이트되어 메시지가 표시됩니다. Child는 forwardRef 함수로 감싸져 있습니다. 이것은 자식 컴포넌트에서 부모로부터 전달된 ref를 참조하기 위해 사용합니다. 그리고 자식 컴포넌트에서 useImperativeHandle을 호출합니다. 첫 번째 인수에는 부모로부터 전달된 ref를 전달하고, 두 번째 인수에서는 객체가 반환하는 함수를 정의합니다. 이 함수의 반환값이 부모의 ref에 설정됩니다. 또한, 세 번째 인수에 의존 배열을 전달할 수 있으며, useMemo와 마찬가지로 특정 데이터가 변화할 때만 객체를 업데이트할 수 있습니다. Child의 useImperativeHandle에서는 showMessage 함수를 정의하고, 이 함수가

호출되면 Child의 message가 업데이트되어, Child 안에서 메시지가 출력됩니다. Parent에서는 ref 객체를 만들고 Child의 속성으로서 전달합니다. 그리고 버튼이 클릭되면 ref를 경유해 showMessage 함수를 호출합니다.

```
import React, { useState, useRef, useImperativeHandle } from 'react'

const Child = React.forwardRef((props, ref) => {
  const [message, setMessage] = useState<string | null>(null)

  // useImperativeHandle에서 부모의 ref로부터 참조할 수 있는 값을 지정
  useImperativeHandle(ref, () => ({
    showMessage: () => {
      const date = new Date()
      const message = `Hello, it's ${date.toLocaleString()} now`
      setMessage(message)
    },
  }))

  return <div>{message !== null ? <p>{message}</p> : null}</div>
})

const Parent = () => {
  const childRef = useRef<{ showMessage: () => void }>(null)
  const onClick = () => {
    if (childRef.current !== null) {
      // 자식의 useImperativeHandle에서 지정한 값을 참조
      childRef.current.showMessage()
    }
  }

  return (
    <div>
      <button onClick={onClick}>Show Message</button>
      <Child ref={childRef} />
    </div>
  )
}
```

useImperativeHandle을 사용함으로써 컴포넌트 함수를 부모로부터 원하는 시점에 명시적으로 호출할 수 있습니다. 하지만 부모 컴포넌트가 자식 컴포넌트에 의존하기 때문에 그렇게 자주 사용하지는 않습니다. 많은 경우 props로 대용할 수 있으며, 이 경우에는 message를 Child가 저장하는 것이 아니라, Parent가 가짐으로써 해소할 수 있습니다.

3.5.6 커스텀 훅과 useDebugValue

지금까지 리액트에서 공식 제공하는 훅을 소개했습니다. 훅을 사용한 샘플 코드에서는 훅을 컴포넌트의 톱 레벨에서 호출했습니다. 루프, 조건 분기, 콜백 함수 안에서는 훅을 호출할 수 없습니다. 이런 위치에서 훅을 포출하는 코드를 작성하면, 빌드 에러 또는 실행 시 에러가 발생합니다. 이것은 화면을 그릴 때마다 호출되는 훅의 숫자와 순서를 동일하게 하기 위한 것으로, 훅을 사용하기 위한 규칙입니다.

훅을 사용하는 함수를 새롭게 정의하고, 그것을 함수 컴포넌트의 톱레벨에서 호출할 수 있습니다. 이런 함수를 구현함으로써 여러 훅을 조합한 커스텀 훅을 구현할 수 있습니다. 훅을 조금 더 유연하게 사용하고 싶을 때는 이 커스텀 훅을 사용합니다.

다음은 텍스트 박스에 문자를 입력하고, 입력된 문자가 표시되는 컴포넌트의 샘플입니다. 함수 컴포넌트 밖에서 useInput이라는 커스텀 훅을 정의합니다. 커스텀 훅의 이름은 관습적으로 기본적인 훅과 같이 use에서 시작합니다.

```
import React, { useState, useCallback, useDebugValue } from 'react'

// input용으로 콜백과 현재의 입력 내용을 모은 훅
const useInput = () => {
  // 현재 입력값을 저장하는 훅
  const [state, setState] = useState('')
  // input이 변화하면, 훅 안의 상황을 업데이트한다
  const onChange = useCallback((e: React.ChangeEvent<HTMLInputElement>) => {
    setState(e.target.value)
  }, [])

  // 디버그용으로 값을 출력한다
  // 값은 개발자 도구의 Components 탭에 표시된다
  useDebugValue(`Input: ${state}`)

  // 현재 입력 내용과 콜백 함수만 반환한다
```

```
  return [state, onChange] as const
}

const Input = () => {
  const [text, onChangeText] = useInput()
  return (
    <div>
      <input type="text" value={text} onChange={onChangeText} />
      <p>Input: {text}</p>
    </div>
  )
}
```

useInput에서는 input 요소의 onChange가 호출되면 내부 상태를 업데이트하기 위해 useState, useCallback을 조합했습니다. 그리고 필요한 데이터나 함수만 return으로 반환합니다. Input 컴포넌트에서는 커스텀 훅을 호출해서 상태와 함수를 얻고, input 요소에 전달합니다. 실제로 이 코드를 실행하면, 입력된 텍스트와 같은 내용이 텍스트 박스 아래 표시됩니다. 커스텀 훅을 정의함으로써 함수 컴포넌트 안에서 훅 정의가 모여 있는 코드가 깔끔하게 정리되는 동시에, 여러 컴포넌트에서 사용되도록 로직을 공용화할 수 있습니다.

샘플 코드 안의 useInput에서 useDebugValue를 호출합니다. 리액트에서 공식으로 제공하는 훅의 마지막 하나로, 이름 그대로 디버그 용도로 사용되는 훅입니다. 이 훅은 React Developer Tools라 불리는, 브라우저 확장 기능을 사용한 리액트 애플리케이션 개발 지원 도구와 함께 사용합니다. 훅이 실행될 때마다 인수의 데이터가 React Developer Tools에 전달되고, 그 데이터는 React Developer Tools의 Components 탭에서 확인할 수 있습니다.

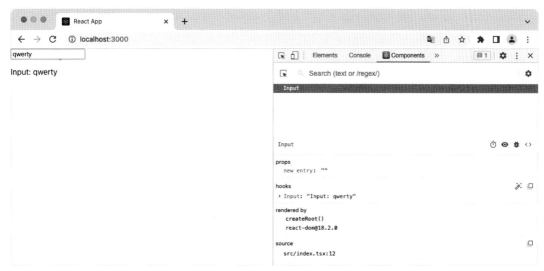

그림 3.9 useDebugValue 샘플

3.6 Next.js 입문

이 책의 메인 주제인 Next.js의 사용 방법과 기능에 대해 설명합니다. Next.js를 사용함으로써 리액트를 기반으로 보다 뛰어난 UX의 웹 애플리케이션을 개발할 수 있습니다. 예를 들어, 리액트의 페이지 이동의 쾌적함 등을 유지하면서, 페이지 단위로 서버 사이드 렌더링과 정적 사이트 생성을 쉽게 활용할 수 있습니다.

이번 절에서는 Next.js의 사용 방법, 대표적인 기능에 관해 설명합니다.

3.6.1 프로젝트 셋업

Next.js를 로컬에서 작동시키기 위한 환경 구축을 해봅니다. 리액트의 경우에는 Create React App이라는 도구를 사용했습니다. Next.js에서는 마찬가지로 Create Next App이라는 CLI 도구를 사용합니다. **create-next-app <프로젝트명>**으로 새로운 Next.js 프로젝트를 생성할 수 있습니다. **--ts** 옵션을 붙이면 타입스크립트용 프로젝트가 작성됩니다.[21]

```
# next-sample이라는 이름으로 신규 Next.js 프로젝트를 작성한다
$ npx create-next-app@latest --ts next-sample
```

---

21 npx 실행에 관한 허가를 요청받는다면 y를 입력해서 허가합니다.

프로젝트 안으로 이동해 애플리케이션을 실행해 봅니다. dev 스크립트(npm run dev)로 개발 서버를 기동합니다.[22]

```
$ cd next-sample
# 개발 서버 기동
$ npm run dev

> next-sample@0.1.0 dev
> next dev

ready - started server on 0.0.0.0:3000, url: http://localhost:3000
wait - compiling...
event - compiled client and server successfully in 1792ms (125 modules)
```

로그의 내용을 보면 http://localhost:3000에서 서버가 실행됐습니다. 브라우저에서 이 URL을 입력해 다음 화면과 같은 페이지가 표시되면 성공입니다.

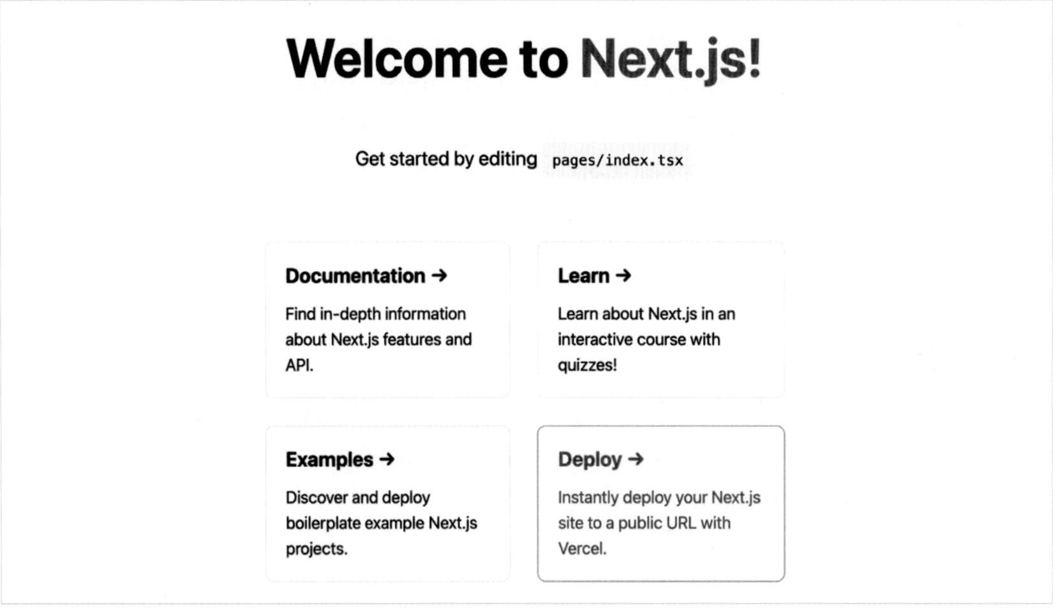

그림 3.10 Next 프로젝트 셋업

---

[22] npm run으로 실행할 수 있는 처리를 scripts(npm 스크립트)라 부릅니다. package.json에 처리 내용을 기재합니다.

dev 스크립트는 개발 서버를 기동합니다. 이때 프로젝트 안의 코드를 수정해서 저장하면, 백그라운드에서 빌드가 실행되며 서버를 재기동하지 않고 수정 내용이 반영됩니다. build는 프로젝트를 빌드하고, 그 결과를 .next 아래 저장합니다. 그리고 start를 사용해 .next의 데이터를 기반으로 서버를 기동합니다.

```
# 프로젝트를 빌드한다
$ npm run build
# 빌드한 생성물을 기반으로 서버를 기동한다
$ npm run start
```

3.6.2 프로젝트 기본 구성

create-next-app을 실행한 직후, 프로젝트는 다음과 같이 구성됩니다.[23]

pages 디렉터리에는 페이지 컴포넌트나 API 코드가 배치됩니다. pages/index.tsx는 앞 절에서 브라우저에 표시된 페이지의 내용을 컴포넌트로 구현한 것입니다. public 디렉터리에는 이미지 등 정적 파일을 배치합니다. styles 디렉터리에는 css 파일을 배치합니다. 애플리케이션 전체 스타일리에 관한 globals. css와 페이지 전용의 Home.module.css 등이 있습니다. *.module.css는 컴포넌트를 정의하는 파일에서 읽으며, 클래스명이나 ID가 다른 파일에서 정의한 것과 충돌하는 것을 방지하기 위해 파일마다 클래스명과 ID의 접두사 또는 접미사를 빌드 시 자동으로 부여합니다.

```
├── node_modules
├── pages
│   ├── _app.tsx
│   ├── api
│   │   └── hello.js
│   └── index.tsx
├── public
│   ├── favicon.ico
│   └── vercel.svg
├── styles
│   ├── Home.module.css
│   └── globals.css
```

---

23 (엮은이) Next.js v13.1.2부터는 프로젝트를 만들 때 "Would you like to use `src/` directory with this project?"에 Yes로 답한 경우 src 디렉터리가 만들어지므로 트리 구조에 차이가 있을 수 있습니다.

```
├── README.md
├── package.json
└── package-lock.json
```

3.7 Next.js 렌더링 방법

Next.js에서는 페이지별로 렌더링 방법을 전환할 수 있습니다. Next.js에서는 4가지 렌더링 방법을 사용할 수 있습니다.

- 정적 사이트 생성(SSG: Static Site Generation). 이 책에서는 정적 사이트(Static)도 SSG에 포함.
- 클라이언트 사이드 렌더링(CSR: Client Side Rendering)
- 서버 사이드 렌더링(SSR: Server Side Rendering)
- 점진적 정적 재생성(ISR: Incremental Static Regeneration)[24]

모든 페이지에서 사전 렌더링 가능한 부분은 사전 렌더링을 수행합니다.

3.7.1 정적 사이트 생성(SSG)

SSG에서는 빌드 시 API 등으로부터 데이터를 얻어, 페이지를 그려 정적 파일로 생성합니다.

빌드 시 getStaticProps라는 함수가 호출되며, 그 함수 안에서 API 호출 등을 수행하고, 페이지를 그리는 데 필요한 props를 반환합니다. 그 뒤, 이 props를 페이지 컴포넌트에 전달해서 화면을 그립니다. 화면을 그린 결과는 정적 파일의 형태로 빌드 결과로 저장합니다. 페이지에 접근이 발생하면, 미리 생성한 정적 파일을 클라이언트에 보내고, 브라우저는 그것을 기반으로 화면을 그립니다. 브라우저에서 초기 화면을 그린 후에는 일반적인 리액트 애플리케이션과 마찬가지로, API 등으로부터 데이터를 얻어 동적으로 화면을 그릴 수 있습니다.

---

[24] 이 책에서는 ISR 중, Next.js 12.2부터 사용할 수 있게 된 On-demand ISR에 관해서는 설명하지 않습니다. https://nextjs.org/blog/next-12-2

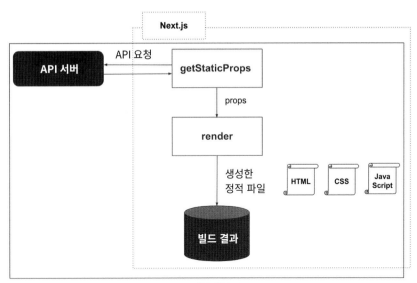

그림 3.11 SSG 빌드 시 흐름

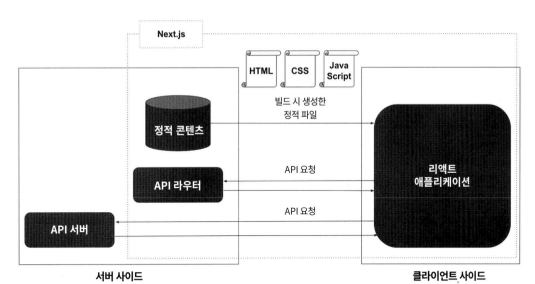

그림 3.12 SSG 화면 그리기 흐름

SSG는 접근 시에는 정적 파일을 클라이언트에 전달할 뿐이므로 초기 화면 그리기가 빠릅니다. 한편, 빌드 시에만 데이터를 얻으므로 초기 화면을 그릴 때 오래된 데이터가 표시될 가능성이 있습니다. 따라서 실시간성 콘텐츠에는 적합하지 않습니다.

빌드 후에 표시 내용이 업데이트되지 않는 페이지나 초기 화면 그리기 이후에 데이터를 표시할 수 있는 페이지에 SSG가 적합합니다. 성능이 뛰어나므로, Next.js에서는 SSR보다 SSG를 권장합니다.

이 책에서는 엄밀하게는 SSG와 다른 Static이라는 페이지 형태도 SSG로서 설명합니다.[25]

3.7.2 클라이언트 사이드 렌더링(CSR)

CSR은 빌드 시에 데이터를 얻지 않고, 페이지를 화면에 그려 저장합니다. 그리고 브라우저에서 초기 화면 그리기를 한 뒤, 비동기로 데이터를 얻어서 추가 데이터를 표시합니다.

본래의 리액트 애플리케이션 흐름에 가까운 화면 그리기 방법입니다. 페이지를 그리기 위해 필요한 데이터는 나중에 얻어서 반영하기 때문에, SEO에는 그다지 유효하지 않습니다.

CSR은 SSG, SSR, ISR과 조합해서 사용됩니다.[26] CSR만 사용하는 것이 아니라 기본적으로는 SSG, SSR, ISR과 조합한다고 생각하는 것이 좋습니다.

초기 화면을 그리는 것이 그렇게 중요하지 않고, 실시간성이 중요한 페이지에 적합합니다.

3.7.3 서버 사이드 렌더링(SSR)

SSR에서는 페이지 접근이 발생할 때마다 서버에서 getServerSideProps를 호출하고, 그 결과 props를 기반으로 페이지를 서버 측에서 그려서 클라이언트에 전달합니다.

---

25 ~Props를 통해 데이터를 얻지 않는 Static에 비해, SSG에서는 빌드 시 getStaticProps로 데이터를 얻는다는 점이 가장 큰 특징입니다. 단, 용도나 특징이 비슷하므로 이 책에서는 둘을 구분하지 않고, 기본적으로는 Static도 SSG라 부릅니다. 3.8에서도 설명합니다.

26 이 책에서도 SSG, SSR, ISR과 달리 CSR를 단독으로 사용하는 방법에 관해서는 설명하지 않습니다.

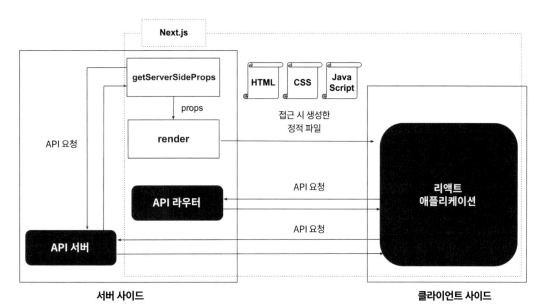

그림 3.13 SSR 화면 그리기 흐름

접근 시마다 서버에서 데이터를 얻어 화면을 그리기 때문에, 항상 최신 데이터를 기반으로 페이지 초기 화면을 그릴 수 있어, SEO에 대한 유효성을 기대할 수 있습니다. 하지만, 서버에서 어느 정도의 처리를 해야하므로, 다른 방법에 비해 지연이 높아질 가능성이 있습니다.

최신 가격이 표시되는 제품 페이지 등, 항상 최신 데이터를 표시하고자 하는 경우에 적합합니다.

3.7.4 점진적 정적 재생성(ISR)

ISR은 SSG의 응용이라 할 수 있는 렌더링 방법입니다. 사전에 페이지를 생성해서 전송하면서, 동시에 접근이 발생함에 따라 페이지를 다시 생성해서 새로운 페이지를 전송할 수 있습니다.

페이지 접근이 발생하면 사전에 렌더링해서 서버에 저장한 페이지의 데이터를 클라이언트에 전달합니다. 이 데이터에 유효 기간을 설정할 수 있으며, 유효 기간이 지난 상태에서 접근이 발생하면 백그라운드에서 다시 getStaticProps를 실행해서 화면을 그리고, 서버에 저장된 페이지 데이터를 업데이트합니다.

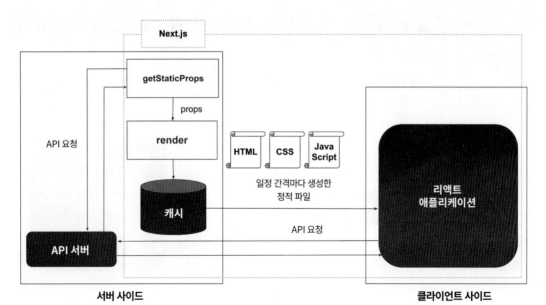

그림 3.14 ISR 화면 그리기 흐름

SSR과 달리 요청 시 서버 측에서 처리를 하지 않으므로, SSG와 마찬가지로 지연을 짧게 유지할 수 있고, 어느 정도 최신 데이터를 기반으로 하는 페이지를 초기에 그릴 수 있습니다. SSG와 SSR의 중간과 같은 렌더링 방법이라 할 수 있습니다.

3.8 페이지와 렌더링 방법

Next.js의 기초가 되는 페이지에 관해 설명합니다.

`pages` 디렉터리 아래에 배치된 TSX 등의 파일은 파일 1개가 페이지 1개에 대응합니다. 이 파일들은 리액트 컴포넌트를 반환하는 함수를 정의하고, 그 함수를 익스포트합니다. 관습적으로 익스포트한 함수와 파일명은 동일하게 작성합니다.

다음과 같이 `pages/sample.tsx`를 작성하고 `npm run start`로 개발 서버를 실행하면 `0.0.0.0:3000/sample`이라는 URL로 접근할 수 있습니다.

```
// 타입 애너테이션이 없어도 빌드되므로 생략한다
function Sample() {
  return <span>샘플 페이지입니다.</span>
}

export default Sample
```

예를 들어, `pages/index.tsx`라는 파일은 /에 접속했을 때 반환하는 페이지를 구현한 것입니다.[27]

파일 내부에서 컴포넌트 외에 구현하는 함수나 해당 함수의 반환값에 따라, 렌더링 방법이 달라집니다. 각 페이지들이 어떤 타입으로 설정돼 있는지 빌드 시 결과로 확인할 수 있습니다.

```
$ npm run build

...

Page Size First Load JS
┌ ○ /404 194B 72kB
├ ● /isr (ISR: 60Seconds) 544B 72.4 kB
├ ● /posts/[id] 601B 72.4 kB
├ ├ /posts/1
├ ├ /posts/2
├ └ /posts/3
├ ● /ssg 476B 72.3 kB
└ λ /ssr 477B 72.3 kB
+ First Load JS shared by all 71.8 kB
  ├ chunks/framework-6e4ba497ae0c8a3f.js 42kB
  ├ chunks/main-c7e30e1aff19cdb7.js 27.8 kB
  ├ chunks/pages/_app-2a6512a4e9d2ac85.js 1.23 kB
  └ chunks/webpack-45f9f9587e6c08e1.js 729B

λ (Server) server-side renders at runtime (uses getInitialProps or getServerSideProps
)
○ (Static) automatically rendered as static HTML (uses no initial props)
● (SSG) automatically generated as static HTML + JSON (uses getStaticProps)
  (ISR) incremental static regeneration (uses revalidate in getStaticProps)
```

---

27 index.tsx는 특권을 가진 파일로, index가 아니라 /에 배치됩니다.

빌드 결과에서 Server가 SSR을, Static과 SSG가 SSG[28]를, ISR이 ISR을 나타냅니다. CSR은 모든 페이지 타입과 함께 사용할 수 있으며 기본적으로는 이 타입들에 포함돼 있으므로 빌드 결과에는 표시되지 않습니다.

3.8.1 Next.js의 페이지와 데이터 취득

앞에서 설명한 것처럼 Next.js에서는 구현하는 함수나 해당 함수의 반환값에 따라, pages의 렌더링 방법이 달라집니다. 렌더링 방법을 결정하는 주요한 요소는 데이터 취득 함수입니다.

종류	데이터 취득에 사용하는 주요 함수	데이터 취득 시점	보충 설명
SSG	getStaticProps	빌드 시(SSG)	데이터 취득을 전혀 수행하지 않는 경우도 SSG에 해당.
SSR	getServerSideProps	사용자 요청 시(서버 사이드)	getInitialProps를 사용해도 SSR.
ISR	revalidate를 반환하는 getStaticProps	빌드 시(ISR)	ISR은 배포 후에도 백그라운드 빌드가 실행된다.
CSR	그 밖의 임의의 함수(useSWR 등)	사용자 요청 시(브라우저)	CSR은 SSG/SSR/ISR과 동시에 사용 가능

pages는 그 종류에 따라 데이터 취득에 사용할 수 있는 함수가 다르다고 할 수 있습니다.

페이지 컴포넌트에서 모든 표시 부분을 구현할 필요는 없습니다. 페이지 사이에서 공통으로 사용하는 코드나 UI 부분은 pages 디렉터리 밖에서 정의하고 임포트해서 사용할 수 있습니다.

3.8.2 SSG를 통한 페이지 구현

우선, SSG를 통한 페이지 구현에 관해 살펴봅니다.[29] pages 아래에 새롭게 ssg.tsx라는 이름의 파일을 추가하고, 페이지 컴포넌트를 구현합니다. Next.js에서 페이지를 구현할 때는, 페이지의 루트 컴포넌트를 export default로 익스포트합니다.

코드 3.18 _ pages/ssg.tsx

```
// 타입을 위해 도입
import { NextPage } from 'next'
```

---

28 앞에서 설명한 것처럼 이 책에서는 Static을 SSG에 포함합니다.

29 여기에서는 getStaticProps를 사용하지 않으므로 엄밀하게는 Static입니다.

```
// Next.js의 내장 컴포넌트
import Head from 'next/head'

// 페이지 컴포넌트의 props 타입 정의(여기에서는 빔)
type SSGProps = {}

// SSG용 페이지 구현
// NextPage는 Next.js의 Pages용 타입
// NextPage<props>에서 props가 들어가는 Page임을 명시
const SSG: NextPage<SSGProps> = () => {
  return (
    <div>
      {/* Head 컴포넌트로 감싸면, 그 요소는 <head> 태그에 배치된다 */}
      <Head>
        <title>Static Site Generation</title>
        <link rel="icon" href="/favicon.ico" />
      </Head>
      <main>
        <p>
          이 페이지는 정적 사이트 생성을 통해 빌드 시 생성된 페이지입니다
        </p>
      </main>
    </div>
  )
}

// 페이지 컴포넌트는 export default로 익스포트한다
export default SSG
```

NextPage는 pages를 위한 타입입니다.[30] 받을 props를 결정하고, NextPage<Props>와 같이 지정합니다.

npm run build로 빌드를 실행하고, npm run start로 서버를 기동한 뒤, 브라우저에서 http://local host:3000/ssg로 접근하면 구현한 페이지가 표시됨을 확인할 수 있습니다.

---

30 NextPage의 타입 정의입니다. https://github.com/vercel/next.js/blob/937ab16b780dc2bc755fa9c032ffe498c79b5af6/packages/next/types/index.d.ts

3.8.3 getStaticProps를 사용한 SSG를 통한 페이지 구현

파일 안에 getStaticProps라는 함수를 정의하고 익스포트하면, 해당 함수는 빌드 시 실행됩니다. getStaticProps는 반환값으로 props를 반환할 수 있으며, 그 값이 페이지 컴포넌트에 전달되어 그려집니다. 다음과 같이 **pages/ssg.tsx**에 getStaticProps를 추가하고, 다시 빌드해 봅니다.

```
코드 3.19 _ pages/ssg.tsx

import { GetStaticProps, NextPage, NextPageContext } from "next";
import Head from "next/head";

// 페이지 컴포넌트인 props의 타입 정의
type SSGProps = {
  message: string;
};

// SSG는 getStaticProps가 반환한 props를 받을 수 있다
// NextPage<SSGProps>는 Message: string만을 받아 생성된 페이지 타입
// Next.js의 페이지 컴포넌트나 함수 타입은 https://nextjs.org/learn/excel/typescript/nextjs-
types도 참고한다
const SSG: NextPage<SSGProps> = (props) => {
  const { message } = props;

  return (
    <div>
      <Head>
        <title>Static Site Generation</title>
        <link rel="icon" href="/favicon.ico" />
      </Head>
      <main>
        <p>이 페이지는 정적 사이트 생성을 통해 빌드 시 생성된 페이지입니다.</p>
        <p>{message}</p>
      </main>
    </div>
  );
};

// getStaticProps는 빌드 시 실행된다
// GetStaticProps<SSGProps>는 SSGProps 인수로 받는 getSTaticProps 타입
export const getStaticProps: GetStaticProps<SSGProps> = async (context) => {
```

```
  const timestamp = new Date().toLocaleString();
  const message = `${timestamp}에 getStaticProps가 실행됐습니다`;
  console.log(message);
  return {
    // 여기에서 반환한 props를 기반으로 페이지 컴포넌트를 그린다
    props: {
      message,
    },
  };
};


export default SSG;
```

npm run build를 실행하면 getStaticProps 안에 있는 console.log가 빌드 도중 실행되는 것을 확인할 수 있습니다. 다시 npm run start를 실행해서, 페이지를 표시하면 getStaticProps에서 반환한 props를 사용해 페이지를 표시하고 있는 것을 알 수 있습니다.

```
$ npm run build
...
[ ] info - Generating static pages (0/3)2021-11-10 0:31:10에 getStaticProps가 실행됐습니다!!
info - Generating static pages (3/3)
...
```

덧붙여 npm run dev를 사용해 개발 서버를 실행하는 경우에는 최신 코드를 사용해 페이지를 표시하기 때문에, 요청이 있을 때마다 getStaticProps가 실행되고 서버에서 페이지를 생성합니다.

```
$ npm run dev

...
ready - started server on 0.0.0.0:3000, url: http://localhost:3000
event - compiled successfully in 1756ms (159 modules)
wait - compiling /ssg...
event - compiled successfully in 112ms (172 modules)
2021-11-10 0:37:28에 getStaticProps가 실행됐습니다!!
2021-11-10 0:37:30에 getStaticProps가 실행됐습니다!!
```

getStaticProps는 익스포트(export)해야 하며, 비동기 함수로서 **async**와 함께 정의해야 합니다. getStaticProps의 인수에는 context가 부여됩니다.[31] context에는 빌드 시에 사용할 수 있는 데이터가 포함돼 있습니다.

```
export async function getStaticProps(context) {
  return {
    props: {}
  }
}
```

context는 실행 관련[32] 정보가 모인 객체입니다. `context.locale`과 같은 형태로 접근합니다.[33]

파라미터	내용
params	경로 파라미터. SSG의 경우에는 getStaticPaths 함수를 별도로 정의했을 때 참조 가능.
locale	현재 로케일 정보(가능한 경우).
locales	지원하는 로케일 배열(가능한 경우).
defaultLocale	기본 로케일 데이터(가능한 경우).
preview	Preview Mode 여부.
previewData	Preview Mode에서 setPreviewData에 따라 설정된 데이터.

3.8.4 getStaticPaths를 사용한 여러 페이지의 SSG

3.8.2에서는 1개의 파일에서 1개 페이지의 SSG를 수행하는 방법에 관해 설명했습니다. 페이지를 하나씩 만들면 사용자 프로필이나 게시글 페이지 등 표시하는 데이터만 다른 페이지가 여럿인 경우에 대응할 수 없습니다.

```
// 다음과 같은 사용자별 tsx를 개별적으로 만들 수는 없다
https://example.com/user/사용자명
```

---

[31] React의 Context와는 다른 것입니다.

[32] 표 안의 Preview Mode는 헤드리스 CMS(headless CMS)와 연동 시 등에 도움이 되는 기능입니다. 이 책에서는 사용하지 않습니다. https://nextjs.org/docs/advanced-features/preview-mode

[33] 로케일 정보는 next.config.js에서 i18n 설정을 한 경우에 얻을 수 있습니다.

이 경우에는 Next.js의 동적 라우팅(Dynamic Routing) 기능이 도움이 됩니다. 경로 파라미터를 사용해 여러 페이지를 1개의 파일로 생성할 수 있습니다. 동적 라우팅은 다음 2가지 요소로 구성됩니다.

- [파라미터].tsx와 같이 []로 감싼 특별한 파일명
- getStaticProps에 맞춰 getStaticPaths를 사용한다

getStaticPaths는 getStaticProps 실행 전에 호출되는 함수로, 생성할 페이지의 경로 파라미터의 조합 (paths)과 폴백(fallback)을 반환합니다. paths는 경로 파라미터의 조합을 나타내며, 배열의 각 요소가 1개의 페이지에 대응합니다. fallback은 getStaticPaths가 생성하는 페이지가 존재하지 않는 경우의 처리를 기술합니다.

```
export async function getStaticPaths() {
  return {
    paths: [
      { params: { ... } }
    ],
    fallback: false // true 또는 'blocking' 지정 가능
  }
}
```

pages/posts 디렉터리를 새롭게 만들고, [id].tsx(pages/posts/[id].tsx)라는 파일을 만듭니다. 대괄호로 감싼 부분이 경로 파라미터를 나타냅니다. 파일 작성 후, **코드** 3.20의 내용을 구현합니다.

코드 3.20의 getStaticPaths에서는 id가 각각 1, 2, 3인 경로 파라미터를 반환합니다. 이 파일은 pages/posts/[id].tsx이므로 /posts/1, /posts/2, /posts/3의 3개 경로의 페이지를 생성합니다.

여러 경로 파라미터를 사용하는 경우 paths의 각 요소에 추가 파라미터를 더할 수 있습니다.

paths의 각 요소에 대해 getStaticProps가 호출되고, 페이지가 생성됩니다. getStaticProps에는 context인 params로부터 경로 파라미터를 참조할 수 있습니다.

코드 3.20 _ pages/posts/[id].tsx

```
// 타입을 사용하기 위한 임포트
import { GetStaticPaths, GetStaticProps, NextPage } from 'next'
import Head from 'next/head'
import { useRouter } from 'next/router' // next/router에서 useRouter라는 훅을 삽입한다
```

```
import { ParsedUrlQuery } from 'querystring'

type PostProps = {
  id: string
}

const Post: NextPage<PostProps> = (props) => {
  const { id } = props
  const router = useRouter()

  if (router.isFallback) {
    // 폴백 페이지용 표시를 반환한다
    return <div>Loading...</div>
  }

  return (
    <div>
      <Head>
        <title>Create Next App</title>
        <link rel="icon" href="/favicon.ico" />
      </Head>
      <main> <p> 이 페이지는 정적 사이트 생성을 통해 빌드 시 생성된 페이지입니다.
        </p>
        <p>{`/posts/${id}에 대응하는 페이지입니다`}</p>
      </main>
    </div>
  )
}

// getStaticPaths는 생성한 페이지의 경로 파라미터의 조합을 반환한다
// 이 파일은 pages/posts/[id].tsx이므로, 경로 파라미터로서 id의 값을 반환해야 한다
export const getStaticPaths: GetStaticPaths = async () => {
  // 각 페이지의 경로 파라미터를 모은 것
  const paths = [
    {
      params: {
        id: '1',
      },
    },
```

```
      {
        params: {
          id: '2',
        },
      },
      {
        params: {
          id: '3',
        },
      },
    ]

    // fallback을 false로 설정하면, paths에 정의된 페이지 외에는 404를 표시한다
    return { paths, fallback: false }
  }

  // 파라미터 타입을 정의
  interface PostParams extends ParsedUrlQuery {
    id: string
  }

  // getStaticPaths 실행 후에 각 경로에 대해 getStaticProps가 실행된다
  export const getStaticProps: GetStaticProps<PostProps, PostParams> = async (context) => {
    return {
      props: {
        id: context.params!['id'],
      },
    }
  }

  export default Post
```

getStaticPaths의 fallback을 false로 반환하면 paths에 주어지지 않은 경로에 대해서는 404 페이지를 표시합니다. 예를 들어, /posts/4에 접속하면 404 페이지가 표시됩니다.[34]

---

[34] fallback: true로 한 경우 paths에 포함되지 않은 것도 [id].tsx가 처리합니다. /posts/4로 접근하면 '/posts/4에 대응하는 페이지입니다'라고 반환됩니다.

fallback에 true를 지정하면, 최초 요청과 그 뒤의 요청에서 작동이 달라집니다. 우선, 가장 첫 번째 방문한 사용자에 대해서는 폴백 페이지를 처음에 표시합니다.

이것은 페이지 컴포넌트의 props가 빈 상태로 화면이 그려진 페이지입니다. 서버 사이드에서는 요청의 경로에 대해 getStaticProps를 실행합니다. getStaticProps가 반환한 props는 페이지를 표시하고 있는 클라이언트에 전송되고 화면을 그립니다. 또한, 서버 사이드에서 props를 기반으로 페이지를 그리고 그 결과를 저장합니다. 그 뒤, 동일한 경로에 대한 요청이 오면 저장했던 페이지를 반환합니다.

칼럼

useRouter – 라우팅을 위한 훅

useRouter는 함수 컴포넌트 안에서 라우팅 정보에 접근하기 위한 훅입니다. Next.js의 next/router에서 임포트할 수 있습니다.

라우팅 정보의 취득 외에, router.push로 페이지 변경에도 사용할 수 있습니다.

코드 3.21 _ pages/page.tsx

```tsx
import { useRouter } from 'next/router' // 임포트
import { useEffect } from 'react' // 부가 작용을 수반하는 처리용으로 도입

const Page = () => {
  const router = useRouter() // useRouter 사용

  // 다음 주석 부분의 주석을 해제하면 /userouter로 이동하게 된다
  /* useEffect( () => {
      router.push('/userouter')
  }) */

  return <span>{router.pathname}</span>
}

export default Page
```

상세한 내용은 공식 가이드 문서[35]를 참조합니다.

---

[35] https://nextjs.org/docs/api-reference/next/router

3.8.5 SSR을 통한 페이지 구현

SSR에서는 접근할 때마다 서버에서 페이지를 그리고, 그 결과를 클라이언트에서 표시합니다. SSG의 getStaticProps에 대해, SSR에서는 getServerSideProps를 정의합니다.

SSR에서는 페이지를 그리기 전에 getServerSideProps를 호출하며, 이 함수가 반환한 props를 기반으로 페이지를 그립니다.

pages/ssr.tsx를 새롭게 작성하고, 다음 코드를 추가합니다. npm run build를 실행해서 빌드하고, npm run start로 서버를 기동한 뒤 /ssr에 접근하면 SSR로 그려진 페이지가 표시됩니다. 접근할 때마다 표시되는 내용이 변하기 때문에, 매번 서버에서 getServerSideProps가 호출되고 페이지가 그려지는 것을 알수 있습니다.

코드 3.22 _ pages/ssr.tsx

```tsx
import { GetServerSideProps, NextPage } from 'next'
import Head from 'next/head'

type SSRProps = {
  message: string
}

const SSR: NextPage<SSRProps> = (props) => {
  const { message } = props

  return (
    <div>
      <Head>
        <title>Create Next App</title>
        <link rel="icon" href="/favicon.ico" />
      </Head>
      <main>
        <p>
          이 페이지는 서버 사이드 렌더링을 통해 접근 시에 서버에서 그려진 페이지입니다.
        </p>
        <p>{message}</p>
      </main>
    </div>
  )
```

```
  }

// getServerSideProps는 페이지로의 요청이 있을 때마다 실행된다
export const getServerSideProps: GetServerSideProps<SSRProps> = async (
  context
) => {
  const timestamp = new Date().toLocaleString()
  const message = `${timestamp}에 이 페이지의 getServerSideProps가 실행됐습니다`
  console.log(message)

  return {
    props: {
      message,
    },
  }
}

export default SSR
```

getServerSideProps의 인수인 context에는 getStaticProps의 context에서 참조할 수 있는 데이터와 함께, 요청 정보 등을 참조할 수 있습니다.[36] 그 일부를 표로 나타냈습니다.

파라미터	내용
req	http.IncomingMessage의 인스턴스에서 요청 정보나 쿠키(Cookie)를 참조할 수 있습니다.
res	http.ServerResponse의 인스턴스에서 쿠키를 설정하거나, 응답 헤더를 치환할 때 사용할 수 있습니다.
resolvedUrl	실제로 접근이 있던 경로.
query	해당 쿼리를 객체로 만든 것.

3.8.6 ISR을 통한 페이지 구현

점진적 정적 재생성(ISR)은 SSG의 응용이라 말할 수 있는 렌더링 방법입니다. 특징으로 페이지 수명을 설정할 수 있으며, 수명을 지난 페이지 대해서는 최신 정보로 재생성을 시도하고, 정적 페이지를 전송하면서 정보를 업데이트할 수 있습니다.

---

36 Data Fetching: getServerSideProps | Next.js https://nextjs.org/docs/api-reference/data-fetching/get-server-side-props#context-parameter

ISR에는 revalidate를 반환하는 getStaticProps를 사용합니다. getStaticProps에서 revalidate를 반환하면 그 값이 유효 기간이 되며, 유효 기간이 지난 페이지는 재생성됩니다.

다음 코드는 ISR을 사용한 예입니다. getStaticProps를 정의합니다. getStaticProps에서는 props와 함께 revalidate를 반환합니다. revalidate는 페이지의 유효 기간을 초로 나타낸 것을 반환합니다.

코드 3.23 _ pages/isr.tsx

```tsx
import { GetStaticPaths, NextPage, GetStaticProps } from 'next'
import Head from 'next/head'
import { useRouter } from 'next/router'

type ISRProps = {
  message: string
}

// ISRProps를 받는 NextPage(페이지) 타입
const ISR: NextPage<ISRProps> = (props) => {
  const { message } = props

  const router = useRouter()

  if (router.isFallback) {
    // 폴백용 페이지를 반환한다
    return <div>Loading...</div>
  }

  return (
    <div>
      <Head>
        <title>Create Next App</title>
        <link rel="icon" href="/favicon.ico" />
      </Head>
      <main>
        <p>이 페이지는 ISR을 통해 빌드 시 생성된 페이지입니다.</p>
        <p>{message}</p>
      </main>
    </div>
  )
}
```

```
export const getStaticProps: GetStaticProps<ISRProps> = async (context) => {
  const timestamp = new Date().toLocaleString()
  const message = `${timestamp}에 이 페이지의 getStaticProps가 실행됐습니다`

  return {
    props: {
      message,
    },
    // 페이지의 유효 기간을 초 단위로 지정한다
    revalidate: 60,
  }
}

export default ISR
```

가장 처음으로 페이지에 접근한 경우에는 SSG의 경우와 마찬가지로 폴백 페이지가 표시되고, 서버 측에서 실행한 getStaticProps를 기반으로 클라이언트에서 다시 화면을 그립니다.

그 이후의 요청에 대해서는 revalidate에서 지정한 시간 내에는 서버 사이드에서 그려서 저장하고 있던 페이지(같은 페이지)를 반환합니다. 유효 기간이 지난 뒤 요청이 있는 경우에는, 해당 요청에 대해서는 현재 저장돼 있는 페이지를 반환합니다. 그리고 getStaticProps를 실행하고 페이지를 그려 새로운 캐시로 저장합니다.

3.9 Next.js의 기능

페이지 이외의 Next.js의 기본적인 기능이나 사용 방법에 관해 설명합니다.

3.9.1 링크

Next.js에서는 next/link나 next/image 등 내장 컴포넌트나 기능을 제공합니다. 이것들은 TSX 안에서 import해서 사용할 수 있습니다.

Next.js에서는 애플리케이션 안의 다른 페이지로의 이동하기 위한 Link 컴포넌트가 있습니다.[37]

---

[37] next/link | Next.js https://nextjs.org/docs/api-reference/next/link

Link 컴포넌트를 사용해 페이지를 이동한 경우는, 보통의 페이지 이동과 같이 이동 대상 페이지의 HTML 파일 등을 얻어 화면에 그리는 것이 아니라, 클라이언트 사이드에서 새로운 페이지를 그립니다. 새로운 페이지를 그리기 위해 필요한 데이터는 미리 비동기 방식으로 얻습니다.[38] 그 덕분에 페이지를 재빨리 이동할 수 있습니다.

Link 컴포넌트를 사용할 때는 <a> 태그를 Link 컴포넌트로 감쌉니다.

```
// Link 컴포넌트를 사용하기 위해 next/link에서 임포트한다
import Link from 'next/link'

...

{/* /ssr로 이동하기 위한 링크를 작성한다 */}
<Link href="/ssr">
  <a>Go TO SSR</a>
</Link>
```

쿼리 파라미터도 지정하는 경우, href 문자열로 그대로 지정하는 방법 외에 객체를 사용해서 지정할 수도 있습니다.

```
<Link href="/ssg?keyword=next">
  <a>GO TO SSG</a>
</Link>

{/* href에 문자열을 지정하는 대신 객체를 지정할 수 있다 */}
<Link
  href={{
    pathname: '/ssg',
    query: { keyword: 'hello' },
  }}>
  <a>GO TO SSG</a>
</Link>
```

a 요소 대신 버튼 등을 사용하면 Link의 자식 컴포넌트에 onClick 콜백이 전달되어, 콜백이 호출되면 페이지를 이동합니다.[39]

---

[38] SSR의 getServerSideProps로 얻을 수 있는 props에 관해서는 이동 후에 서버로부터 얻습니다.

[39] 하지만 본래의 HTML의 시맨틱을 생각한다면, 링크 부분은 a 요소를 사용하는 방법이 바람직할 것입니다. SEO에 대한 영향이 있을 수도 있습니다. 기본적으로 a를 이용할 수 있는 지 검토해야 할 것입니다.

```
<Link href="/ssg">
  {/* a 대신 button을 사용하면, onClick이 호출되는 시점에 이동한다*/}
  <button>Jump to SSG page</button>
</Link>
```

또한, router 객체의 push 메서드를 호출해서 페이지를 이동할 수도 있습니다.

```
import { useRouter } from 'next/router'

...

const router = useRouter()

const onSubmit = () => {
// /ssr로 이동한다
  router.push('/ssr')

  // 문자열 대신 객체로 지정할 수 있다
  // /ssg?keyword=hello로 이동한다
  router.push({
    pathname: '/ssg',
    query: { keyword: 'hello' },
  })
}
```

그 외에 router 객체에는 리로드를 수행하는 reload(), 페이지를 돌아가기 위한 back(), 페이지 이동 시작/종료 이벤트를 구독하는 메서드 등이 있습니다.

```
const router = useRouter()

// 호출하면 페이지가 리로드된다
router.reload()

// 호출하면 이전 페이지로 돌아간다
router.back()

// 이동 시작 시의 이벤트를 구독한다
router.events.on('routeChangeStart', (url, { shallow }) => {
```

```
  // url에는 이동 대상지의 경로를 부여할 수 있다
  // shallow는 얕은 라우팅(경로만 치환해서 이동)의 경우에는 true가 된다
})

// 이동 완료 시의 이벤트를 구독한다
router.events.on('routeChangeComplete', (url, { shallow }) => {
  // url에는 이동 대상지의 경로를 부여할 수 있다
  // shallow는 얕은 라우팅(경로만 치환해서 이동)의 경우에는 true가 된다
})
```

3.9.2 이미지 표시

Next.js는 빌트인 기능으로 이미지 성능을 최적화할 수 있습니다.[40]

최근 웹페이지 안에서 콘텐츠에서 이미지가 차지하는 비율은 계속해서 커지고 있으므로, 성능 향상을 위한 이미지 표시 최적화는 대단히 중요합니다.

Next.js에서 이미지를 표시할 때는 next/image의 Image 컴포넌트를 사용합니다. img 태그가 아닌, Image 컴포넌트를 사용함으로써, 이미지를 읽을 때 서버 사이드에서 이미지를 최적화합니다.

Image는 img를 확장한 것과 같은 컴포넌트로, 반환하는 값(속성)은 기본적으로는 img 태그의 그것과 동일합니다. 하지만, width와 height를 전달하지 않으면 에러가 발생합니다.[41]

예시로 img 태그와 Image 컴포넌트를 각각 사용했을 때를 비교해 봅니다.

public/images/ 아래 임의의 이미지를 배치하고, 그것을 표시하는 페이지를 pages/image-sample.tsx 에 작성합니다.

Image 컴포넌트로 이미지를 표시할 때는 img 태그와 마찬가지로 src에 이미지 경로를 전달합니다.

이때, 프로젝트 안에서 참조할 수 있는 로컬 이미지에 대해서는 import로 임포트(정적 임포트) 한 이미지 파일을 src에 부여할 수 있습니다. 정적 임포트한 이미지를 Image 컴포넌트로 사용할 때는 width와 height를 생략할 수 있습니다.

---

40 Basic Features: Image Optimization | Next.js https://nextjs.org/docs/basic-features/image-optimization
41 정적 임포트했을 때, layout-fill을 전달할 때는 예외입니다.

```
import { NextPage } from 'next'
import Image from 'next/image'
// 이미지 파일을 임포트한다
import BibleImage from '../public/images/bible.jpeg'

const ImageSample: NextPage<void> = (props) => {
  return (
    <div>
      <h1>이미지 표시 비교</h1>
      <p>img 태그로 표시한 경우</p>
      {/* 일반적인 img 태그를 사용해서 이미지를 표시한다 */}
      <img src="/images/bible.jpeg" />
      <p>Image 컴포넌트로 표시한 경우</p>
      {/* Image 컴포넌트를 사용해서 표시한다 */}
      {/* 경로를 지정하는 대신, 임포트한 이미지를 지정 */}
      <Image src={BibleImage} />
      <p>Image로 표시한 경우는 사전에 그리기 영역이 확보됩니다</p>
    </div>
  )
}

export default ImageSample
```

브라우저에서 확인하면 동일하게 이미지가 표시되는 것을 알 수 있습니다. 개발자 도구에서 각 태그에 전달된 경로를 확인하면, img 태그로 표시한 쪽은 정적 파일로서 제공되는 이미지의 경로를 나타내지만, Image 컴포넌트로 표시한 쪽은 /_next/image 아래를 참조하고 있음을 확인할 수 있습니다. 또한, 파일 크기는 원래 이미지에 비해 절반 이하로 되어 있습니다.

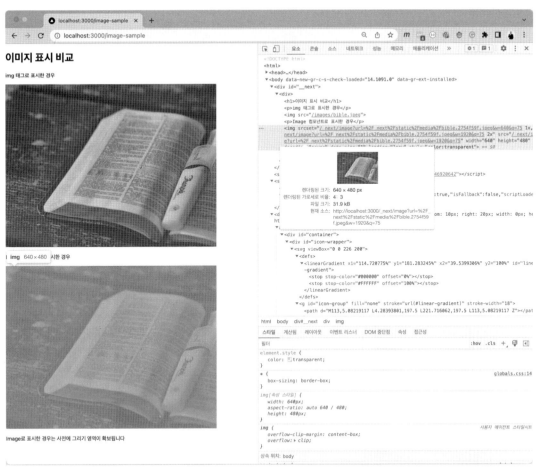

그림 3.15 img 태그와 Image 컴포넌트 비교

Image 컴포넌트를 사용하면 브라우저의 정보를 기반으로 최적화한 이미지를 제공합니다. 예를 들어, WebP 대응 브라우저에는 WebP 형식의 이미지를 제공하거나, 브라우저의 화면 크기에 맞춰 적절한 크기의 이미지를 제공하기도 합니다.

또한, 이미지를 그리는 방법 역시 몇 가지가 있습니다. **Image** 컴포넌트는 초기 단계에서 뷰포트에 표시되지 않는 이미지는 그리지 않고, 스크롤해서 뷰포트에 가까워지는 단계에서 화면을 얻고 그리기 시작합니다.[42] 다음과 같이 이미지를 로딩하는 동안에는 이미지를 표시할 영역을 확보합니다. 이를 통해 이미지를 그린 전후로 레이아웃이 깨지는 것을 방지합니다.

---

42 레이지 로드(lazy load) 또는 지연 읽기라 부릅니다. 뷰포트는 브라우저의 표시 부분입니다.

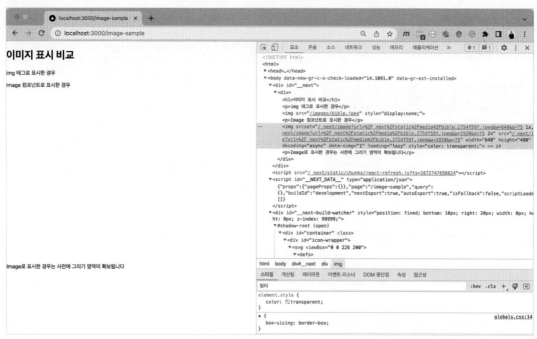

그림 3.16 이미지 로딩 시 표시

그 외에, Image 컴포넌트는 몇 가지 파라미터를 props에 전달할 수 있습니다.

layout에는 뷰포트의 변화에 따라 이미지를 리사이즈할 것인지를 설정할 수 있습니다. 기본값은 intrinsic입니다.

- intrinsic은 뷰포트가 이미지 크기보다 작을 때, 뷰포트에 맞춰 리사이즈한 이미지를 표시한다.

- responsive는 뷰포트에 맞춰 리사이즈한 이미지를 표시한다.

- fixed는 width와 height에 기반해, 뷰포트의 크기에 관계없이 같은 사이즈 이미지를 표시한다.

- fill은 부모 요소에 맞춰서 이미지를 표시한다.

placeholder에서는 이미지 로딩 중에 표시할 내용을 지정할 수 있습니다. empty를 지정하면 이미지의 영역만 확보하고 아무것도 표시하지 않습니다. blur를 지정하면서 흐릿한 이미지를 표시합니다. import문으로 읽은 로컬 이미지의 경우에는 흐릿한 이미지가 자동 생성되어 표시되지만, 경로로 지정한 경우나 외부이미지의 경우는 blurDataURL에 표시할 흐릿한 이미지의 URL을 지정해야 합니다.

placeholder에 아무것도 지정하지 않은 경우　　　placeholder에 blur를 지정한 경우

그림 3.17 이미지 로딩 시 흐릿한 이미지로 표시

외부 리소스 이미지를 표시하는 경우에도 src에 문자열 경로를 지정할 수 있습니다. 이때, 다음 2가지 사항에 주의해야 합니다. 첫 번째는 정적 파일과 달리 이미지 크기를 사전에 얻을 수 없기 때문에, layout이 fill 이외인 경우에는 width와 height를 부여해 크기를 지정해야 합니다. 두 번째는, 외부 리소스 이미지를 표시하는 경우, 기본적으로는 최적화한 이미지를 표시할 수 없습니다. 따라서 next.config.js의 domains에 최적화를 허가하는 이미지의 도메인을 추가하거나, Image 컴포넌트의 unoptimized에 true를 전달해 최적화를 무효화해야 합니다.

```js
// next.config.js
/** @type {import('next').NextConfig} */
const nextConfig = {
  reactStrictMode: true,
  images: {
    // example.com 아래의 이미지를 Image 컴포넌트에 표시하기 위해 추가한다
    domains: ['example.com'],
  }
}

module.exports = nextConfig
```

3.9.3 API 라우터

pages/api 아래에 놓인 파일에서는 API(JSON 기반의 Web API)를 정의합니다. 페이지와 마찬가지로 파일의 위치에 따라 경로가 결정됩니다.[43]

페이지에서 사용하는 간이적인 API의 구현, 프락시로서 사용할 수 있습니다. 빌드 시에는 이 API를 사용할 수 없으므로, SSG의 getStaticPaths나 getStaticProps로부터 호출할 수 없습니다.

다음 코드를 pages/api/hello.ts에 입력하고, 서버를 기동한 뒤 /api/hello를 호출하면 핸들러가 실행됩니다.

코드 3.25 _ pages/api/hello.ts

```ts
import type { NextApiRequest, NextApiResponse } from 'next'

type HelloResponse = {
  name: string
}

// /api/hello에서 호출될 때의 API의 작동을 구현한다
export default (req: NextApiRequest, res: NextApiResponse<HelloResponse>) => {
  // 상태 200으로 {"name": "John Doe"}를 반환한다
  res.status(200).json({ name: 'John Doe' })
}
```

CSR로 접근합니다. fetch로 api에 접근할 때는 부가 작용이 발생하므로 useEffect 안에서 처리하고 있습니다.

코드 3.26 _ pages/sayhello.tsx

```tsx
import {useState, useEffect} from 'react'

function Sayhello(){
  // 내부에서 상태를 가지므로 useState를 사용
  const [data, setData] = useState({name: ''})
  // 외부 API에 요청하는 것은 부가 작용이므로 useEffect에서 처리
  useEffect(() =>{
```

---

43 API Routes: Introduction | Next.js https://nextjs.org/docs/api-routes/introduction]

```
    // pages/api/hello.ts의 내용으로 요청
    fetch('api/hello')
      .then((res) => res.json())
      .then((profile) => {
          setData(profile)
      })
  }, [])

  return <div>hello {data.name}</div>
}

export default Sayhello
```

3.9.4 환경 변수/구성

Next.js는 내부적으로 환경 변수를 위한 .env 파일을 처리할 수 있습니다. 프로젝트 루트에 위치한 환경 변수 파일 .env는 자동으로 로딩되어 코드상에서 참조할 수 있습니다. [44]

.env를 포함해 다음 형식의 파일을 참조할 수 있습니다.

- .env
- .env.local
- .env.${환경명}
- .env.${환경명}.local

.local이 붙은 것은 .gitignore에 추가되는 것을 의도한 것으로 API 키 등의 공개하고 싶지 않은 값을 저장하기 위해 사용합니다.

.env와 .env.local은 환경에 관계없이 항상 사용할 수 있습니다.

.env.development와 .env.development.local은 개발 서버를 작동시킬 때, .env.production과 .env.production.local은 빌드 시 또는 프로덕션 환경에서 (서버를) 작동시킬 때 사용합니다.

---

44 Basic Features: Environment Variables | Next.js https://nextjs.org/docs/basic-features/environment-variables

로딩된 환경 변수는 서버 사이드에서 실행하는 처리에서 참조할 수 있습니다. 즉, getServerSideProps 등의 함수나 API 핸들러, 빌드 중 SSG 페이지를 그릴 때, SSR 페이지를 서버 사이드에서 그릴 때 환경 변수의 값을 참조할 수 있습니다. 화면을 다시 그리는 도중 클라이언트 사이드에 접근하면 undefined가 됩니다.

클라이언트 사이드에서도 접근하고 싶은 값에 대해서는 환경 변수 이름 앞에 NEXT_PUBLIC_을 붙입니다.

코드 3.27 _ .env

```
# 서버 사이드에서만 참조할 수 있는 변수
TEST=test1
# 서버 사이드/클라이언트 사이드 모두에서 참조할 수 있는 변수
NEXT_PUBLIC_TEST=test2
```

코드 3.28 _ pages/EnvSample.tsx

```tsx
import { NextPage } from 'next'
import Head from 'next/head'

const EnvSample: NextPage = (props) => {
  // 서버 사이드에서 화면을 그릴 때는 'test1'이 표시되고, 클라이언트 사이드에서 다시 그릴 때는 undefined
가 표시된다
  console.log('process.env.TEST', process.env.TEST)
  // 'test2'가 표시된다
  console.log('process.env.NEXT_PUBLIC_TEST', process.env.NEXT_PUBLIC_TEST)

  return (
    <div>
      <Head>
        <title>Create Next App</title>
        <link rel="icon" href="/favicon.ico" />
      </Head>
      <main>
        {/* 서버 사이드에서 화면을 그릴 때는 'test1'이라고 표시되며, 클라이언트 사이드에서 다시 그릴 때
는 아무것도 표시되지 않는다 */}
        <p>{process.env.TEST}</p>
        {/* test2가 표시된다 */}
        <p>{process.env.NEXT_PUBLIC_TEST}</p>
      </main>
    </div>
```

```
  )
}

// getStaticProps는 항상 서버 사이드에서 실행되므로, 모든 환경 변수를 참조할 수 있다
export const getStaticProps: GetStaticProps = async (context) => {
  // 'test1'이 표시된다
  console.log('process.env.TEST', process.env.TEST)
  // 'test2'가 표시된다
  console.log('process.env.NEXT_PUBLIC_TEST', process.env.NEXT_PUBLIC_TEST)

  return {
    props: {},
  }
}


export default EnvSample
```

칼럼

리액트/Next.js와 라이브러리의 호환성

리액트/Next.js뿐만 아니라, 현재 자바스크립트 개발에서는 일반적으로 npm을 사용해서 다양한 패키지를 설치합니다.

여러 패키지를 도입하는 개발 스타일에는 몇 가지 종류가 있습니다. 여기에서는 각 라이브러리의 대응 버전의 충돌, 호환성 문제에 관해 설명합니다. 예를 들어, 리액트 v18을 도입해서 개발을 하고 있고, 어떤 패키지를 추가하려고 하는데, 리액트 v18에 대응하지 못해 사용하지 못하는(리액트 v17 등 오래된 버전이 필요하게 됨) 경우가 있습니다.

버전의 비호환이나 미대응은 자바스크립트에만 한정된 이야기는 아니지만, 여러 패키지를 임포트하는 특성상, 이 문제를 만날 가능성이 적지 않습니다.

특히 리액트/Next.js의 메이저 버전이 바뀌거나 하면 이 문제에 빠지기 쉽습니다.

개발 전의 대책으로서 사전에 사용할 라이브러리와 그것이 리액트/next.js의 어떤 버전에 대응하고 있는지를 조사해 둡니다. 준비 없이 의존을 늘리면 버전 업데이트 시에 문제가 되는 경우가 많으므로, 직접 구현하는 것도 선택지로서 생각할 수 있습니다.

개발에 착수한 후에도, 안정적으로 작동한다고 해서 안심하지 말고 정기적으로 패키지 버전을 업데이트해야 합니다. 리액트는 기본적으로 항상 최신 릴리스가 안정 버전입니다. EOL을 정한 여러 버전을 동시 릴리스하거나, LTS(Long Term Support) 같은 구조는 없습니다. 그러므로 항상 최신 리액트를 사용할 수 있게 준비해 뒤야 합니다.

04

컴포넌트 개발

리액트를 사용한 웹 애플리케이션은 다양한 UI 부품으로 구성됩니다.

브라우저에 표시하는 화면을 만들 때, 이 부품들은 페이지의 다양한 위치에 독립적으로 또는 다른 UI 부품을 구성하는 요소로 사용됩니다.

이런 각 부품을 컴포넌트라 부릅니다.

컴포넌트를 적절하게 추출하면 UI 디자인이나 구현의 효율을 높일 수 있습니다. 같은 기능을 가진 부품을 재사용할 수 있으므로 재구현할 필요가 없으며, 디자인이나 사양 변경 시에 해당 컴포넌트를 수정하는 것만으로 쉽게 대응할 수 있습니다.

컴포넌트를 적절한 형태(크기)로 분할함으로써 재사용성이 높고, 테스트하기 쉬운 컴포넌트를 구현할 수 있습니다. 이번 장에서는 보다 좋은 컴포넌트를 개발하기 위해 필요한 사항에 관해 설명합니다.

또한, 여기에서의 컴포넌트는 반드시 리액트 컴포넌트와 일치하지는 않습니다. 리액트의 코드에서의 형태와, 컴포넌트 설계 형태가 다른 점에는 주의하기 바랍니다.

4.1 아토믹 디자인을 통한 컴포넌트 설계

리액트에서는 우선 작은 부품별로 컴포넌트를 구현하고, 이들을 조합해 보다 복잡한 컴포넌트를 구현해 나갑니다.

컴포넌트를 적절히 분할함으로써 재사용성을 높입니다. 또한, 공통 컴포넌트를 정리해서 재사용함으로써 애플리케이션 전체에서 디자인의 일관성을 유지합니다.

컴포넌트를 분할함에 있어, 그 분할이나 관리 지침이 중요합니다. 어떤 정도부터 컴포넌트로서 다룰 것인지 그 크기는 엔지니어에 따라 판단이 다른 경우가 있습니다. 또한, 컴포넌트의 props에 어떤 데이터를 전달할 것인가, 컴포넌트가 독자적인 라이프사이클을 가진 API를 내부에서 호출하는 코드를 넣어야 하는가 등도 논의 대상입니다.

프로젝트 전체에서 지표가 있으면, 분할의 규모나 작동에 관해 일정 수준의 합의를 기반으로 개발할 수 있습니다. 각각의 컴포넌트의 역할이 명확해지므로 재사용성이 높고, 여러 사람이 함께 개발하기도 쉬워집니다.

이런 지표로 아토믹 디자인이 자주 사용되고 있습니다. 아토믹 디자인을 중심으로 컴포넌트에 관한 사고방식을 소개합니다.

4.1.1 프레젠테이션 컴포넌트와 컨테이너 컴포넌트

아토믹 디자인에 관해 설명하기 전에, 컴포넌트에 대한 사고방식에 참고할 수 있는 프레젠테이션 컴포넌트와 컨테이너 컴포넌트에 관해 설명합니다.

이 분류들은 아토믹 디자인과 함께 리액트에서 빈번하게 사용되는, 형태와 작동을 분리하기 위한 컴포넌트 규칙입니다. 형태와 작동을 분리함으로써, 각각의 책임을 명확하게 나눌 수 있고, 테스트나 디버그가 쉬워지므로 코드의 유지 보수성도 높일 수 있습니다.

■ 프레젠테이션 컴포넌트

코드 4.1은 간단한 버튼 컴포넌트를 구현한 것입니다.

Button은 라벨과 버튼을 표시합니다. 디자인을 구현함에 있어 필요한 구조의 컴포넌트를 반환합니다. props로부터 데이터를 받아 각 컴포넌트에 할당합니다. 또한 className을 지정함으로써 컴포넌트에 스타일을 적용합니다. 이런 문장을 라벨이나 버튼에 표시할 것인가, 버튼을 언제 무효화할 것인가, 버튼을 눌렀을 때의 작동 등은 여기에서는 정의하지 않습니다. 어디까지나 props로부터 전달된 데이터를 기반으로 디자인을 구현합니다.

```
import './styles.css'

type ButtonProps = {
  label: string
  text: string
  disabled: boolean
  onClick: React.MouseEventHandler<HTMLButtonElement>
}

// 라벨과 버튼을 표시하는 컴포넌트
export const Button = (props: ButtonProps) => {
  const { label, text, disabled, onClick } = props

  // props로 전달된 데이터를 기반으로 형태를 구현한다
  return (
    <div className="button-container">
      <span>{label}</span>
      <button disabled={disabled} onClick={onClick}>
        {text}
      </button>
    </div>
  )
}
```

프레젠테이션 컴포넌트(Presentational Component)는 형태를 구현하는 컴포넌트입니다.

기본적으로 props로 전달된 데이터를 기반으로 적절한 UI 부품을 표시하기만 합니다. 스타일 적용도 이 컴포넌트에서 수행합니다. 프레젠테이션 컴포넌트 안에서는 내부에 상태를 갖지 않고, API 호출 등의 부가 작용을 실행하지 않습니다. props만 존재하므로, 같은 props에 대해 항상 같은 것이 표시되므로, 디자인에 관해 쉽게 디버그를 할 수 있습니다. 또한, 디자인만을 수정하고자 할 경우에도, 작동이나 외부의 영향을 고려할 필요가 없습니다.

■ 컨테이너 컴포넌트

이에 비해 컨테이너 컴포넌트(Container Component)에서는 디자인은 전혀 구현하지 않고, 비즈니스 로직만 담당합니다.

컨테이너 컴포넌트에서는 Hooks를 가지며, 상태를 사용해서 표시 내용을 전환하거나 API 호출 등의 부가 작용을 실행하는 등의 작동을 구현합니다. 또한, Context를 참조해 프레젠테이션 컴포넌트에 대한 표시에 필요한 데이터를 전달합니다.

코드 4.2는 앞의 Button을 사용해서 카운트하는 버튼을 구현한 것입니다. CountButton에서는 Button만 반환하고, 형태는 구현하지 않습니다. 대신, Hooks를 정의해 상태나 버튼이 눌렸을 때의 작동을 구현합니다. 또한, 상태에 따라 팝업의 표시나 API 호출 등의 부가 작용을 실행합니다.

코드 4.2 _ 컨테이너 컴포넌트

```
import { useState, useCallback } from 'react'
import { Button } from './button'

// 팝업을 표시하기 위한 훅
const usePopup = () => {

  // 주어진 텍스트를 표시하는 팝업을 표시하는 함수
  const cb = useCallback((text: string) => {
    prompt(text)
  }, [])

  return cb
}

type CountButtonProps = {
  label: string
  maximum: number
}

// 클릭된 횟수를 표시하는 버튼을 표시하는 컴포넌트
export const CountButton = (props: CountButtonProps) => {
  const { label, maximum } = props

  // 얼럿을 표시하기 위한 훅을 사용한다
  const displayPopup = usePopup()

  // 카운트를 저장하는 상태를 정의한다
  const [count, setCount] = useState(0)
```

```
  // 버튼이 클릭됐을 때의 작동을 정의한다
  const onClick = useCallback(() => {
    // 카운트를 업데이트한다
    const newCount = count + 1
    setCount(newCount)

    if (newCount >= maximum) {
      // 얼럿을 낸다
      displayPopup(`You've clicked ${newCount} times`)
    }
  }, [count, maximum])

  // 상태를 기반으로 표시에 필요한 데이터를 구한다
  const disabled = count >= maximum
  const text = disabled
    ? 'Can\'t click any more'
    : `You've clicked ${count} times`

  // 프레젠테이션 컴포넌트를 반환한다
  return (
    <Button disabled={disabled} onClick={onClick} label={label} text={text} />
  )
}
```

컨테이너 컴포넌트가 부모로서 비즈니스 로직을 담당하고, 자식인 프레젠테이션 컴포넌트는 부모로부터 전달된 pops를 기반으로 표시만 담당합니다. 프레젠테이션 컴포넌트와 컨테이너 컴포넌트로 나눔으로써 형태와 작동의 책임을 나눌 수 있어, 코드의 가독성 및 유지 보수성이 향상됩니다.

계속해서 소개할 아토믹 디자인과 함께 파일 분할이나 컴포넌트 설계 시 참고하기 바랍니다.

4.1.2 아토믹 디자인

아토믹 디자인은 본래 디자인(디자인 시스템[1])을 구축하기 위한 방법론입니다.

아토믹 디자인에서는 디자인을 계층적으로 정의함으로써, 일관성을 유지하고 관리가 쉽도록 합니다. 아토믹 디자인에서는 디자인을 5계층으로 나눕니다. 최소 계층부터 순서대로 아톰, 몰리큘, 오거니즘, 템플릿,

---

1　통일성 있는 효율적인 디자인을 위한 시스템. 디자인 지침의 언어화, 비주얼 셋 등. https://bradfrost.com/blog/post/atomic-web-design/

페이지입니다. 아톰을 조합해서 몰리큘을 만든다…와 같이 아래 계층의 요소를 조합해 위 계층의 요소를 구성합니다.

계층	설명	예
아톰(Atoms)	최소 요소. 더 이상 분할할 수 없다.	버튼, 텍스트
몰리큘(Molecules)	여러 아톰을 조합해서 구축.	라벨이 붙은 텍스트 박스
오거니즘(Organisms)	몰리큘보다 큰 구체적인 요소.	입력 폼
템플릿(Templates)	페이지 전체의 레이아웃.	페이지 레이아웃
페이지(Pages)	페이지 그 자체.	페이지 그 자체

이 분류가 리액트 등의 컴포넌트 개발과 잘 호환되어, 아토믹 디자인이 널리 사용됩니다.

아토믹 디자인은 디자인에서 사용되는 방법론이며, 특정한 프레임워크 등을 크게 의식한 것은 아닙니다. 따라서 각 계층에서 프로그램적으로 어떤 역할/작동을 해야 하는지는 정의하지 않습니다. 리액트의 컴포넌트 분류에서 사용할 때는 각 계층에서 어떤 역할을 갖는지 정의해야 합니다.

4.1.3 아톰

아톰(Atoms)은 가장 아래 계층에 위치하며, 버튼/텍스트 등 더 이상 분할할 수 없는 컴포넌트를 구현합니다.

기본적으로 상태나 작동을 갖지 않는 문장, 색상, 크기 등 화면을 그리는 데 필요한 파라미터는 props로부터 받습니다.

또한, 크기도 부모로부터 제어할 수 있으므로, props를 사용하거나 CSS로 부모 요소의 크기에 의존시키는 등으로 구현합니다. 아톰에서 정의한 컴포넌트는 범용적으로 사용될 때가 많으므로 도메인 지식[2]에 의존하지 않는 컴포넌트를 구현합니다. 예를 들어, 이미지를 표시하는 컴포넌트를 구현할 때, 아톰에는 이미지 URL을 포함하는 사용자 객체를 전달하는 것이 아니라, 필요한 데이터(이미지 URL)만 전달합니다.

---

[2] 특정한 영역의 지식을 의미합니다. 여기에서는 애플리케이션이나 상위 계층(Molecules)의 용도나 특성 정도의 의미라고 생각하면 됩니다.

4.1.4 몰리큘

몰리큘(Molecules)은 라벨이 붙은 텍스트 박스 등 아톰 여러 개를 조합해서 구축한 UI 컴포넌트입니다.

몰리큘도 기본적으로는 상태나 작동을 갖지 않으며, 범용적으로 사용하기 위해 필요한 데이터는 부모로부터 받도록 합니다. 아톰 여러 개를 배치하고, 필요한 데이터는 자식 컴포넌트에 전달하고, 각 위치 관계를 CSS로 지정합니다.

몰리큘은 단일한 역할을 갖는 UI만을 구현합니다. 여러 역할을 갖는 것은 몰리큘로서 너무 큽니다.

4.1.5 오거니즘

오거니즘(Organisms)은 등록 폼이나 헤더 등 보다 구체적인 UI 컴포넌트를 구현합니다.

여기에서는 도메인 지식에 의존한 데이터를 받거나, 콘텍스트를 참조하거나, 독자적인 작동을 가질 수 있습니다. 상태를 갖게 하는 등 부가 작용을 구현할 때는, 앞에서 설명한 것처럼 형태를 프레젠테이션 컴포넌트로 구현하고, 로직 부분을 컨테이너 컴포넌트에 구현합니다. 즉, 1개의 계층에서도 여러 파일로 구현될 수 있습니다.

4.1.6 템플릿

템플릿(Templates)은 페이지 전체의 레이아웃을 구현합니다.

여러 오거니즘 아래의 컴포넌트를 배치하고, CSS로 각 컴포넌트를 레이아웃하는 역할을 담당합니다.

4.1.7 페이지

페이지(Pages)는 최상위 컴포넌트로 페이지 단위의 UI 컴포넌트를 구현합니다.

레이아웃은 템플릿으로 구현했으므로, 여기에서는 상태 관리, 라우터 관계 처리, API 호출 등의 부가 작용 실행, 콘텍스트에 값을 전달하는 등의 작동에 관한 것을 구현합니다.

Next.js에서는 페이지가 최상위 컴포넌트가 되므로, Next.js의 페이지 컴포넌트로 페이지를 구현합니다.

4.2 스타일드 컴포넌트를 사용한 스타일 구현

스타일드 컴포넌트(styled-components)[3]는 "JS 안의 CSS"[4]라 불리는 라이브러리이며, 이름 그대로 자바스크립트에서 CSS를 효율적으로 작성하기 위한 것입니다. 컴포넌트에 스타일을 적용하기 위해 사용합니다.

스타일드 컴포넌트에서는 컴포넌트와 동일한 파일로 스타일을 구현합니다. 별도의 CSS 파일을 작성해서 스타일을 기술할 필요가 없으며, CSS와 같은 표현력으로 스타일을 정의할 수 있습니다.

스타일드 컴포넌트에서 정의한 스타일은 실행 시에 고유한 클래스명이 설정되며, 대상 컴포넌트에만 스타일이 적용됩니다.

스타일드 컴포넌트를 사용하면 자바스크립트/타입스크립트 코드, HTML 태그, 스타일을 1개의 컴포넌트에 모을 수 있어 관리가 쉬워집니다.

Next.js에서 스타일드 컴포넌트를 사용하기 위해 필요한 초기 설정 방법과 기본적인 사용 방법에 관해 설명합니다.

4.2.1 스타일드 컴포넌트를 Next.js에 도입

3장에서 작성한 프로젝트를 기반으로 Next.js에 스타일드 컴포넌트를 도입합니다. `styled-components` 패키지와 타입 정의인 `@types/styled-components`를 설치합니다.

```
# 3장에서 작성한 Next.js 프로젝트 안에서 실행한다
$ npm install --save styled-components
$ npm install --save-dev @types/styled-components
```

`next.config.js`에 다음 설정을 추가합니다.

코드 4.3 _ next.config.js

```
/** @type {import('next').NextConfig} */
const nextConfig = {
```

---

[3] https://styled-components.com/

[4] CSS-in-JS라고도 표기합니다. 여기에서 소개한 것 외에도 버셀의 styled-jsx(https://github.com/vercel/styled-jsx), emotion(https://emotion.sh/docs/introduction) 등이 있습니다.

```
  reactStrictMode: true,
  compiler: {
    styledComponents: true,
  },
}

module.exports = nextConfig
```

이것으로 스타일드 컴포넌트를 사용할 수 있게 됐습니다.

다음으로 SSR이나 SSG를 사용할 때 서버 사이드에서 스타일을 적용하기 위한 설정을 합니다. pages/
_document.tsx를 새롭게 작성하고, getInitialProps 메서드를 기술합니다.[5]

pages/_document.tsx는 커스텀 도큐먼트[6]라 불리는 구조로, 기본으로 생성된 페이지 설정 중 html이나
head, body 요소에 관한 부분을 덮어쓰기 위한 것입니다.[7] 여기에서는 스타일을 삽입하는 처리를 추가합
니다.[8]

코드 4.4 _ src/pages/_document.tsx

```
import Document, { DocumentContext } from 'next/document'
import { ServerStyleSheet } from 'styled-components'

// 기본 Document를 MyDocument로 덮어 쓴다
export default class MyDocument extends Document {
  static async getInitialProps(ctx: DocumentContext) {
    const sheet = new ServerStyleSheet()
    const originalRenderPage = ctx.renderPage

    try {
      ctx.renderPage = () =>
        originalRenderPage({
          enhanceApp: (App) => (props) =>
            sheet.collectStyles(<App {...props} />),
```

---

[5] 여기에서 사용한 getInitialProps는 기본적으로는 _document의 초기화에만 사용하는 것이라고 생각하기 바랍니다. 보통은 그다지 사용하지 않습니다. 자세한 내용은 공식 문
서를 참조합니다. https://nextjs.org/docs/api-reference/data-fetching/get-initial-props

[6] https://nextjs.org/docs/advanced-features/custom-document

[7] 커스텀 App이 페이지 초기화를 담당하는 것에 비해, 커스텀 도큐먼트는 페이지의 html, body 요소 자체를 변경하는 점에 주의해야 합니다. 자세한 내용은 공식 문서를 참조합니다.

[8] https://github.com/vercel/next.js/tree/canary/examples/with-styled-components

```
    })

    // 기본 Document의 초깃값을 유용한다
    const initialProps = await Document.getInitialProps(ctx)

    // initialProps에 더해, style을 추가해서 반환한다.
    return {
      ...initialProps,
      styles: [
        // 원래 스타일
        initialProps.styles,
        // 스타일드 컴포넌트의 style
        sheet.getStyleElement()
      ],
    }
  } finally {
    sheet.seal()
  }
  }
}
```

이것으로 준비 완료입니다. pages/index.tsx에서 스타일드 컴포넌트를 시험 삼아 사용해 봅니다. styled.<요소명>으로 임의의 요소를 지정하고, 그 직후에 템플릿 문자열을 작성합니다. 템플릿 문자열 안에서 스타일을 정의합니다. styled-components를 설치하고, h1 요소에 스타일을 적용한 H1 컴포넌트를 정의합니다.

코드 4.5 _ pages/index.tsx

```
import type { NextPage } from 'next'
import styles from '../styles/Home.module.css'
import styled from 'styled-components'


const H1 = styled.h1`
  color: red;
`


const Home: NextPage = () => {
  return (
    <div className={styles.container}>
```

```
    <main className={styles.main}>
      ...
      <H1>
        Welcome to <a href="https://nextjs.org">Next.js!</a>
      </H1>
    </main>
  </div>
  )
}

export default Home
```

서버를 기동하고 브라우저에서 확인하면 Welcome to 부분의 색이 빨간색으로 바뀌어 있습니다. 이것으로 스타일드 컴포넌트의 도입을 완료했습니다.

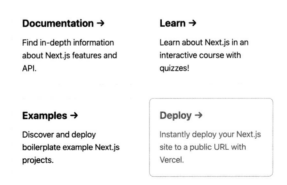

그림 4.1 스타일드 컴포넌트를 사용한 스타일 적용

이후 자세한 사용 방법을 소개합니다.

4.2.2 스타일드 컴포넌트를 사용한 컴포넌트 구현

스타일드 컴포넌트를 사용해 컴포넌트를 구현할 때는 다음 서식으로 지정합니다.

```
styled.요소명`스타일`
```

코드 4.6은 span 요소에 스타일을 적용한 **Badge** 컴포넌트를 구현한 것입니다.

코드 4.6 _ span 요소에 스타일을 적용

```
import { NextPage } from 'next'
import styled from 'styled-components'

// span 요소에 스타일을 적용한 컴포넌트
const Badge = styled.span`
  padding: 8px 16px;
  font-weight: bold;
  text-align: center;
  color: white;
  background: red;
  border-radius: 16px;
`

const Page: NextPage = () => {
  return <Badge>Hello World!</Badge>
}

export default Page
```

- **props를 사용한다**

부모 컴포넌트에 따라 CSS의 내용을 바꾸고 싶을 때는 **props**를 사용해서 외부로부터 스타일을 제어할 수 있습니다.

태그명 바로 뒤에 **props** 타입을 지정하고, 스타일 안에서 `${(props) => props.color}` 등으로 **props**의 값을 꺼내는 함수를 삽입합니다.

코드 4.7은 버튼의 문자 색상과 배경 색상을 **props**로 지정할 수 있는 컴포넌트의 예입니다.

```
import { NextPage } from 'next'
import styled from 'styled-components'

type ButtonProps = {
  color: string
  backgroundColor: string
}

// 문자 색상과 배격 색상을 props를 통해 변경할 수 있는 버튼 컴포넌트
// 타입 인수에 props 타입을 전달한다
const Button = styled.button<ButtonProps>`
  /* color, background, border-color는 props에서 전달한다 */
  color: ${(props) => props.color};
  background: ${(props) => props.backgroundColor};
  border: 2px solid ${(props) => props.color};
  font-size: 2em;
  margin: 1em;
  padding: 0.25em 1em;
  border-radius: 8px;
  cursor: pointer;
`

const Page: NextPage = () => {
  return (
    <div>
      {/* 빨간색 문자, 투명한 배경의 버튼을 표시한다 */}
      <Button backgroundColor="transparent" color="#FF0000">
        Hello
      </Button>
      {/* 하얀색 문자, 파란색 배경의 버튼을 표시한다 */}
      <Button backgroundColor="#1E90FF" color="white">
        World
      </Button>
    </div>
  )
}

export default Page
```

▪ mixin을 사용한다

CSS의 일련의 정의를 재사용하고 싶을 때가 있습니다. 스타일드 컴포넌트의 mixin[9]에서는 CSS 정의를 재사용할 수 있습니다.

css 함수를 사용해 따로 정의한 스타일을 ${style}과 같이 삽입할 수 있습니다. **코드 4.8**은 빨간색 경계선과 파란색 문자 스타일을 각각 정의하고, 그것을 버튼과 텍스트의 스타일에 삽입하는 예입니다.

코드 4.8 _ mixin을 사용한 스타일 재사용

```
import { NextPage } from 'next'
import styled, { css } from 'styled-components'

// 빨간색 경계선을 표시하는 스타일
const redBox = css`
  padding: 0.25em 1em;
  border: 3px solid #ff0000;
  border-radius: 10px;
`

// 파란색 문자를 표시하는 스타일
const font = css`
  color: #1e90ff;
  font-size: 2em;
`

// 빨간색 경계선과 파란색 문자 스타일을 각각 적용, 배경이 투명한 버튼 컴포넌트
const Button = styled.button`
  background: transparent;
  margin: 1em;
  cursor: pointer;
  ${redBox}
  ${font}
`

// 파란색 문자 스타일을 상속하면서, 굵은 텍스트를 표시하는 컴포넌트
const Text = styled.p`
```

---

9 Sass 등에도 mixin이 있습니다.

```
    font-weight: bold;
  ${font}
`

const Page: NextPage = () => {
  return (
    <div>
      {/* 파란색 문자, 빨간색 경계선의 버튼을 표시한다 */}
      <Button>Hello</Button>
      {/* 파란색 문자의 텍스트를 표시한다 */}
      <Text>World</Text>
    </div>
  )
}

export default Page
```

- ## 스타일을 상속한다

스타일을 재사용하고 싶을 때, 어떤 요소의 스타일을 상속하는 것도 유용합니다. 예를 들어, 기본 버튼 요소가 있을 때, 그것을 약간 변화시킨 버튼 요소를 만들고 싶을 때는 원래의 버튼 요소를 상속하는 편이 구현량이 적습니다.

코드 4.9는 이미 정의된 Text를 확장해서, 경계선을 추가한 BorderedText를 정의한 예입니다.

코드 4.9 _ 컴포넌트를 상속해 스타일을 확장
```
import { NextPage } from 'next'
import styled from 'styled-components'

// 파란색 굵은 문자를 표시하는 컴포넌트
const Text = styled.p`
  color: blue;
  font-weight: bold;
`

// Text를 상속하고, 경계선 스타일을 추가한 컴포넌트
const BorderedText = styled(Text)`
```

```
  padding: 8px 16px;
  border: 3px solid blue;
  border-radius: 8px;
`

const Page: NextPage = () => {
  return (
    <div>
      <Text>Hello</Text>
      <BorderedText>World</BorderedText>
    </div>
  )
}


export default Page
```

■ 스타일별 컴포넌트를 사용한다

스타일을 정의한 컴포넌트를 다른 HTML 요소에서 사용하고 싶을 때는 props의 **as**에 사용할 요소명을 지정해 해당 요소로 표시합니다.

코드 4.10은 원래 p 요소용이었던 Text 컴포넌트를 a 요소에서 사용하는 예입니다.

코드 4.10 _ as를 사용해 다른 요소로서 사용한다

```
import { NextPage } from 'next'
import styled from 'styled-components'

// 파란색 텍스트를 표시하는 컴포넌트
const Text = styled.p`
  color: #1e90ff;
  font-size: 2em;
`

const Page: NextPage = () => {
  return (
    <div>
      {/* 파란색 텍스트를 표시 */}
      <Text>World</Text>
```

```
    {/* 파란색 링크를 표시 */}
    <Text as="a" href="/">
      Go to index
    </Text>
  </div>
  )
}


export default Page
```

▪ Next.js 컴포넌트에 스타일을 사용한다

기본적으로는 스타일드 컴포넌트에서 정의한 스타일은 화면을 그릴 때 스타일을 작성하고, className을 컴포넌트에 전달합니다. 컴포넌트 안의 특정 컴포넌트에 스타일을 적용하고 싶을 때는 class 속성, 다시 말해 props에 전달되는 className을 임의의 컴포넌트에 전달합니다.

코드 4.11은 next/link의 Link를 사용한 링크용 컴포넌트에 스타일을 적용하는 예입니다. Link 컴포넌트는 외부로부터 children이 주어지지 않은 경우, 기본으로 a 요소를 반환합니다. 하지만, Link 컴포넌트에 전달한 className은 a 요소에 전달되지 않습니다.

따라서, 우선 Link와 a 요소를 조합한 BaseLink 컴포넌트를 정의합니다. BaseLink 컴포넌트의 props의 className은 톱레벨의 Link 컴포넌트가 아닌 a 요소에 전달합니다. 그리고 BaseLink를 상속해 스타일을 적용한 StyledLink를 정의합니다. 이렇게 함으로써 정의한 스타일을 a 요소에 반영할 수 있습니다.

코드 4.11 _ 특정 컴포넌트에 스타일을 적용

```
import { NextPage } from 'next'
import Link, { LinkProps } from 'next/link'
import styled from 'styled-components'

type BaseLinkProps = React.PropsWithChildren<LinkProps> & {
  className?: string
  children: React.ReactNode
}

// Next.js의 링크에 스타일을 적용하기 위한 헬퍼 컴포넌트.
// 이 컴포넌트를 스타일드 컴포넌트에서 사용하면,
// 정의한 스타일에 대응하는 className이 props로서 전달된다.
```

```
// 이 className을 a 요소에 전달한다.
const BaseLink = (props: BaseLinkProps) => {
  const { className, children, ...rest } = props
  return (
    <Link {...rest}>
      <a className={className}>{children}</a>
    </Link>
  )
}

const StyledLink = styled(BaseLink)`
  color: #1e90ff;
  font-size: 2em;
`

const Page: NextPage = () => {
  return (
    <div>
      {/* 파란색 링크를 표시한다 */}
      <StyledLink href="/">Go to Index</StyledLink>
    </div>
  )
}

export default Page
```

▪ 테마(Theme)

스타일드 컴포넌트의 **ThemeProvider**를 사용해 테마를 설정할 수 있습니다. 사용하는 색상이나 문자, 스페이스 간격을 미리 다른 위치에서 정의할 수 있으며, **props**로 스타일을 설정할 때 이 값들을 참조할 수 있도록 하는 기능입니다.

먼저, **theme.ts**를 작성해 테마를 정의합니다.

코드 4.12 _ theme.ts

```
export const theme = {
  space: ['0px', '4px', '8px', '16px', '24px', '32px'],
  colors: {
```

```
    white: '#ffffff',
    black: '#000000',
    red: '#ff0000',
  },
  fontSizes: ['12px', '14px', '16px', '18px', '20px', '23px'],
  fonts: {
    primary: `arial, sans-serif`,
  },
}
```

그리고 이 테마를 ThemeProvider에 전달합니다. pages/_app.tsx에 ThemeProvider를 추가하고, 각 페이지 컴포넌트가 Context를 경유해서 참조할 수 있도록 합니다.

pages/_app은 페이지 초기화를 위해 사용할 수 있습니다. 커스텀 App이라 불리는 것으로, 모든 페이지에 공통된 처리를 페이지 초기화 시 추가한다고 생각하면 됩니다.[10] 글로벌 CSS 추가, 페이지 이동 시 레이아웃 유지 등을 위해 사용됩니다.

커스텀 도큐먼트가 페이지 전체의 구성(html 요소나 head 요소)을 담당하는 것에 비해, 커스텀 App은 페이지 초기화 시의 처리를 추가하는 역할을 합니다.

코드 4.13 _ pages/_app.tsx

```
import { AppProps } from 'next/app'
import { ThemeProvider } from 'styled-components'
import { theme } from '../theme'

const MyApp = ({ Component, pageProps }: AppProps) => {
  // styled-components에서 테마를 사용하기 위해 ThemeProvider를 둔다
  return (
    <ThemeProvider theme={theme}>
      <Component {...pageProps} />
    </ThemeProvider>
  )
}

export default MyApp
```

---

10 App은 모든 페이지에서 초기화 시에 사용되는 컴포넌트입니다. 자세한 내용은 공식 문서를 참조합니다. https://nextjs.org/docs/advanced-features/custom-app

그리고 테마에서 정의한 값을 사용할 때는 props의 theme 객체를 참조합니다.

코드 4.14 _ theme에서 정의한 값을 사용

```
import { NextPage } from 'next'
import styled from 'styled-components'

const Text = styled.span`
  /* theme에서 값을 참조해 스타일을 적용 */
  color: ${(props) => props.theme.colors.red};
  font-size: ${(props) => props.theme.fontSizes[3]};
  margin: ${(props) => props.theme.space[2]};
`

const Page: NextPage = () => {
  return (
    <div>
      <Text>Theme에서 참조한 색상을 사용하고 있습니다.</Text>
    </div>
  )
}

export default Page
```

테마를 사용하면 애플리케이션 전체에서 같은 스타일을 사용할 수 있어 디자인의 일관성을 얻을 수 있습니다. 또한, 스타일 변경도 일괄적으로 할 수 있어 편리합니다.

4.3 스토리북을 사용한 컴포넌트 관리

스토리북[11]은 UI 컴포넌트 개발용 지원 도구입니다. 컴포넌트 카탈로그를 구축할 수 있습니다. '실제로 컴포넌트를 조합한 화면 전체'가 아니라, 개별 컴포넌트별로 확인할 수 있습니다.

컴포넌트 기반 개발에서는 개별 컴포넌트를 얼마나 쉽게 확인/열람할 수 있는가가 개발 경험에 크게 영향을 미칩니다. 스토리북을 사용하면, 독립된 환경에서 UI 컴포넌트의 형태나 작동을 확인할 수 있고, 컴포넌트를 쉽게 관리할 수 있습니다.

---

[11] https://storybook.js.org/

또한, 디자이너도 개발 중에 UI 컴포넌트의 구현을 쉽게 확인할 수 있고, 디자인 문제로 인한 재작업을 줄일 수 있습니다. 4.3에서는 스토리북의 기본적인 사용 방법에 관해 설명합니다.

4.3.1 스토리북 기본 사용 방법

스토리북을 프로젝트에 도입합니다. 스토리북 환경을 구축하는 명령인 `npx sb init`을 실행하면 자동으로 필요한 패키지를 설치해 환경을 구축합니다. 스토리북을 기동하기 위한 스크립트도 자동으로 `package.json`에 추가되며 `npm run storybook`으로 기동합니다. 기동이 완료되면 자동으로 브라우저에 새로운 페이지가 열리고 스토리북이 표시됩니다.

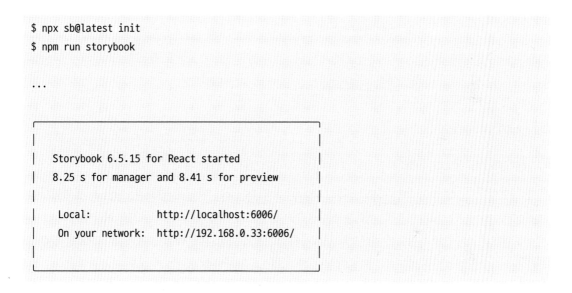

```
$ npx sb@latest init
$ npm run storybook

...

|                                                           |
|   Storybook 6.5.15 for React started                      |
|   8.25 s for manager and 8.41 s for preview               |
|                                                           |
|   Local:            http://localhost:6006/                |
|   On your network:  http://192.168.0.33:6006/             |
|                                                           |
```

스토리북은 2개의 열로 구성돼 있으며, 왼쪽의 트리에서 요소를 선택하면 오른쪽에 컴포넌트가 표시됩니다. 이 선택한 1개의 요소를 스토리(Story)라 부르며, 스토리 단위로 화면에 그려집니다.

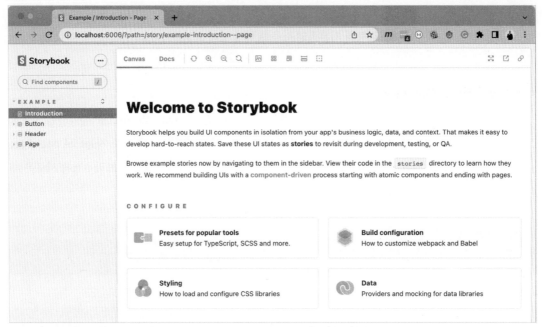

그림 4.2 스토리북 초기 화면

실제로 컴포넌트를 스토리북에 표시하는 방법을 설명합니다. 우선, 예시로 표시 대상이 되는 컴포넌트를 구현합니다. components/StyledButton/index.tsx라는 파일을 만들고, 다음을 입력합니다. StyledButton은 variant에 따라 버튼의 색상을 제어할 수 있는 버튼 컴포넌트입니다. 여기에서 variant는 컴포넌트의 스타일에 키워드를 기반으로 변형시키는 기능을 말합니다. 예를 들어, 기본적으로는 같은 스타일에서 색상만 변경하는 버튼이나 투명도 등에 맞춰 텍스트 색상만을 변경하는 경우 등에 활용합니다.[12]

코드 4.15 _ components/StyledButton/index.tsx

```
import styled, { css } from 'styled-components'

const variants = {
  primary: {
    color: '#ffffff',
    backgroundColor: '#1D3461',
    border: 'none',
  },
```

---

12 https://styled-system.com/variants

```
  success: {
    color: '#ffffff',
    backgroundColor: '#5AB203',
    border: 'none',
  },
  transparent: {
    color: '#111111',
    backgroundColor: 'transparent',
    border: '1px solid black',
  },
} as const

type StyledButtonProps = {
  variant: keyof typeof variants
}

export const StyledButton = styled.button<StyledButtonProps>`
  ${({ variant }) => {
    // variant에 주어진 키를 기반으로, 대응할 스타일을 얻는다
    const style = variants[variant]

    // css를 사용해, 여러 스타일을 반환한다
    return css`
      color: ${style.color};
      background-color: ${style.backgroundColor};
      border: ${style.border};
    `;
  }}

  border-radius: 12px;
  font-size: 14px;
  height: 38px;
  line-height: 22px;
  letter-spacing: 0;
  cursor: pointer;

  &:focus {
    outline: none;
  }
`
```

스토리북에서 이 컴포넌트를 표시하기 위해, stories/StyledButton.stories.tsx를 작성합니다. 컴포넌트에 대응한, .stories.tsx로 끝나는 파일명의 파일을 작성하고 아래 코드를 입력합니다. export default로 외부에 공개하는 것은 메타데이터 객체라 불리는 파일 안의 스토리 설정입니다.

코드 4.16 _ stories/StyledButton.stories.tsx

```tsx
import { ComponentMeta } from '@storybook/react'
import { StyledButton } from '../components/StyledButton'

// 파일 안의 스토리 설정(메타데이터 객체)
export default {
  // 그룹명
  title: 'StyledButton',
  // 사용하는 컴포넌트
  component: StyledButton,
} as ComponentMeta<typeof StyledButton>

export const Primary = (props) => {
  return (
    <StyledButton {...props} variant="primary">
      Primary
    </StyledButton>
  )
}

export const Success = (props) => {
  return (
    <StyledButton {...props} variant="success">
      Primary
    </StyledButton>
  )
}

export const Transparent = (props) => {
  return (
    <StyledButton {...props} variant="transparent">
      Transparent
    </StyledButton>
  )
}
```

먼저, 스토리 그룹명과 표시할 컴포넌트를 모아서 설정 객체를 정의하고 기본 익스포트 합니다. 그 뒤, 스토리북에서 표시할 컴포넌트를 정의하고, 이름을 붙여 익스포트 합니다. 각 변수명이 스토리의 이름이 됩니다.

이 코드를 추가하고 스토리북을 확인하면, StyledButton이라는 그룹이 왼쪽에 표시되고, 그 안에 Primary, Success, Transparent라는 3개의 스토리가 있습니다.

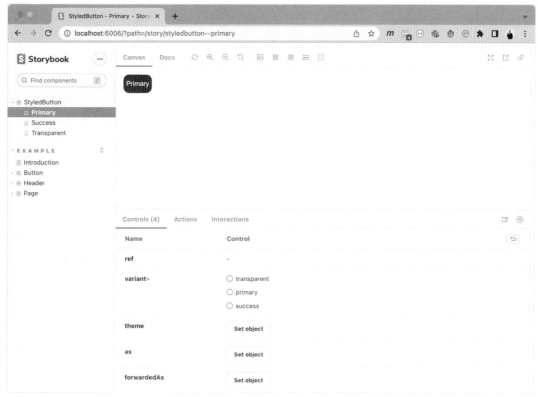

그림 4.3 스토리북에서 버튼 표시

4.3.2 액션을 사용한 콜백 핸들링

컴포넌트를 클릭하는 등의 이벤트가 발생할 때 콜백이 적절하게 호출되는지 스토리북에서 확인할 수 있습니다.

메타데이터 객체 안에 새롭게 argTypes를 추가하고, 그 안에 체크하고자 하는 콜백명을 키로 하는 객체를 추가합니다. 여기에서는 버튼이 클릭됐는지 확인하고자 하므로, onClick을 설정합니다. 그리고 onClick 안의 action에 콜백이 호출됐을 때 표시할 메시지를 지정합니다.

```
export default {
  title: 'StyledButton',
  component: StyledButton,
  // 다음 행을 추가
  // onClick이 호출됐을 때 clicked라는 액션을 출력한다
  argTypes: { onClick: { action: 'clicked' } },
} as ComponentMeta<typeof StyledButton>
```

스토리북상에서 버튼을 클릭하면 오른쪽 열 아래의 패널의 Actions 탭에서 이벤트가 표시됩니다.

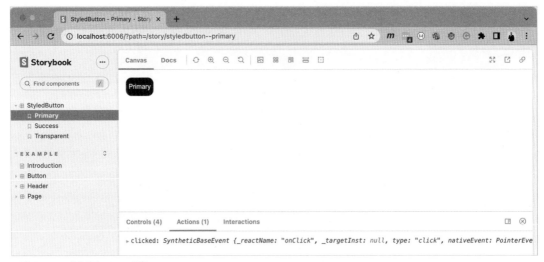

그림 4.4 스토리북에서 Action 사용

임의의 데이터를 Actions에 표시하고 싶을 때는 메타데이터로 정의하는 대신 `@storybook/addon-actions`의 `actions`를 절차적으로 호출해서 출력할 수 있습니다.

이 경우, 먼저 임포트한 `actions`에 액션의 이름을 전달해 호출해서 Action을 트리거하는 함수를 작성합니다. 그 뒤, 콜백 내부 등에서 이 함수에 임의의 데이터를 전달해서 호출하면 스토리북의 Actions에 출력할 수 있습니다.

코드 4.17 _ 커스텀 Action을 사용하는 스토리

```
import { useState } from 'react'
import { ComponentMeta } from '@storybook/react'
import { StyledButton } from '../components/StyledButton'
// 새롭게 action을 임포트
```

```
import { action } from '@storybook/addon-actions'

export default {
  title: 'StyledButton',
  component: StyledButton,
} as ComponentMeta<typeof StyledButton>

// increment라는 이름으로 action을 출력하기 위한 함수를 만든다
const incrementAction = action('increment')

export const Primary = (props) => {
  const [count, setCount] = useState(0)
  const onClick = (e: React.MouseEvent) => {
    // 현재 카운트를 전달하고 Action을 호출한다
    incrementAction(e, count)
    setCount((c) => c + 1)
  }

  return (
    <StyledButton {...props} variant="primary" onClick={onClick}>
      Count: {count}
    </StyledButton>
  )
}
```

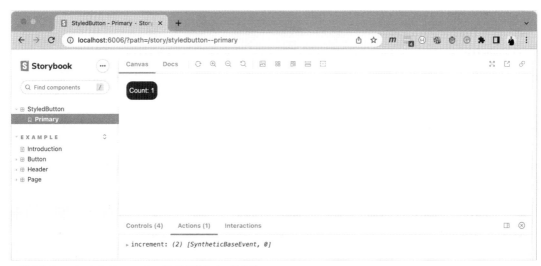

그림 4.5 @storybook/addon-actions을 사용한 Action의 출력

4.3.3 컨트롤 탭을 사용한 props 제어

스토리북의 컨트롤(Controls) 탭에서는 컴포넌트에 전달한 props를 제어할 수 있습니다. 그 경우에는 스토리북으로부터 컴포넌트에 props를 전달하므로, 템플릿을 작성하고 각 스토리를 템플릿의 bind 함수를 사용해서 작성합니다. 제어하고자 하는 데이터는 메타데이터 안의 argTypes로 정의합니다. 다음 예에서는 버튼의 색상과 표시할 텍스트를 스토리북에서 제어할 수 있도록 설정하고 있습니다.

스토리북상에서 확인하면 컨트롤 탭에 variant와 children을 위한 필드가 있으며, 그 필드들을 변경하면 컴포넌트의 표시를 바꿀 수 있습니다.

코드 4.18 _ argTypes을 사용해 UI로부터 props를 제어하는 스토리

```
import { ComponentMeta, ComponentStory } from '@storybook/react'
import { StyledButton } from '../components/StyledButton'

export default {
  title: 'StyledButton',
  component: StyledButton,
  argTypes: {
    // props에 전달하는 variant를 스토리북으로부터 변경할 수 있도록 추가
    variant: {
      // 라디오 버튼에서 설정할 수 있도록 지정
      control: { type: 'radio' },
      options: ['primary', 'success', 'transparent'],
    },
    // props에 전달하는 children을 스토리북으로부터 변경할 수 있도록 추가
    children: {
      // 텍스트 박스에 입력할 수 있도록 지정
      control: { type: 'text' },
    },
  },
} as ComponentMeta<typeof StyledButton>

// 템플릿 컴포넌트를 구현
// 스토리북으로부터 전달된 props를 그대로 Button으로 전달한다
const Template: ComponentStory<typeof StyledButton> = (args) => <StyledButton {...
args} />

// bind를 호출해 스토리를 작성
```

```
export const TemplateTest = Template.bind({})

// 기본 props를 설정한다
TemplateTest.args = {
  variant: 'primary',
  children: 'Primary',
}
```

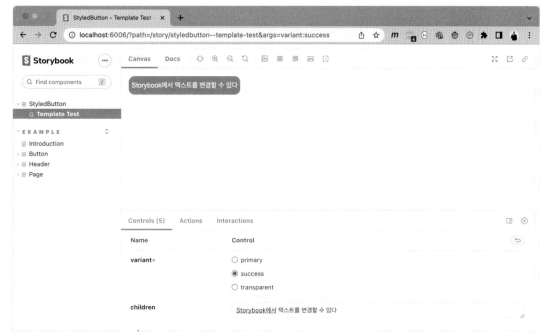

그림 4.6 스토리북에서 props 전환

4.3.4 애드온

스토리북에서는 애드온을 추가해서 기능을 확장할 수 있습니다. 이전 절에서 소개한 `Controls`나 `Actions`는 `@storybook-addon-essentials`에 포함된 애드온입니다. `npx sb init`으로 초기화한 경우, `@storybook/addon-essentials`는 이미 설치돼 있으므로 이 애드온들을 처음부터 사용할 수 있습니다.

새롭게 스토리북에 애드온을 추가할 때는 패키지를 설치하고, `.storybook/main.js`의 객체의 `addons`에 애드온을 지정합니다.

```
$ # @storybook/addon-essentials이라는 애드온을 추가한다
$ # npx sb init으로 초기화한 경우에는 이미 설치돼 있다
$ npm install --save-dev @storybook/addon-essentials
module.exports = {
  stories: [
    '../stories/**/*.stories.mdx',
    '../stories/**/*.stories.@(js|jsx|ts|tsx)',
  ],
  addons: [
    // 필요에 따라 설치한 애드온을 추가한다
    '@storybook/addon-links',
    '@storybook/addon-essentials',
  ],
}
```

여기에서는 처음부터 추가돼 있는 **@storybook/addon-essentials**과 storybook/addon-links에 관해서만 소개합니다.

@storybook/addon-essentials에서는 몇 가지 기능을 제공합니다. Docs는 스토리상에서 도큐먼트를 표시하는 기능입니다. 메타데이터를 기반으로 도큐먼트를 자동 생성해서 표시합니다. 또한, mdx 파일을 별도로 정의해 그 내용을 표시할 수 있습니다. 그 경우에는 **mdx** 파일을 설치하고, 메타데이터의 **parameters** 아래 추가합니다.

```
import MDXDocument from './StyledButton.mdx'

export default {
  title: 'StyledButton',
  component: StyledButton,
  ...
  parameters: {
    docs: {
      // 도큐먼트용 mdx 컴포넌트를 지정
      page: MDXDocument,
    },
  },
} as ComponentMeta<typeof StyledButton>
```

```
<!-- StyledButton.mdx -->

import { StyledButton } from '../components/StyledButton'

## StyledButton
StyleButton은 커스텀 버튼 컴포넌트입니다. `variant`로 버튼의 색상을 변경할 수 있습니다.
- [Primary](#primary)
- [Success](#success)
- [Transparent](#transparent)

### Primary

```tsx
<StyledButton variant="primary">Primary</StyledButton>
```

<StyledButton variant="primary">Primary</StyledButton>

Success

```tsx
<StyledButton variant="success">Success</StyledButton>
```

<StyledButton variant="success">Success</StyledButton>

Transparent

```tsx
<StyledButton variant="transparent">Transparent</StyledButton>
```

<StyledButton variant="transparent">Transparent</StyledButton>
```

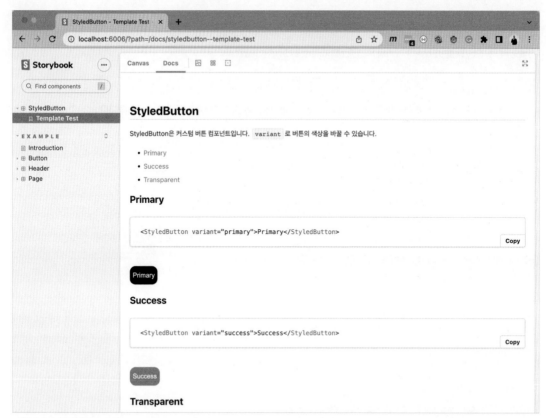

그림 4.7 스토리북의 Docs

ViewPort나 Background는 컴포넌트를 표시하는 환경의 뷰포트나 배경 색상을 변경할 수 있는 기능을 추가합니다. 이 기능들은 오른쪽 열의 위쪽 툴바에서 변경할 수 있습니다.

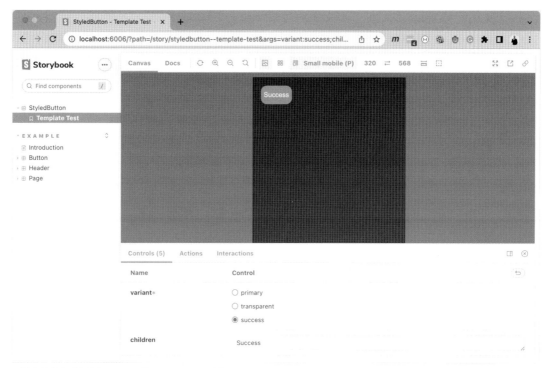

그림 4.8 스토리북에서 Viewport와 Background 지정

독자의 뷰포트나 배경 색상을 사용할 때는 **.storybook/preview.js**에서 설정합니다.

```js
// .storybook/preview.js

export const parameters = {
  ...
  viewport: {
    viewports: {
      iphonex: {
        name: 'iPhone X',
        styles: {
          width: '375px',
          height: '812px',
        },
      },
    },
  },
  backgrounds: {
```

```
    values: [
      {
        name: 'grey',
        value: '#808080',
      },
    ],
  },
}
```

@storybook/addon-links에서는 스토리상에서 다른 스토리로 이동하기 위한 링크 기능을 추가합니다. linkTo 함수에 이동하고자 하는 스토리의 경로를 지정해서 호출함으로써, 다른 스토리로 전환할 수 있습니다.

코드 4.19 _ linkTo를 사용한 스토리 간 이동

```
import { ComponentMeta } from '@storybook/react'
import { StyledButton } from '../components/StyledButton'
import { linkTo } from '@storybook/addon-links'

export default {
  title: 'StyledButton',
  component: StyledButton,
} as ComponentMeta<typeof StyledButton>

export const Primary = (props) => {
  // 클릭하면 StyledButton/Success의 스토리로 이동한다
  return (
    <StyledButton {...props} variant="primary" onClick={linkTo('StyledButton', 'Success')}>
      Primary
    </StyledButton>
  )
}

export const Success = (props) => {
  // 클릭하면 StyledButton/Transparent의 스토리로 이동한다
  return (
    <StyledButton {...props} variant="success" onClick={linkTo('StyledButton', 'Transparent')}>
      Primary
    </StyledButton>
```

```
  )
}

export const Transparent = (props) => {
  // 클릭하면 StyledButton/Primary의 스토리로 이동한다
  return (
    <StyledButton {...props} variant="transparent" onClick={linkTo('StyledButton', 'Prima-
ry')}>
      Transparent
    </StyledButton>
  )
}
```

4.4 컴포넌트의 단위 테스트

애플리케이션 개발에서 테스트는 코드의 품질을 높이고, 코드의 변경에 따른 예기치 못한 버그 발생을 방지하는 데 유용합니다. 리액트의 컴포넌트에 관해서도 그 작동이나 화면 그리기에 관해 테스트를 작성할 수 있습니다. 여기에서는 리액트의 공식 문서에서 권장하는 리액트 테스팅 라이브러리를 사용한 컴포넌트의 단위 테스트에 관해 설명합니다.

4.4.1 리액트에서의 단위 테스트

리액트 컴포넌트의 테스트를 작성하는 데 사용할 수 있는 도구가 몇 가지 있습니다. 리액트 테스팅 라이브러리(React Testing Library)[13]는 현재 리액트에서 공식적으로 권장하는 도구이며, 주류가 되어 있습니다.

리액트 테스팅 라이브러리는 DOM Testing Library를 사용해 컴포넌트의 테스트를 작동시킵니다.

DOM이라는 이름이 붙어있는 것처럼, 컴포넌트를 실제로 화면에 그리고 그 결과의 DOM에 접근해서 올바른 화면이 그려져 있는지 테스트합니다. 리액트 테스팅 라이브러리에는 이를 위해 화면 그리기나 이벤트 발생, DOM의 속성에 접근 등의 기능이 있습니다. 리액트 테스팅 라이브러리를 사용함으로써 형태와 작동이 정상적으로 기능하는지 테스트할 수 있습니다.

---

13 https://testing-library.com/docs/react-testing-library/intro/

4.4.2 테스트 환경 구축

먼저, Next.js의 프로젝트에 테스트 환경을 구축합니다. `npm install` 명령어를 사용해 필요한 패키지를 설치합니다.

```
# 테스트에 필요한 패키지를 설치한다
$ npm install --save-dev jest @testing-library/react @testing-library/jest-dom jest-environ-
ment-jsdom
```

프로젝트 루트에 `jest.setup.js`를 작성해서 다음과 같이 기술합니다.

코드 4.20 _ jest.setup.js

```
import '@testing-library/jest-dom/extend-expect'
```

동일하게 `jest.config.js`를 작성하고 다음과 같이 기술합니다.

코드 4.21 _ jest.config.js

```
const nextJest = require('next/jest')

const createJestConfig = nextJest({ dir: './' })

const customJestConfig = {
  testPathIgnorePatterns: ['<rootDir>/.next/', '<rootDir>/node_modules/'],
  setupFilesAfterEnv: ['<rootDir>/jest.setup.js'],
  testEnvironment: 'jsdom',
}

module.exports = createJestConfig(customJestConfig)
```

마지막으로, `package.json`에 테스트를 실행하기 위한 스크립트를 추가합니다.

코드 4.22 _ package.json에 추가한다

```
{
  "scripts": {
    "test": "jest"
  },
}
```

npm run test를 실행해서 jest가 기동되면, 환경 구축은 완료입니다. 현재는 아직 테스트 파일이 하나도 없으므로, 에러가 발생하고 그대로 종료됩니다.

```
$ npm run test
...
No tests found, exiting with code 1
Run with `--passWithNoTests` to exit with code 0
In /Users/.../next-sample
  79files checked.
  testMatch: **/__tests__/**/*.[jt]s?(x), **/?(*.)+(spec|test).[tj]s?(x) - 0matches
  testPathIgnorePatterns: /node_modules/, /.next/, /Users/.../next-sample/.next/, /
Users/.../next-sample/node_modules/ - 31matches
  testRegex: - 0matches
Pattern: - 0matches
```

4.4.3 리액트 테스팅 라이브러리를 사용한 컴포넌트 단위 테스트

여기에서는 리액트 테스팅 라이브러리를 사용해서 실제로 테스트를 작성합니다. 여기에서는 간단한 입력 박스의 컴포넌트를 테스트 대상으로 합니다.

다음 컴포넌트는 텍스트 입력과 버튼을 화면에 그립니다. 텍스트 박스에는 문자를 입력할 수 있고, 버튼을 클릭하면 입력한 내용을 리셋합니다. components/Input/index.tsx를 작성하고 다음 코드를 추가합니다.

코드 4.23 _ components/Input/index.tsx

```
import { useState } from 'react'

type InputProps = JSX.IntrinsicElements['input'] & {
  label: string
}

export const Input = (props: InputProps) => {
  const { label, ...rest } = props

  const [text, setText] = useState('')

  const onInputChange = (e: React.ChangeEvent<HTMLInputElement>) => {
```

```
      setText(e.target.value)
  }

  const resetInputField = () => {
    setText('')
  }

  return (
    <div>
      <label htmlFor={props.id}>{label}</label>
      <input {...rest} type="text" value={text} onChange={onInputChange} />
      <button onClick={resetInputField}>Reset</button>
    </div>
  )
}
```

같은 디렉터리에 index.spec.tsx를 작성합니다. 테스트 파일은 .spec.tsx 또는 .test.tsx로 끝나는 파일명을 사용해야 합니다.

다음 **코드** 4.24는 테스트 코드입니다.

describe 함수를 사용하면 테스트를 모을 수 있습니다. 여기에서는 Input 컴포넌트의 테스트를 하므로, Input이라는 이름 그룹을 작성하고 그 안에 테스트를 작성할 수 있습니다.

beforeEach와 afterEach 함수에서는 각 테스트 실행 전과 실행 후의 처리를 기술합니다. 여기에서는 테스트 대상 컴포넌트를 테스트 전에 화면에 그리고, 테스트 후에 unmount를 호출해 릴리스합니다. it 안에서는 실제 테스트를 작성합니다.

먼저, 초기 화면을 그릴 때 input 요소에 아무것도 입력되지 않은 것을 확인하는 테스트를 작성합니다. screen.getByLabelText를 사용해 화면에 그려지지 않은 DOM으로부터 지정한 이름의 라벨에 대응하는 input을 얻습니다. 그러므로 테스트 대상에서는 input 요소와 함께 label 요소도 화면에 그리고, label 요소의 htmlFor에 input 요소의 id를 지정해야 합니다. expect에 앞에서 얻은 input의 DOM을 전달하고, toHaveValue를 실행하면, input에 지정한 문자열이 입력돼 있는지 테스트합니다. toHaveValue에 빈 문자열을 전달하므로, 여기에서는 input에 아무것도 입력되지 않을 것을 체크합니다.

```tsx
import { render, screen, RenderResult } from '@testing-library/react'
import { Input } from './index'

// describe로 처리를 모은다
describe('Input', () => {
  let renderResult: RenderResult

  // 각 테스트 케이스 전에 컴포넌트를 화면에 그리고, renderResult에 설정한다
  beforeEach(() => {
    renderResult = render(<Input id="username" label="Username" />)
  })

  // 테스트 케이스 실행 후에 화면에 그려진 컴포넌트를 릴리스한다
  afterEach(() => {
    renderResult.unmount()
  })

  // 처음 화면에 그릴 때 input 요소가 비어있는지 테스트
  it('should empty in input on initial render', () => {
    // label이 Username인 컴포넌트에 대응하는 input 요소를 얻는다
    const inputNode = screen.getByLabelText('Username') as HTMLInputElement

    // input 요소의 표시가 비어있는지 확인한다
    expect(inputNode).toHaveValue('')
  })
})
```

npm run test 명령어를 실행해서 테스트를 수행합니다. 테스트가 성공하면 PASS라고 표시되며, 실패하면 에러가 표시됩니다.

```
$ npm run test

> sample-next@0.1.0 test .../sample-next
> jest

PASS components/Input/index.spec.tsx
  Input
```

```
✓ should empty in input on initial render (32 ms)

Test Suites: 1passed, 1total
Tests: 1passed, 1total
Snapshots: 0total
Time: 2.334 s
Ran all test suites.
```

만약 label 요소를 사용하지 않는 경우에는 input 요소에 aria-label을 지정해서 요소를 얻을 수도 있습니다.

```
export const Input = (props: InputProps) => {
...

  return (
    <div>
      <input {...rest} type="text" value={text} onChange={onInputChange} aria-label={label} />
      <button onClick={resetInputField}>Reset</button>
    </div>
  )
}
```

다음으로 input 요소에 문자를 입력한 경우에 올바르게 표시됐는지 체크하는 테스트를 추가합니다. 화면에 그려져 있는 요소에 문자를 입력하는 경우에는, fireEvent 함수를 사용합니다. fireEvent 함수의 첫 번째 인수에 input의 DOM, 두 번째 인수인 객체 안에 입력할 문자열을 지정합니다. fireEvent를 호출함으로써, 대상 DOM의 이벤트를 트리거하고, Input 컴포넌트가 이벤트를 얻어 상태를 바꿔 써서 input 표시를 업데이트합니다.

코드 4.25 _ input.spec.tsx에 텍스트 입력 테스트를 추가

```
import {
  ...
  fireEvent
} from '@testing-library/react'

describe('Input', () => {
  ...
```

```
    // 문자를 입력했을 때, 입력한 내용이 표시되는지 테스트
    it('should show input text', () => {
      const inputText = 'Test Input Text'
      const inputNode = screen.getByLabelText('Username') as HTMLInputElement

      // fireEvent를 사용해, input 요소의 onChange 이벤트를 트리거한다
      fireEvent.change(inputNode, { target: { value: inputText } })

      // input 요소에 입력한 텍스트가 표시되는지 확인한다
      expect(inputNode).toHaveValue(inputText)
    })
  })
```

마지막으로 버튼을 클릭했을 때, 입력한 문자열이 초기화되는지 테스트합니다. 마찬가지로 button의 DOM도 얻어서 이벤트를 트리거할 수 있지만, button 요소에는 label이 없으므로 getByLabelText로는 얻을 수 없습니다.

대신 getByRole 함수를 사용합니다. 이것은 DOM에 role이나 aria-label 등의 역할이 설정된 경우, 역할에 매치하는 DOM을 얻기 위한 함수입니다. button에는 기본으로 button이라는 role이 암묵적으로 지정돼 있으므로, getByRole로 DOM을 얻을 수 있습니다.

getByRole 함수의 두 번째 인수인 객체에 버튼에 표시하고 있는 텍스트를 지정해, 어떤 버튼인지 지정해서 얻습니다. button을 얻었다면, click 이벤트를 발행합니다. 그 뒤, input에 아무것도 표시되지 않았음을 체크합니다.

코드 4.26 _ input.spec.tsx에 클리어 버튼의 텍스트를 추가

```
import {
  ...
  getByRole
} from '@testing-library/react'

describe('Input', () => {
  ...

  // 버튼이 클릭되면 입력 텍스트가 클리어하는지 체크
  it('should reset when user clicks button', () => {
```

```
    // 먼저 input에 텍스트를 입력한다
    const inputText = 'Test Input Text'
    const inputNode = screen.getByLabelText('Username') as HTMLInputElement
    fireEvent.change(inputNode, { target: { value: inputText } })

    // 버튼을 얻는다
    const buttonNode = screen.getByRole('button', {
      name: 'Reset',
    }) as HTMLButtonElement
    // 버튼을 클릭한다
    fireEvent.click(buttonNode)

    // input 요소의 표시가 비었는지 확인한다
    expect(inputNode).toHaveValue('')
  })
})
```

4.4.4 비동기 컴포넌트의 단위 테스트

여기에서는 비동기 처리를 내포하고 있는 컴포넌트의 테스트를 작성하는 방법에 관해 설명합니다. components/DelayInput/index.tsx를 작성하고, 다음 코드를 추가합니다.

코드 4.27 _ components/DelayInput/index.tsx

```
import React, { useState, useCallback, useRef } from 'react'

type DelayButtonProps = {
  onChange: React.ChangeEventHandler<HTMLInputElement>
}

export const DelayInput = (props: DelayButtonProps) => {
  const { onChange } = props

  // 입력 중 여부를 유지하는 상태
  const [isTyping, setIsTyping] = useState(false)
  // input에 표시하는 텍스트를 유지하는 상태
  const [inputValue, setInputValue] = useState('')
  // span에 표시할 텍스트를 유지하는 상태
  const [viewValue, setViewValue] = useState('')
```

```
// 타이머를 유지하는 Ref
const timerRef = useRef<ReturnType<typeof setTimeout> | null>(null)

const handleChange = useCallback((e: React.ChangeEvent<HTMLInputElement>) => {
  // 입력 중인 플래그를 설정한다
  setIsTyping(true)
  // input에 표시할 텍스트를 업데이트한다
  setInputValue(e.target.value)

  // 만약 timerRef에 이전 설정한 타이머가 있다면 먼저 해제한다
  if (timerRef.current !== null) {
    clearTimeout(timerRef.current)
  }

  // 1초 후에 실행하는 타이머를 설정한다
  timerRef.current = setTimeout(() => {
    timerRef.current = null

    // 입력 중 플래그를 해제한다
    setIsTyping(false)
    // span에 표시할 텍스트를 업데이트한다
    setViewValue(e.target.value)
    // onChange 콜백을 호출한다
    onChange(e)
  }, 1000)

}, [onChange])

// span에 표시하는 텍스트
const text = isTyping ? '입력 중...' : `입력한 텍스트: ${viewValue}`

return (
  <div>
    {/* data-testid는 테스트 안에서만 사용하는 ID */ }
    <input data-testid="input-text" value={inputValue} onChange={handleChange} />
    <span data-testid="display-text">{text}</span>
  </div>
)
}
```

이 컴포넌트는 텍스트 박스의 가로로 입력한 값을 표시합니다. 단, 입력하는 동안은 '입력 중'이라고 표시하며, 입력을 완료하고 1초가 지난 후에 입력한 값을 표시하고, onChange 콜백을 호출합니다.

여기에서는 다음 4가지를 테스트로 확인합니다.

- 초기 표시는 비어 있다.

- 입력 직후는 '입력 중'이라고 표시된다.

- 입력하고 1초가 지난 뒤에 입력한 내용이 표시된다.

- 입력하고 2초가 지난 후에 onChange 콜백이 호출된다.

테스트를 작성합니다. 컴포넌트와 같은 디렉터리에 index.spec.tsx를 작성합니다.

코드 4.28 _ components/DelayInput/index.spec.tsx

```tsx
import { render, screen, RenderResult } from '@testing-library/react'
import { DelayInput } from './index'

// DelayInput 컴포넌트에 관한 테스트
describe('DelayInput', () => {
  let renderResult: RenderResult
  let handleChange: jest.Mock

  beforeEach(() => {
    // 목 함수를 작성한다
    handleChange = jest.fn()

    // 목 함수를 DelayButton에 전달해서 화면을 그린다
    renderResult = render(<DelayInput onChange={handleChange} />)
  })

  afterEach(() => {
    renderResult.unmount()
  })

  // span 요소의 텍스트가 비어있음을 테스트
  it('should display empty in span on initial render', () => {
    const spanNode = screen.getByTestId('display-text') as HTMLSpanElement
```

```
    // 초기 표시는 비어 있다
    expect(spanNode).toHaveTextContent('입력한 텍스트:')
  })
})
```

앞에서의 테스트와 마찬가지로 describe 함수 안에 DelayInput 컴포넌트에 관한 테스트를 모으고, it에서 각 테스트 케이스를 작성합니다. 또한, beforeEach, afterEach에는 각 테스트 케이스의 전처리와 후처리를 기술합니다.

DelayInput 컴포넌트는 onChange 콜백을 전달해야 하므로, jest.fn() 함수로 작성한 함수 객체를 전달합니다. jest.fn()은 목 함수를 작성하는 함수로, 콜백의 호출 여부 등을 테스트할 수 있습니다.

첫 번째 테스트를 확인해 봅니다. 첫 번째 테스트는 초기 화면을 그릴 때 span이 표시하는 내용이 비어 있음을 테스트합니다. getByTestId를 사용해 span을 얻습니다. 이것은 data-testid에 매치하는 요소를 얻습니다. data-testid는 테스트 시에 사용되는 id 속성입니다. 이 속성은 프로덕션 환경용 빌드를 실행할 때 삭제할 수 있습니다. 자세한 내용은 5.2.10을 참조합니다. 그리고 얻은 span의 내용을 toHaveTextContent를 사용해서 확인합니다.

다음으로 두 번째 테스트를 작성합니다. 두 번째 테스트에서는 input의 onChange 이벤트가 발생한 직후는, span이 "입력 중..."이라고 표시하는지 확인합니다. 가장 먼저 input을 얻고, fireEvent 함수를 사용해 onChange 이벤트를 발생시킵니다. 그 뒤, span을 얻어 내용을 확인합니다.

코드 4.29 _ index.spec.tsx에 '입력 중...' 텍스트를 추가

```
import { render, screen, RenderResult, fireEvent } from '@testing-library/react'
import { DelayInput } from './index'

// DelayInput 컴포넌트에 관한 테스트
describe('DelayInput', () => {

  ...

  // 입력 직후는 span 요소가 '입력 중...'이라고 표시함을 테스트
  it('should display '입력 중...' immediately after onChange event occurs', () => {
    const inputText = 'Test Input Text'
    const inputNode = screen.getByTestId('input-text') as HTMLInputElement

    // input의 onChange 이벤트를 호출한다
```

```
    fireEvent.change(inputNode, { target: { value: inputText } })

    const spanNode = screen.getByTestId('display-text') as HTMLSpanElement

    // '입력 중...' 표시 여부 확인
    expect(spanNode).toHaveTextContent('입력 중...')
  })
})
```

다음으로 세 번째 테스트를 작성합니다. 세 번째 테스트는 입력한 뒤 1초 후에 입력한 내용이 span에 표시되는지 확인합니다. 그럼 테스트 중에는 어떻게 1초를 기다리게 해야 할까요? 실제로 1초 대기하는 처리를 삽입한 테스트를 작성해서 실행할 수 있습니다. 하지만, 이런 테스트가 늘어나면 테스트 실행 시간이 증가하는 문제가 생깁니다. 이를 방지하기 위해서는 jest의 타이머 목을 사용할 수 있습니다. 타이머 목을 사용하면, 실제로 기다리지 않고도 타이머의 콜백을 실행할 수 있습니다. 사용할 때는 테스트 전에 jest.useFakeTimers()를 호출하고 타이머를 목의 타이머로 교체한 뒤, 테스트 후에 jest.useFakeTimers()를 호출해 타이머를 되돌립니다. 그리고, 테스트 도중 타이머가 설정된 후에 jest.runAllTimers()를 실행하면 타이머의 콜백을 실행합니다.

코드에서는 jest.runAllTimers()는 act 함수 안에서 실행하고 있습니다. 이것은 타이머의 콜백 안에서 호출되는 변경을 반영하는 것을 보증합니다. 이렇게 함으로써 act 함수 직후에 화면에 그리는 내용을 확인할 수 있습니다.

코드 4.30 _ index.spec.tsx에 텍스트 반영 테스트를 추가

```
import { render, screen, RenderResult, fireEvent, act } from '@testing-library/react'
import { DelayInput } from './index'

describe('DelayInput', () => {
  beforeEach(() => {
    // 타이머를 jest의 타이머로 대체한다
    jest.useFakeTimers()

    ...
  })

  afterEach(() => {
    ...
```

```
    // 타이머를 원래의 타이머로 되돌린다
    jest.useFakeTimers()
  })

  ...

  // 입력하고 1초 뒤에 텍스트가 표시되는지 테스트
  it('should display input text 1second after onChange event occurs', async () => {
    const inputText = 'Test Input Text'
    const inputNode = screen.getByTestId('input-text') as HTMLInputElement

    // input의 onChange 이벤트를 호출한다
    fireEvent.change(inputNode, { target: { value: inputText } })

    // act 함수에서 실행되므로 타이머의 콜백 안에서 발생하는 상태 변경이 반영됨을 보증한다
    await act(() => {
      // 타이머에 설정된 timeout을 모두 실행한다
      jest.runAllTimers()
    })

    const spanNode = screen.getByTestId('display-text') as HTMLSpanElement

    // 입력한 텍스트가 표시되는지 확인한다
    expect(spanNode).toHaveTextContent(`입력한 텍스트: ${inputText}`)
  })
})
```

마지막으로 onChange 호출 여부를 확인하는 테스트를 작성합니다. 세 번째의 테스트와 마찬가지로 act()
와 jest.runAllTimers()를 사용해 타이머의 콜백을 호출합니다. 그리고, jest.fn()로 작성한 목이 호
출되는지 확인합니다.

코드 4.31 _ index.spec.tsx에 onChange 호출 테스트를 추가

```
import { render, screen, RenderResult, fireEvent, act } from '@testing-library/react'
import { DelayInput } from './index'

describe('DelayInput', () => {
  ...
```

```
// 입력하고 1초 후에 onChange가 호출되는지 테스트
it('should call onChange 1second after onChange event occurs', async () => {
  const inputText = 'Test Input Text'
  const inputNode = screen.getByTestId('input-text') as HTMLInputElement

  // input의 onChange 이벤트를 호출한다
  fireEvent.change(inputNode, { target: { value: inputText } })

  // 타이머 실행
  await act(() => {
    jest.runAllTimers()
  })

  // 목 함수를 전달하고, 호출 여부를 확인한다.
  expect(handleChange).toHaveBeenCalled()
})
})
```

칼럼

Next.js 11 이전의 styled-components/jest 도입

Next.js 11 이전에는 바벨(Babel)이라는 컴파일러를 사용해 Next.js 코드를 브라우저에서 작동하는 자바스크립트 코드로 변환했습니다. 한편, Next.js 12부터는 새롭게 도입된 SWC[14]라는 컴파일러를 기본으로 사용하게 됐습니다.

SWC는 러스트로 작성된 컴파일러입니다. 바벨보다 성능과 신뢰성이 향상됐습니다. Next.js에서 SWC를 도입하게 됨에 따라, 대규모의 프로젝트 빌드가 5배 이상 고속화됐다는 결과도 있습니다.

Next.js 12.1.0부터는 스타일드 컴포넌트와 just에도 대응하고 있어, 본문에서는 SWC를 사용함을 전제로 환경 구축 방법을 설명했습니다. 단, Next.js 11 이전에는 바벨을 사용하기 때문에, 이를 사용할 때는 설정이 달라집니다.

먼저, 스타일드 컴포넌트 도입에 관해 설명합니다. 스타일드 컴포넌트를 설치할 때, babel-plugin-styled-components를 추가로 설치합니다.

```
# Next.js 11 이전의 환경에서 스타일드 컴포넌트를 도입할 때 필요한 패키지를 추가

$ npm install --save styled-components
$ npm install --save-dev @types/styled-components babel-plugin-styled-components
```

---

14 https://swc.rs/

그리고, 프로젝트 루트에 .babelrc를 작성하고 다음과 같이 입력합니다. next/babel을 프리셋으로 설정함으로 써, 이전의 Next.js가 사용하던 Babel 설정을 상속하고 있습니다.

```
{
  "presets":[
    "next/babel"
  ],
  "plugins":[
    [
      "styled-components",
      {
        "ssr":true
      }
    ]
  ]
}
```

다음으로 jest의 도입에 관해 설명합니다. 이 또한 마찬가지로 babel-jest라는 패키지를 추가로 설치합니다.

```
# Next.js 11 이전 환경에서 jest를 도입할 때 필요한 패키지를 추가

$ npm install --save-dev @testing-library/jest-dom @testing-library/react jest babel-jest
```

그리고, jest.setup.js와 jest.config.ts를 프로젝트 루트에 추가합니다.

```
// jest.setup.js

import '@testing-library/jest-dom/extend-expect'
```

```
// jest.config.js

module.exports = {
  testPathIgnorePatterns: ['<rootDir>/.next/', '<rootDir>/node_modules/'],
  setupFilesAfterEnv: ['<rootDir>/jest.setup.js'],
  transform: {
    '^.+\\.(js|jsx|ts|tsx)$': '<rootDir>/node_modules/babel-jest',
  },
  testEnvironment: 'jsdom',
}
```

05

애플리케이션 개발 1
~ 설계/환경 설정 ~

이번 장부터 7장까지는 학습한 내용을 바탕으로 실제로 타입스크립트와 Next.js를 사용해 실전적인 애플리케이션을 개발합니다.

점진적 정적 재생성(ISR)과 클라이언트 사이드 렌더링(CSR)을 조합한 고속 웹사이트를 목표로 합니다.

이번 장에서는 애플리케이션의 사양/설계, 개발 환경 구축에 관해 학습합니다. 개발 생산성, 유지보수성이 높은 개발 환경 구축을 목표로 합니다.

- 타입스크립트를 사용한 타입 안전한 애플리케이션

- ESLint/Prettier를 사용한 코딩 규약을 준수하는 코드 포맷

- 스토리북을 사용한 컴포넌트 지향 개발

- 다양한 라이브러리(밸리데이션 등)를 사용한 높은 생산성의 개발

- 단위 테스트

5.1 이번 장에서 개발하는 애플리케이션

개발 환경 구축에 앞서, 먼저 이번 이후에 개발할 애플리케이션에 관해 설명합니다.

5.1.1 애플리케이션 사양

간단한 C2C 커머스 애플리케이션을 개발합니다. 유스케이스는 다음 그림과 같습니다.

- **행위자**: 익명 사용자, 구매자, 판매자

- **유스케이스**: '상품을 검색한다', '상품을 구입한다', '상품을 등록한다', '판매자의 프로필을 표시한다'. '로그인'

- 구매자와 판매자의 계정에 차이는 없습니다.

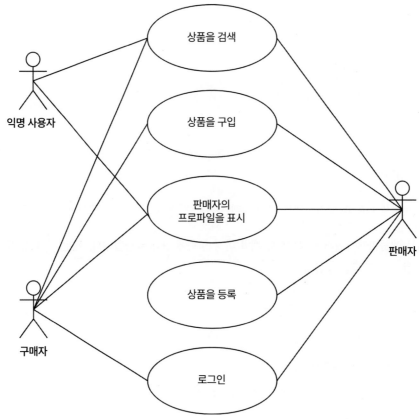

그림 5.1 유스케이스

각 유스케이스의 상세, 관련 페이지는 다음과 같습니다. 대규모의 애플리케이션은 아니지만, 모든 애플리케이션에 필요한 요소(인증, 목록 표시/검색, 게시)를 구현합니다.

■ 애플리케이션 개발 1 ~ 설계/환경 설정

유스케이스	상세	관련 페이지
상품을 검색	상품 목록을 표시	첫 페이지, 검색 페이지, 상품 상세 페이지
상품을 구입	상품을 장바구니에 넣고, 구입	장바구니 페이지
상품을 등록	필요한 정보를 입력하고 상품을 게시	상품 등록 페이지
판매자 프로파일 표시	판매자 프로파일 표시, 판매자 상품 목록 표시	사용자 페이지
로그인	사용자명과 비밀번호를 입력하고 시스템에 로그인	로그인 페이지

5.1.2 애플리케이션 아키텍처

이번 장에서 개발하는 애플리케이션의 간단한 아키텍처는 다음 그림과 같습니다.

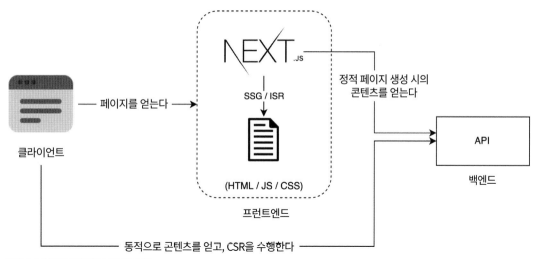

그림 5.2 간단한 아키텍처 다이어그램

기본적으로는 API로부터 콘텐츠를 얻고, 정적 사이트 생성(SSG)을 통해 전송할 페이지를 미리 만듭니다. 그리고 필요에 따라 점진적 정적 재생성(ISR)을 사용해 페이지를 정기적으로 업데이트합니다.

SSG만으로도 사이트를 만들 수는 있습니다. 하지만 사용자 인증이 필요한 페이지 등, 사용자별로 개별적으로 표시할 콘텐츠가 다르다면 SSG로 모두 감당할 수 없습니다. 그래서 SSG와 CSR(클라이언트 사이드 렌더링)을 함께 사용합니다.

정적 콘텐츠로 전송할 수 있는 부분은 빌드할 때 생성하고(SSG), 개별 콘텐츠에 관해서는 클라이언트 사이드에서 API를 사용해 정적으로 페이지를 표시합니다(CSR).

예를 들어, 사용자가 인증 콘텐츠를 표시하는 경우를 생각해 봅니다. 사용자의 아이콘 또는 이름을 사이트 안의 헤더에 표시하고 싶을 때는 어떻게 구현하면 좋을까요? 일반적인 서버 사이드 렌더링(이하 'SSR'로 표기)을 사용하는 경우와 SSG+CSR을 사용하는 경우의 시퀀스 다이어그램을 비교합니다.

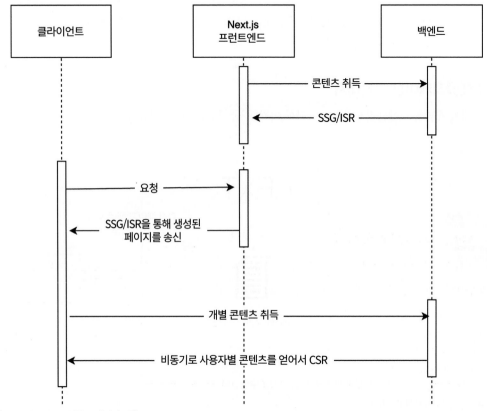

그림 5.3 SSG+CSR 시퀀스 다이어그램

SSR에서는 사용자의 정보도 포함해 서버 사이드에서 모두 처리해, 완성된 HTML을 만들어 응답으로 전송합니다.

한편, SSG+CSR에서는 SSG로 미리 페이지를 만들어 두고, 클라이언트 사이드에서 요청이 있으면 모든 사용자에게 공통으로 사용할 부분만 포함된 페이지를 먼저 응답으로 전송합니다. 그 뒤, CSR로 각 사용자에게 개별 내용을 표시합니다. 즉, 빌드 시에 모든 콘텐츠를 담는 것이 아니라, 응답이 클라이언트의 브라우저에 반환된 뒤 사용자별 콘텐츠를 비동기로 얻어 렌더링을 수행합니다.

SSR은 간단해 보이지만, 사용자별로 HTML을 생성해야 하므로 대량의 HTML을 캐시하기 어려운 문제가 있어 사용자 경험을 해치기 쉽습니다.

그에 비해 SSG+CSR에서는 SSG로 생성한 부분(공통 부분)은 캐시해 전송하고, 필요한 부분만 CSR로 렌더링할 수 있는 것이 장점입니다. HTML 등은 CDN을 사용해 캐시함으로써 TTFB[1]가 짧아져 지연을 줄일 수 있습니다. 이에 따라 페이지를 보다 빠르게 표시할 수 있으며, 사용자 경험을 개선합니다. SSG+CSR은 얼핏 단일 페이지 애플리케이션(SPA: Single Page Application)과 비슷한 구조로 보입니다. 하지만 초기 표시를 위해 처음부터 HTML을 구축하는 SPA와 달리, SSG+CSR은 공통 부분이 미리 HTML로 구축돼 있어 초기 표시 비용을 줄일 수 있습니다.

이 방법은 개발자 지식 공유 사이트인 DEV Community[2] 등에서도 사용됩니다.

5.2 개발 환경 구축

애플리케이션 개발 환경을 구축합니다.

5.2.1 Next.js 프로젝트 작성

3장에서 학습한 create-next-app 명령어를 사용해서 타입스크립트에 대응하는 Next.js 애플리케이션 프로젝트를 작성합니다. 여기에서는 프로젝트명을 nextjs-wiki-book으로 합니다.[3]

```
$ npx create-next-app@latest --ts
Need to install the following packages:
create-next-app
Ok to proceed? (y) y
✔ What is your project named?...nextjs-wiki-book
// 생략
```

---

1 Time To First Byte. 최초의 1바이트를 수신할 때까지 걸리는 시간

2 DEV Community란 소프트웨어 개발자를 위한 지식 공유 소셜 사이트입니다. 표시 속도가 매우 빠른 것으로 유명합니다. 페이지의 대부분을 정적 HTML로 CDN에 캐시해서 지연을 줄이고, 렌더링 블로킹 요소를 배제함으로써 처음 노출되는 화면에 필요하지 않은 JS나 CSS의 로딩을 지연하는 등 다양한 방법을 사용해서 빠른 웹사이트를 구현하고 있습니다. https://dev.to/

3 실행 후, 확인을 요청한다면 y로 yes를 선택해서 설치를 진행합니다.

이 상태에서 다음 명령어로 개발 서버를 기동하고, http://localhost:3000에 접근해 페이지가 표시되는 것을 확인합니다.

```
$ cd nextjs-wiki-book
$ npm run dev
```

프로젝트 작성 직후에는 pages가 루트에 존재하므로, src 디렉터리를 작성합니다. 그 뒤, pages 디렉터리와 styles 디렉터리를 src 디렉터리 아래로 이동시킵니다.[4] src 디렉터리에 애플리케이션의 소스 코드를 배치하면, 애플리케이션 아키텍처가 복잡해져 디렉터리 수가 늘어나도 간결한 구성을 유지할 수 있습니다. 완성된 프로젝트 구조는 다음과 같습니다.

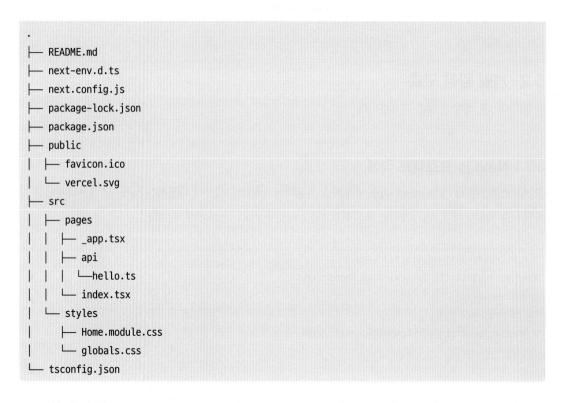

```
.
├── README.md
├── next-env.d.ts
├── next.config.js
├── package-lock.json
├── package.json
├── public
│   ├── favicon.ico
│   └── vercel.svg
├── src
│   ├── pages
│   │   ├── _app.tsx
│   │   ├── api
│   │   │   └── hello.ts
│   │   └── index.tsx
│   └── styles
│       ├── Home.module.css
│       └── globals.css
└── tsconfig.json
```

또한 src 아래에 애플리케이션 소스 코드를 배치했으므로, 이 상태에서는 애플리케이션을 빌드할 수 없습니다. tsconfig.json을 수정합니다.

---

4 (옮긴이) Next.js v13.1.2 이상에서는 프로젝트를 만들 때 "Would you like to use 'src/' directory with this project?"에 Yes로 답하면 src 디렉터리에 소스 코드가 배치되며 tsconfig.json 파일도 그에 맞게 만들어집니다.

`tsconfig.json`을 다음과 같이 수정합니다.

01. baseUrl 옵션에 src를 지정하고, 기준 디렉터리를 src로 변경.

02. include 옵션에 "src/**/*.ts", "src/**/*.tsx"를 지정하고 컴파일 대상으로 한다

03. 타입스크립트의 엄격한 타입 체크를 수행하기 위해 strict 옵션을 true로 한다.

코드 5.1 _ tsconfig.json

```json
{
  "compilerOptions": {
    "target": "es5",
    "lib": [
      "dom",
      "dom.iterable",
      "esnext"
    ],
    "allowJs": true,
    "skipLibCheck": true,
    "strict": true,
    "forceConsistentCasingInFileNames": true,
    "noEmit": true,
    "esModuleInterop": true,
    "module": "esnext",
    "moduleResolution": "node",
    "resolveJsonModule": true,
    "isolatedModules": true,
    "jsx": "preserve",
    "incremental": true,
    "baseUrl": "src"
  },
  "include": [
    "next-env.d.ts",
    "src/**/*.ts",
    "src/**/*.tsx"
  ],
  "exclude": [
    "node_modules"
  ]
}
```

수정 후, 다시 개발 모드에서 서버를 다음 명령어로 기동하고 **http://localhost:3000**에 접근해 같은 페이지가 표시되면 설정 완료입니다.

```
$ npm run dev
```

5.2.2 스타일드 컴포넌트 설정

이번 장에서 작성하는 애플리케이션은 CSS-in-JS의 스타일드 컴포넌트 라이브러리를 사용합니다. Next.js로 도입하는 방법은 4.2절에서 설명한 것과 같습니다.

```
$ npm install styled-components
$ npm install --save-dev @types/styled-components
```

설치 후에는 **next.config.js**를 작성하고 다음과 같이 기술합니다. **compiler** 옵션의 **styledComponents**를 활성화해 둡니다.

코드 5.2 _ next.config.js
```
/** @type {import('next').NextConfig} */
const nextConfig = {
  reactStrictMode: true,
  compiler: {
    // styledComponents 활성화
    styledComponents: true,
  },
}

module.exports = nextConfig
```

pages에 **_document.tsx**를 작성하고, 다음과 같이 기술합니다. 이것으로 SSR에서도 스타일드 컴포넌트가 작동합니다.

```tsx
import Document, { DocumentContext, DocumentInitialProps } from 'next/document'
import { ServerStyleSheet } from 'styled-components'

export default class MyDocument extends Document {
  static async getInitialProps(
    ctx: DocumentContext,
  ): Promise<DocumentInitialProps> {
    const sheet = new ServerStyleSheet()
    const originalRenderPage = ctx.renderPage

    try {
      ctx.renderPage = () =>
        originalRenderPage({
          enhanceApp: (App) => (props) =>
            sheet.collectStyles(<App {...props} />),
        })

      const initialProps = await Document.getInitialProps(ctx)

      return {
        ...initialProps,
        styles: [
          <>
            {initialProps.styles}
            {sheet.getStyleElement()}
          </>,
        ],
      }
    } finally {
      sheet.seal()
    }
  }
}
```

끝으로 pages/_app.tsx를 수정하고 createGlobalStyles를 사용해 글로벌로 스타일을 적용합니다.[5]

---

5 createGlobalStyle은 글로벌한 스타일을 정의하기 위한 스타일드 컴포넌트의 헬퍼 함수입니다. https://styled-components.com/docs/api#createglobalstyle

```tsx
import { AppProps } from 'next/app'
import Head from 'next/head'
import { createGlobalStyle } from 'styled-components'

// 글로벌 스타일
const GlobalStyle = createGlobalStyle`
html,
body,
textarea {
  padding: 0;
  margin: 0;
  font-family: -apple-system, BlinkMacSystemFont, Segoe UI, Roboto, Oxygen,
    Ubuntu, Cantarell, Fira Sans, Droid Sans, Helvetica Neue, sans-serif;
}

* {
  box-sizing: border-box;
}

a {
  cursor: pointer;
  text-decoration: none;
  transition: .25s;
  color: #000;
}

ol, ul {
  list-style: none;
}
`

const MyApp = ({ Component, pageProps }: AppProps) => {
  return (
    <>
      <Head>
        <meta key="charset" name="charset" content="utf-8" />
        <meta
          key="viewport"
```

```
      name="viewport"
      content="width=device-width, initial-scale=1,   shrink-to-fit=no, maximum-scale=5"
    />
    <meta property="og:locale" content="ko_KR" />
    <meta property="og:type" content="website" />
  </Head>
  <GlobalStyle />
  <Component {...pageProps} />
  </>
  )
}

export default MyApp
```

5.2.3 ESLint 설정

Lint 도구인 ESLint와 포매터인 Prettier, 및 다른 플러그인들을 설치합니다.

이 도구들은 소스 코드의 표준화와 자동 포매팅을 수행해, 소스 코드의 품질을 유지하는 데 도움을 줍니다. 여기에서는 다음 플러그인을 설치합니다.

- typescript-eslint

- @typescript-eslint/eslint-plugin

- @typescript-eslint/parser

- eslint-plugin-prettier

- eslint-plugin-react

- eslint-plugin-react-hooks

- eslint-plugin-import

```
$ npm install --save-dev prettier eslint typescript-eslint @typescript-eslint/eslint-plugin @
typescript-eslint/parser eslint-config-prettier eslint-plugin-prettier eslint-plugin-react es-
lint-plugin-react-hooks eslint-plugin-import
```

.eslintrc.json은 개별적으로 규칙을 취사 선택/커스터마이즈할 수 있습니다. 여기에서는 간략화를 위해 recommended 규칙을 채용합니다. **코드 5.5**의 "extends"에 다음과 같이 나열합니다. prettier 규칙도 수

정해 작은따옴표인 `singleQuote` 옵션과 열의 너비를 설정하는 `printWidth` 옵션을 추가합니다. `import React from 'react'`는 React 17부터는 필요하지 않으므로, react/react-in-jsx-scope 규칙을 off로 설정했습니다. 또한, `import/order`는 `import`의 순서를 알파벳 오름차순으로 나열하도록 설정했습니다.

코드 5.5 _ .eslintrc.json

```json
{
  "extends": [
    "next",
    "next/core-web-vitals",
    "eslint:recommended",
    "plugin:prettier/recommended",
    "plugin:react/recommended",
    "plugin:react-hooks/recommended",
    "plugin:@typescript-eslint/recommended",
    "plugin:import/recommended",
    "plugin:import/typescript"
  ],
  "rules": {
    "react/react-in-jsx-scope": "off",
    "import/order": [2, { "alphabetize": { "order": "asc" } }],
    "prettier/prettier": [
      "error",
      {
        "trailingComma": "all",
        "endOfLine": "lf",
        "semi": false,
        "singleQuote": true,
        "printWidth": 80,
        "tabWidth": 2
      }
    ]
  }
}
```

다음으로 npm 스크립트에 `lint` 명령어와 `format`을 추가합니다. 원래 있었던 `next lint`를 덮어 씁니다. `next lint`는 기본적으로는 `pages`, `components`, `lib` 아래의 파일에 적용됩니다. `--dir` 옵션을 추가하면 해당 디렉터리에 다음의 모든 파일(여기에서는 `src` 아래)에 적용됩니다.

명령어	설명
`npm run lint`	Lint를 수행해, 소스 코드의 문제를 출력한다.
`npm run format`	소스 코드의 포맷을 자동으로 수행한다.

코드 5.6 _ package.json을 수정한다.

```
{
  "name": "nextjs-wiki-book",
  "version": "0.1.0",
  "private": true,
  "scripts": {
    "dev": "next dev",
    "build": "next build",
    "start": "next start",
    "lint": "next lint --dir src",
    "format": "next lint --fix --dir src",
  },
  //생략
}
```

설정이 모두 완료됐다면 실제로 `lint` 명령어를 실행해 봅니다. 다수의 lint 에러를 검출할 수 있습니다.

```
$ npm run lint

> nextjs-wiki-book@0.1.0 lint
> next lint --dir src

./src/pages/api/hello.ts
10:29 Error: Insert `,` prettier/prettier

info - Need to disable some ESLint rules? Learn more here: https://nextjs.org/docs/basic-fea-
tures/eslint#disabling-rules
```

이 에러를 자동 포맷을 수행하는 **format** 명령어를 실행해서 수정합니다. 실행 후, prettier로 출력된 lint 에러가 해소됐음을 알 수 있습니다. 이 애플리케이션의 소스 코드는 이번 장 이후에 개발할 애플리케이션에는 사용하지 않으므로, 이 이상 상세하게 수정하지 않습니다. prettier는 세미콜론 누락 등을 자동으로 수정해 주는 매우 편리한 라이브러리입니다. Git의 커밋 전의 훅에 등록하는 등 적극적으로 사용해 봅시다.

```
$ npm run format

> nextjs-wiki-book@0.1.0 format
> next lint --fix src

✔ No ESLint warnings or errors
```

5.2.4 스토리북 설정

스토리북을 도입합니다. 스토리북 도입 방법은 4장에서 설명했습니다. 이번 애플리케이션에서도 동일하게
진행합니다.

■ 스토리북 설치

프로젝트 루트 디렉터리에 생성합니다.

```
$ npx sb init

sb init - the simplest way to add a Storybook to your project.

- Detecting project type.✓

// 중략

To run your Storybook, type:

    npm run storybook

For more information visit: https://storybook.js.org
```

다음으로 기타 플러그인 등의 라이브러리를 도입합니다.

```
$ npm install --save-dev @storybook/addon-postcss tsconfig-paths-webpack-plugin @babel/
plugin-proposal-class-properties @babel/plugin-proposal-private-methods @babel/plugin-propos-
al-private-property-in-object tsconfig-paths-webpack-plugin @mdx-js/react
```

스토리북을 다음 명령어로 기동하고, 올바른 화면이 표시되는지 확인합니다.[6]

```
$ npm run storybook
> nextjs-wiki-book@0.1.0 storybook
> start-storybook -p 6006

// 중략

Storybook 6.4.19 for React started
6.09 s for manager and 7.92 s for preview

Local: http://localhost:6006/
On your network: http://192.168.150.109:6006/
```

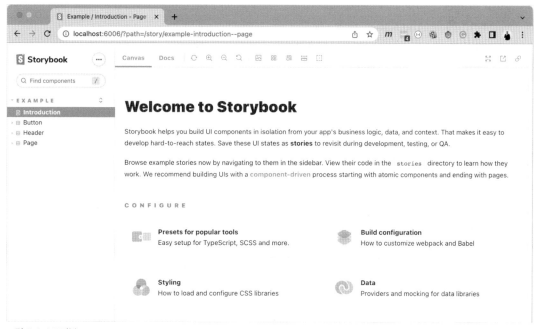

그림 5.4 스토리북

---

6 (엮은이) 실행 시 generateDocgenCodeBlock.js에서 TypeError가 발생한다면 다음 주소의 이슈를 참고합니다.
https://github.com/storybookjs/storybook/issues/21642

▪ 애셋 배치 준비

스토리북에 대한 애셋을 배치하기 위해, **.storybook/public**을 작성합니다.

```
$ mkdir .storybook/public
```

다음으로 **.storybook/main.js**를 편집하고 **staticDirs** 옵션을 추가합니다. 이 옵션으로 정적 파일을 배치할 디렉터리를 지정합니다. 여기에 맞춰 스토리북에서 사용할 이미지를 **public** 폴더에 배치합니다. 이미지는 저장소[7]에 있으므로, 다운로드해서 **.storybook/public** 폴더에 저장합니다.

코드 5.7 _ .storybook/main.js

```
module.exports = {
  ...
  staticDirs: ['public'],
}
```

▪ 스토리북 테마 설정

전체 테마를 설정합니다. 테마는 폰트 크기, 문자열 스페이스, 행 높이, 색상, 간격(스페이싱) 등을 애플리케이션 전체에서 통일하는 데 도움이 됩니다.

이후 스토리북에 스토리를 추가할 준비 작업으로도 중요합니다.

코드 5.8 _ src/themes/fontSizes.ts

```
// eslint-disable-next-line @typescript-eslint/no-explicit-any
const fontSizes: any = [12, 14, 16, 20, 24, 32]

// aliases
fontSizes.extraSmall = fontSizes[0]
fontSizes.small = fontSizes[1]
fontSizes.medium = fontSizes[2]
fontSizes.mediumLarge = fontSizes[3]
fontSizes.large = fontSizes[4]
fontSizes.extraLarge = fontSizes[5]
```

---

7 https://github.com/wikibook/ts-nextbook-app/tree/main/.storybook/public/images/sample

```
export default fontSizes
```

코드 5.9 _ src/themes/letterSpacings.ts

```
const letterSpacings: string[] = [
  '0.06px',
  '0.07px',
  '0.08px',
  '0.09px',
  '0.1px',
  '0.1px',
]

export default letterSpacings
```

코드 5.10 _ src/themes/lineHeights.ts

```
const lineHeights: string[] = [
  '17px',
  '19px',
  '22px',
  '26px',
  '28px',
  '37px'
  ]

export default lineHeights
```

코드 5.11 _ src/themes/space.ts

```
// eslint-disable-next-line @typescript-eslint/no-explicit-any
const space: any = ['0px', '8px', '16px', '32px', '64px']

// aliases
space.small = space[1]
space.medium = space[2]
space.large = space[3]

export default space
```

코드 5.12 _ src/themes/colors.ts

```ts
const colors = {
  primary: '#3f51b5',
  primaryDark: '#2c387e',
  primaryLight: '#6573c3',
  secondary: '#f50057',
  secondaryDark: '#ab003c',
  secondaryLight: '#f73378',
  border: '#cdced2',
  danger: '#ed1c24',
  dangerDark: '#a50d12',
  gray: '#6b6b6b',
  black: '#000000',
  white: '#ffffff',
  text: '#000000',
} as const

export default colors
```

코드 5.13 _ src/themes/index.ts

```ts
import colors from './colors'
import fontSizes from './fontSizes'
import letterSpacings from './letterSpacings'
import lineHeights from './lineHeights'
import space from './space'

export const theme = {
  space,
  fontSizes,
  letterSpacings,
  lineHeights,
  colors,
} as const
```

■ 스토리북 설정 파일 수정

다음으로 스토리북 설정 파일을 수정하고 테마 적용, 간단한 리셋 CSS, Next.js의 next/image를 변경합니다. next/image는 이미지를 최적화해 주는 이미지 컴포넌트입니다. 단, 스토리북상에서는 작동하지 않으므로 강제로 일반 이미지와 교체합니다.

코드 5.14 _ .storybook/preview.js

```javascript
import { addDecorator } from '@storybook/react'
import { createGlobalStyle, ThemeProvider } from 'styled-components'
import { theme } from '../src/themes'
import * as NextImage from 'next/image'

export const parameters = {
  actions: { argTypesRegex: '^on[A-Z].*' },
  controls: {
    matchers: {
      color: /(background|color)$/i,
      date: /Date$/,
    },
  },
}

export const GlobalStyle = createGlobalStyle`
  html,
  body,
  textarea {
    padding: 0;
    margin: 0;
    font-family: -apple-system, BlinkMacSystemFont, Segoe UI, Roboto, Oxygen,
      Ubuntu, Cantarell, Fira Sans, Droid Sans, Helvetica Neue, sans-serif;
  }
  * {
    box-sizing: border-box;
  }
  a {
    text-decoration: none;
    transition: .25s;
    color: #000000;
  }
```

```
`

// Theme 적용
addDecorator((story) => (
  <ThemeProvider theme={theme}>
    <GlobalStyle />
    {story()}
  </ThemeProvider>
))

// next/image 교체
const OriginalNextImage = NextImage.default;

Object.defineProperty(NextImage, 'default', {
  configurable: true,
  value: (props) => typeof props.src === 'string' ? (
    <OriginalNextImage {...props} unoptimized blurDataURL={props.src} />
  ) : (
    <OriginalNextImage {...props} unoptimized />
  ),
})
```

애드온은 `main.js`에 추가합니다. `webpackFinal` 설정은 필요한 애드온을 도입하고, `tsconfig`의 설정을 상속하기 위한 것입니다.

코드 5.15 _ .storybook/main.js

```
const TsconfigPathsPlugin = require('tsconfig-paths-webpack-plugin')
const path = require('path')

module.exports = {
  stories: [
    '../src/**/*.stories.mdx',
    '../src/**/*.stories.@(js|jsx|ts|tsx)'
  ],
  addons: [
    '@storybook/addon-links',
    '@storybook/addon-essentials',
    '@storybook/addon-postcss',
```

```
    ],
    staticDirs: ['public'],
    babel: async options => ({
      ...options,
      plugins: [
        '@babel/plugin-proposal-class-properties',
        '@babel/plugin-proposal-private-methods',
        '@babel/plugin-proposal-private-property-in-object',
      ],
    }),
    webpackFinal: async (config) => {
      config.resolve.plugins = [
        new TsconfigPathsPlugin({
          configFile: path.resolve(__dirname, '../tsconfig.json')
        }),
      ];

      return config
    },
}
```

5.2.5 React Hook Form 도입

React Hook Form[8]은 폼 밸리데이션 라이브러리로 성능/유연성/확장성이 우수합니다.

사용하기 쉬움과 동시에 자신이 작성한 커스텀 React Component의 입력 요소에도 사용할 수 있습니다. 성능 측면에서도 재렌더링 수를 최소한으로 억제해 마운트를 작성하고, 뛰어난 사용자 경험을 제공합니다. 여기에서는 '상품을 등록한다' 유스케이스에서 이 라이브러리를 사용합니다. React Hook Form은 다양한 기능을 제공하며, 이번 장 이후에서 사용하는 부분에 관해 여기에서 간단히 소개합니다.

```
$ npm install react-hook-form
```

먼저 '이름', '성'의 입력 요소(`<input>`), '카테고리 선택'의 선택 요소(`<select>`) 폼의 열에 React Hook Form을 조합합니다.

---

8 https://react-hook-form.com/

여기에서 React Hook Form이 제공하는 useForm 훅[9]을 활용합니다. useForm 혹은 register 함수, handleSubmit 함수, errors 객체를 반환합니다. register 함수는 폼인 <input>, <select>에 훅을 등록해 상태를 관리하게 합니다. handleSubmit 함수는 폼의 onSubmit 이벤트 핸들러를 등록하기 위해 사용합니다. errors 객체는 어떤 요소에 밸리데이션 에러가 발생했는지 감지하기 위해 사용합니다.

```
import { useForm, SubmitHandler } from 'react-hook-form'

type MyFormData = {
  firstName: string
  lastName: string
  category: string
};

export default function App() {
  const { register, handleSubmit, formState: { errors }, } = useForm<MyFormData>()
  const onSubmit: SubmitHandler<MyFormData> = (data) => {
    console.log(data)
  }

  return (
    <form onSubmit={handleSubmit(onSubmit)}>
      <input {...register('firstName', { required: true })} placeholder="이름" />
      {errors.firstName && <div>이름을 입력해 주십시오</div>}
      <input {...register('lastName', { required: true })} placeholder="성" />
      {errors.lastName && <div>성을 입력해 주십시오</div>}
      <select {...register('category', { required: true })}>
        <option value="">선택...</option>
        <option value="A">카테고리 A</option>
        <option value="B">카테고리 B</option>
      </select>
      {errors.category && <div>카테고리를 선택해 주십시오</div>}
      <input type="submit" />
    </form>
  )
}
```

---

9 자세한 내용은 API 문서를 참조합니다. https://react-hook-form.com/api/useform/

React Hook Form은 외부/커스텀 UI 컴포넌트와 쉽게 통합할 수 있습니다. 컴포넌트가 input의 ref를 공개하지 않는 경우에도 Controller 컴포넌트를 사용해서 밸리데이션 할 수 있습니다.

Controller 컴포넌트를 사용해 render의 prop에 외부/커스텀 UI 컴포넌트를 전달하도록 지정합니다. 여기에서 onChange와 value를 외부/커스텀 UI 컴포넌트에 전달하면 설정 완료입니다.

다음 예에서는 Controller를 사용해 외부에서 정의한 Checkbok 컴포넌트에 밸리데이션 기능을 추가합니다.

```
import { useForm, Controller, SubmitHandler } from 'react-hook-form'
import Checkbox from '@mui/material/Checkbox'

type MyFormData = {
  isChecked: boolean
}

export default function App() {
  const { handleSubmit, control, formState: { errors } } = useForm<MyFormData>()
  const onSubmit: SubmitHandler<MyFormData> = (data) => {
    console.log(data)
  }

  return (
    <form onSubmit={handleSubmit(onSubmit)}>
      <Controller
        name="isChecked"
        control={control}
        defaultValue={false}
        rules={{ required: true }}
        render={({ field: { onChange, value } }) => <Checkbox onChange={onChange}
        value={value} />}
      />
      {errors.isChecked && <label>체크해 주십시오</label>}
      <input type="submit" />
    </form>
  )
}
```

5.2.6 SWR 도입

SWR[10]는 버셀에서 개발한 데이터 취득용 React Hooks 라이브러리입니다.

데이터를 효율적으로 얻게 할 수 있어, 컴포넌트가 데이터 업데이트를 지속적이고 자동적으로 받을 수 있습니다. CSR을 효율적으로 구현하기 위해 도입합니다.

"SWR"이라는 이름은 HTTP RFC 5861의 stale-while-revalidate[11]에서 유래합니다. 이 RFC는 HTTP 요청과 캐시에 관한 것으로, 간단히 설명하면 캐시에서 표시하지만 일정 기간 후에 백그라운드에서 비동기로 캐시를 업데이트하는 구조입니다.

SWR은 먼저 캐시에서 데이터를 반환하고(stale), 다음에 인출 요청을 보내고(revalidate), 마지막으로 최신 데이터를 가져오는 식으로 작동합니다. 캐시를 사용하면서 그 캐시를 백그라운드에서 업데이트할 수 있어, 캐시를 오래 유지하지 않으면서도 고속화의 이점을 누릴 수 있습니다.

또한, SWR은 라이브러리로서 다음과 같은 특징을 가집니다.

- 취득한 데이터의 캐시화
- 정기적인 데이터 폴링
- 캐시와 요청의 중복 배제
- 이미지 포커스 시 다시 데이터 업데이트
- 네트워크 회복 시 데이터 재업데이트
- 에러 재시도
- 페이지네이션과 스크롤 포지션 회복
- React Suspense

SWR은 다음 명령으로 설치합니다.

```
$ npm install swr
```

---

10 https://swr.vercel.app/

11 https://datatracker.ietf.org/doc/html/rfc5861/

SWR 사용 방법을 코드와 함께 설명합니다. 예에서는 **/api/user**에 요청해 반환된 값을 `fetcher`로 처리합니다.

```
import useSWR from 'swr'

type User = {
  name: string
}

const Profile = () => {
  const { data, error } = useSWR<User>('/api/user', fetcher)

  if (error) return <div>failed to load</div>
  if (!data) return <div>loading...</div>
  return <div>Hello {data.name}!</div>
}
```

useSWR 혹은 key 문자열과 `fetcher` 함수를 받습니다. key는 데이터의 유일한 식별자(보통 API의 URL)로 `fetcher`에 전달됩니다. 두 번째 인수인 `fetcher`는 데이터를 반환하는 임의의 비동기 함수가 들어갑니다. 네이티브로 구현돼 있는 `fetch`나 라이브러리인 **Axios** 등 다른 함수를 사용할 수도 있습니다.

이 혹은 요청 상태에 기반해 `data`와 `error`의 두 가지 값을 반환합니다. `data`에는 API의 응답이 들어가며, `error`는 API의 요청이 실패했을 때 값이 들어갑니다.

5.2.7 React Content Loader 도입

React Content Loader[12]는 로딩을 위한 플레이스홀더를 간단하게 작성할 수 있는 라이브러리이며, SVG를 사용해 로더 형태를 커스터마이즈할 수 있습니다. 여기에서는 애플리케이션 로딩 표시를 위해 도입합니다.

React Content Loader는 다음 명령어로 설치합니다.

```
$ npm install react-content-loader
$ npm install --save-dev @types/react-content-loader
```

---

12 https://github.com/danilowoz/react-content-loader/

React Content Loader 사용 방법은 매우 간단합니다 로더인 svg를 `<ContentLoader>` 컴포넌트로 감싸면 완료입니다.

```
import ContentLoader from 'react-content-loader'

const MyLoader = () => (
  <ContentLoader viewBox="0 038070">
    <rect x="0" y="0" rx="5" ry="5" width="70" height="70" />
    <rect x="80" y="17" rx="4" ry="4" width="300" height="13" />
    <rect x="80" y="40" rx="3" ry="3" width="250" height="10" />
  </ContentLoader>
)
```

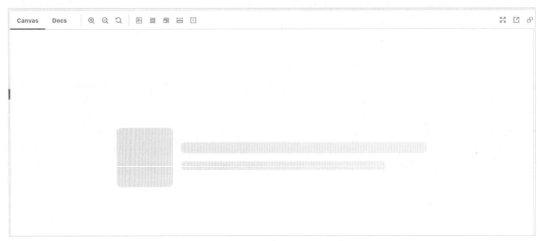

그림 5.5 MyLoader 뷰

5.2.8 머티리얼 아이콘 도입

머티리얼 아이콘(Material Icons)[13]은 머티리얼 UI[14] 라이브러리의 컴포넌트입니다. 이번에는 아이콘 표시 용도로만 사용합니다. 머티리얼 아이콘은 다음 명령어로 설치합니다. 머티리얼 UI가 의존하는 emotion[15] 관련 라이브러리도 함께 설치합니다

---

13 https://mui.com/components/material-icons/

14 Material UI(MUI)는 React용 UI 라이브러리입니다. 편리한 UI 컴포넌트들을 제공합니다. https://mui.com/

15 https://emotion.sh/docs/introduction

```
$ npm install @mui/material @mui/icons-material @emotion/react @emotion/styled
```

머티리얼 아이콘 사용 예를 소개합니다. 여기에서는 <Home> 아이콘을 사용합니다.[16] <Home> 아이콘의 색상과 크기를 자유롭게 변경하기 위해 <span> 등으로 감싸고, 부모의 스타일에 따르도록(inherit) 만듭니다. 이것으로 쉽게 커스터마이즈할 수 있습니다.

```
import HomeIcon from '@mui/icons-material/Home'

type HomeIconProps = {
  fontSize?: string
  color?: string
}

const HomeIconComponent = ({ fontSize, color }: HomeIconProps) => (
  <span style={{ fontSize, color }}>
    <HomeIcon fontSize="inherit" color="inherit" />
  </span>
)

export function HomeIcons() {
  return (
    <div style={{ display: 'flex', alignItems: 'center' }}>
      <HomeIconComponent />
      <HomeIconComponent fontSize="22px" />
      <HomeIconComponent fontSize="33px" />
      <HomeIconComponent color="red" />
      <HomeIconComponent fontSize="22px" color="#3f51b5" />
    </div>
  )
}
```

---

16 여기에서 사용한 것 이외에도 다양한 아이콘이 제공됩니다.

그림 5.6 HomeIcons 뷰

5.2.9 환경 변수

Next.js 환경 구축으로 돌아갑니다. 환경 변수 설정으로 .env 파일을 준비하고, **create-next-app**으로 생성한 프로젝트의 루트에 배치합니다. **API_BASE_URL**은 뒤에 설명하는 JSON 서버(REST API의 더미 엔드포인트를 생성하는 도구)의 베이스 URL, **NEXT_PUBLIC_API_BASE_PATH**는 다음 장에서 설명할 Next.js의 URL Rewrite 기능에서 사용하는 변수입니다.

```
코드 5.16 _ .env
API_BASE_URL=http://localhost:8000
NEXT_PUBLIC_API_BASE_PATH=/api/proxy
```

5.2.10 테스트 환경 구축

리액트/Next.js의 테스트 환경 구축은 4.4에서 설명했습니다. 이번 애플리케이션도 동일하게 구축합니다.

```
$ npm install --save-dev @testing-library/jest-dom @testing-library/react jest jest-
environment-jsdom
```

그리고 jest.setup.js와 jest.config.js를 프로젝트 루트에 추가합니다.

코드 5.17 _ jest.setup.js

```
import '@testing-library/jest-dom/extend-expect'
```

코드 5.18 _ jest.config.js

```
const nextJest = require('next/jest')
const createJestConfig = nextJest({ dir: './' })
const customJestConfig = {
  testPathIgnorePatterns: ['<rootDir>/.next/', '<rootDir>/node_modules/'],
  setupFilesAfterEnv: ['<rootDir>/jest.setup.js'],
  moduleDirectories: ['node_modules', '<rootDir>/src'],
  testEnvironment: 'jsdom',
}
module.exports = createJestConfig(customJestConfig)
```

package.json에 테스트를 실행하기 위한 스크립트를 추가합니다.

코드 5.19 _ package.json

```
{
  ...
  "scripts": {
    ...
    "test": "jest"
  },
  ...
}
```

다음 명령어를 실행해서 jest가 기동되면 성공입니다.

```
$ npm run test
> nextjs-wiki-book@0.1.0 test
> jest


No tests found, exiting with code 1
```

마지막으로 next.config.js에 빌드 시에 리액트 테스팅 라이브러리에서 사용할 data-testid 속성을 삭제하는 설정을 추가합니다. 이 속성은 프로덕션 환경에서는 필요하지 않으므로 reactRemoveProperties 라는 옵션을 사용해서 삭제합니다.

코드 5.20 _ next.config.js

```javascript
/** @type {import('next').NextConfig} */
const nextConfig = {
  reactStrictMode: true,
  compiler: (() => {
    let compilerConfig = {
      // styledComponents 활성화
      styledComponents: true,
    }

    if (process.env.NODE_ENV === 'production') {
      compilerConfig = {
        ...compilerConfig,
        // 프로덕션 환경에서는 리액트 테스팅 라이브러리에서 사용하는 data-testid 속성을 삭제
        reactRemoveProperties: { properties: ['^data-testid$'] },
      }
    }

    return compilerConfig
  })(),
}

module.exports = nextConfig
```

- **data-testid 사용**

data-testid는 테스트 코드에서 특정한 요소를 얻을 때 사용합니다. 예를 들어 다음과 같은 요소를 찾는다고 가정합니다.

```
<div data-testid="custom-element" />
```

이때는 screen.getByTestId('custom-element')를 사용해, 지정한 data-testid의 속성을 가진 요소를 얻을 수 있습니다.

```
import { render, screen } from '@testing-library/react'

render(<MyComponent />)
const element = screen.getByTestId('custom-element')
```

class나 id는 빌드 시 압축에 의해 그 길이가 짧아져 가독성이 낮은 무작위의 문자열로 치환될 가능성이 있기 때문에 요소를 얻는 데 class나 id를 사용하지 않습니다. 또한, 특별히 class나 id를 속성으로서 지정하지 않고도 data-testid를 사용해 해결할 수 있습니다.

5.2.11 JSON 서버 설정

JSON 서버[17]는 REST API 더미 엔드포인트를 작성하기 위한 도구입니다. 이번 애플리케이션 개발은 프런트엔드의 구현만 수행하며, JSON 서버를 백엔드로 사용해 개발을 간략화합니다. Next.js로 구현하는 애플리케이션과는 독립된 것입니다.

보통 JSON 서버의 설정에 커스텀으로 API를 몇 가지 제공합니다. 이번에 사용하는 API는 다음과 같습니다.

API	경로HTTP	메서드	설명
인증 API	/auth/signin	POST	로그인
인증 API	/auth/signout	POST	로그아웃
사용자 API	/users	GET	목록 취득
사용자 API	/users/{id}	GET	개별 취득
사용자 API	/users/me	GET	인증 완료 사용자 취득
제품 API	/products	GET, POST	목록 취득, 신규 추가
제품 API	/products/{id}	GET	개별 취득
구입 API	/purchases	POST	상품 구입

다음 순서로 JSON 서버가 올바르게 기동하는지 확인합니다. 다른 디렉터리에 이번 애플리케이션 개발을 위해 미리 준비한 코드를 저장소에서 클론합니다.

---

17 https://github.com/typicode/json—server/

```
$ # Next.js의 애플리케이션과는 별도의 디렉터리에서 작업한다
$ git clone https://github.com/wikibook/ts-nextbook-json
$ cd ts-nextbook-json
$ npm ci
$ npm start
> json-server-deploy@1.0.0 start
> node server.js

Start listening...
http://localhost:8000
```

실제로 cURL을 사용해서 JSON 서버가 작동하고 있는지 확인합니다. 여기에서는 앞에서 작성한 users의 데이터를 얻는 API를 호출합니다. curl -X GET -i http://localhost:8000/users를 명령줄에 입력하고 HTTP 응답을 확인합니다. -X GET은 HTTP 요청을 GET 메서드로 송신하는 옵션이고, -i는 HTTP 요청 결과의 응답 헤더를 표시하는 옵션입니다.

결과로서 3개의 users 데이터를 얻었다면 성공입니다.

```
HTTP/1.1 200 OK
X-Powered-By: Express
Vary: Origin, Accept-Encoding
Access-Control-Allow-Credentials: true
Cache-Control: no-cache
Pragma: no-cache
Expires: -1
X-Content-Type-Options: nosniff
Content-Type: application/json; charset=utf-8
Content-Length: 761
ETag: W/"2f9-KDSrI+9X5wg9X23hbOzQdnmmgWM"
Date: Wed, 04 Jan 2023 07:17:55 GMT
Connection: keep-alive
Keep-Alive: timeout=5

[
  {
    "id": 1,
    "username": "hana",
    "displayName": "Hana Kim",
```

```
    "email": "hana.kim@example.com",
    "profileImageUrl": "/users/1.png",
    "description": "Lorem Ipsum is simply dummy text of the printing and typesetting industry"
  },
  {
    "id": 2,
    "username": "eunyoung",
    "displayName": "Eunyoung Ha",
    "email": "eunyoung.ha@example.com",
    "profileImageUrl": "/users/2.png",
    "description": "Lorem Ipsum is simply dummy text of the printing and typesetting industry"
  },
  {
    "id": 3,
    "username": "jinho",
    "displayName": "Jinho Yoon",
    "email": "jinho.yoon@example.com",
    "profileImageUrl": "/users/3.png",
    "description": "Lorem Ipsum is simply dummy text of the printing and typesetting industry"
  }
]
```

또한, JSON 서버에는 이미지 경로 데이터가 저장돼 있습니다. 실제 이미지는 저장소[18]에 있으므로 다운로드해서 public 폴더에 저장합니다.

JSON 서버 설정은 이것으로 완료입니다.

이상으로 설계/환경 설정에 관한 설명을 마칩니다. 다음 장에서는 실제로 애플리케이션을 구현합니다.

---

[18] https://github.com/wikibook/ts-nextbook-app/tree/main/public

칼럼
CSS in JS 라이브러리

CSS in JS 라이브러리에는 이 책에서 사용하는 styled-components 외에도 여러 가지가 있습니다.

- 버셀의 styled-jsx[19]

- 인기가 높아 활발하게 개발되고 있는 emotion[20]

- styled-components에 유틸리티를 추가한 styled-system[21]

- props 기반의 유틸리티 모음 xstyled[22]

- 테마를 기능의 중심에 둔 Theme UI[23]

이 라이브러리들은 각각 설계 사상이나 기능이 미묘하게 다릅니다. 또한, 라이브러리 개발의 활발한 정도에도 차이가 있어, 안타깝게도 거의 업데이트되지 않는 것도 있습니다.

몇 가지 관점을 고려해 종합적으로 도입을 검토합니다.

- 작성하기 쉽다

- 개발이 활발하다

- 버리기 쉽다(다른 라이브러리나 커스텀 구현 등으로 바꿔 쓰기 쉽다)

19 https://github.com/vercel/styled-jsx

20 https://emotion.sh/docs/introduction

21 https://styled-system.com/

22 https://xstyled.dev/

23 https://theme-ui.com/

06

애플리케이션 개발 2
~구현~

이번 장에서는 5장에서 작성한 프로젝트를 기반으로, 애플리케이션 자체를 구현합니다.

코드는 전부가 아니라 특별히 중요한 부분을 발췌해서 설명합니다. 소스 코드는 샘플 파일을 적절하게 참고합니다.

6.1 애플리케이션 아키텍처와 전체 구현 흐름

애플리케이션 아키텍처는 개발 생산성과 일관성에 가장 중요한 요소입니다. 리액트/Next.js 애플리케이션 개발에서는 리액트의 컴포넌트 지향 방식에 따라 애플리케이션 아키텍처를 구축하고 구현합니다. 주요한 구현 흐름은 다음과 같습니다.

- **01.** API 클라이언트 구현
- **02.** 컴포넌트 구현 준비
- **03.** 아토믹 디자인을 사용한 컴포넌트 설계
- **04.** 아톰 구현
- **05.** 몰리큘 구현
- **06.** 오거니즘 구현

07. 템플릿 구현

08. 페이지 설계와 구현

09. 컴포넌트 단위 테스트

가장 먼저 API 클라이언트를 구현합니다. 앞 장에서 정의한 JSON 서버를 요청 대상으로 사용합니다.

계속해서 컴포넌트 구현을 위한 준비에 관해 설명합니다. 반응형 디자인(responsive design)에 대응한 컴포넌트를 손쉽게 구현하기 위해 유틸리티 함수나 타입, 래퍼 컴포넌트 등을 작성합니다.

준비를 마쳤다면 이제 구체적으로 컴포넌트를 제작합니다. 디자인 화면(디자인 캠프)에서 아토믹 디자인을 따라 각 컴포넌트로 분할합니다.

분할 후 각 컴포넌트를 스토리북에서 디자인을 확인하면서 구현합니다.

각 컴포넌트를 구현한 뒤에는 컴포넌트를 조합하면서 페이지를 구현합니다.

마지막으로 컴포넌트의 단위 테스트를 수행한 뒤 완료합니다.

6.2 API 클라이언트 구현

API에 대한 질의를 관리하는 API 클라이언트를 구현합니다. Next.js에서는 API에 대해 요청을 보내는 API 클라이언트를 직접 구현하는 경우가 많습니다.

여기에서는 앞 장에서 설명한 JSON 서버를 백엔드로 사용합니다. 이 책에서는 API 클라이언트를 다음 방침으로 구현합니다.

01. src/utils 아래에 fetch를 감싸서 사용하기 쉽게 하는 fetcher 함수를 작성

02. API 클라이언트를 src/services/auth 아래, 함수별로 파일을 나눠서 구현

03. 애플리케이션에서 사용되는 데이터 타입을 정의

구현할 API 클라이언트의 함수 목록은 다음과 같습니다.

함수명	API	경로
signin	인증 API	/auth/signin
signout	인증 API	/auth/signout
getAllUsers	사용자 API	/users
getUser	사용자 API	/users/{id}
getUser	사용자 API	/users/me
getAllProducts, addProduct	제품 API	/products
getProduct	제품 API	/products/{id}
purchase	구입 API	/purchases

6.2.1 fetcher 함수

각 API 클라이언트는 정의한 fetcher 함수를 사용해 요청을 보냅니다. 이 함수는 fetch 함수로 요청을 전송합니다. 요청이 실패하면 서버로부터 반환되는 메시지에 예외를 함께 던집니다.

코드 6.1 _ src/utils/index.ts

```
export const fetcher = async (
  resource: RequestInfo,
  init?: RequestInit,
  // eslint-disable-next-line @typescript-eslint/no-explicit-any
): Promise<any> => {
  const res = await fetch(resource, init)

  if (!res.ok) {
    const errorRes = await res.json()
    const error = new Error(
      errorRes.message ?? 'API 요청 중에 에러가 발생했습니다',
    )

    throw error
  }

  return res.json()
}
```

6.2.2 API 클라이언트 함수

API 클라이언트의 예로 인증 API의 `signin` 함수를 구현합니다. `src/services/auth` 아래 `signin.ts`를 작성합니다.

첫 번째 인수인 `context`는 API의 루트 URL을 지정합니다. 루트 URL을 고정하지 않는 것은 정적 사이트 생성 시 요청과 클라이언트 사이드로부터의 요청을 구분하기 위해서입니다. 두 번째 인수인 `params`는 사용자명(`username`)과 비밀번호(`password`)를 받습니다. 요청이 성공할 때는 응답 헤더의 `Set-Cookie`에 토큰이 설정되므로 이를 사용해 인증합니다.

코드 6.2 _ src/services/auth/signin.ts

```typescript
// types는 뒤에서 정의
import { ApiContext, User } from 'types'
// 앞에서 정의한 src/utils/index.ts로부터 읽는다
import { fetcher } from 'utils'

export type SigninParams = {
  /**
   * 사용자명
   * 샘플 사용자의 사용자명은 "user"
   */
  username: string
  /**
   * 비밀번호
   * 샘플 사용자의 비밀번호는 "password"
   */
  password: string
}

/**
 * 인증 API(로그인)
 * @param context API 콘텍스트
 * @param params 파라미터
 * @returns 로그인 사용자
 */
const signin = async (
  context: ApiContext,
  params: SigninParams,
): Promise<User> => {
```

```
    return await fetcher(
      `${context.apiRootUrl.replace(/\/$/g, '')}/auth/signin`,
      {
        method: 'POST',
        headers: {
          Accept: 'application/json',
          'Content-Type': 'application/json',
        },
        body: JSON.stringify(params),
      },
    )
}


export default signin
```

다음으로 사용자 API인 **getUser** 함수를 구현합니다. 첫 번째 인수인 context는 앞의 **signin** 함수에서 사용한 것과 같은 인수를 지정합니다. 두 번째 인수는 객체를 분할해 사용자 ID를 추출합니다. 요청이 성공할 때는 사용자 정보를 응답으로 얻을 수 있습니다.

코드 6.3 _ src/services/users/get-user.ts

```
import type { ApiContext, User } from 'types'
import { fetcher } from 'utils'


export type GetUserParams = {
  /**
   * 사용자 ID
   */
  id: number
}


/**
 * 사용자 API(개별 취득)
 * @param context API 콘텍스트
 * @param params 파라미터
 * @returns 사용자
 */
const getUser = async (
  context: ApiContext,
```

```
  { id }: GetUserParams,
): Promise<User> => {
  /**
  // 사용자 API
  // 샘플 응답
  {
    "id": "1",
    "username": "hana",
    "displayName": "Hana Kim",
    "email": "hana.kim@example.com",
    "profileImageUrl": "/users/1.png",
    "description": "Lorem Ipsum is simply dummy text of the printing and typesetting industry"
  }
   */
  return await fetcher(
    `${context.apiRootUrl.replace(/\/$/g, '')}/users/${id}`,
    {
      headers: {
        Accept: 'application/json',
        'Content-Type': 'application/json',
      },
    },
  )
}

export default getUser
```

6.2.3 애플리케이션에서 사용되는 데이터 타입

애플리케이션에서 사용되는 데이터 타입을 정의합니다. 사용자(User), 제품(Product), API 호출 시 사용되는 콘텍스트(ApiContext)의 타입은 다음과 같습니다.

코드 6.4 _ src/types/data.d.ts

```
// 상품 카테고리
export type Category = 'shoes' | 'clothes' | 'book'
// 상품 상태
export type Condition = 'new' | 'used'
```

```
// 사용자
export type User = {
  id: number
  username: string
  displayName: string
  email: string
  profileImageUrl: string
  description: string
}

// 상품
export type Product = {
  id: number
  category: Category
  title: string
  description: string
  imageUrl: string
  blurDataUrl: string
  price: number
  condition: Condition
  owner: User
}

// API 콘텍스트
export type ApiContext = {
  apiRootUrl: string
}
```

이상으로 API 클라이언트 구현에 관한 설명을 마칩니다. 이번 장에서 설명하지 않은 API 클라이언트 소스 코드는 저장소[1]에 있습니다. 다운로드해서 확인하기 바랍니다.

---

1 https://github.com/wikibook/ts-nextbook-app

6.2.4 개발 환경을 위한 API 요청 프락시

교차 출처 리소스 공유(CORS)[2]에서의 쿠키 전송을 피하기 위해 Next.js의 Rewrites 기능[3]을 사용해 프락시를 설정합니다.

Next.js의 엔드포인트에 요청을 전송하면 `json-server`라는 엔드포인트로 변환되어 요청이 전송됩니다. Next.js의 Rewrites 기능을 사용할 수 있도록 `next.config.js`를 수정합니다. 예를 들어, `http://nextjs 호스트/api/proxy/signin`과 같이 요청을 보내는 경우에는 `http://json-server호스트/signin`으로 변환됩니다.

코드 6.5 _ next.config.js

```
/** @type {import('next').NextConfig} */
const nextConfig = {
  reactStrictMode: true,
  compiler: (() => {
    let compilerConfig = {
      // styledComponents 활성화
      styledComponents: true,
    }

    if (process.env.NODE_ENV === 'production') {
      compilerConfig = {
        ...compilerConfig,
        // 프로덕션 환경에서는 리액트 테스팅 라이브러리에서 사용하는 data-testid 속성을 삭제
        reactRemoveProperties: { properties: ['^data-testid$'] },
      }
    }

    return compilerConfig
  })(),
  async rewrites() {
    return [
      {
        // ex. /api/proxy
```

---

2 교차 출처 리소스 공유(Cross-Origin Resource Sharing, CORS)는 한 오리진의 웹 애플리케이션에 대해 다른 오리진의 서버로의 접근을 HTTP 요청에 따라 허가할 수 있는 구조를 나타냅니다.

3 Next.js의 Rewrites 기능은 지정한 URL 패턴을 내부에서 다른 URL로 변환하는 기능입니다. https://nextjs.org/docs/api-reference/next.config.js/rewrites

```
      source: `${process.env.NEXT_PUBLIC_API_BASE_PATH}/:match*`,
      // ex. http://localhost:8000
      destination: `${process.env.API_BASE_URL}/:match*`,
    },
  ]
 },
}

module.exports = nextConfig
```

6.3 컴포넌트 구현 준비

컴포넌트 설계나 구현에 앞서 준비를 완료합니다.[4]

사용하기 쉬운 컴포넌트를 구현하기 위해, 각종 유틸리티 함수와 타입을 구현합니다. 다음과 같은 기능을 구현합니다.

- 반응형 디자인 대응을 간결한 기술로 구현한다

- 테마 기능을 쉽게 사용하게 한다

- 타입 기능을 활용해 이 기능들을 구현한다

또한, 레이아웃 등을 효율화하는 래퍼 컴포넌트도 사전에 구현합니다.

6.3.1 반응형 디자인 대응 컴포넌트

최근 스마트폰 등 모바일 기기를 사용한 웹사이트 접속이 증가하고 있습니다. 브로드밴드 서치 (Broadband Search)의 조사[5]에 따르면, 2021년 현재 56%의 사용자가 모바일 기기로 웹사이트에 접근하고 있음을 알 수 있습니다. 현재 웹사이트를 구축할 때는 모바일 기기에서도 보기 쉬운 UI를 제공하는 것이 필수입니다.

---

4 이 구현은 props로부터 CSS를 조정하는 xstyled나 styled-system이라는 라이브러리에서 영감을 받은 것입니다. 단, styled-components를 사용할 때는 사실상 표준은 아니므로, 간단한 버전을 직접 구현했습니다. 의존을 줄이고, 타입스크립트에서의 구현 경험을 늘리는 효과를 목표로 합니다.

5 https://www.broadbandsearch.net/blog/mobile-desktop-internet-usage-statistics

모바일 접근에 관한 대책으로 몇 가지 방법을 생각할 수 있습니다.

- 반응형 디자인(데스크톱 모바일에서 같은 페이지를 준비하고, CSS로 표시를 전환할 수 있다)
- 다른 도메인/다른 계층 등 URL로 모바일용 페이지를 준비한다(mobile.example.com이나 example.com/mobile 등)

이 책에서는 반응형 디자인을 채용하고, 컴포넌트에 적용하는 방법을 설명합니다.

반응형 디자인이란 다양한 화면이나 윈도 크기에 대해 적절하게 UI를 표시하는 디자인을 가리킵니다. 예를 들어, 데스크톱용 화면에서는 내용을 2열로 표시하고, 스마트폰용 화면에서는 1열로 세로로 배열하도록 조정합니다. 이것은 CSS에서 화면 크기에 따라 레이아웃이나 표시/비표시를 전환해서 구현할 수 있습니다.

```css
/* 화면 크기에 맞춰 CSS를 전환한다 */
.container {
  display: flex;
  flex-direction: column; /* 기본으로는 세로 배열로 표시한다 */
}

/* @media로 화면 크기 등을 기준으로 CSS를 구분할 수 있다 */
@media (min-width: 640px) {
/* 640px 이상의 화면 크기의 경우에 적용할 스타일 */
  .container {
    flex-direction: row; /* 화면 크기가 640px 이상이면 가로 배열로 표시한다 */
  }
}
```

기준이 되는 화면 크기를 브레이크 포인트라 부릅니다. 브레이크 포인트는 자유롭게 설정할 수 있으며, 일반적으로 다음과 같은 기준을 많이 적용합니다.

- 640px 이하: 스마트폰용
- 641~1007px: 태블릿용
- 1008px 이상: 데스크톱용

또한, 크기별로 이름을 붙여 관리하는 브레이크 포인트 기준도 있습니다. sm은 small, md는 middle과 같이, 각 화면 크기를 분류한 것입니다. 이런 분류는 테일윈드 CSS[6]나 부트스트랩[7] 등에서 사용되며, 이 책에서는 이를 따릅니다.[8]

화면 폭	브레이크 포인트명
640 ~ 767px	sm(small)
768 ~ 1023px	md(middle)
1024 ~ 1279px	lg(large)
1280 ~ 1525px	xl(extra large)

■ 스타일드 컴포넌트로 반응형 디자인을 구현한다

Next.js에서 스타일드 컴포넌트(4.2 절)를 사용해 반응형 디자인을 구현하는 방법을 설명합니다.

화면 크기(브레이크 포인트명)에 따라, 다른 CSS 속성값을 손쉽게, 타입을 활용해 설정할 수 있는 것을 목표로 합니다.

다음과 같은 표기법으로 사용할 수 있는 컴포넌트를 작성합니다.

```
// base(기본)과 sm(small)에 각각 다른 크기를 설정
<Component fontSize={{ base: '12rem', sm: '10rem' }}>
</Component>

// base 없이 값만으로도 적절하게 처리할 수 있다
<Component fontSize="12rem">
</Component>

// 타입을 활용해 값이 부적절한 경우에는 에러를 발생한다
// Error
<Component textAlign="100px">
</Component>
```

---

6 https://tailwindcss.com/docs/responsive-design
7 https://getbootstrap.jp/docs/5.0/layout/grid/#grid-options
8 여기에서의 크기별 브레이크 포인트의 대응은 책의 오리지널입니다. 화면 폭 값이나 브레이크 포인트명, 그 연관성 등은 라이브러리에 따라 다르므로 주의합니다.

이를 구현하기 위해 브레이크 포인트별로 CSS 속성값을 설정할 수 있는 Responsive 타입, Responsive 타입으로부터 값을 꺼내는 toPropValue 함수를 구현합니다.

Responsive 타입은 보통의 CSS의 값, 또는 각 브레이크포인트에 대응한 CSS의 값 객체를 지정할 수 있습니다. 이를 통해 props를 통해 자유롭게 반응형에 대응한 CSS를 지정할 수 있습니다.

toPropValue는 Responsive 타입을 미디어 쿼리와 그 값으로 변환하는 함수입니다.[9] 이 함수를 통과함으로써 임의의 요소에 대한 CSS 속성값을 브레이크 포인트별로 설정할 수 있습니다. 예를 들어, <Container flexDirection={{ base: 'column', sm: 'row'}}>과 같이 기술하면 640px 이상이면 가로 배열(row), 그 이외에는 세로 배열(column)이 됩니다. toPropValue의 구체적인 구현에 관해서는 이번 장의 뒷부분에서 설명합니다.

```
function toPropValue<T>(propKey: string, prop?: Responsive<T>): string {
// "CSS 속성: 값;"을 반환한다.
}
```

```
/**
 * Responsive 속성
 * CSS 속성값을 브레이크 포인트별로 설정할 수 있다
 * T는 CSS 속성값의 타입
 */
type ResponsiveProp<T> = {
  base?: T // 기본
  sm?: T // 640px 이상
  md?: T // 768px 이상
  lg?: T // 1024px 이상
  xl?: T // 1280px 이상
}

/**
 * Responsive 타입은 Responsive 속성 또는 CSS 속성값
 */
type Responsive<T> = T | ResponsiveProp<T>
```

---

9 4.2에서는 주로 CSS의 값으로 사용했지만, CSS의 값과 속성을 포함해도 특별한 문제는 없습니다.

```
/**
 * Responsive 타입을 CSS 속성과 그 값으로 변환
 * @param propKey CSS 속성
 * @param prop Responsive 타입
 * @returns CSS 속성과 그 값(ex. background-color: white;)
 */
function toPropValue<T>(propKey: string, prop?: Responsive<T>): string {
  /**
     구현 생략, 이번 장 뒤에서 자세하게 설명한다.
     toPropValue('flex-direction', 'column')의 경우
     >> flex-direction: column;
     의 문자열을 반환한다.


     toPropValue('flex-direction', { base: 'column', sm: 'row' })의 경우
     >> flex-direction: column;
     >> @media screen and (min-width: 640px) {
     >> flex-direction: row;
     >> }
     의 문자열을 반환한다.
  */
}


interface ContainerProps {
  flexDirection?: Responsive<string>
}

const Container = styled.section<ContainerProps>`
  padding: 4em;
  display: flex;
  ${(props) => toPropValue('flex-direction', props.flexDirection)}
`

const Page: NextPage = () => {
  return (
    <>
      <Container flexDirection="column">
        {/* 항상 세로 배열이 된다 */}
        <div>First item</div>
        <div>Second item</div>
```

```
      </Container>
      <Container flexDirection={{ base: 'column', sm: 'row' }}>
        {/* 640px 이상이면 가로 배열, 그 이외에는 세로 배열이 된다 */}
        <div>First item</div>
        <div>Second item</div>
      </Container>
    </>
  )
}

export default Page
```

■ 스타일드 컴포넌트에서 테마에 설정한 값을 사용한다

지금까지 반응형 디자인 대응을 효율적으로 하기 위해 Responsive 타입과 toPropValue 함수에 관해 설명했습니다.

여기부터는 스타일드 컴포넌트에서 Theme(5.2.4)에 설정한 값을 사용하는 방법에 관해 설명합니다. Theme에 쉽게 접근할 수 있도록 하기 위해, toPropValue 함수에 기능을 추가합니다.

toPropValue 함수에 theme 인수를 추가하고, Theme을 소량의 코드로 사용할 수 있도록 하는 것을 목표로 합니다.

예를 들어, <Container marginBottom={1}>와 같이 기술하면 Theme에 지정한 const space: string[] = ['0px', '8px', '16px', '32px', '64px']의 두 번째 요소의 8px가 CSS 속성값으로서 사용됩니다.

Theme의 값을 사용하려면 세 번째 인수에 Theme을 전달하고, 두 번째 인수의 Responsive에 대해 Theme의 키를 지정합니다.

```
function toPropValue<T>(propKey: string, prop?: Responsive<T>, theme?: AppTheme):
string {
// "CSS 속성: 값;"을 반환한다.
}

import { theme } from 'themes'
```

```
/**
 * Responsive 속성
 * CSS 속성값을 브레이크 포인트별로 설정할 수 있다
 * T는 CSS 속성값의 타입
 */
type ResponsiveProp<T> = {
  base?: T // 기본
  sm?: T // 640px 이상
  md?: T // 768px 이상
  lg?: T // 1024px 이상
  xl?: T // 1280px 이상
}
type Responsive<T> = T | ResponsiveProp<T>
// Theme 타입
type AppTheme = typeof theme
// Theme 키 타입
type SpaceThemeKeys = keyof typeof theme.space
// Theme 키 타입(SpaceThemeKeys) 또는 임의의 문자열('10px' 등)
type Space = SpaceThemeKeys | (string & {}) // & {}을 입력하면 에디터의 자동 완성을 활용할 수 있다

/**
 * Responsive 타입을 CSS 속성과 그 값으로 변환
 * @param propKey CSS 속성
 * @param prop Responsive 타입
 * @param theme AppTheme
 * @returns CSS 속성과 그 값(ex. background-color: white;)
 */
function toPropValue<T>(propKey: string, prop?: Responsive<T>, theme?: AppTheme):
string {
  /**
   * 구현 생략, 이번 장 뒤에서 자세하게 설명한다.
   * toPropValue('margin-bottom', '8px', theme)의 경우
   * >> margin-bottom: 8px;
   * 의 문자열을 반환한다.
   *
   * toPropValue('margin-bottom', 1, theme)의 경우
   * >> margin-bottom: 8px;
   * 의 문자열을 반환한다.
   * const space: string[] = ['0px', '8px', '16px', '32px', '64px']
   * 의 두 번째 요소가 사용된다.
```

```
    toPropValue('margin-bottom', { base: 1, sm: 2}, theme)의 경우
    >> margin-bottom: 8px;
    >> @media screen and (min-width: 640px) {
    >> margin-bottom: 16px;
    >> }
    의 문자열을 반환한다.
    const space: string[] = ['0px', '8px', '16px', '32px', '64px']
  */
}

interface ContainerProps {
flexDirection?: Responsive<string>
marginBottom?: Responsive<Space>
}

const Container = styled.section<ContainerProps>`
  padding: 4em;
  display: flex;
  ${(props) => toPropValue('flex-direction', props.flexDirection, props.theme)}
  ${(props) => toPropValue('margin-bottom', props.marginBottom, props.theme)}
`

const Page: NextPage = () => {
  return (
    <>
      <Container flexDirection="column" marginBottom="8px">
        {/*
          - 항상 세로로 배열한다
          - 아래쪽 마진 8px(테마에서 설정한 두 번째 요소)
        */}
        <div>First item</div>
        <div>Second item</div>
      </Container>
      <Container flexDirection={{ base: 'column', sm: 'row' }} marginBottom={1}>
        {/*
          - 640px 이상이면 가로로 배열, 그 이외에는 세로로 배열한다
          - 아래쪽 마진 8px(테마에서 설정한 두 번째 요소)
            const space: string[] = ['0px', '8px', '16px', '32px', '64px']
        */}
```

```
      <div>First item</div>
      <div>Second item</div>
    </Container>
    <Container flexDirection={{ base: 'column', sm: 'row' }} marginBottom={{ base: 1, sm: 2}}>
      {/*
        - 640px 이상이면 가로로 배열, 그 이외에는 세로로 배열한다
        - 640px 이상이면 아래쪽 마진 16px,
          그 이외에는 아래쪽 마진 8px
          const space: string[] = ['0px', '8px', '16px', '32px', '64px']
      */}
      <div>First item</div>
      <div>Second item</div>
    </Container>
  </>
  )
}

export default Page
```

▪ 컴포넌트 기술을 효율화하는 toPropValue 구현

toPropValue 함수를 구현합니다. toPropValue는 여기까지 개요를 설명한 것처럼 반응형 디자인 대응, Theme 대응의 기술을 완결하기 위한 유틸리티 함수입니다.

toPropValue는 첫 번째 인수에는 CSS 속성의 이름(background-color, margin 등), 두 번째 인수에는 Responsive, 세 번째 인수에는 Theme을 지정합니다. 이 toPropValue 함수를 통해 Theme에 설정된 값이나 브레이크 포인트별 CSS 속성값으로 변환할 수 있습니다. 다음 구현은 이번 장에서 계속해서 사용합니다.

코드 6.6 _ src/utils/styles.ts

```
/* eslint-disable @typescript-eslint/no-explicit-any */
/* eslint-disable @typescript-eslint/ban-types */
import { theme } from 'themes'
import type { ResponsiveProp, Responsive } from 'types'

// Theme의 타입
export type AppTheme = typeof theme
```

```
type SpaceThemeKeys = keyof typeof theme.space
type ColorThemeKeys = keyof typeof theme.colors
type FontSizeThemeKeys = keyof typeof theme.fontSizes
type LetterSpacingThemeKeys = keyof typeof theme.letterSpacings
type LineHeightThemeKeys = keyof typeof theme.lineHeights

// 각 Theme의 키의 타입
export type Space = SpaceThemeKeys | (string & {})
export type Color = ColorThemeKeys | (string & {})
export type FontSize = FontSizeThemeKeys | (string & {})
export type LetterSpacing = LetterSpacingThemeKeys | (string & {})
export type LineHeight = LineHeightThemeKeys | (string & {})

// 브레이크 포인트
const BREAKPOINTS: { [key: string]: string } = {
  sm: '640px', // 640px 이상
  md: '768px', // 768px 이상
  lg: '1024px', // 1024px 이상
  xl: '1280px', // 1280px 이상
}

/**
 * Responsive 타입을 CSS 속성과 그 값으로 변환
 * @param propKey CSS 속성
 * @param prop Responsive 타입
 * @param theme AppTheme
 * @returns CSS 속성과 그 값(ex. background-color: white;)
 */
export function toPropValue<T>(
  propKey: string,
  prop?: Responsive<T>,
  theme?: AppTheme,
) {
  if (prop === undefined) return undefined
```

```
  if (isResponsivePropType(prop)) {
    const result = []
    for (const responsiveKey in prop) {
      if (responsiveKey === 'base') {
        // 기본 스타일
        result.push(
          `${propKey}: ${toThemeValueIfNeeded(
            propKey,
            prop[responsiveKey],
            theme,
          )};`,
        )
      } else if (
        responsiveKey === 'sm' ||
        responsiveKey === 'md' ||
        responsiveKey === 'lg' ||
        responsiveKey === 'xl'
      ) {
        // 미디어 쿼리의 스타일
        const breakpoint = BREAKPOINTS[responsiveKey]
        const style = `${propKey}: ${toThemeValueIfNeeded(
          propKey,
          prop[responsiveKey],
          theme,
        )};`
        result.push(`@media screen and (min-width: ${breakpoint}) {${style}}`)
      }
    }
    return result.join('\n')
  }

  return `${propKey}: ${toThemeValueIfNeeded(propKey, prop, theme)};`
}

const SPACE_KEYS = new Set([
  'margin',
  'margin-top',
  'margin-left',
  'margin-bottom',
```

```
  'margin-right',
  'padding',
  'padding-top',
  'padding-left',
  'padding-bottom',
  'padding-right',
])
const COLOR_KEYS = new Set(['color', 'background-color'])
const FONT_SIZE_KEYS = new Set(['font-size'])
const LINE_SPACING_KEYS = new Set(['letter-spacing'])
const LINE_HEIGHT_KEYS = new Set(['line-height'])

/**
 * Theme에 지정된 CSS 속성값으로 변환
 * @param propKey CSS 속성
 * @param value CSS 속성값
 * @param theme AppTheme
 * @returns CSS 속성값
 */
function toThemeValueIfNeeded<T>(propKey: string, value: T, theme?: AppTheme) {
  if (
    theme &&
    theme.space &&
    SPACE_KEYS.has(propKey) &&
    isSpaceThemeKeys(value, theme)
  ) {
    return theme.space[value]
  } else if (
    theme &&
    theme.colors &&
    COLOR_KEYS.has(propKey) &&
    isColorThemeKeys(value, theme)
  ) {
    return theme.colors[value]
  } else if (
    theme &&
    theme.fontSizes &&
    FONT_SIZE_KEYS.has(propKey) &&
    isFontSizeThemeKeys(value, theme)
```

```
  ) {
    return theme.fontSizes[value]
  } else if (
    theme &&
    theme.letterSpacings &&
    LINE_SPACING_KEYS.has(propKey) &&
    isLetterSpacingThemeKeys(value, theme)
  ) {
    return theme.letterSpacings[value]
  } else if (
    theme &&
    theme.lineHeights &&
    LINE_HEIGHT_KEYS.has(propKey) &&
    isLineHeightThemeKeys(value, theme)
  ) {
    return theme.lineHeights[value]
  }

  return value
}

function isResponsivePropType<T>(prop: any): prop is ResponsiveProp<T> {
  return (
    prop &&
    (prop.base !== undefined ||
      prop.sm !== undefined ||
      prop.md !== undefined ||
      prop.lg !== undefined ||
      prop.xl !== undefined)
  )
}

function isSpaceThemeKeys(prop: any, theme: AppTheme): prop is SpaceThemeKeys {
  return Object.keys(theme.space).filter((key) => key == prop).length > 0
}

function isColorThemeKeys(prop: any, theme: AppTheme): prop is ColorThemeKeys {
  return Object.keys(theme.colors).filter((key) => key == prop).length > 0
}
```

```
function isFontSizeThemeKeys(
  prop: any,
  theme: AppTheme,
): prop is FontSizeThemeKeys {
  return Object.keys(theme.fontSizes).filter((key) => key == prop).length > 0
}

function isLetterSpacingThemeKeys(
  prop: any,
  theme: AppTheme,
): prop is LetterSpacingThemeKeys {
  return (
    Object.keys(theme.letterSpacings).filter((key) => key == prop).length > 0
  )
}

function isLineHeightThemeKeys(
  prop: any,
  theme: AppTheme,
): prop is LineHeightThemeKeys {
  return Object.keys(theme.lineHeights).filter((key) => key == prop).length > 0
}
```

toPropValue에서 사용된 타입을 정의합니다. Responsive 타입은 보통의 CSS 속성값 또는 각 브레이크 포인트에 대응한 CSS 속성값의 객체를 지정할 수 있습니다.

이 외에도 CSS 속성값을 Union 타입으로서 몇 가지 정의합니다. 예를 들어, Responsive<CSS Property AlignItems>으로서 정의하는 경우, center 등의 값을 코드 자동 완성으로 사용할 수 있습니다.[10]

코드 6.7 _ src/types/styles.d.ts

```
/**
 * Responsive 속성
 * CSS 속성값을 브레이크 포인트별로 설정할 수 있다
 * T는 CSS 속성값의 타입
 */
```

---

[10] 타입스크립트의 타입 시스템에서는 string & { } 지정을 추가하지 않으면, 타입 추론이 잘 수행되지 않습니다. 스택오버플로에서 이 주제에 관해 이루어진 논의를 참조합니다.
https://stackoverflow.com/questions/61047551/typescript-union-of-string-and-string-literals

```typescript
export type ResponsiveProp<T> = {
  base?: T  // 기본값
  sm?: T  // 640px 이상
  md?: T  // 768px 이상
  lg?: T  // 1024px 이상
  xl?: T  // 1280px 이상
}
export type Responsive<T> = T | ResponsiveProp<T>

/**
 * Flex
 */
type SelfPosition =
  | 'center'
  | 'end'
  | 'flex-end'
  | 'flex-start'
  | 'self-end'
  | 'self-start'
  | 'start'

type ContentPosition = 'center' | 'end' | 'flex-end' | 'flex-start' | 'start'

type ContentDistribution =
  | 'space-around'
  | 'space-between'
  | 'space-evenly'
  | 'stretch'

type CSSPropertyGlobals =
  | '-moz-initial'
  | 'inherit'
  | 'initial'
  | 'revert'
  | 'unset'

export type CSSPropertyAlignItems =
  | CSSPropertyGlobals
  | SelfPosition
  | 'baseline'
```

```
  | 'normal'
  | 'stretch'
  // 코드 자동 완성
  | (string & {})

export type CSSPropertyAlignContent =
  | CSSPropertyGlobals
  | ContentDistribution
  | 'center'
  | 'end'
  | 'flex-end'
  | 'flex-start'
  | 'start'
  | 'baseline'
  | 'normal'
  | (string & {})

export type CSSPropertyJustifyItems =
  | CSSPropertyGlobals
  | SelfPosition
  | 'baseline'
  | 'left'
  | 'legacy'
  | 'normal'
  | 'right'
  | 'stretch'
  | (string & {})

export type CSSPropertyJustifyContent =
  | CSSPropertyGlobals
  | ContentDistribution
  | ContentPosition
  | 'left'
  | 'normal'
  | 'right'
  | (string & {})

export type CSSPropertyFlexWrap =
  | CSSPropertyGlobals
  | 'nowrap'
```

```
  ¦ 'wrap'
  ¦ 'wrap-reverse'

export type CSSPropertyFlexDirection =
  ¦ CSSPropertyGlobals
  ¦ 'column'
  ¦ 'column-reverse'
  ¦ 'row'
  ¦ 'row-reverse'

export type CSSPropertyJustifySelf =
  ¦ CSSPropertyGlobals
  ¦ SelfPosition
  ¦ 'auto'
  ¦ 'baseline'
  ¦ 'left'
  ¦ 'normal'
  ¦ 'right'
  ¦ 'stretch'
  ¦ (string & {})

export type CSSPropertyAlignSelf =
  ¦ CSSPropertyGlobals
  ¦ SelfPosition
  ¦ 'auto'
  ¦ 'baseline'
  ¦ 'normal'
  ¦ 'stretch'
  ¦ (string & {})

/**
 * Grid
 */
type GridLine = 'auto' ¦ (string & {})

export type CSSPropertyGridColumn =
  ¦ CSSPropertyGlobals
  ¦ GridLine
  ¦ (string & {})
```

```
export type CSSPropertyGridRow = CSSPropertyGlobals | GridLine | (string & {})

export type CSSPropertyGridAutoFlow =
  | CSSPropertyGlobals
  | 'column'
  | 'dense'
  | 'row'
  | (string & {})

export type CSSPropertyGridArea = CSSPropertyGlobals | GridLine | (string & {})
```

6.3.2 래퍼 컴포넌트 구현

레이아웃을 조정하는 편리한 래퍼(Wrapper) 컴포넌트를 구현합니다. 지금까지 소개했던 유틸리티 함수나 타입을 활용해서 조합합니다.

일반적으로 웹 프런트엔드에서는 소스 코드 규모가 커짐에 따라 다양한 레이아웃 관련 조정이 필요합니다. 이를 개별적으로 구현하면 코드양이 많아지고 관리하기 어렵습니다.

예를 들어, 컴포넌트 사이의 간격이나 배열 방법 등, 레이아웃상의 구조를 조정하는 Box나 Flex 등의 컴포넌트에 관해서는 CSS 정의에 필요한 공통 처리가 어느 정도 결정돼 있습니다.

이 책에서는 이런 레이아웃에 관한 컴포넌트의 디자인 조정을 공통화하기 위해 styled-components에 기반한 래퍼 컴포넌트를 작성합니다. 컴포넌트의 디자인 조정을 props를 활용해 간단하게 정의할 수 있습니다(4.2.2 참조).

레이아웃과 관련된 컴포넌트는 **src/components/layout** 아래에 작성합니다. 다음 3개의 래퍼 컴포넌트의 개요에 관해 소개합니다. 상세한 소스 코드는 저장소에서 다운로드한 것을 참조하기 바랍니다.

- **Box**

Box 컴포넌트는 레이아웃용 유틸리티 컴포넌트입니다. 간격(spacing), 세로 및 가로(height-width), 색상(color), 경계선, 위치 등 레이아웃에 관한 설정을 간단하게 수행할 수 있습니다.[11]

---

11 여기에서 구현하는 Box 컴포넌트는 Material UI에서 사용되는 컴포넌트를 참고로 구현했습니다.

```tsx
/* eslint-disable prettier/prettier */
import styled from 'styled-components'
import type { Responsive } from 'types/styles'
import { toPropValue, Color, Space } from 'utils/styles'

// Box가 가질 수 있는 속성을 나열
export type BoxProps = {
  color?: Responsive<Color>
  backgroundColor?: Responsive<Color>
  width?: Responsive<string>
  height?: Responsive<string>
  minWidth?: Responsive<string>
  minHeight?: Responsive<string>
  display?: Responsive<string>
  border?: Responsive<string>
  overflow?: Responsive<string>
  margin?: Responsive<Space>
  marginTop?: Responsive<Space>
  marginRight?: Responsive<Space>
  marginBottom?: Responsive<Space>
  marginLeft?: Responsive<Space>
  padding?: Responsive<Space>
  paddingTop?: Responsive<Space>
  paddingRight?: Responsive<Space>
  paddingBottom?: Responsive<Space>
  paddingLeft?: Responsive<Space>
}

/**
 * Box 컴포넌트
 * 레이아웃 조정에 사용한다
 * ${(props) => toPropValue('color', props.color, props.theme)}
 */
const Box = styled.div<BoxProps>`
  ${(props) => toPropValue('color', props.color, props.theme)}
  ${(props) => toPropValue('background-color', props.backgroundColor, props.theme)}
  ${(props) => toPropValue('width', props.width, props.theme)}
  ${(props) => toPropValue('height', props.height, props.theme)}
```

```
${(props) => toPropValue('min-width', props.minWidth, props.theme)}
${(props) => toPropValue('min-height', props.minHeight, props.theme)}
${(props) => toPropValue('display', props.display, props.theme)}
${(props) => toPropValue('border', props.border, props.theme)}
${(props) => toPropValue('overflow', props.overflow, props.theme)}
${(props) => toPropValue('margin', props.margin, props.theme)}
${(props) => toPropValue('margin-top', props.marginTop, props.theme)}
${(props) => toPropValue('margin-left', props.marginLeft, props.theme)}
${(props) => toPropValue('margin-bottom', props.marginBottom, props.theme)}
${(props) => toPropValue('margin-right', props.marginRight, props.theme)}
${(props) => toPropValue('padding', props.padding, props.theme)}
${(props) => toPropValue('padding-top', props.paddingTop, props.theme)}
${(props) => toPropValue('padding-left', props.paddingLeft, props.theme)}
${(props) => toPropValue('padding-bottom', props.paddingBottom, props.theme)}
${(props) => toPropValue('padding-right', props.paddingRight, props.theme)}
`

export default Box
```

여기에서 `${(props) => toPropValue(...)}`는 부여한 props에 매치하는 것이 있다면 CSS 속성값의 문자열을 반환합니다. 매치하지 않으면 빈 문자열을 반환하므로, 전개 시 무시됩니다.

Box 컴포넌트는 다음과 같이 `ChildComponent`를 감싸서 사용합니다.

```
{/* 위쪽 마진 10px */}
<Box marginTop="10px">
  <ChildComponent>
</Box>
{/*
  아래쪽 마진 8px(테마에서 설정한 두 번째 요소)
  const space: string[] = ['0px', '8px', '16px', '32px', '64px']
*/}
<Box marginTop={1}>
  <ChildComponent>
</Box>
{/*
  너비가 md(768px) 이상이면 마진 16px,
  그 이외에는 마진 8px
```

```
  const space: string[] = ['0px', '8px', '16px', '32px', '64px']
*/}
<Box marginTop={{ base: 1, md: 2}}>
  <ChildComponent>
</Box>
```

- Flex

Flex 컴포넌트는 Box 컴포넌트를 상속하고, Flexbox에 관한 설정을 간단하게 하기 위한 것입니다.

코드 6.9 _ src/components/layout/Flex/index.tsx

```
/* eslint-disable prettier/prettier */
import styled from 'styled-components'
import Box, { BoxProps } from 'components/layout/Box'
import type {
  Responsive,
  CSSPropertyAlignItems,
  CSSPropertyAlignContent,
  CSSPropertyJustifyContent,
  CSSPropertyJustifyItems,
  CSSPropertyFlexDirection,
  CSSPropertyJustifySelf,
  CSSPropertyFlexWrap,
  CSSPropertyAlignSelf,
} from 'types/styles'
import { toPropValue } from 'utils/styles'

type FlexProps = BoxProps & {
  alignItems?: Responsive<CSSPropertyAlignItems>
  alignContent?: Responsive<CSSPropertyAlignContent>
  justifyContent?: Responsive<CSSPropertyJustifyContent>
  justifyItems?: Responsive<CSSPropertyJustifyItems>
  flexWrap?: Responsive<CSSPropertyFlexWrap>
  flexBasis?: Responsive<string>
  flexDirection?: Responsive<CSSPropertyFlexDirection>
  flexGrow?: Responsive<string>
  flexShrink?: Responsive<string>
  justifySelf?: Responsive<CSSPropertyJustifySelf>
```

```
  alignSelf?: Responsive<CSSPropertyAlignSelf>
  order?: Responsive<string>
}


/**
 * Flex 컴포넌트
 * flexbox 구현에 사용한다
 */
const Flex = styled(Box)<FlexProps>`
  ${(props) => toPropValue('align-items', props.alignItems, props.theme)}
  ${(props) => toPropValue('align-content', props.alignContent, props.theme)}
  ${(props) => toPropValue('justify-content', props.justifyContent, props.theme)}
  ${(props) => toPropValue('justify-items', props.justifyItems, props.theme)}
  ${(props) => toPropValue('flex-wrap', props.flexWrap, props.theme)}
  ${(props) => toPropValue('flex-basis', props.flexBasis, props.theme)}
  ${(props) => toPropValue('flex-direction', props.flexDirection, props.theme)}
  ${(props) => toPropValue('flex-grow', props.flexGrow, props.theme)}
  ${(props) => toPropValue('flex-shrink', props.flexShrink, props.theme)}
  ${(props) => toPropValue('justify-self', props.justifySelf, props.theme)}
  ${(props) => toPropValue('align-self', props.alignSelf, props.theme)}
  ${(props) => toPropValue('order', props.order, props.theme)}
`


Flex.defaultProps = {
  display: 'flex',
}


export default Flex
```

다음과 같이 `ChildComponent`를 감싸서 사용합니다.

```
{/* ChildComponent를 space-between으로 배열한다 */}
<Flex justifyContent="space-between">
  <ChildComponent>
  <ChildComponent>
  <ChildComponent>
</Flex>
{/* ChildComponent를 column 방향(세로), center로 배열한다 */}
<Flex justifyContent="center" flexDirection="column">
```

```
  <ChildComponent>
  <ChildComponent>
  <ChildComponent>
</Flex>
```

- Grid

Grid 컴포넌트는 Box 컴포넌트를 상속하고, 그리드 레이아웃에 관한 설정을 간단하게 수행하기 위한 것입니다.

코드 6.10 _ src/components/layout/Grid/index.tsx

```
/* eslint-disable prettier/prettier */
import styled from 'styled-components'
import Box, { BoxProps } from 'components/layout/Box'
import type { CSSPropertyGridArea, CSSPropertyGridAutoFlow, CSSPropertyGridColumn, CSSProper-
tyGridRow, Responsive } from 'types/styles'
import { toPropValue } from 'utils/styles'

type GridProps = BoxProps & {
  gridGap?: Responsive<string>
  gridColumnGap?: Responsive<string>
  gridRowGap?: Responsive<string>
  gridColumn?: Responsive<CSSPropertyGridColumn>
  gridRow?: Responsive<CSSPropertyGridRow>
  gridAutoFlow?: Responsive<CSSPropertyGridAutoFlow>
  gridAutoColumns?: Responsive<string>
  gridAutoRows?: Responsive<string>
  gridTemplateColumns?: Responsive<string>
  gridTemplateRows?: Responsive<string>
  gridTemplateAreas?: Responsive<CSSPropertyGridArea>
  gridArea?: Responsive<string>
}

/**
 * Grid 컴포넌트
 * grid 레이아웃 구현에 사용한다
 */
const Grid = styled(Box)<GridProps>`
```

```
  ${(props) => toPropValue('grid-gap', props.gridGap, props.theme)}
  ${(props) => toPropValue('grid-column-gap', props.gridColumnGap, props.theme)}
  ${(props) => toPropValue('grid-row-gap', props.gridRowGap, props.theme)}
  ${(props) => toPropValue('grid-row', props.gridRow, props.theme)}
  ${(props) => toPropValue('grid-column', props.gridColumn, props.theme)}
  ${(props) => toPropValue('grid-auto-flow', props.gridAutoFlow, props.theme)}
  ${(props) => toPropValue('grid-auto-columns', props.gridAutoColumns, props.theme)}
  ${(props) => toPropValue('grid-auto-rows', props.gridAutoRows, props.theme)}
  ${(props) => toPropValue('grid-template-columns', props.gridTemplateColumns, props.theme)}
  ${(props) => toPropValue('grid-template-rows', props.gridTemplateRows, props.theme)}
  ${(props) => toPropValue('grid-template-areas', props.gridTemplateAreas, props.theme)}
  ${(props) => toPropValue('grid-area', props.gridArea, props.theme)}
`


Grid.defaultProps = {
  display: 'grid',
}


export default Grid
```

다음과 같이 ChildComponent를 감싸서 사용합니다.

```
{/* ChildComponent당 너비 180px로 3개 배열한다 */}
<Grid gridTemplateColumns="180px 180px 180px">
  <ChildComponent>
  <ChildComponent>
  <ChildComponent>
</Grid>
{/* ChildComponent를 높이 16px로 한 행에 4열로 배열한다 */}
<Grid gridGap="16px" gridTemplateColumns="repeat(4, 1fr)">
  <ChildComponent>
  <ChildComponent>
  <ChildComponent>
</Grid>
```

여기까지 구현 준비는 완료했습니다. 계속해서 컴포넌트 분할 및 구현을 진행합니다.

6.4 아토믹 디자인을 사용해 컴포넌트 설계

리액트/Next.js의 개발에서 가장 중요한 것이 컴포넌트 설계입니다. 이 책에서는 다음과 같은 점에 주의해서 컴포넌트를 설계합니다.

- props나 콘텍스트를 활용하고, 비즈니스 로직의 구현을 피하고, 편리하게 사용할 수 있게 한다
- 외부 의존성을 적극적으로 배제하고, 외부에서 의존성을 주입할 수 있게 한다
- 아토믹 디자인을 따라 컴포넌트를 분할한다
- 개별 컴포넌트는 스토리북에서 확인한다
- 단위 테스트를 추가한다

이 방침을 기반으로 컴포넌트를 만들면 더욱 유지 보수성이 높은 애플리케이션을 개발할 수 있습니다.

구현의 주요한 흐름은 다음과 같습니다.

01. 디자인을 기반으로 아토믹 디자인에 맞춰 컴포넌트를 분할

02. 아톰 구현

03. 몰리큘 구현

04. 오거니즘 구현

05. 템플릿 구현

06. 페이지 구현

07. API 클라이언트 등의 외부 의존 관계 구현

6.4.1 아토믹 디자인에 따른 컴포넌트 분할

4.1에서 학습한 아토믹 디자인에 맞춰 각 페이지를 컴포넌트로 분할합니다.[12] 디자인 화면에 대해, 분할할 부분을 마커로 감싸서 Atoms/Molecules/Organisms/Template 마크를 붙입니다.

---

[12] 여기에서의 컴포넌트는 페이지(pages)에서 직접 임포트됐는가를 묻지 않습니다. 간접적으로 이용하는 것도 포함해 페이지에서 사용되는 것을 포함합니다.

▪ 헤더/푸터

헤더와 푸터는 다음과 같은 컴포넌트로 나눌 수 있습니다.

종류	컴포넌트
Atoms	버튼, 로고, 텍스트, 셰이프 이미지, 스피너, 배지, 아이콘 버튼
Molecules	배지 아이콘 버튼
Organisms	헤더
Templates	없음

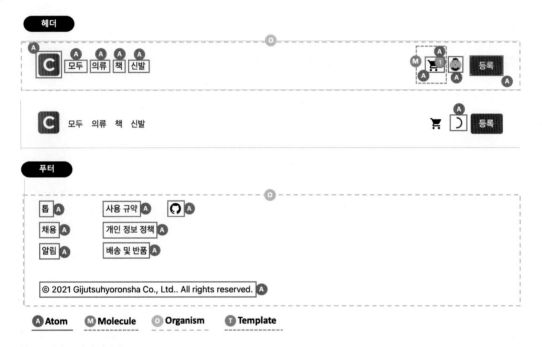

그림 6.1 헤더, 푸터의 컴포넌트

■ 로그인 페이지

로그인 페이지는 다음과 같은 컴포넌트로 나눌 수 있습니다.

종류	컴포넌트
Atoms	버튼, 로고, 텍스트 입력, 텍스트, 스피너
Molecules	없음
Organisms	로그인 폼, 글로벌 스피너
Templates	레이아웃

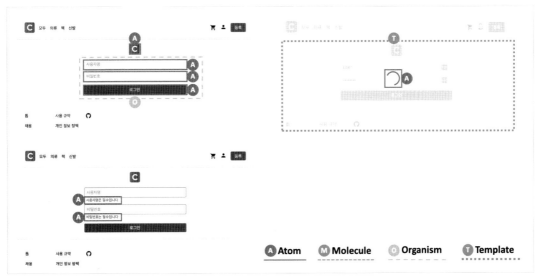

그림 6.2 로그인 페이지 컴포넌트

■ 사용자 페이지

사용자 페이지는 다음과 같은 컴포넌트로 나눌 수 있습니다.

종류	컴포넌트
Atoms	빵 부스러기 리스트 요소, 세퍼레이터, 텍스트, 스케일 이미지, 셰이프 이미지
Molecules	빵 부스러기 리스트
Organisms	사용자 프로필, 상품 장바구니, 상품 장바구니 리스트
Templates	레이아웃

그림 6.3 사용자 페이지 컴포넌트

▪ 톱 페이지

톱 페이지는 다음과 같은 컴포넌트로 나눌 수 있습니다.

종류	컴포넌트
Atoms	텍스트, 스케일 이미지, 셰이프 이미지
Molecules	없음
Organisms	상품 카드, 상품 카드 캐러셀
Templates	레이아웃

그림 6.4 톱 페이지 컴포넌트

■ 검색 페이지

검색 페이지는 다음과 같은 컴포넌트로 나눌 수 있습니다. 몇 가지 요소를 모은 컨테이너를 사용해 구현합니다.

종류	컴포넌트
Atoms	빵 부스러기 리스트 요소, 버튼, 텍스트, 스케일 이미지, 세이프 이미지, 직사각형 로너
Molecules	빵 부스러기 리스트, 체크박스, 필터 그룹
Organisms	상품 카드, 상품 카드 캐러셀
Templates	레이아웃

그림 6.5 검색 페이지 컴포넌트

▪ 상품 상세 페이지

상품 상세 페이지는 다음과 같은 컴포넌트로 나눌 수 있습니다.

종류	컴포넌트
Atoms	빵 부스러기 리스트 요소, 세퍼레이터, 텍스트, 스케일 이미지, 셰이프 이미지
Molecules	빵 부스러기 리스트
Organisms	상품 카드
Templates	레이아웃

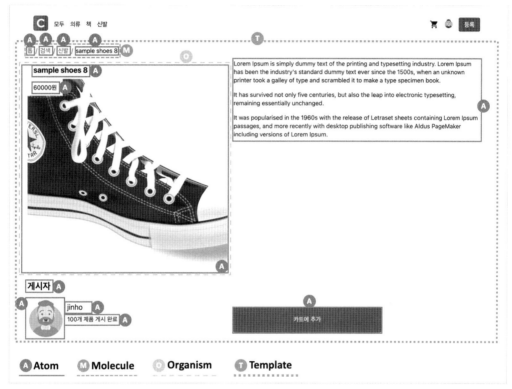

그림 6.6 상품 상세 페이지 컴포넌트

▪ 쇼핑 카트 페이지

쇼핑 카트 페이지는 다음과 같은 컴포넌트로 나눌 수 있습니다.

종류	컴포넌트
Atoms	빵 부스러기 리스트 요소, 버튼, 텍스트
Molecules	빵 부스러기 리스트
Organisms	카트 상품
Templates	레이아웃

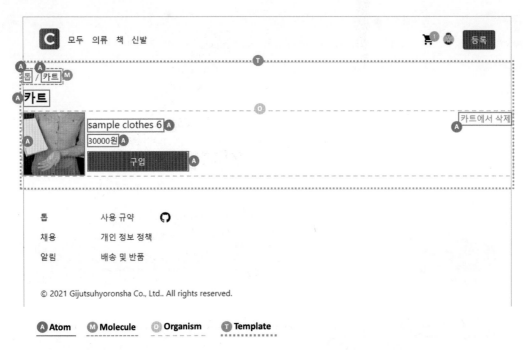

그림 6.7 쇼핑 카트 페이지 컴포넌트

▪ 상품 등록 페이지

상품 등록 페이지는 다음과 같은 컴포넌트로 나눌 수 있습니다.

종류	컴포넌트
Atoms	로고, 버튼, 텍스트, 텍스트 입력, 텍스트 영역, 스피너
Molecules	드롭다운, 드롭존, 이미지 입력
Organisms	상품 등록 폼, 글로벌 스피너
Templates	레이아웃

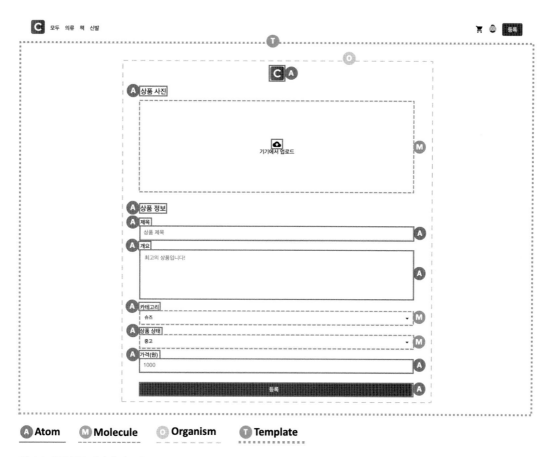

A Atom   **M** Molecule   **O** Organism   **T** Template

그림 6.8 상품 등록 페이지 컴포넌트

6.5 아톰 구현

앞에서 설명한 컴포넌트 구분에 따라 아톰부터 구현합니다.

아토믹 디자인에서 아톰은 가장 아래 계층에 위치합니다. 버튼이나 텍스트 자체 등 UI 컴포넌트의 최소 단위로 분할한 컴포넌트입니다. 이 법칙에 따라 분할한 것을 아래에 나열합니다. 이들 중 일부의 구현을 책으로 설명합니다. 이번 장에서 설명하지 않은 소스 코드는 저장소에서 다운로드할 수 있습니다.

컴포넌트	함수 컴포넌트명	이번 장에서 설명
로고	AppLogo	
빵 부스러기 리스트 요소	BreadcrumbItem	
버튼	Button	○
텍스트	Text	○
스케일 이미지	ScaleImage	
셰이프 이미지	ShapeImage	○
텍스트 입력	Input	○
텍스트 영역	TextArea	○
스피너	Spinner	
세퍼레이터	Separator	
배지	Badge	○
직사각형 로더	RectLoader	
아이콘 버튼	IconButton	

6.5.1 버튼 – Button

버튼 아톰 컴포넌트를 구현합니다. styled-components의 button 요소를 사용합니다. 컴포넌트는 각각 src/components/아토믹 디자인의 계층/컴포넌트명/index.tsx로 구현합니다. 아톰인 Button은 src/components/atoms/Button/index.tsx에 기술합니다.

코드 6.11 _ src/components/atoms/Button/index.tsx

```
/* eslint-disable prettier/prettier */
import styled from 'styled-components'
import { Responsive } from 'types'
import {
  toPropValue,
  Color,
  FontSize,
  LetterSpacing,
  LineHeight,
  Space,
} from 'utils/styles'
```

```typescript
// 버튼 변형
export type ButtonVariant = 'primary' | 'secondary' | 'danger'

export type ButtonProps = React.ButtonHTMLAttributes<HTMLButtonElement> & {
  variant?: ButtonVariant
  fontSize?: Responsive<FontSize>
  fontWeight?: Responsive<string>
  letterSpacing?: Responsive<LetterSpacing>
  lineHeight?: Responsive<LineHeight>
  textAlign?: Responsive<string>
  color?: Responsive<Color>
  backgroundColor?: Responsive<Color>
  width?: Responsive<string>
  height?: Responsive<string>
  minWidth?: Responsive<string>
  minHeight?: Responsive<string>
  display?: Responsive<string>
  border?: Responsive<string>
  overflow?: Responsive<string>
  margin?: Responsive<Space>
  marginTop?: Responsive<Space>
  marginRight?: Responsive<Space>
  marginBottom?: Responsive<Space>
  marginLeft?: Responsive<Space>
  padding?: Responsive<Space>
  paddingTop?: Responsive<Space>
  paddingRight?: Responsive<Space>
  paddingBottom?: Responsive<Space>
  paddingLeft?: Responsive<Space>
  pseudoClass?: {
    hover?: {
      backgroundColor?: Responsive<Color>
    }
    disabled?: {
      backgroundColor?: Responsive<Color>
    }
  }
}
```

```
const variants = {
  // Primary
  primary: {
    color: 'white',
    backgroundColor: 'primary',
    border: 'none',
    pseudoClass: {
      hover: {
        backgroundColor: 'primaryDark',
      },
      disabled: {
        backgroundColor: 'primary',
      },
    },
  },
  // Secondary
  secondary: {
    color: 'white',
    backgroundColor: 'secondary',
    border: 'none',
    pseudoClass: {
      hover: {
        backgroundColor: 'secondaryDark',
      },
      disabled: {
        backgroundColor: 'secondary',
      },
    },
  },
  // Danger
  danger: {
    color: 'white',
    backgroundColor: 'danger',
    border: 'none',
    pseudoClass: {
      hover: {
        backgroundColor: 'dangerDark',
      },
      disabled: {
```

```
        backgroundColor: 'danger',
      },
    },
  },
}

/**
 * 버튼
 * 변형, 색생, 타이포그래피, 레이아웃, 스페이스 관련 Props 추가
 */
const Button = styled.button<ButtonProps>`
  ${(({ variant, color, backgroundColor, pseudoClass, theme }) => {
    // 변형 스타일 적용
    if (variant && variants[variant]) {
      const styles = []
      !color &&
        styles.push(toPropValue('color', variants[variant].color, theme))
      !backgroundColor &&
        styles.push(
          toPropValue(
            'background-color',
            variants[variant].backgroundColor,
            theme,
          ),
        )
      !pseudoClass &&
        styles.push(
          `&:hover {
            ${toPropValue(
              'background-color',
              variants[variant].pseudoClass.hover.backgroundColor,
              theme,
            )}
          }`.replaceAll('\n', ''),
        )
      !pseudoClass &&
        styles.push(
          `&:disabled {
            ${toPropValue(
```

```
            'background-color',
            variants[variant].pseudoClass.disabled.backgroundColor,
            theme,
          )}
      }`.replaceAll('\n', ''),
    )
    return styles.join('\n')
  }
}}
${(props) => toPropValue('font-size', props.fontSize, props.theme)}
${(props) => toPropValue('letter-spacing', props.letterSpacing, props.theme)}
${(props) => toPropValue('line-height', props.lineHeight, props.theme)}
${(props) => toPropValue('color', props.color, props.theme)}
${(props) => toPropValue('background-color', props.backgroundColor, props.theme)}
${(props) => toPropValue('width', props.width, props.theme)}
${(props) => toPropValue('height', props.height, props.theme)}
${(props) => toPropValue('min-width', props.minWidth, props.theme)}
${(props) => toPropValue('min-height', props.minHeight, props.theme)}
${(props) => toPropValue('display', props.display, props.theme)}
${(props) => toPropValue('border', props.border, props.theme)}
${(props) => toPropValue('overflow', props.overflow, props.theme)}
${(props) => toPropValue('margin', props.margin, props.theme)}
${(props) => toPropValue('margin-top', props.marginTop, props.theme)}
${(props) => toPropValue('margin-left', props.marginLeft, props.theme)}
${(props) => toPropValue('margin-bottom', props.marginBottom, props.theme)}
${(props) => toPropValue('margin-right', props.marginRight, props.theme)}
${(props) => toPropValue('padding', props.padding, props.theme)}
${(props) => toPropValue('padding-top', props.paddingTop, props.theme)}
${(props) => toPropValue('padding-left', props.paddingLeft, props.theme)}
${(props) => toPropValue('padding-bottom', props.paddingBottom, props.theme)}
${(props) => toPropValue('padding-right', props.paddingRight, props.theme)}
&:hover {
  ${(props) =>
    toPropValue(
      'background-color',
      props?.pseudoClass?.hover?.backgroundColor,
    )}
}
&:disabled {
```

```
    ${(props) =>
      toPropValue(
        'background-color',
        props?.pseudoClass?.disabled?.backgroundColor,
      )}
  }
  cursor: pointer;
  outline: 0;
  text-decoration: none;
  opacity: ${({ disabled }) => (disabled ? '0.5' : '1')};
  border-radius: 4px;
  border: none;
`

Button.defaultProps = {
  variant: 'primary',
  paddingLeft: 2,
  paddingRight: 2,
  paddingTop: 1,
  paddingBottom: 1,
  color: 'white',
  display: 'inline-block',
  textAlign: 'center',
  lineHeight: 'inherit',
  fontSize: 'inherit',
}

export default Button
```

Variants를 통해 `primary`, `secondary`, `danger` 버튼의 스타일을 정의합니다. `<Button variant="primary">`와 같이 편리하게 세 종류의 버튼을 나누어서 사용할 수 있습니다.

▪ 스토리북 구현

버튼의 스토리북을 구현합니다. `variant`는 버튼의 변형으로 주로 버튼의 색을 변경할 수 있습니다. `disabled`는 버튼의 비활성화 플래그이며, `height`와 `width`는 버튼의 세로와 가로 폭을 설정합니다. `onClick`은 버튼이 클릭됐을 때 호출되는 이벤트 핸들러를 지정합니다.

```tsx
import { ComponentMeta, ComponentStory } from '@storybook/react'
import Button from './index'

export default {
  title: 'Atoms/Button',
  argTypes: {
    variant: {
      options: ['primary', 'secondary'],
      control: { type: 'radio' },
      defaultValue: 'primary',
      // docs에 표시할 내용을 설정
      description: '버튼 변형',
      table: {
        type: { summary: 'primary | secondary' },
        defaultValue: { summary: 'primary' },
      },
    },
    children: {
      control: { type: 'text' },
      defaultValue: 'Button',
      description: '버튼 텍스트',
      table: {
        type: { summary: 'string' },
      },
    },
    disabled: {
      control: { type: 'boolean' },
      defaultValue: false,
      description: 'Disabled 플래그',
      table: {
        type: { summary: 'boolean' },
      },
    },
    width: {
      control: { type: 'number' },
      description: '버튼 너비',
      table: {
        type: { summary: 'number' },
```

```
      },
    },
    height: {
      control: { type: 'number' },
      description: '버튼 높이',
      table: {
        type: { summary: 'number' },
      },
    },
    onClick: {
      description: 'onClick 이벤트 핸들러',
      table: {
        type: { summary: 'function' },
      },
    },
  },
} as ComponentMeta<typeof Button>

const Template: ComponentStory<typeof Button> = (args) => <Button {...args} />

// Primary 버튼
export const Primary = Template.bind({})
Primary.args = { variant: 'primary', children: 'Primary Button' }

// Secondary 버튼
export const Secondary = Template.bind({})
Secondary.args = { variant: 'secondary', children: 'Secondary Button' }

// Disabled 버튼
export const Disabled = Template.bind({})
Disabled.args = { disabled: true, children: 'Disabled Button' }
```

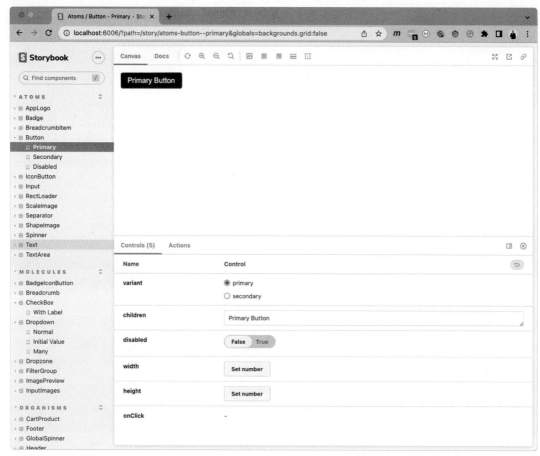

그림 6.9 버튼 컴포넌트

이후에도 같은 흐름으로 컴포넌트와 그 스토리북을 구현합니다.

6.5.2 텍스트 – Text

텍스트 아톰 컴포넌트를 구현합니다. 베이스로는 styled-components의 **span** 요소를 사용합니다. 버튼과 마찬가지로 Variants로 텍스트 스타일을 **extraSmall**부터 **extraLarge**까지 정의합니다.

코드 6.13 _ src/components/atoms/Text/index.tsx

```
/* eslint-disable prettier/prettier */
import styled from 'styled-components'
import type { Responsive } from 'types/styles'
import {
  toPropValue,
```

```
  Space,
  Color,
  FontSize,
  LetterSpacing,
  LineHeight,
} from 'utils/styles'

// 텍스트 변형
export type TextVariant =
  ¦ 'extraSmall'
  ¦ 'small'
  ¦ 'medium'
  ¦ 'mediumLarge'
  ¦ 'large'
  ¦ 'extraLarge'

export type TextProps = {
  variant?: TextVariant
  fontSize?: Responsive<FontSize>
  fontWeight?: Responsive<string>
  letterSpacing?: Responsive<LetterSpacing>
  lineHeight?: Responsive<LineHeight>
  textAlign?: Responsive<string>
  color?: Responsive<Color>
  backgroundColor?: Responsive<Color>
  width?: Responsive<string>
  height?: Responsive<string>
  minWidth?: Responsive<string>
  minHeight?: Responsive<string>
  display?: Responsive<string>
  border?: Responsive<string>
  overflow?: Responsive<string>
  margin?: Responsive<Space>
  marginTop?: Responsive<Space>
  marginRight?: Responsive<Space>
  marginBottom?: Responsive<Space>
  marginLeft?: Responsive<Space>
  padding?: Responsive<Space>
  paddingTop?: Responsive<Space>
  paddingRight?: Responsive<Space>
  paddingBottom?: Responsive<Space>
```

```
    paddingLeft?: Responsive<Space>
}

const variants = {
  extraSmall: {
    fontSize: 'extraSmall',
    letterSpacing: 0,
    lineHeight: 0,
  },
  small: {
    fontSize: 'small',
    letterSpacing: 1,
    lineHeight: 1,
  },
  medium: {
    fontSize: 'medium',
    letterSpacing: 2,
    lineHeight: 2,
  },
  mediumLarge: {
    fontSize: 'mediumLarge',
    letterSpacing: 3,
    lineHeight: 3,
  },
  large: {
    fontSize: 'large',
    letterSpacing: 4,
    lineHeight: 4,
  },
  extraLarge: {
    fontSize: 'extraLarge',
    letterSpacing: 5,
    lineHeight: 5,
  },
}

/**
 * 텍스트
 * 변형, 색상, 타이포그래피, 레이아웃, 스페이스 관련 Props 추가
 */
```

```
const Text = styled.span<TextProps>`
  ${({ variant, fontSize, letterSpacing, lineHeight, theme }) => {
    // 변형 스타일에 적용
    if (variant && variants[variant]) {
      const styles = []
      !fontSize &&
        styles.push(toPropValue('font-size', variants[variant].fontSize, theme))
      !letterSpacing &&
        styles.push(
          toPropValue('letter-spacing', variants[variant].letterSpacing, theme),
        )
      !lineHeight &&
        styles.push(
          toPropValue('line-height', variants[variant].lineHeight, theme),
        )
      return styles.join('\n')
    }
  }}
  ${(props) => toPropValue('font-size', props.fontSize, props.theme)}
  ${(props) => toPropValue('letter-spacing', props.letterSpacing, props.theme)}
  ${(props) => toPropValue('line-height', props.lineHeight, props.theme)}
  ${(props) => toPropValue('color', props.color, props.theme)}
  ${(props) => toPropValue('background-color', props.backgroundColor, props.theme)}
  ${(props) => toPropValue('width', props.width, props.theme)}
  ${(props) => toPropValue('height', props.height, props.theme)}
  ${(props) => toPropValue('min-width', props.minWidth, props.theme)}
  ${(props) => toPropValue('min-height', props.minHeight, props.theme)}
  ${(props) => toPropValue('display', props.display, props.theme)}
  ${(props) => toPropValue('border', props.border, props.theme)}
  ${(props) => toPropValue('overflow', props.overflow, props.theme)}
  ${(props) => toPropValue('margin', props.margin, props.theme)}
  ${(props) => toPropValue('margin-top', props.marginTop, props.theme)}
  ${(props) => toPropValue('margin-left', props.marginLeft, props.theme)}
  ${(props) => toPropValue('margin-bottom', props.marginBottom, props.theme)}
  ${(props) => toPropValue('margin-right', props.marginRight, props.theme)}
  ${(props) => toPropValue('padding', props.padding, props.theme)}
  ${(props) => toPropValue('padding-top', props.paddingTop, props.theme)}
  ${(props) => toPropValue('padding-left', props.paddingLeft, props.theme)}
  ${(props) => toPropValue('padding-bottom', props.paddingBottom, props.theme)}
  ${(props) => toPropValue('padding-right', props.paddingRight, props.theme)}
```

```
`
Text.defaultProps = {
  variant: 'medium',
  color: 'text',
}

export default Text
```

텍스트의 스토리북을 구현합니다. variant는 텍스트 변형으로 주로 텍스트의 크기를 변경할 수 있습니다. color는 텍스트의 색상, backgroundColor는 배경색을 설정합니다. m은 마진, p는 패딩 관련 Props입니다.

코드 6.14 _ src/components/atoms/Text/index.stories.tsx

```
import { ComponentMeta, ComponentStory } from '@storybook/react'
import Text from './index'

export default {
  title: 'Atoms/Text',
  argTypes: {
    variant: {
      options: [
        'extraSmall',
        'small',
        'medium',
        'mediumLarge',
        'large',
        'extraLarge',
      ],
      control: { type: 'select' },
      defaultValue: 'medium',
      // docs에 표시할 내용을 설정
      description: '텍스트 변형',
      table: {
        type: {
          summary: 'extraSmall , small, medium, mediumLarge, large, extraLarge',
        },
        defaultValue: { summary: 'medium' },
      },
    },
```

```
    children: {
      control: { type: 'text' },
      description: '텍스트',
      table: {
        type: { summary: 'string' },
      },
    },
    fontWeight: {
      control: { type: 'text' },
      description: '폰트 굵기',
      table: {
        type: { summary: 'string' },
      },
    },
    lineHeight: {
      control: { type: 'text' },
      description: '행 높이',
      table: {
        type: { summary: 'string' },
      },
    },
    color: {
      control: { type: 'color' },
      description: '텍스트 색상',
      table: {
        type: { summary: 'string' },
      },
    },
    backgroundColor: {
      control: { type: 'color' },
      description: '배경 색상',
      table: {
        type: { summary: 'string' },
      },
    },
    m: {
      control: { type: 'number' },
      description: '마진',
      table: {
        type: { summary: 'number' },
      },
```

```
    },
    mt: {
      control: { type: 'number' },
      description: '위쪽 마진',
      table: {
        type: { summary: 'number' },
      },
    },
    mr: {
      control: { type: 'number' },
      description: '오른쪽 마진',
      table: {
        type: { summary: 'number' },
      },
    },
    mb: {
      control: { type: 'number' },
      description: '아래쪽 마진',
      table: {
        type: { summary: 'number' },
      },
    },
    ml: {
      control: { type: 'number' },
      description: '왼쪽 마진',
      table: {
        type: { summary: 'number' },
      },
    },
    p: {
      control: { type: 'number' },
      description: '패딩',
      table: {
        type: { summary: 'number' },
      },
    },
    pt: {
      control: { type: 'number' },
      description: '위쪽 패딩',
      table: {
```

```
          type: { summary: 'number' },
      },
    },
    pr: {
      control: { type: 'number' },
      description: '오른쪽 패딩',
      table: {
        type: { summary: 'number' },
      },
    },
    pb: {
      control: { type: 'number' },
      description: '아래쪽 패딩',
      table: {
        type: { summary: 'number' },
      },
    },
    pl: {
      control: { type: 'number' },
      description: '왼쪽 패딩',
      table: {
        type: { summary: 'number' },
      },
    },
  },
} as ComponentMeta<typeof Text>

const Template: ComponentStory<typeof Text> = (args) => <Text {...args} />

const longText = `It is a long established fact that a reader will be
distracted by the readable content of a page when looking at its layout.
The point of using Lorem Ipsum is that it has a more - or - less normal
distribution of letters, as opposed to using Content here, content here,
making it look like readable English.Many desktop publishing packages and
web page editors now use Lorem Ipsum as their default model text, and a
search for lorem ipsum will uncover many web sites still in their infancy.
Various versions have evolved over the years, sometimes by accident,
sometimes on purpose(injected humour and the like).`

export const ExtraSmall = Template.bind({})
ExtraSmall.args = { variant: 'extraSmall', children: longText }
```

```
export const Small = Template.bind({})
Small.args = { variant: 'small', children: longText }

export const Medium = Template.bind({})
Medium.args = { variant: 'medium', children: longText }

export const MediumLarge = Template.bind({})
MediumLarge.args = { variant: 'mediumLarge', children: longText }

export const Large = Template.bind({})
Large.args = { variant: 'large', children: longText }

export const ExtraLarge = Template.bind({})
ExtraLarge.args = { variant: 'extraLarge', children: longText }
```

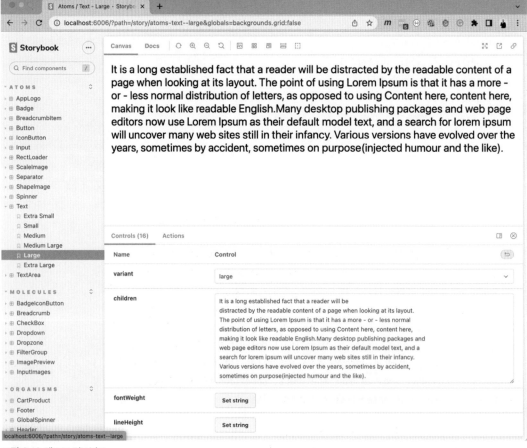

그림 6.10 텍스트 컴포넌트

6.5.3 셰이프 이미지 – ShapeImage

셰이프 이미지 아톰 컴포넌트를 구현합니다. 이 컴포넌트는 사각형 이미지나 원형 이미지를 표시할 때 사용됩니다. 단순한 구조로, shape에 circle이 지정돼 있는 경우에는 border-radius를 사용해 모서리를 원형으로 잘라냅니다.

코드 6.15 _ src/components/atoms/ShapeImage/index.tsx

```tsx
import Image, { ImageProps } from 'next/image'
import styled from 'styled-components'

type ImageShape = 'circle' | 'square'
type ShapeImageProps = ImageProps & { shape?: ImageShape }

// circle이면 원형으로
const ImageWithShape = styled(Image)<{ shape?: ImageShape }>`
  border-radius: ${({ shape }) => (shape === 'circle' ? '50%' : '0')};
`

/**
 * 셰이프 이미지
 */
const ShapeImage = (props: ShapeImageProps) => {
  const { shape, ...imageProps } = props

  return <ImageWithShape shape={shape} {...imageProps} />
}

export default ShapeImage
```

스토리북을 구현합니다. shape는 이미지 형태를 circle(원형) 또는 square(사각형)으로 변경할 수 있습니다. src는 이미지 URL, width와 height는 이미지의 너비와 높이를 설정합니다.

코드 6.16 _ src/components/atoms/ShapeImage/index.stories.tsx

```tsx
import { ComponentMeta, ComponentStory } from '@storybook/react'
import ShapeImage from './index'

export default {
  title: 'Atoms/ShapeImage',
```

```
  argTypes: {
    shape: {
      options: ['circle', 'square'],
      control: { type: 'radio' },
      defaultValue: 'square',
      description: '이미지 형태',
      table: {
        type: { summary: 'circle | square' },
        defaultValue: { summary: 'square' },
      },
    },
    src: {
      control: { type: 'text' },
      description: '이미지 URL',
      table: {
        type: { summary: 'string' },
      },
    },
    width: {
      control: { type: 'number' },
      defaultValue: 320,
      description: '너비',
      table: {
        type: { summary: 'number' },
      },
    },
    height: {
      control: { type: 'number' },
      description: '높이',
      defaultValue: 320,
      table: {
        type: { summary: 'number' },
      },
    },
  },
} as ComponentMeta<typeof ShapeImage>

const Template: ComponentStory<typeof ShapeImage> = (args) => (
  <ShapeImage {...args} />
```

타입스크립트, 리액트, Next.js로 배우는 실전 웹 애플리케이션 개발

```
)

export const Circle = Template.bind({})
Circle.args = { src: '/images/sample/1.jpg', shape: 'circle' }

export const Square = Template.bind({})
Square.args = { src: '/images/sample/1.jpg', shape: 'square' }
```

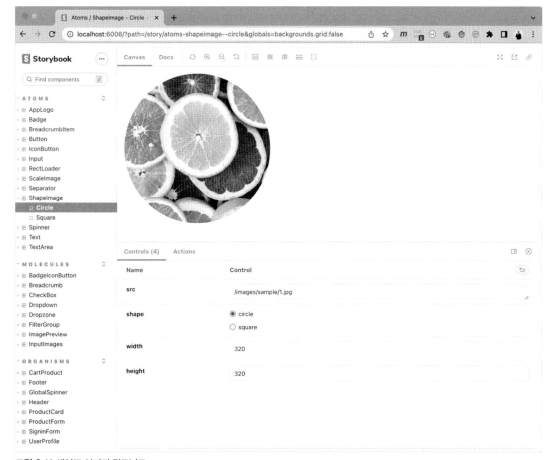

그림 6.11 셰이프 이미지 컴포넌트

6.5.4 텍스트 입력 – Input

텍스트 입력 아톰 컴포넌트를 구현합니다. 텍스트 경계선 설정을 외부에서 가능하도록 했습니다.

```tsx
import styled, { css } from 'styled-components'

/**
 * 텍스트 입력
 */
const Input = styled.input<{ hasError?: boolean; hasBorder?: boolean }>`
  color: ${({ theme }) => theme.colors.inputText};
  ${({ theme, hasBorder, hasError }) => {
    // 경계선 표시
    if (hasBorder) {
      // 에러 시 빨간색 경계선
      return css`
        border: 1px solid
          ${hasError ? theme.colors.danger : theme.colors.border};
        border-radius: 5px;
      `

    } else {
      return css`
        border: none;
      `

    }
  }}
  padding: 11px 12px 12px 9px;
  box-sizing: border-box;
  outline: none;
  width: 100%;
  height: 38px;
  font-size: 16px;
  line-height: 19px;

  &::placeholder {
    color: ${({ theme }) => theme.colors.placeholder};
  }

  &::-webkit-outer-spin-button,
  &::-webkit-inner-spin-button {
    -webkit-appearance: none;
    margin: 0;
  }
```

```
    &[type='number'] {
      -moz-appearance: textfield;
    }
`


Input.defaultProps = {
  hasBorder: true,
}

export default Input
```

텍스트 입력의 스토리북을 구현합니다. placeholder는 <input> 요소의 placeholder 속성과 같습니다.
hasBorder는 텍스트 주변의 경계선의 플래그, hasError는 밸리데이션 에러 시에 빨간 테두리를 그리기
위해 사용합니다.

코드 6.18 _ src/components/atoms/Input/index.stories.tsx

```
import { ComponentMeta, ComponentStory } from '@storybook/react'
import Input from './index'

export default {
  title: 'Atoms/Input',
  argTypes: {
    placeholder: {
      control: { type: 'text' },
      description: '플레이스홀더',
      table: {
        type: { summary: 'string' },
      },
    },
    hasBorder: {
      control: { type: 'boolean' },
      defaultValue: true,
      description: '보더 플래그',
      table: {
        type: { summary: 'boolean' },
      },
    },
    hasError: {
      control: { type: 'boolean' },
      defaultValue: false,
```

```
      description: '배리에이션 에러 플래그',
      table: {
        type: { summary: 'boolean' },
      },
    },
  },
} as ComponentMeta<typeof Input>

const Template: ComponentStory<typeof Input> = (args) => <Input {...args} />

export const Normal = Template.bind({})

export const Error = Template.bind({})
Error.args = { hasError: true }
```

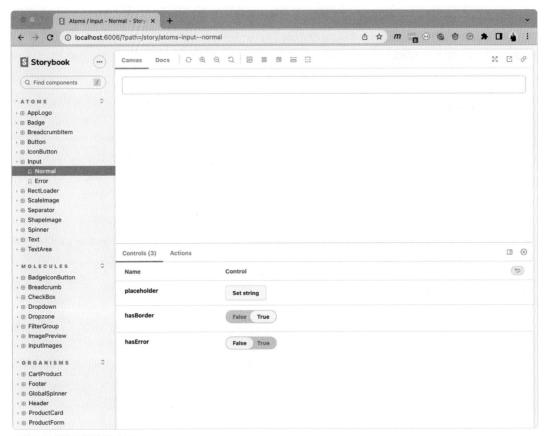

그림 6.12 텍스트 입력 컴포넌트

6.5.5 텍스트 영역 – TextArea

텍스트 영역 아톰 컴포넌트를 구현합니다.[13]

이 컴포넌트는 최대 행수까지 줄바꿈 했을 때, 그 높이가 바뀝니다. 보통의 <textarea>는 행수가 입력에 따라 늘어나지 않으므로 독자적으로 구현합니다. 구체적으로는 <textarea>의 onChange로 이력이 바뀌었을 때, e.target.scrollHeight로부터 현재 표시하고 있는 행수를 파악하고, setTextareaRows로 최대 행수 maxRow를 넘지 않도록 동적으로 변경합니다.

코드 6.19 _ src/components/atoms/TextArea/index.tsx

```tsx
import React, { useCallback, useState } from 'react'
import styled from 'styled-components'

export interface TextAreaProps
  extends React.TextareaHTMLAttributes<HTMLTextAreaElement> {
  /**
   * 최소 행수
   */
  minRows?: number
  /**
   * 최대 행수
   */
  maxRows?: number
  /**
   * 변형 에러 플래그
   */
  hasError?: boolean
}

const StyledTextArea = styled.textarea<{ hasError?: boolean }>`
  color: ${({ theme }) => theme.colors.inputText};
  border: 1px solid
    ${({ theme, hasError }) =>
      hasError ? theme.colors.danger : theme.colors.border};
  border-radius: 5px;
  box-sizing: border-box;
```

---

13 여기의 구현 예에서는 aria-label 속성으로 하이픈을 붙여 표현했습니다. 이것은 오기가 아니라 React에서 WAI-ARIA의 aria-*는 JSX/TSX 안에 케밥 케이스로 기입합니다. 자세한 내용은 7.6.3을 참조합니다.

```css
    outline: none;
    width: 100%;
    font-size: 16px;
    line-height: 24px;
    padding: 9px 12px 10px 12px;
    resize: none;
    overflow: auto;
    height: auto;

    &::placeholder {
      color: ${({ theme }) => theme.colors.placeholder};
    }
`

/**
 * 텍스트 영역
 */
const TextArea = (props: TextAreaProps) => {
  const {
    rows = 5,
    minRows = 5,
    maxRows = 10,
    children,
    hasError,
    onChange,
    ...rest
  } = props
  const [textareaRows, setTextareaRows] = useState(Math.min(rows, minRows))

  console.assert(
    !(rows < minRows),
    'TextArea: rows should be greater than minRows.',
  )

  const handleChange = useCallback(
    (e: React.ChangeEvent<HTMLTextAreaElement>) => {
      const textareaLineHeight = 24
      const previousRows = e.target.rows

      e.target.rows = minRows // 행수 초기화
```

```
    // 현재 행수
    const currentRows = Math.floor(e.target.scrollHeight / textareaLineHeight)

    if (currentRows === previousRows) {
      e.target.rows = currentRows
    }

    if (currentRows >= maxRows) {
      e.target.rows = maxRows
      e.target.scrollTop = e.target.scrollHeight
    }

    // 최대를 넘지 않도록 행수 초기화
    setTextareaRows(currentRows < maxRows ? currentRows : maxRows)
    onChange && onChange(e)
  },
  [onChange, minRows, maxRows],
)

return (
  <StyledTextArea
    hasError={hasError}
    onChange={handleChange}
    aria-label={rest.placeholder}
    rows={textareaRows}
    {...rest}
  >
    {children}
  </StyledTextArea>
)
}

TextArea.defaultProps = {
  rows: 5,
  minRows: 5,
  maxRows: 10,
}

export default TextArea
```

텍스트 영역의 스토리북을 구현합니다. placeholder는 textarea 요소의 placeholder 속성과 같습니다. hasError는 밸리데이션 에러 시 빨간색 테두리로 감싸기 위해 사용합니다. rows는 표시 영역의 행수, minRows는 표시 영역의 최소 행수, maxRows는 표시 영역의 최대 행수를 설정합니다.

코드 6.20 _ src/components/atoms/TextArea/index.stories.tsx

```tsx
import { ComponentMeta, ComponentStory } from '@storybook/react'
import TextArea from './index'

export default {
  title: 'Atoms/TextArea',
  argTypes: {
    placeholder: {
      control: { type: 'text' },
      description: '플레이스홀더',
      table: {
        type: { summary: 'string' },
      },
    },
    rows: {
      control: { type: 'number' },
      defaultValue: 5,
      description: '행 수',
      table: {
        type: { summary: 'number' },
      },
    },
    minRows: {
      control: { type: 'number' },
      defaultValue: 5,
      description: '최소 행수',
      table: {
        type: { summary: 'number' },
      },
    },
    maxRows: {
      control: { type: 'number' },
      defaultValue: 10,
      description: '최대 행수',
```

```
      table: {
        type: { summary: 'number' },
      },
    },
    hasError: {
      control: { type: 'boolean' },
      defaultValue: false,
      description: '변형 에러 플래그',
      table: {
        type: { summary: 'boolean' },
      },
    },
    onChange: {
      description: 'onChange 이벤트 핸들러',
      table: {
        type: { summary: 'function' },
      },
    },
  },
} as ComponentMeta<typeof TextArea>

const Template: ComponentStory<typeof TextArea> = (args) => (
  <TextArea {...args} />
)

export const Normal = Template.bind({})

export const Error = Template.bind({})
Error.args = { hasError: true }
```

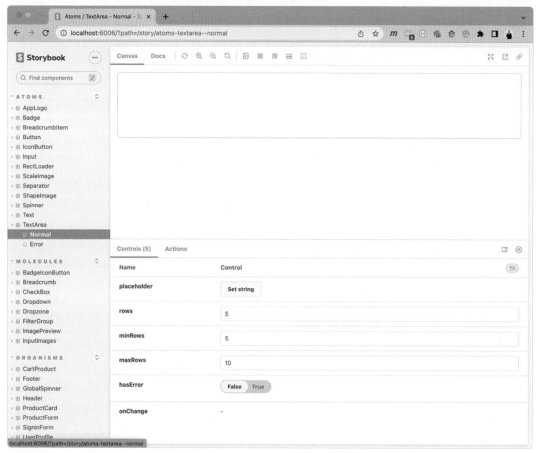

그림 6.13 텍스트 영역 컴포넌트

6.5.6 배지 – Badge

배지 아톰 컴포넌트를 구현합니다. 스마트폰의 알림 배지와 같은 것을 목표로 합니다. 내부를 색으로 칠한 원형 도형 안에 텍스트가 표시됩니다.

코드 6.21 _ src/components/atoms/Badge/index.tsx

```
import styled from 'styled-components'

// 배지 원형
const BadgeWrapper = styled.div<{ backgroundColor: string }>`
  border-radius: 20px;
  height: 20px;
```

```
  min-width: 20px;
  display: inline-flex;
  align-items: center;
  justify-content: center;
  background-color: ${({ backgroundColor }) => backgroundColor};
`


// 배지 내부 텍스트
const BadgeText = styled.p`
  color: white;
  font-size: 11px;
  user-select: none;
`


interface BadgeProps {
  /**
   * 배지 내부 텍스트
   */
  content: string
  /**
   * 배지 색상
   */
  backgroundColor: string
}

/**
 * 배지
 */
const Badge = ({ content, backgroundColor }: BadgeProps) => {
  return (
    <BadgeWrapper backgroundColor={backgroundColor}>
      <BadgeText>{content}</BadgeText>
    </BadgeWrapper>
  )
}

export default Badge
```

배지의 스토리북을 구현합니다. text로 배지 안에 표시되는 텍스트, color로 배지의 색상을 설정할 수 있습니다.

코드 6.22 _ src/components/atoms/Badge/index.stories.tsx

```
import { ComponentMeta, ComponentStory } from '@storybook/react'
import Badge from './index'

export default {
  title: 'Atoms/Badge',
  argTypes: {
    content: {
      control: { type: 'text' },
      description: '배지 테스트',
      table: {
        type: { summary: 'string' },
      },
    },
    backgroundColor: {
      control: { type: 'color' },
      description: '배지 색상',
      table: {
        type: { summary: 'string' },
      },
    },
  },
} as ComponentMeta<typeof Badge>

const Template: ComponentStory<typeof Badge> = (args) => <Badge {...args} />

export const Orange = Template.bind({})
Orange.args = { content: '1', backgroundColor: '#ed9f28' }

export const Green = Template.bind({})
Green.args = { content: '2', backgroundColor: '#32bf00' }

export const Red = Template.bind({})
Red.args = { content: '10', backgroundColor: '#d4001a' }
```

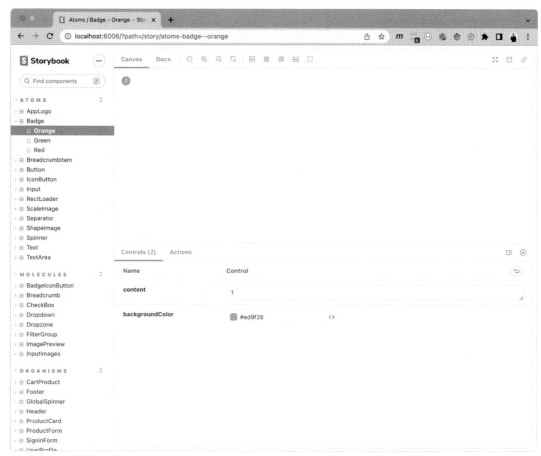

그림 6.14 텍스트 영역 컴포넌트

6.6 몰리큘 구현

몰리큘(Molecules)을 구현합니다. 몰리큘은 라벨이 붙은 텍스트 박스 등 여러 아톰과 몰리큘을 조합해서
구축한 UI 컴포넌트입니다. 이 법칙에 따라 구분한 것을 아래 열거합니다. 설명하지 않은 소스 코드는 저장
소에서 다운로드한 것을 확인하기 바랍니다.

컴포넌트	함수 컴포넌트명	이번 장에서 설명
배지 아이콘 버튼	BadgeIconButton	
빵 부스러기 리스트	Breadcrumb	
체크박스	CheckBox	○

컴포넌트	함수 컴포넌트명	이번 장에서 설명
드롭다운	Dropdown	○
드롭존	Dropzone	○
필터 그룹	FilterGroup	
이미지 미리보기	ImagePreview	○
입력 이미지	InputImages	

6.6.1 체크박스 – Checkbox

체크박스 몰리큘 컴포넌트를 구현합니다. 이 컴포넌트에서는 isChecked라는 상태를 useState에서 관리하고 있습니다. isChecked는 내부 체크박스의 on/off 그리기를 관리합니다.

코드 6.23 _ src/components/molecules/CheckBox/index.tsx

```tsx
import React, { useRef, useState, useCallback, useEffect } from 'react'
import styled from 'styled-components'
import {
  CheckBoxOutlineBlankIcon,
  CheckBoxIcon,
} from 'components/atoms/IconButton'
import Text from 'components/atoms/Text'
import Flex from 'components/layout/Flex'

export interface CheckBoxProps
  extends Omit<React.InputHTMLAttributes<HTMLInputElement>, 'defaultValue'> {
  /**
   * 표시 라벨
   */
  label?: string
}

const CheckBoxElement = styled.input`
  display: none;
`

const Label = styled.label`
  cursor: pointer;
  margin-left: 6px;
```

```
    user-select: none;
`

/**
 * 체크 박스
 */
const CheckBox = (props: CheckBoxProps) => {
  const { id, label, onChange, checked, ...rest } = props
  const [isChecked, setIsChecked] = useState(checked)
  const ref = useRef<HTMLInputElement>(null)
  const onClick = useCallback(
    (e: React.MouseEvent) => {
      e.preventDefault()
      // 체크 박수를 강제로 클릭
      ref.current?.click()
      setIsChecked((isChecked) => !isChecked)
    },
    [ref, setIsChecked],
  )

  useEffect(() => {
    // 파라미터로부터 변경 내용을 받는다
    setIsChecked(checked ?? false)
  }, [checked])

  return (
    <>
      <CheckBoxElement
        {...rest}
        ref={ref}
        type="checkbox"
        checked={isChecked}
        readOnly={!onChange}
        onChange={onChange}
      />
      <Flex alignItems="center">
        {/* 체크 박스 ON/OFF 그리기 */}
        {checked ?? isChecked ? (
          <CheckBoxIcon size={20} onClick={onClick} />
        ) : (
```

```
        <CheckBoxOutlineBlankIcon size={20} onClick={onClick} />
      )}
      {/* 체크 박스 라벨 */}
      {label && label.length > 0 && (
        <Label htmlFor={id} onClick={onClick}>
          <Text>{label}</Text>
        </Label>
      )}
    </Flex>
  </>
  )
}

export default CheckBox
```

아톰과 마찬가지로 체크박스의 스토리북을 구현합니다. label로 체크박스의 오른쪽 옆 라벨을 지정할 수 있습니다. checked는 input의 checked와 같은 속성입니다. onChange는 체크 박스를 클릭했을 때의 이벤트 핸들러를 지정합니다.

코드 6.24 _ src/components/molecules/CheckBox/index.stories.tsx

```
import { ComponentMeta, ComponentStory } from '@storybook/react'
import CheckBox from './index'

export default {
  title: 'Molecules/CheckBox',
  argTypes: {
    label: {
      control: { type: 'text' },
      description: '표시 라벨',
      table: {
        type: { summary: 'text' },
      },
    },
    checked: {
      control: { type: 'boolean' },
      description: '체크',
      table: {
        type: { summary: 'number' },
      },
```

```
    },
    onChange: {
      description: '값이 변화했을 때의 이벤트 핸들러',
      table: {
        type: { summary: 'function' },
      },
    },
  },
} as ComponentMeta<typeof CheckBox>

const Template: ComponentStory<typeof CheckBox> = (args) => (
  <CheckBox {...args} />
)

export const WithLabel = Template.bind({})
WithLabel.args = { label: 'Label' }
```

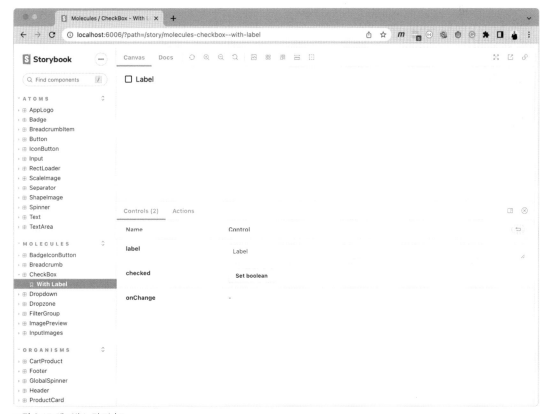

그림 6.15 체크박스 컴포넌트

6.6.2 드롭다운 – Dropdown

드롭다운 몰리큘 컴포넌트를 구현합니다.

이 컴포넌트에서는 2개의 상태를 useState로 관리합니다. isOpen은 드롭다운을 클릭했을 때 선택지 뷰를 표시/비표시, selectedItem은 현재 선택되어 있는 선택지를 관리합니다. 또한, selectedItem의 초깃값은 props의 initialItem으로 지정할 수 있습니다. dropdownRef는 이 컴포넌트의 루트 요소인 ref 개체이며, 자신을 클릭했을 때 드롭다운을 닫지 않도록 하기 위한 참조를 갖고 있습니다.

드롭다운은 DropdownControl을 클릭했을 때 표시되며, 선택지를 선택하거나 컴포넌트 외부(document)를 클릭했을 때 비표시됩니다. DropdownControl을 클릭했을 때 다시 비표시되지 않도록 handleDocumentClick으로 제어하는 점에 주의합니다.

코드 6.25 _ src/components/molecules/Dropdown/index.tsx

```tsx
import React, { useEffect, useState, useRef, useCallback } from 'react'
import styled from 'styled-components'
import Text from 'components/atoms/Text'
import Flex from 'components/layout/Flex'

const DropdownRoot = styled.div`
  position: relative;
  height: 38px;
`

// 드롭다운 형태
const DropdownControl = styled.div<{ hasError?: boolean }>`
  position: relative;
  overflow: hidden;
  background-color: #ffffff;
  border: ${({ theme, hasError }) =>
    hasError
      ? `1px solid ${theme.colors.danger}`
      : `1px solid ${theme.colors.border}`};
  border-radius: 5px;
  box-sizing: border-box;
  cursor: default;
  outline: none;
  padding: 8px 52px 8px 12px;
```

```
`
const DropdownValue = styled.div`
  color: ${({ theme }) => theme.colors.text};
`


// 드롭다운 플레이스홀더
const DropdownPlaceholder = styled.div`
  color: #757575;
  font-size: ${({ theme }) => theme.fontSizes[1]};
  min-height: 20px;
  line-height: 20px;
`


// 드롭다운 화살표의 형태
const DropdownArrow = styled.div<{ isOpen?: boolean }>`
  border-color: ${({ isOpen }) =>
    isOpen
      ? 'transparent transparent #222222;'
      : '#222222 transparent transparent'};
  border-width: ${({ isOpen }) => (isOpen ? '0 5px 5px' : '5px 5px 0;')};
  border-style: solid;
  content: ' ';
  display: block;
  height: 0;
  margin-top: -ceil(2.5);
  position: absolute;
  right: 10px;
  top: 16px;
  width: 0;
`

const DropdownMenu = styled.div`
  background-color: #ffffff;
  border: ${({ theme }) => theme.colors.border};
  box-shadow: 0px 5px 5px -3px rgb(0 0 0 / 20%),
    0px 8px 10px 1px rgb(0 0 0 / 10%), 0px 3px 14px 2px rgb(0 0 0 / 12%);
  box-sizing: border-box;
  border-radius: 5px;
```

```
  margin-top: -1px;
  max-height: 200px;
  overflow-y: auto;
  position: absolute;
  top: 100%;
  width: 100%;
  z-index: 1000;
`


const DropdownOption = styled.div`
  padding: 8px 12px 8px 12px;
  &:hover {
    background-color: #f9f9f9;
  }
`


interface DropdownItemProps {
  item: DropdownItem
}


const DropdownItem = (props: DropdownItemProps) => {
  const { item } = props

  return (
    <Flex alignItems="center">
      <Text margin={0} variant="small">
        {item.label ?? item.value}
      </Text>
    </Flex>
  )
}


export interface DropdownItem {
  value: string | number | null
  label?: string
}


interface DropdownProps {
  /**
   * 드롭다운 선택지
```

```
   */
  options: DropdownItem[]
  /**
   * 드롭다운 값
   */
  value?: string | number
  /**
   * <input />의 name 속성
   */
  name?: string
  /**
   * 플레이스홀더
   */
  placeholder?: string
  /**
   * 변형 에러 플래그
   */
  hasError?: boolean
  /**
   * 값이 변화했을 때의 이벤트 핸들러
   */
  onChange?: (selected?: DropdownItem) => void
}

/**
 * 드롭다운
 */
const Dropdown = (props: DropdownProps) => {
  const { onChange, name, value, options, hasError } = props
  const initialItem = options.find((i) => i.value === value)
  const [isOpen, setIsOpenValue] = useState(false)
  const [selectedItem, setSelectedItem] = useState(initialItem)
  const dropdownRef = useRef<HTMLDivElement>(null)

  const handleDocumentClick = useCallback(
    (e: MouseEvent | TouchEvent) => {
      // 자신을 클릭했을 때는 아무것도 하지 않는다
      if (dropdownRef.current) {
        const elems = dropdownRef.current.querySelectorAll('*')
```

```
      for (let i = 0; i < elems.length; i++) {
        if (elems[i] == e.target) {
          return
        }
      }
    }

    setIsOpenValue(false)
  },
  [dropdownRef],
)

const handleMouseDown = (e: React.SyntheticEvent) => {
  setIsOpenValue((isOpen) => !isOpen)
  e.stopPropagation()
}

const handleSelectValue = (
  e: React.FormEvent<HTMLDivElement>,
  item: DropdownItem,
) => {
  e.stopPropagation()

  setSelectedItem(item)
  setIsOpenValue(false)
  onChange && onChange(item)
}

useEffect(() => {
  // 화면 밖 클릭 & 터치에 대한 이벤트 설정
  document.addEventListener('click', handleDocumentClick, false)
  document.addEventListener('touchend', handleDocumentClick, false)

  return function cleanup() {
    document.removeEventListener('click', handleDocumentClick, false)
    document.removeEventListener('touchend', handleDocumentClick, false)
  }
  // 최초에만 호출
  // eslint-disable-next-line react-hooks/exhaustive-deps
}, [])
```

```
return (
  <DropdownRoot ref={dropdownRef}>
    <DropdownControl
      hasError={hasError}
      onMouseDown={handleMouseDown}
      onTouchEnd={handleMouseDown}
      data-testid="dropdown-control"
    >
      {selectedItem && (
        <DropdownValue>
          <DropdownItem item={selectedItem} />
        </DropdownValue>
      )}
      {/* 아무것도 선택되지 않았을 때는 플레이스홀더를 표시 */}
      {!selectedItem && (
        <DropdownPlaceholder>{props?.placeholder}</DropdownPlaceholder>
      )}
      {/* 더미 입력 */}
      <input
        type="hidden"
        name={name}
        value={selectedItem?.value ?? ''}
        onChange={() => onChange && onChange(selectedItem)}
      />
      <DropdownArrow isOpen={isOpen} />
    </DropdownControl>
    {/* 드롭다운 표시 */}
    {isOpen && (
      <DropdownMenu>
        {props.options.map((item, idx) => (
          <DropdownOption
            key={idx}
            onMouseDown={(e) => handleSelectValue(e, item)}
            onClick={(e) => handleSelectValue(e, item)}
            data-testid="dropdown-option"
          >
            <DropdownItem item={item} />
          </DropdownOption>
        ))}
```

```
        </DropdownMenu>
      )}
    </DropdownRoot>
  )
}


export default Dropdown
```

드롭다운의 스토리북을 구현합니다. options은 표시되는 선택지를 value와 label로 나누어 지정합니다. hasError는 밸리데이션 에러 시 빨간색 프레임으로 감싸기 위해 사용합니다. placeholder는 아무것도 선택되지 않았을 때 표시하는 텍스트입니다. value는 초깃값 설정 등에 사용합니다. onChange는 선택지를 선택했을 때 이벤트 핸들러를 지정합니다.

코드 6.26 _ src/components/molecules/Dropdown/index.stories.tsx

```tsx
import { ComponentMeta, ComponentStory } from '@storybook/react'
import Dropdown from './index'

export default {
  title: 'Molecules/Dropdown',
  argTypes: {
    options: {
      control: { type: 'array' },
      description: '드롭다운 선택지',
      table: {
        type: { summary: 'array' },
      },
    },
    hasError: {
      control: { type: 'boolean' },
      defaultValue: false,
      description: '변형 에러 플래그',
      table: {
        type: { summary: 'boolean' },
      },
    },
    placeholder: {
      control: { type: 'text' },
      description: '플레이스홀더',
```

```
      table: {
        type: { summary: 'string' },
      },
    },
    value: {
      control: { type: 'text' },
      description: '드롭다운 값',
      table: {
        type: { summary: 'string' },
      },
    },
    onChange: {
      description: '값이 변화했을 때의 이벤트 핸들러',
      table: {
        type: { summary: 'function' },
      },
    },
  },
} as ComponentMeta<typeof Dropdown>

const Template: ComponentStory<typeof Dropdown> = (args) => (
  <Dropdown {...args} />
)

export const Normal = Template.bind({})
Normal.args = {
  options: [
    { value: null, label: '-' },
    { value: 'one', label: 'One' },
    { value: 'two', label: 'Two' },
    { value: 'three', label: 'Three' },
  ],
  placeholder: 'Please select items from the list',
}

export const InitialValue = Template.bind({})
InitialValue.args = {
  options: [
    { value: null, label: '-' },
    { value: 'one', label: 'One' },
```

```
    { value: 'two', label: 'Two' },
    { value: 'three', label: 'Three' },
  ],
  placeholder: 'Please select items from the list',
  value: 'one',
}

export const Many = Template.bind({})
Many.args = {
  options: Array.from(Array(20), (_v, k) => {
    return { value: k.toString(), label: k.toString() }
  }),
  placeholder: 'Please select items from the list',
}
```

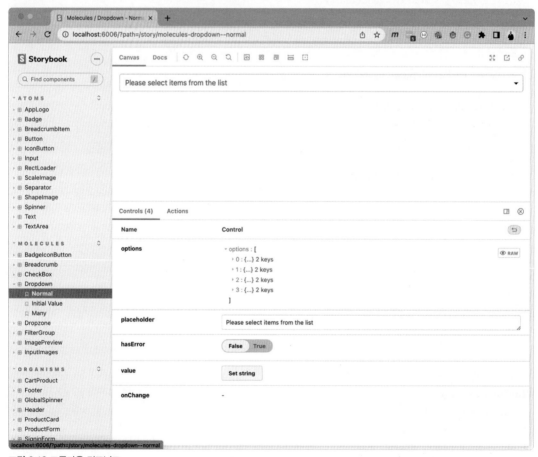

그림 6.16 드롭다운 컴포넌트

타입스크립트, 리액트, Next.js로 배우는 실전 웹 애플리케이션 개발

6.6.3 드롭존 – Dropzone

드롭존 몰리큘 컴포넌트를 구현합니다. 이 컴포넌트에서는 하나의 상태를 useState로 관리합니다. isFocused는 드래그 상태에서 마우스 버튼이 요소 범위 안에 들어왔을 때 테두리 선의 색상을 변경하기 위해 사용합니다.

드래그 앤 드롭 이벤트를 다루기 위해 onDrag, onDragOver, onDragLeave, onDragEnter를 사용합니다. 이 이벤트 핸들러들은 요소 범위 안의 마우스 버튼의 드래그 상태를 파악하고, 파일이 드롭될 때 hidden 상태의 더미 입력에 값을 설정합니다. 클릭 시 파일 선택 다이얼로그를 표시하기 위해 더미 입력을 준비합니다.

코드 6.27 _ src/components/molecules/Dropzone/index.tsx

```tsx
import React, { useState, useRef, useCallback, useEffect } from 'react'
import styled from 'styled-components'
import { CloudUploadIcon } from 'components/atoms/IconButton'

// eslint-disable-next-line @typescript-eslint/no-explicit-any
const isDragEvt = (value: any): value is React.DragEvent => {
  return !!value.dataTransfer
}

const isInput = (value: EventTarget | null): value is HTMLInputElement => {
  return value !== null
}

/**
 * 이벤트로부터 입력된 파일을 얻는다
 * @param e DragEvent 또는 ChangeEvent
 * @returns File의 배열
 */
const getFilesFromEvent = (e: React.DragEvent | React.ChangeEvent): File[] => {
  if (isDragEvt(e)) {
    return Array.from(e.dataTransfer.files)
  } else if (isInput(e.target) && e.target.files) {
    return Array.from(e.target.files)
  }

  return []
}
```

```typescript
// 파일의 Content-Type
type FileType =
  | 'image/png'
  | 'image/jpeg'
  | 'image/jpg'
  | 'image/gif'
  | 'video/mp4'
  | 'video/quicktime'
  | 'application/pdf'

interface DropzoneProps {
  /**
   * 입력 파일
   */
  value?: File[]
  /**
   * <input />의 name 속성
   */
  name?: string
  /**
   * 허가된 파일 타입
   */
  acceptedFileTypes?: FileType[]
  /**
   * 너비
   */
  width?: number | string
  /**
   * 높이
   */
  height?: number | string
  /**
   * 변형 에러 플래그
   */
  hasError?: boolean
  /**
   * 파일이 드롭 입력됐을 때의 이벤트 핸들러
   */
  onDrop?: (files: File[]) => void
```

```
  /**
   * 파일이 입력됐을 때의 이벤트 핸들러
   */
  onChange?: (files: File[]) => void
}

type DropzoneRootProps = {
  isFocused?: boolean
  hasError?: boolean
  width: string | number
  height: string | number
}

// 드롭존 바깥쪽의 형태
const DropzoneRoot = styled.div<DropzoneRootProps>`
  border: 1px dashed
    ${({ theme, isFocused, hasError }) => {
      if (hasError) {
        return theme.colors.danger
      } else if (isFocused) {
        return theme.colors.black
      } else {
        return theme.colors.border
      }
    }};
  border-radius: 8px;
  cursor: pointer;
  width: ${({ width }) => (typeof width === 'number' ? `${width}px` : width)};
  height: ${({ height }) =>
    typeof height === 'number' ? `${height}px` : height};
`

// 드롭존 내용
const DropzoneContent = styled.div<{
  width: string | number
  height: string | number
}>`
  display: flex;
  flex-direction: column;
  align-items: center;
```

```
    justify-content: center;
    width: ${({ width }) => (typeof width === 'number' ? `${width}px` : width)};
    height: ${({ height }) =>
      typeof height === 'number' ? `${height}px` : height};
`

const DropzoneInputFile = styled.input`
  display: none;
`

/**
 * 드롭존
 * 파일의 입력을 받는다
 */
const Dropzone = (props: DropzoneProps) => {
  const {
    onDrop,
    onChange,
    value = [],
    name,
    acceptedFileTypes = ['image/png', 'image/jpeg', 'image/jpg', 'image/gif'],
    hasError,
    width = '100%',
    height = '200px',
  } = props
  const rootRef = useRef<HTMLDivElement>(null)
  const inputRef = useRef<HTMLInputElement>(null)
  const [isFocused, setIsFocused] = useState(false)

  const handleChange = (e: React.ChangeEvent<HTMLInputElement>) => {
    setIsFocused(false)

    const files = value.concat(
      getFilesFromEvent(e).filter((f) =>
        acceptedFileTypes.includes(f.type as FileType),
      ),
    )

    onDrop && onDrop(files)
    onChange && onChange(files)
```

```
}

// 드래그 상태의 마우스 포인터가 범위 안에 드롭됐을 때
const handleDrop = (e: React.DragEvent<HTMLDivElement>) => {
  e.preventDefault()
  e.stopPropagation()
  setIsFocused(false)

  const files = value.concat(
    getFilesFromEvent(e).filter((f) =>
      acceptedFileTypes.includes(f.type as FileType),
    ),
  )

  if (files.length == 0) {
    return window.alert(
      `다음 파일 포맷은 지정할 수 없습니다: ${acceptedFileTypes.join(
        ',',
      )})`,
    )
  }

  onDrop && onDrop(files)
  onChange && onChange(files)
}

// 드래그 상태의 마우스 포인터가 범위 안에 있을 때
const handleDragOver = useCallback((e: React.DragEvent<HTMLDivElement>) => {
  e.preventDefault()
  c.stopPropagation()
}, [])

// 드래그 상태의 마우스 포인터가 범위 밖으로 사라졌을 때 포커스를 없앤다
const handleDragLeave = useCallback((e: React.DragEvent<HTMLDivElement>) => {
  e.preventDefault()
  e.stopPropagation()
  setIsFocused(false)
}, [])

// 드래그 상태의 마우스 포인터가 범위 안에 들어왔을 때 포커스를 할당한다
const handleDragEnter = useCallback((e: React.DragEvent<HTMLDivElement>) => {
```

```
    e.preventDefault()
    e.stopPropagation()
    setIsFocused(true)
  }, [])

  // 파일 선택 대화 상자를 표시한다
  const handleClick = () => {
    inputRef.current?.click()
  }

  useEffect(() => {
    if (inputRef.current && value && value.length == 0) {
      inputRef.current.value = ''
    }
  }, [value])

  return (
    <>
      {/* 드래그 앤 드롭 이벤트를 관리한다 */}
      <DropzoneRoot
        ref={rootRef}
        isFocused={isFocused}
        onDrop={handleDrop}
        onDragOver={handleDragOver}
        onDragLeave={handleDragLeave}
        onDragEnter={handleDragEnter}
        onClick={handleClick}
        hasError={hasError}
        width={width}
        height={height}
        data-testid="dropzone"
      >
        {/* 더미 입력 */}
        <DropzoneInputFile
          ref={inputRef}
          type="file"
          name={name}
          accept={acceptedFileTypes.join(',')}
          onChange={handleChange}
          multiple
```

```
      />
      <DropzoneContent width={width} height={height}>
        <CloudUploadIcon size={24} />
        <span style={{ textAlign: 'center' }}>기기에서 업로드</span>
      </DropzoneContent>
    </DropzoneRoot>
  </>
  )
}

Dropzone.defaultProps = {
  acceptedFileTypes: ['image/png', 'image/jpeg', 'image/jpg', 'image/gif'],
  hasError: false,
}

export default Dropzone
```

드롭존의 스토리북을 구현합니다. `height`와 `width`는 드롭존의 너비와 높이를 설정합니다. `hasError`는 밸리데이션 에러 시 빨간색 프레임으로 감싸기 위해 사용합니다. `acceptedFileTypes`는 받은 파일의 Content-Type을 지정합니다. 예를 들어, image/png, image/jpeg 등을 들 수 있습니다. `onDrop`은 파일이 드롭 됐을 때나 파일 선택 다이얼로그로부터 파일을 선택했을 때 호출되는 이벤트 핸들러를 지정합니다.

코드 6.28 _ src/components/molecules/Dropzone/index.stroies.tsx

```
import { ComponentMeta, ComponentStory } from '@storybook/react'
import React, { useState, useEffect } from 'react'
import Dropzone from './index'
import Button from 'components/atoms/Button'
import Box from 'components/layout/Box'

export default {
  title: 'Molecules/Dropzone',
  argTypes: {
    height: {
      control: { type: 'number' },
      description: '높이',
      table: {
        type: { summary: 'number' },
      },
    },
```

```
      width: {
        control: { type: 'number' },
        description: '너비',
        table: {
          type: { summary: 'number' },
        },
      },
      hasError: {
        control: { type: 'boolean' },
        defaultValue: false,
        description: '변형 에러 플래그',
        table: {
          type: { summary: 'boolean' },
        },
      },
      acceptedFileTypes: {
        options: {
          control: { type: 'array' },
          description: '받은 파일 타입',
          table: {
            type: { summary: 'array' },
          },
        },
      },
      onDrop: {
        description: '파일이 드롭 입력됐을 때의 이벤트 핸들러',
        table: {
          type: { summary: 'function' },
        },
      },
      onChange: {
        description: '파일이 입력됐을 때의 이벤트 핸들러',
        table: {
          type: { summary: 'function' },
        },
      },
    },
} as ComponentMeta<typeof Dropzone>

const Template: ComponentStory<typeof Dropzone> = (args) => {
```

```
const [files, setFiles] = useState<File[]>([])
const handleDrop = (files: File[]) => {
  setFiles(files)
  args && args.onDrop && args.onDrop(files)
}

const fetchData = async () => {
  const res = await fetch('/images/sample/1.jpg')
  const blob = await res.blob()
  const file = new File([blob], '1.png', blob)

  setFiles([...files, file])
}

const clearImages = () => {
  setFiles([])
}

useEffect(() => {
  fetchData()
  // eslint-disable-next-line react-hooks/exhaustive-deps
}, [])

return (
  <>
    <Box marginBottom={1}>
      <Dropzone {...args} value={files} onDrop={handleDrop} />
    </Box>
    <Box marginBottom={1}>
      <Button onClick={fetchData}>이미지를 추가</Button>
    </Box>
    <Box marginBottom={2}>
      <Button onClick={clearImages}>모든 이미지를 클리어</Button>
    </Box>
    <Box>
      {files.map((f, i) => (
        // eslint-disable-next-line @next/next/no-img-element
        <img
          src={URL.createObjectURL(f)}
          width="100px"
          key={i}
          alt="sample"
```

```
        />
      ))}
    </Box>
  </>
)
}

export const WithControl = Template.bind({})
WithControl.args = {
  height: 200,
  width: '100%',
  acceptedFileTypes: ['image/png', 'image/jpeg', 'image/jpg', 'image/gif'],
  hasError: false,
}
```

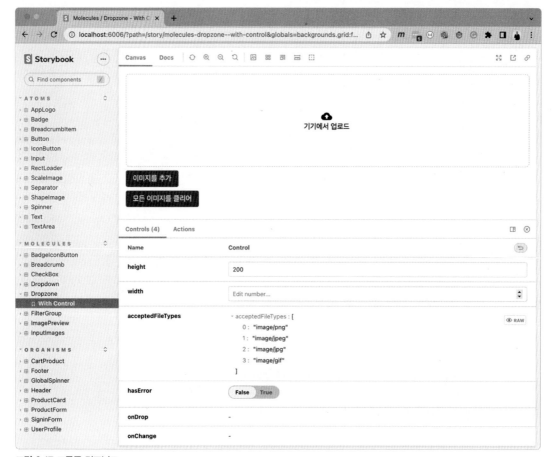

그림 6.17 드롭존 컴포넌트

6.6.4 이미지 미리보기 – ImagePreview

이미지 미리보기 몰리큘 컴포넌트를 구현합니다. 이미지와 닫기 버튼을 조합한 컴포넌트입니다.

코드 6.29 _ src/components/molecules/ImagePreview/index.tsx

```tsx
import styled from 'styled-components'
import { CloseIcon } from 'components/atoms/IconButton'
import Box from 'components/layout/Box'
import Flex from 'components/layout/Flex'

const ImagePreviewContainer = styled(Box)`
  position: relative;
`

const CloseBox = styled(Flex)`
  position: absolute;
  top: 0;
  right: 0;
  width: 30px;
  height: 30px;
  border-radius: 0 6px 0 6px;
  background-color: rgba(44, 44, 44, 0.66);
  cursor: pointer;
`

interface ImagePreviewProps {
  /**
   * 이미지 URL
   */
  src?: string
  /**
   * 대체 텍스트
   */
  alt?: string
  /**
   * 높이
   */
  height?: string
  /**
```

```
   * 너비
   */
  width?: string
  /**
   * 삭제 버튼을 클릭했을 때의 이벤트 핸들러
   */
  onRemove?: (src: string) => void
}

/**
 * 이미지 미리보기
 */
const ImagePreview = ({
  src,
  alt,
  height,
  width,
  onRemove,
}: ImagePreviewProps) => {
  // 닫기 버튼을 클릭하면 onRemove를 호출한다
  const handleCloseClick = (e: React.MouseEvent<HTMLDivElement>) => {
    e.preventDefault()
    e.stopPropagation()
    onRemove && src && onRemove(src)

    return false
  }

  return (
    <ImagePreviewContainer height={height} width={width}>
      {/* eslint-disable-next-line @next/next/no-img-element */}
      <img src={src} alt={alt} height={height} width={width} />
      <CloseBox
        alignItems="center"
        justifyContent="center"
        onClick={handleCloseClick}
      >
        <CloseIcon size={24} color="white" />
      </CloseBox>
```

```
        </ImagePreviewContainer>
    )
}


export default ImagePreview
```

이미지 미리보기의 스토리북을 구현합니다. src는 표시할 이미지의 URL을 지정합니다. alt는 대체 텍스트, height와 width는 이미지의 높이와 너비를 설정합니다. onRemove는 닫기 버튼을 클릭했을 때 호출되는 이벤트 핸들러를 지정합니다.

코드 6.30 _ src/components/molecules/ImagePreview/index.stroies.tsx

```
import { ComponentMeta, ComponentStory } from '@storybook/react'
import React, { useState, useEffect } from 'react'
import styled from 'styled-components'
import ImagePreview from './'
import Dropzone from 'components/molecules/Dropzone'


export default {
  title: 'Molecules/ImagePreview',
  argTypes: {
    src: {
      control: { type: 'text' },
      description: '이미지 URL',
      table: {
        type: { summary: 'string' },
      },
    },
    alt: {
      control: { type: 'text' },
      description: '대체 텍스트',
      table: {
        type: { summary: 'string' },
      },
    },
    height: {
      control: { type: 'number' },
      description: '높이',
      table: {
```

```
            type: { summary: 'number' },
          },
        },
      width: {
        control: { type: 'number' },
        description: '너비',
        table: {
          type: { summary: 'number' },
        },
      },
      onRemove: {
        description: '삭제 버튼을 클릭했을 때의 이벤트 핸들러',
        table: {
          type: { summary: 'function' },
        },
      },
    },
} as ComponentMeta<typeof ImagePreview>

const Container = styled.div`
  width: 288px;
  display: grid;
  gap: 10px;
  grid-template-columns: 1fr;
`

interface Image {
  file?: File
  src?: string
}

const Template: ComponentStory<typeof ImagePreview> = (args) => {
  const [files, setFiles] = useState<File[]>([])
  const [images, setImages] = useState<Image[]>([])

  useEffect(() => {
    const newImages = [...images]

    for (const f of files) {
      const index = newImages.findIndex((img: Image) => img.file === f)
```

```
      if (index === -1) {
        newImages.push({
          file: f,
          src: URL.createObjectURL(f),
        })
      }
    }
    setImages(newImages)
    // eslint-disable-next-line react-hooks/exhaustive-deps
  }, [files])

  const handleRemove = (src: string) => {
    const image = images.find((img: Image) => img.src === src)

    if (image !== undefined) {
      setImages((images) => images.filter((img) => img.src !== image.src))
      setFiles((files) => files.filter((file: File) => file !== image.file))
    }

    args && args.onRemove && args.onRemove(src)
  }

  return (
    <Container>
      <Dropzone value={files} onDrop={(fileList) => setFiles(fileList)} />
      {images.map((image, i) => (
        <ImagePreview
          key={i}
          src={image.src}
          width="100px"
          {...args}
          onRemove={handleRemove}
        />
      ))}
    </Container>
  )
}

export const WithDropzone = Template.bind({})
WithDropzone.args = {}
```

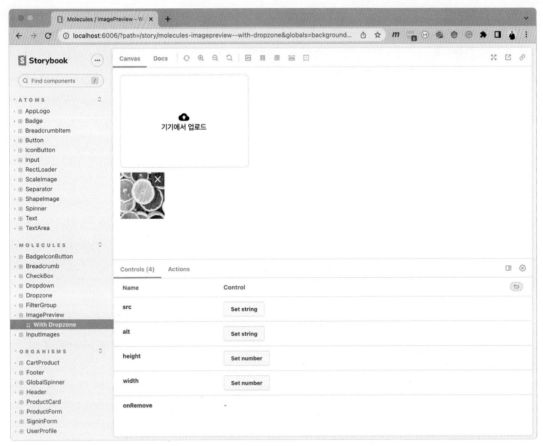

그림 6.18 이미지 미리보기 컴포넌트

6.7 오거니즘 구현

오거니즘(Organisms)을 구현합니다. 오거니즘은 로그인 폼이나 헤더 등 보다 구체적인 UI 컴포넌트입니다.

여기에서는 도메인 지식에 의존하는 데이터를 받거나, 콘텍스트를 참조하거나, 고유의 작동을 가질 수 있습니다. 이 법칙에 따라 분할한 것을 다음에 나열합니다.

컴포넌트	함수 컴포넌트명	이번 장에서 설명
카트 상품	CartProduct	○
푸터	Footer	
글로벌 스피너	GlobalSpinner	○
헤더	Header	○

컴포넌트	함수 컴포넌트명	이번 장에서 설명
상품 카드	ProductCard	○
상품 카드 캐러셀	ProductCardCarousel	
상품 카드 리스트	ProductCardList	
상품 등록 폼	ProductForm	○
로그인 폼	SigninForm	○
사용자 프로필	UserProfile	○

6.7.1 카트 상품 – CartProduct

카트 상품 오거니즘 컴포넌트를 구현합니다.[14] 이 컴포넌트는 쇼핑 카트 페이지의 상품 이미지, 상품명, 가격을 표시합니다.

코드 6.31 _ src/components/organisms/CartProduct/index.tsx

```
import Image from 'next/image'
import Link from 'next/link'
import styled from 'styled-components'
import Button from 'components/atoms/Button'
import Text from 'components/atoms/Text'
import Box from 'components/layout/Box'
import Flex from 'components/layout/Flex'

// 삭제 버튼의 텍스트
const RemoveText = styled(Text)`
  cursor: pointer;
  &:hover {
    text-decoration: underline;
  }
`

interface CartProductProps {
  /**
   * 상품 ID
```

---

[14] 파라미터가 붙은 next/link를 사용할 때는 href에 /product/${id}를 지정해야 하므로 주의합니다.

```
  */
  id: number
  /**
   * 상품 이미지 URL
   */
  imageUrl: string
  /**
   * 상품명
   */
  title: string
  /**
   * 상품 가격
   */
  price: number
  /**
   * 구입 버튼을 클릭했을 때의 이벤트 핸들러
   */
  onBuyButtonClick?: (id: number) => void
  /**
   * 삭제 버튼을 클릭했을 때의 이벤트 핸들러
   */
  onRemoveButtonClick?: (id: number) => void
}

/**
 * 카트 상품
 */
const CartProduct = ({
  id,
  imageUrl,
  title,
  price,
  onBuyButtonClick,
  onRemoveButtonClick,
}: CartProductProps) => {
  return (
    <Flex justifyContent="space-between">
      <Flex>
        <Box width="120px" height="120px">
          <Link href={`/products/${id}`} passHref>
```

```jsx
        <a>
          <Image
            quality="85"
            src={imageUrl}
            alt={title}
            height={120}
            width={120}
            objectFit="cover"
          />
        </a>
      </Link>
    </Box>
    <Box padding={1}>
      <Flex
        height="100%"
        flexDirection="column"
        justifyContent="space-between"
      >
        <Box>
          <Text
            fontWeight="bold"
            variant="mediumLarge"
            marginTop={0}
            marginBottom={1}
            as="p"
          >
            {title}
          </Text>
          <Text margin={0} as="p">
            {price}円
          </Text>
        </Box>
        <Flex marginTop={{ base: 2, md: 0 }}>
          {/* 구입 버튼 */}
          <Button
            width={{ base: '100px', md: '200px' }}
            onClick={() => onBuyButtonClick && onBuyButtonClick(id)}
          >
            구입
          </Button>
```

```
          {/* 삭제 버튼(모바일) */}
          <Button
            marginLeft={1}
            width={{ base: '100px', md: '200px' }}
            display={{ base: 'block', md: 'none' }}
            variant="danger"
            onClick={() => onRemoveButtonClick && onRemoveButtonClick(id)}
          >
            삭제
          </Button>
        </Flex>
      </Flex>
    </Box>
  </Flex>
  <Box display={{ base: 'none', md: 'block' }}>
    {/* 삭제 버튼(데스크톱) */}
    <RemoveText
      color="danger"
      onClick={() => onRemoveButtonClick && onRemoveButtonClick(id)}
    >
      카트에서 삭제
    </RemoveText>
  </Box>
  </Flex>
  )
}

export default CartProduct
```

카트 상품의 스토리북을 구현합니다. id는 상품의 ID, title은 상품명, imageUrl은 상품 이미지 URL, price는 상품 가격을 지정합니다. onBuyButtonClick은 구입 버튼을 클릭했을 때 호출되는 이벤트 핸들러, onRemoveButtonClick은 카트 삭제 버튼을 클릭했을 때 호출되는 이벤트 핸들러를 지정합니다.

코드 6.32 _ src/components/organisms/CartProduct/index.stroies.tsx

```
import { ComponentMeta, ComponentStory } from '@storybook/react'
import CartProduct from './index'

export default {
  title: 'Organisms/CartProduct',
```

```
argTypes: {
  id: {
    control: { type: 'number' },
    description: '상품 ID',
    table: {
      type: { summary: 'number' },
    },
  },
  title: {
    control: { type: 'text' },
    description: '상품명',
    table: {
      type: { summary: 'string' },
    },
  },
  imageUrl: {
    control: { type: 'text' },
    description: '상품 이미지 URL',
    table: {
      type: { summary: 'string' },
    },
  },
  price: {
    control: { type: 'number' },
    description: '상품 가격',
    table: {
      type: { summary: 'number' },
    },
  },
  onBuyButtonClick: {
    description: '구입 버튼을 클릭했을 때의 이벤트 핸들러',
    table: {
      type: { summary: 'function' },
    },
  },
  onRemoveButtonClick: {
    description: '삭제 버튼을 클릭했을 때의 이벤트 핸들러',
    table: {
      type: { summary: 'function' },
    },
```

```
    },
  },
} as ComponentMeta<typeof CartProduct>

const Template: ComponentStory<typeof CartProduct> = (args) => (
  <CartProduct {...args} />
)

export const NiceShoes = Template.bind({})
NiceShoes.args = {
  id: 1,
  imageUrl: '/images/sample/1.jpg',
  title: '멋진 신발',
  price: 3200,
}
```

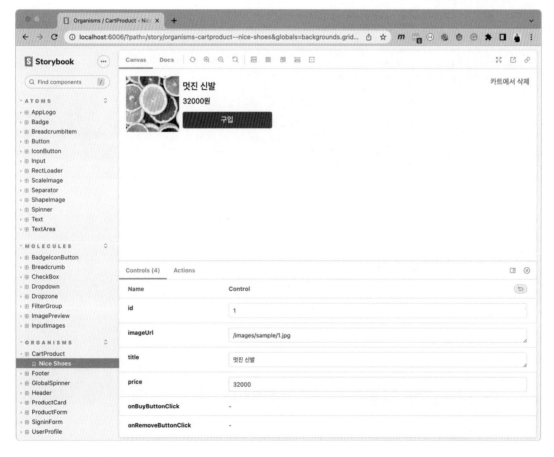

그림 6.19 카트 상품 컴포넌트

6.7.2 글로벌 스피너 – GlobalSpinner

글로벌 스피너 오거니즘 컴포넌트를 구현합니다. 이 컴포넌트는 리액트의 Context를 사용합니다.

useGlobalSpinnerContext는 글로벌 스피너의 표시/비표시 플래그 변수입니다. 이후 **코드** 6.34에서 구현합니다.

코드 6.33 _ src/components/organisms/GlobalSpinner/index.tsx

```tsx
import styled from 'styled-components'
import Spinner from 'components/atoms/Spinner'
import { useGlobalSpinnerContext } from 'contexts/GlobalSpinnerContext'

const GlobalSpinnerWrapper = styled.div`
  position: fixed;
  top: 0;
  left: 0;
  right: 0;
  bottom: 0;
  background-color: rgba(255, 255, 255, 0.7);
  display: flex;
  justify-content: center;
  align-items: center;
  z-index: 1200;
`

/**
 * 글로벌 스피너
 */
const GlobalSpinner - () => {
  const isGlobalSpinnerOn = useGlobalSpinnerContext()

  return (
    <>
      {isGlobalSpinnerOn && (
        <GlobalSpinnerWrapper>
          <Spinner isAutoCentering={true} />
        </GlobalSpinnerWrapper>
      )}
    </>
```

```
    )
  }

export default GlobalSpinner
```

코드 6.33에서 사용한 GlobalSpinnerContext를 구현합니다. GlobalSpinnerContext는 글로벌 스피너의 표시/비표시 플래그 변수인 콘텍스트, GlobalSpinnerActionContext는 글로벌 스피너를 표시/비표시하는 액션 dispatch 함수의 콘텍스트를 나타냅니다.

코드 6.34 _ src/contexts/GlobalSpinnerContext/index.tsx

```
import React, { useState, useContext, createContext } from 'react'

const GlobalSpinnerContext = createContext<boolean>(false)
const GlobalSpinnerActionsContext = createContext<
  React.Dispatch<React.SetStateAction<boolean>>
  // eslint-disable-next-line @typescript-eslint/no-empty-function
>(() => {})

// 글로벌 스피너 표시/비표시
export const useGlobalSpinnerContext = (): boolean =>
  useContext<boolean>(GlobalSpinnerContext)

// 글로벌 스피너 표시/비표시 액션
export const useGlobalSpinnerActionsContext = (): React.Dispatch<
  React.SetStateAction<boolean>
> =>
  useContext<React.Dispatch<React.SetStateAction<boolean>>>(
    GlobalSpinnerActionsContext,
  )

interface GlobalSpinnerContextProviderProps {
  children?: React.ReactNode
}

/**
 * 글로벌 스피너 콘텍스트 제공자
 */
const GlobalSpinnerContextProvider = ({
  children,
}: GlobalSpinnerContextProviderProps) => {
  const [isGlobalSpinnerOn, setGlobalSpinner] = useState(false)
```

```
  return (
    <GlobalSpinnerContext.Provider value={isGlobalSpinnerOn}>
      <GlobalSpinnerActionsContext.Provider value={setGlobalSpinner}>
        {children}
      </GlobalSpinnerActionsContext.Provider>
    </GlobalSpinnerContext.Provider>
  )
}

export default GlobalSpinnerContextProvider
```

글로벌 스피너의 스토리북을 구현합니다. 여기에서는 실전에서의 사용도 고려해, 콘텍스트와 조합한 형태로 작성합니다. 버튼을 눌렀을 때 useGlobalSpinnerActionsContext를 사용해 글로벌 스피너를 표시하고 5초 후에 화면에서 지웁니다. 실전에서는 Web API 호출 시 처리에 시간이 걸리는 부분의 로딩을 표시합니다.

코드 6.35 _ src/components/organisms/GlobalSpinner/index.stroies.tsx

```
import { ComponentMeta } from '@storybook/react'
import GlobalSpinner from './index'
import Button from 'components/atoms/Button'
import GlobalSpinnerContextProvider, {
  useGlobalSpinnerActionsContext,
} from 'contexts/GlobalSpinnerContext'

export default {
  title: 'organisms/GlobalSpinner',
} as ComponentMeta<typeof GlobalSpinner>

export const WithContextProvider = () => {
  const ChildComponent = () => {
    const setGlobalSpinner = useGlobalSpinnerActionsContext()
    const handleClick = () => {
      setGlobalSpinner(true)
      // 5초 후에 닫는다
      setTimeout(() => {
        setGlobalSpinner(false)
      }, 5000)
    }
```

```
  return (
    <>
      <GlobalSpinner />
      <Button onClick={handleClick}>스피너 표시</Button>
    </>
  )
}

return (
  <GlobalSpinnerContextProvider>
    <ChildComponent />
  </GlobalSpinnerContextProvider>
)
}
```

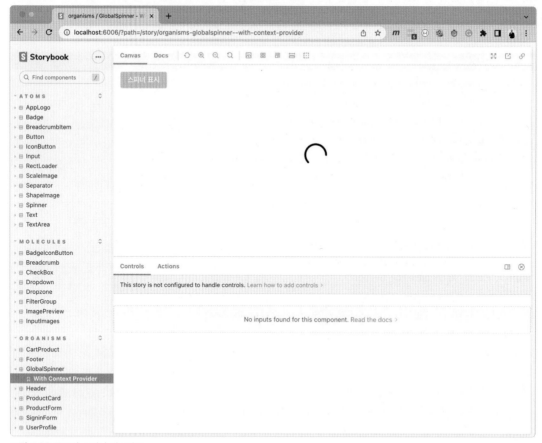

그림 6.20 글로벌 스피너 컴포넌트

타입스크립트, 리액트, Next.js로 배우는 실전 웹 애플리케이션 개발

6.7.3 헤더 – Header

헤더 오거니즘 컴포넌트를 구현합니다.

이 컴포넌트는 사용자의 로그인 상태를 관리하는 인증 콘텍스트(AuthContext)와 카트의 내용물을 관리하는 쇼핑 카트 콘텍스트(ShoppingCartContext)를 활용합니다.

인증 콘텍스트는 헤더에 로그인/비로그인 상태를 표시하기 위해 사용하고, 쇼핑 카트 콘텍스트는 카트의 내용물의 개수를 표시하기 위해 사용합니다.

또한 반응형 대응으로써 컴포넌트의 표시/비표시를 display={{ base: 'none', md: 'block' }}로 관리합니다. _는 기본으로 적용되는 스타일, md는 52em 이상인 경우 적용되는 스타일입니다.

코드 6.36 _ src/components/organisms/Header/index.tsx

```tsx
import Link from 'next/link'
import styled from 'styled-components'
import AppLogo from 'components/atoms/AppLogo'
import Button from 'components/atoms/Button'
import {
  SearchIcon,
  PersonIcon,
  ShoppingCartIcon,
} from 'components/atoms/IconButton'
import ShapeImage from 'components/atoms/ShapeImage'
import Spinner from 'components/atoms/Spinner'
import Text from 'components/atoms/Text'
import Box from 'components/layout/Box'
import Flex from 'components/layout/Flex'
import BadgeIconButton from 'components/molecules/BadgeIconButton'
import { useAuthContext } from 'contexts/AuthContext'
import { useShoppingCartContext } from 'contexts/ShoppingCartContext'

// 헤더 루트
const HeaderRoot = styled.header`
  height: 88px;
  padding: ${({ theme }) => theme.space[2]} 0px;
  border-bottom: 1px solid ${({ theme }) => theme.colors.border};
`
```

```
// 내비게이션
const Nav = styled(Flex)`
  & > span:not(:first-child) {
    margin-left: ${({ theme }) => theme.space[2]};
  }
`

// 내비게이션 링크
const NavLink = styled.span`
  display: inline;
`

// 앵커
const Anchor = styled(Text)`
  cursor: pointer;
  &:hover {
    text-decoration: underline;
  }
`

/**
 * 헤더
 */
const Header = () => {
  const { cart } = useShoppingCartContext()
  const { authUser, isLoading } = useAuthContext()

  return (
    <HeaderRoot>
      <Flex paddingLeft={3} paddingRight={3} justifyContent="space-between">
        <Nav as="nav" height="56px" alignItems="center">
          <NavLink>
            <Link href="/" passHref>
              <Anchor as="a">
                <AppLogo />
              </Anchor>
            </Link>
          </NavLink>
          <NavLink>
```

```
    <Box display={{ base: 'none', md: 'block' }}>
      <Link href="/search" passHref>
        <Anchor as="a">모두</Anchor>
      </Link>
    </Box>
  </NavLink>
  <NavLink>
    <Box display={{ base: 'none', md: 'block' }}>
      <Link href="/search/clothes" passHref>
        <Anchor as="a">의류</Anchor>
      </Link>
    </Box>
  </NavLink>
  <NavLink>
    <Box display={{ base: 'none', md: 'block' }}>
      <Link href="/search/book" passHref>
        <Anchor as="a">책</Anchor>
      </Link>
    </Box>
  </NavLink>
  <NavLink>
    <Box display={{ base: 'none', md: 'block' }}>
      <Link href="/search/shoes" passHref>
        <Anchor as="a">신발</Anchor>
      </Link>
    </Box>
  </NavLink>
</Nav>
<Nav as="nav" height="56px" alignItems="center">
  <NavLink>
    <Box display={{ base: 'block', md: 'none' }}>
      <Link href="/search" passHref>
        <Anchor as="a">
          <SearchIcon />
        </Anchor>
      </Link>
    </Box>
  </NavLink>
  <NavLink>
```

```
        <Link href="/cart" passHref>
          <Anchor as="a">
            <BadgeIconButton
              icon={<ShoppingCartIcon size={24} />}
              size="24px"
              badgeContent={cart.length === 0 ? undefined : cart.length}
              badgeBackgroundColor="#ed9f28"
            />
          </Anchor>
        </Link>
      </NavLink>
      <NavLink>
        {(() => {
          // 인증된 상태라면 아이콘을 표시
          if (authUser) {
            return (
              <Link href={`/users/${authUser.id}`} passHref>
                <Anchor as="a">
                  <ShapeImage
                    shape="circle"
                    src={authUser.profileImageUrl}
                    width={24}
                    height={24}
                    data-testid="profile-shape-image"
                  />
                </Anchor>
              </Link>
            )
          } else if (isLoading) {
            // 로드 중에는 스피너를 표시
            return <Spinner size={20} strokeWidth={2} />
          } else {
            // 로그인하지 않은 경우에는 아이콘을 표시
            return (
              <Link href="/signin" passHref>
                <Anchor as="a">
                  <PersonIcon size={24} />
                </Anchor>
              </Link>
```

```
              )
          }
        })()}
      </NavLink>
      <NavLink>
        <Link href="/sell" passHref>
          <Button as="a">등록</Button>
        </Link>
      </NavLink>
    </Nav>
  </Flex>
  </HeaderRoot>
  )
}

export default Header
```

다음으로 인증 콘텍스트(`AuthContext`)를 구현합니다. 콘텍스트에 인증 사용자(`authUser`)와 로딩 (`isLoading`)을 저장합니다. 이 콘텍스트를 통해, 사용자의 인증 상태를 관리할 수 있습니다.

인증을 수행하려면 **signin** 함수를 실행하고 인증 API(**/auth/signin**)을 호출합니다. 로그인이 성공했을 때는 **mutate** 함수를 호출해 다시 사용자 취득 API(**/users/me**)를 호출해서 인증 사용자를 콘텍스트에 저 장합니다. 또한, 로그아웃을 수행하려면 **signout** 함수를 실행합니다.

코드 6.37 _ src/contexts/AuthContext/index.tsx

```
import React, { useContext } from 'react'
import useSWR from 'swr'
import signin from 'services/auth/signin'
import signout from 'services/auth/signout'
import type { ApiContext, User } from 'types'

type AuthContextType = {
  authUser?: User
  isLoading: boolean
  signin: (username: string, password: string) => Promise<void>
  signout: () => Promise<void>
  mutate: (
    data?: User | Promise<User>,
```

```
    shouldRevalidate?: boolean,
  ) => Promise<User | undefined>
}

type AuthContextProviderProps = {
  context: ApiContext
  authUser?: User
}

const AuthContext = React.createContext<AuthContextType>({
  authUser: undefined,
  isLoading: false,
  signin: async () => Promise.resolve(),
  signout: async () => Promise.resolve(),
  mutate: async () => Promise.resolve(undefined),
})

export const useAuthContext = (): AuthContextType =>
  useContext<AuthContextType>(AuthContext)

/**
 * 인증 콘텍스트 제공자
 * @param params 파라미터
 */
export const AuthContextProvider = ({
  context,
  authUser,
  children,
}: React.PropsWithChildren<AuthContextProviderProps>) => {
  const { data, error, mutate } = useSWR<User>(
    `${context.apiRootUrl.replace(/\/$/g, '')}/users/me`,
  )
  const isLoading = !data && !error

  // 로그인
  const signinInternal = async (username: string, password: string) => {
    await signin(context, { username, password })
    await mutate()
  }
```

```
// 로그아웃
const signoutInternal = async () => {
  await signout(context)
  await mutate()
}

return (
  <AuthContext.Provider
    value={{
      authUser: data ?? authUser,
      isLoading,
      signin: signinInternal,
      signout: signoutInternal,
      mutate,
    }}
  >
    {children}
  </AuthContext.Provider>
)
}
```

쇼핑 카트 콘텍스트(ShoppingCartContext)를 구현합니다. 콘텍스트에는 카트에 들어있는 상품 리스트 (cart)를 저장하고 있습니다. 이 콘텍스트를 통해 카트의 내용물을 관리/표시할 수 있습니다.

카트에 상품을 추가할 때는 addProductToCart 함수를 호출합니다. 또한, 카드의 상품을 삭제할 때는 상품 ID를 인수로 지정하고 removeProductFromCart 함수를 호출합니다. cart 객체 관리에는 useReducer를 사용합니다. 자세한 설명은 소스 코드의 주석을 참조합니다.

코드 6.38 _ src/contexts/ShoppingCartContext/index.tsx

```
import React, { useReducer, useContext } from 'react'
import { shopReducer, ADD_PRODUCT, REMOVE_PRODUCT } from './reducers'
import type { Product } from 'types'

type ShoppingCartContextType = {
  cart: Product[]
  addProductToCart: (product: Product) => void
  removeProductFromCart: (productId: number) => void
}
```

```
const ShoppingCartContext = React.createContext<ShoppingCartContextType>({
  cart: [],
  // eslint-disable-next-line @typescript-eslint/no-empty-function
  addProductToCart: () => {},
  // eslint-disable-next-line @typescript-eslint/no-empty-function
  removeProductFromCart: () => {},
})

export const useShoppingCartContext = (): ShoppingCartContextType =>
  useContext<ShoppingCartContextType>(ShoppingCartContext)

interface ShoppingCartContextProviderProps {
  children?: React.ReactNode
}

/**
 * 쇼핑 카트 콘텍스트 제공자
 */
export const ShoppingCartContextProvider = ({
  children,
}: ShoppingCartContextProviderProps) => {
  const products: Product[] = []
  const [cartState, dispatch] = useReducer(shopReducer, products)

  // 상품을 카트에 추가
  const addProductToCart = (product: Product) => {
    dispatch({ type: ADD_PRODUCT, payload: product })
  }

  // 상품을 카트에서 삭제
  const removeProductFromCart = (productId: number) => {
    dispatch({ type: REMOVE_PRODUCT, payload: productId })
  }

  return (
    <ShoppingCartContext.Provider
      value={{
        cart: cartState,
        addProductToCart,
        removeProductFromCart,
      }}
    >
```

```
      {children}
    </ShoppingCartContext.Provider>
  )
}
```

Reducer를 구현합니다. 상품 추가인 ADD_PRODUCT, 상품 삭제인 REMOVE_PRODUCT의 2개 액션이 있습니다. ADD_PRODUCT는 상품 리스트의 끝에 추가합니다. 이에 비해 REMOVE_PRODUCT는 지정한 ID의 상품 리스트 안에서 검색하고, 삭제합니다. 이 두 가지 액션은 shopReducer 함수에서 조건 분기를 처리하고, 다음의 상품 리스트의 상태를 반환합니다.

코드 6.39 _ src/contexts/ShoppingCartContext/reducers.ts

```
import { Product } from 'types'

export const ADD_PRODUCT = 'ADD_PRODUCT'
export const REMOVE_PRODUCT = 'REMOVE_PRODUCT'

type ShopReducerAction =
  | {
      type: 'ADD_PRODUCT'
      payload: Product
    }
  | {
      type: 'REMOVE_PRODUCT'
      payload: number
    }

/**
 * 상품 추가 액션
 * @param product 상품
 * @param state 현재 상태
 * @returns 다음 상태
 */
const addProductToCart = (product: Product, state: Product[]) => {
  return [...state, product]
}

/**
 * 상품 삭제 액션
 * @param product 상품
```

```
 * @param state 현재 상태
 * @returns 다음 상태
 */
const removeProductFromCart = (productId: number, state: Product[]) => {
  const removedItemIndex = state.findIndex((item) => item.id === productId)

  state.splice(removedItemIndex, 1)

  return [...state]
}

/**
 * 쇼핑 카트 Reducer
 * @param state 현재 상태
 * @param action 액션
 * @returns 다음 상태
 */
export const shopReducer: React.Reducer<Product[], ShopReducerAction> = (
  state: Product[],
  action: ShopReducerAction,
) => {
  switch (action.type) {
    case ADD_PRODUCT:
      return addProductToCart(action.payload, state)
    case REMOVE_PRODUCT:
      return removeProductFromCart(action.payload, state)
    default:
      return state
  }
}
```

헤더의 스토리북을 구현합니다. 여기에서는 실전에서의 사용도 고려해서 콘텍스트와 조합한 형태로 작성합니다. 두 종류의 스토리를 제공하며 NoLogin은 비로그인 상태의 헤더, Login은 로그인 상태의 헤더를 나타냅니다.

로그인 상태의 헤더의 확인은 인증 콘텍스트(AuthContext)와 쇼핑 카트 콘텍스트(ShoppingCartContext)를 사용합니다. 더미 사용자의 설정과 더미 상품을 카트에 추가합니다.

```tsx
import React, { useEffect } from 'react'
import { ComponentMeta } from '@storybook/react'
import Header from './index'
import {
  ShoppingCartContextProvider,
  useShoppingCartContext,
} from 'contexts/ShoppingCartContext'
import { AuthContextProvider } from 'contexts/AuthContext'

export default { title: 'organisms/Header' } as ComponentMeta<typeof Header>

// 로그인 상태가 아닐 때의 헤더
export const NoLogin = () => <Header />

// 로그인 상태의 헤더
export const Login = () => {
  // 더미 사용자 추가
  const authUser = {
    id: 1,
    username: 'dummy',
    displayName: 'Hana Kim',
    email: 'hana.kim@example.com',
    profileImageUrl: '/images/sample/1.jpg',
    description: '',
  }

  const ChildComponent = () => {
    const { addProductToCart } = useShoppingCartContext()
    // 더미 상품 추가
    useEffect(() => {
      addProductToCart({
        id: 1,
        category: 'book',
        title: 'Product',
        description: '',
        imageUrl: '/images/sample/1.jpg',
        blurDataUrl: '',
        price: 1000,
        condition: 'used',
        owner: authUser,
```

```
    })
    // eslint-disable-next-line react-hooks/exhaustive-deps
  }, [])

  return <Header />
}

return (
  <ShoppingCartContextProvider>
    <AuthContextProvider
      context={{ apiRootUrl: 'https://dummy' }}
      authUser={authUser}
    >
      <ChildComponent />
    </AuthContextProvider>
  </ShoppingCartContextProvider>
)
}
```

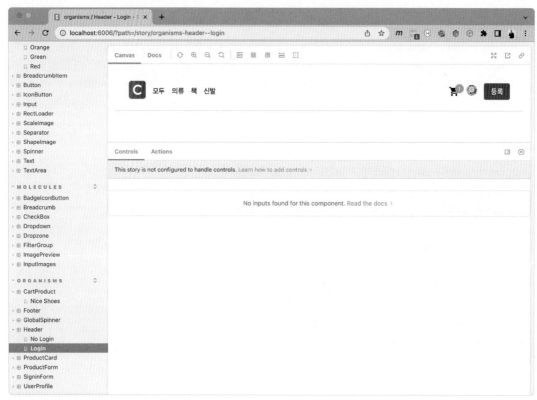

그림 6.21 헤더 컴포넌트

6.7.4 상품 카드 – ProductCard

상품 카드 오거니즘 컴포넌트를 구현합니다. 이 컴포넌트는 상품 리스트 표시에 사용합니다.

variant로 카드의 크기를 변경할 수 있으므로, 다양한 장면에서 상품을 표시하고 싶을 때 사용할 수 있습니다.

코드 6.41 _ src/components/organisms/ProductCard/index.tsx

```tsx
import styled from 'styled-components'
import ScaleImage from 'components/atoms/ScaleImage'
import Text from 'components/atoms/Text'
import Box from 'components/layout/Box'

interface ProductCardProps {
  /**
   * 상품 제목
   */
  title: string
  /**
   * 상품 가격
   */
  price: number
  /**
   * 상품 기획 URL
   */
  imageUrl: string
  /**
   * 상품의 흐릿한 이미지의 데이터 URI 스킴
   */
  blurDataUrl?: string
  /**
   * 변형(표시 스타일)
   */
  variant?: 'listing' | 'small' | 'detail'
}

// 상품 카드 컨테이너
const ProductCardContainer = styled.div`
  position: relative;
`
```

```
// 상품 카드 이미지 컨테이너
const ProductCardImageContainer = styled.div`
  z-index: 99;
`

// 상품 카드 정보
const ProductCardInfo = styled.div`
  position: absolute;
  z-index: 100;
  top: 0px;
  left: 0px;
`

/**
 * 상품 카드
 */
const ProductCard = ({
  title,
  price,
  imageUrl,
  blurDataUrl,
  variant = 'listing',
}: ProductCardProps) => {
  const { size, imgSize } = (() => {
    switch (variant) {
      case 'detail':
        return { size: { base: '320px', md: '540px' }, imgSize: 540 }
      case 'listing':
        return { size: { base: '160px', md: '240px' }, imgSize: 240 }
      default:
        return { size: { base: '160px' }, imgSize: 160 }
    }
  })()

  return (
    <ProductCardContainer>
      {variant !== 'small' && (
        <ProductCardInfo>
          <Box>
```

```
        <Text
          as="h2"
          fontSize={{ base: 'small', md: 'mediumLarge' }}
          letterSpacing={{ base: 2, md: 3 }}
          lineHeight={{ base: '32px', md: '48px' }}
          backgroundColor="white"
          margin={0}
          paddingRight={2}
          paddingLeft={2}
          paddingTop={0}
          paddingBottom={0}
        >
          {title}
        </Text>
        <Text
          as="span"
          fontWeight="bold"
          display="inline-block"
          backgroundColor="white"
          fontSize={{ base: 'extraSmall', md: 'medium' }}
          lineHeight={{ base: '8px', md: '12px' }}
          letterSpacing={{ base: 2, md: 4 }}
          margin={0}
          padding={{ base: 1, md: 2 }}
        >
          {price}원
        </Text>
      </Box>
    </ProductCardInfo>
  )}
<ProductCardImageContainer>
  {blurDataUrl && (
    <ScaleImage
      src={imageUrl}
      width={imgSize ?? 240}
      height={imgSize ?? 240}
      containerWidth={size}
      containerHeight={size}
      objectFit="cover"
```

```
            placeholder="blur"
            blurDataURL={blurDataUrl}
          />
        )}
        {!blurDataUrl && (
          <ScaleImage
            src={imageUrl}
            width={imgSize ?? 240}
            height={imgSize ?? 240}
            containerWidth={size}
            containerHeight={size}
            objectFit="cover"
          />
        )}
      </ProductCardImageContainer>
      {variant === 'small' && (
        <Box marginTop={1}>
          <Text as="h2" variant="medium" margin={0} padding={0}>
            {title}
          </Text>
          <Text as="span" variant="medium">
            {price}원
          </Text>
        </Box>
      )}
    </ProductCardContainer>
  )
}

export default ProductCard
```

상품 카드의 스토리북을 구현합니다. **title**은 상품명, **imageUrl**은 상품 이미지 URL, **price**는 상품 가격을 지정합니다.

blurDataUrl은 next/image의 **blurDataURL**의 인수와 같으며, 이미지가 로드되기 전 흐린 이미지를 데이터 URL 스킴으로 지정할 수 있습니다.[15]

---

[15] 그러나 이 책에서는 실제로는 사용하지 않고, 빈 문자열을 설정했습니다.

variant는 카드의 크기를 변경할 수 있으며 large, normal, small 중 하나로 지정합니다.

```tsx
import { ComponentMeta, ComponentStory } from '@storybook/react'
import ProductCard from './index'

export default {
  title: 'Organisms/ProductCard',
  argTypes: {
    title: {
      control: { type: 'text' },
      description: '상품명',
      table: {
        type: { summary: 'string' },
      },
    },
    price: {
      control: { type: 'number' },
      description: '상품 가격',
      table: {
        type: { summary: 'number' },
      },
    },
    imageUrl: {
      control: { type: 'text' },
      description: '상품 이미지 URL',
      table: {
        type: { summary: 'string' },
      },
    },
    blurDataUrl: {
      control: { type: 'text' },
      description: '상품의 흐릿한 이미지의 데이터 URI 스킴',
      table: {
        type: { summary: 'string' },
      },
    },
    variant: {
      options: ['listing', 'small', 'detail'],
```

```
      control: { type: 'radio' },
      defaultValue: 'listing',
      description: '변경(표시 스타일)',
      table: {
        type: { summary: 'listing ¦ small ¦ detail' },
        defaultValue: { summary: 'primary' },
      },
    },
  },
} as ComponentMeta<typeof ProductCard>

const Template: ComponentStory<typeof ProductCard> = (args) => (
  <ProductCard {...args} />
)

// Listing 카드
export const Listing = Template.bind({})
Listing.args = {
  variant: 'listing',
  title: '멋진 신발',
  imageUrl: '/images/sample/1.jpg',
  price: 2000,
}

// Small 카드
export const Small = Template.bind({})
Small.args = {
  variant: 'small',
  title: '멋진 신발',
  imageUrl: '/images/sample/1.jpg',
  price: 2000,
}

// Detail 카드
export const Detail = Template.bind({})
Detail.args = {
  variant: 'detail',
  title: '멋진 신발',
  imageUrl: '/images/sample/1.jpg',
  price: 2000,
}
```

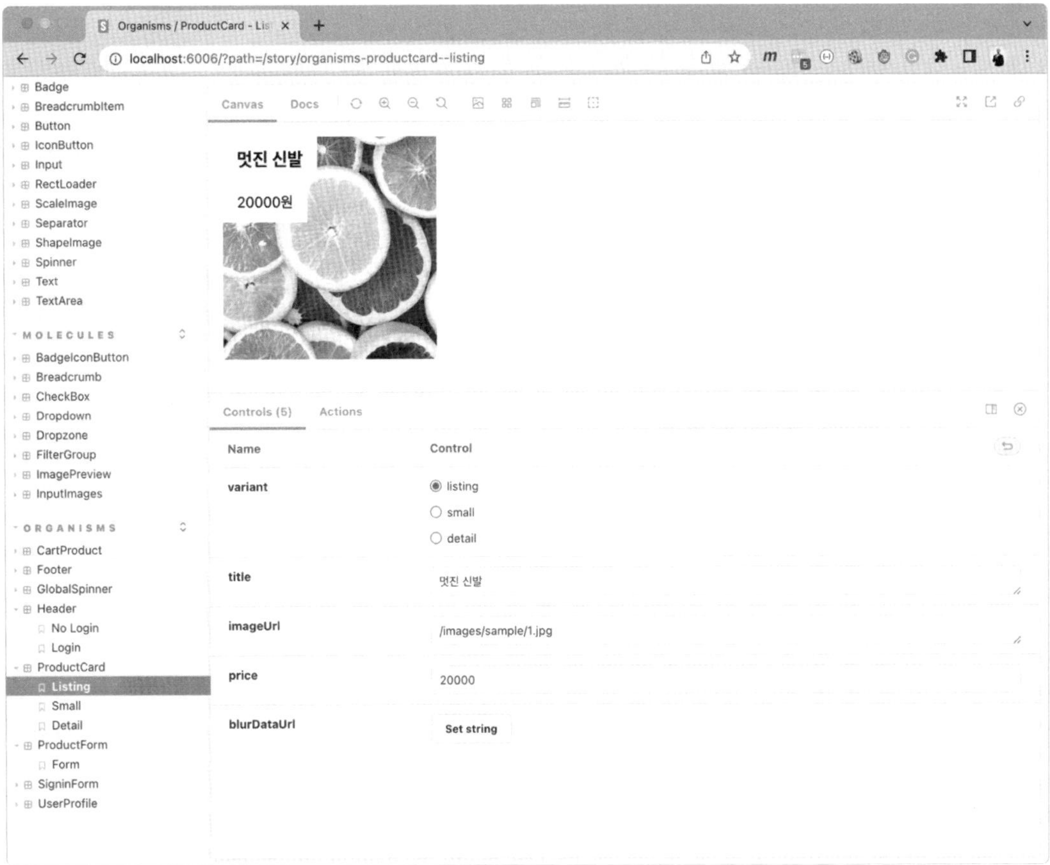

그림 6.22 상품 카드 콘텍스트

칼럼

데이터 URI 스킴

데이터 URI 스킴은 웹 페이지에 인라인으로 데이터를 삽입하는 방법을 제공하는 URI 스킴입니다. 예를 들어, 이미지를 다음과 같이 base64로 인코딩된 데이터를 인라인으로 삽입함으로써 HTTP 요청 수가 줄어들고, 데이터 전송 효율을 개선할 수 있는 가능성이 있습니다.

```
<img src="example.gif" alt="logo">
```

```
<img src="data:image/gif;base64,R0lGODlhfQFUAKIGAP///8zMzJmZmWZmZjMzMwAAAP///
wAAACH5BAEAAAYALAAAAAB9AVQAAAP/CLrc/jDKSau90OvNu/(생략)" alt="logo">
```

6.7.5 상품 등록 폼 – ProductForm

상품 등록 폼 오거니즘 컴포넌트를 구현합니다. 이 컴포넌트는 상품 등록 페이지에서 사용됩니다. 상품 이미지, 상품명, 상품 설명, 카테고리, 상태, 상품 가격을 입력한 후 **onProductSave** 이벤트 핸들러에 전달합니다. 폼 밸리데이션에는 5장에서 소개한 React Hook Form의 Controller 컴포넌트를 사용합니다. { required: true }로 전달함으로써, 빈 폼을 전송하려고 할 때 밸리데이션 에러를 발생시킵니다.

코드 6.43 _ src/components/organisms/ProductForm/index.tsx

```tsx
import { Controller, useForm } from 'react-hook-form'
import Button from 'components/atoms/Button'
import Input from 'components/atoms/Input'
import Text from 'components/atoms/Text'
import TextArea from 'components/atoms/TextArea'
import Box from 'components/layout/Box'
import Dropdown from 'components/molecules/Dropdown'
import InputImages, { FileData } from 'components/molecules/InputImages'
import type { Category, Condition } from 'types'

export type ProductFormData = {
  image: FileData[]
  title: string
  description: string
  category: Category
  condition: Condition
  price: string
}

interface ProductFormProps {
  /**
   * 등록 버튼을 클릭했을 때의 이벤트 핸들러
   */
  onProductSave?: (data: ProductFormData) => void
}

/**
 * 상품 등록 폼
 */
const ProductForm = ({ onProductSave }: ProductFormProps) => {
```

```
// React Hook Form 사용
const {
  register,
  handleSubmit,
  control,
  formState: { errors },
} = useForm<ProductFormData>()
const onSubmit = (data: ProductFormData) => {
  onProductSave && onProductSave(data)
}

return (
  <form onSubmit={handleSubmit(onSubmit)}>
    <Box marginBottom={3}>
      <Box marginBottom={2}>
        <Text as="label" variant="mediumLarge" fontWeight="bold">
          상품 사진
        </Text>
      </Box>
      {/* 상품 이미지 입력 */}
      <Controller
        control={control}
        name="image"
        rules={{ required: true }}
        render={({ field: { onChange, value }, fieldState: { error } }) => (
          <InputImages
            images={value ?? []}
            onChange={onChange}
            maximumNumber={1}
            hasError={!!error}
          />
        )}
      />
      {errors.image && (
        <Text color="danger" variant="small" paddingLeft={1}>
          Product image is required
        </Text>
      )}
    </Box>
```

```
<Box marginBottom={3}>
  <Box marginBottom={2}>
    <Text as="label" variant="mediumLarge" fontWeight="bold">
      상품 정보
    </Text>
  </Box>
  <Box marginBottom={1}>
    <Text as="label" variant="medium">
      제목
    </Text>
    {/* 상품 제목 입력 */}
    <Input
      {...register('title', { required: true })}
      name="title"
      type="text"
      placeholder="상품 제목"
      hasError={!!errors.title}
    />
    {errors.title && (
      <Text color="danger" variant="small" paddingLeft={1}>
        제목 입력은 필수입니다
      </Text>
    )}
  </Box>
  <Box marginBottom={1}>
    <Text as="label" variant="medium">
      개요
    </Text>
    {/* 상품 개요 입력 */}
    <Controller
      control={control}
      name="description"
      rules={{ required: true }}
      render={(({ field: { onChange, value }, fieldState: { error } }) => (
        <TextArea
          placeholder="최고의 상품입니다!"
          hasError={!!error}
          onChange={onChange}
```

```
        >
          {value}
        </TextArea>
      )}
    />
    {errors.description && (
      <Text color="danger" variant="small" paddingLeft={1}>
        개요 입력은 필수입니다
      </Text>
    )}
  </Box>
  <Box marginBottom={1}>
    <Text as="label" variant="medium">
      카테고리
    </Text>
    {/* 카테고리 드롭다운 */}
    <Controller
      control={control}
      name="category"
      rules={{ required: true }}
      defaultValue="shoes"
      render={({ field: { onChange, value }, fieldState: { error } }) => (
        <Dropdown
          options={[
            { value: 'shoes', label: '슈즈' },
            { value: 'clothes', label: '의류' },
            { value: 'book', label: '' },
          ]}
          hasError={!!error}
          value={value}
          placeholder="카테고리를 선택해 주십시오"
          onChange={(v) => onChange(v?.value)}
        />
      )}
    />
    {errors.category && (
      <Text color="danger" variant="small" paddingLeft={1}>
        카테고리 선택은 필수입니다
      </Text>
```

```
    )}
  </Box>
  <Box marginBottom={1}>
    <Text as="label" variant="medium">
      상품 상태
    </Text>
    {/* 상품 상태 드롭다운 */}
    <Controller
      control={control}
      name="condition"
      rules={{ required: true }}
      defaultValue="used"
      render={({ field: { onChange, value }, fieldState: { error } }) => (
        <Dropdown
          options={[
            { value: 'used', label: '중고' },
            { value: 'new', label: '신품' },
          ]}
          hasError={!!error}
          value={value ?? 'used'}
          placeholder="Please select condition"
          onChange={(v) => onChange(v?.value)}
        />
      )}
    />
    {errors.condition && (
      <Text color="danger" variant="small" paddingLeft={1}>
        상품 상태 입력은 필수입니다
      </Text>
    )}
  </Box>
  <Box>
    <Text as="label" variant="medium">
      가격(원)
    </Text>
    {/* 가격 입력 */}
    <Input
      {...register('price', { required: true })}
      name="price"
```

```
            type="number"
            placeholder="100"
            hasError={!!errors.price}
          />
          {errors.price && (
            <Text color="danger" variant="small" paddingLeft={1}>
              가격의 입력은 필수입니다
            </Text>
          )}
        </Box>
      </Box>
      <Button width="100%" type="submit">
        등록
      </Button>
    </form>
  )
}

export default ProductForm
```

상품 등록 폼의 스토리북을 구현합니다. onProductSave는 등록 버튼을 눌렀을 때 호출되는 이벤트 핸들러를 지정합니다.

코드 6.44 _ src/components/organisms/ProductCard/index.stroies.tsx

```
import { ComponentMeta, ComponentStory } from '@storybook/react'
import ProductForm from './index'

export default {
  title: 'Organisms/ProductForm',
  argTypes: {
    onProductSave: {
      description: '등록 버튼을 클릭했을 때의 이벤트 핸들러',
      table: {
        type: { summary: 'function' },
      },
    },
  },
} as ComponentMeta<typeof ProductForm>
```

```
const Template: ComponentStory<typeof ProductForm> = (args) => (
  <ProductForm {...args} />
)
export const Form = Template.bind({})
```

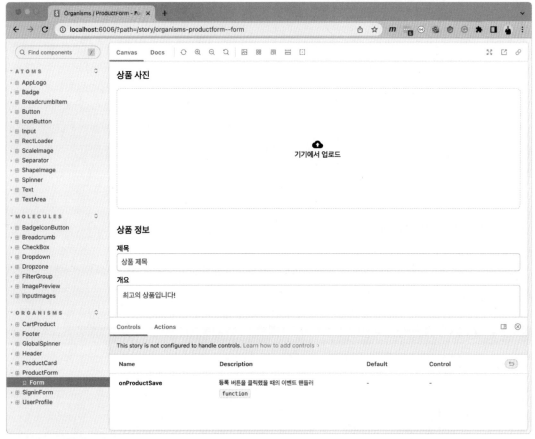

그림 6.23 상품 등록 폼 컴포넌트

6.7.6 로그인 폼 – SigninForm

로그인 폼 오거니즘 컴포넌트를 구현합니다. 이 컴포넌트는 로그인 페이지에서 사용됩니다. 사용자명과 비밀번호를 입력한 뒤 onSignin 이벤트 핸들러를 받습니다. 폼 밸리데이션에는 React Hook Form의 register 함수를 사용합니다(5.2.5 참조). { required: true }를 전달함으로써, 빈 폼을 송신하려고 할 때는 밸리데이션 에러를 발생시킵니다.

```
import { useForm } from 'react-hook-form'
import Button from 'components/atoms/Button'
import Input from 'components/atoms/Input'
import Text from 'components/atoms/Text'
import Box from 'components/layout/Box'

export type SigninFormData = {
  username: string
  password: string
}

interface SigninFormProps {
  /**
   * 로그인 버튼을 클릭했을 때의 이벤트 핸들러
   */
  onSignin?: (username: string, password: string) => void
}

/**
 * 로그인 폼
 */
const SigninForm = ({ onSignin }: SigninFormProps) => {
  // React Hook Form 사용
  const {
    register,
    handleSubmit,
    formState: { errors },
  } = useForm<SigninFormData>()
  const onSubmit = (data: SigninFormData) => {
    const { username, password } = data

    onSignin && onSignin(username, password)
  }

  return (
    <form onSubmit={handleSubmit(onSubmit)}>
      <Box marginBottom={1}>
        {/* 로그인 사용자명 입력 */}
```

```
        <Input
          {...register('username', { required: true })}
          name="username"
          type="text"
          placeholder="사용자명"
          hasError={!!errors.username}
        />
        {errors.username && (
          <Text color="danger" variant="small" paddingLeft={1}>
            사용자명은 필수입니다
          </Text>
        )}
      </Box>
      <Box marginBottom={2}>
        {/* 로그인 비밀번호 입력 */}
        <Input
          {...register('password', { required: true })}
          name="password"
          type="password"
          placeholder="비밀번호"
          hasError={!!errors.password}
        />
        {errors.password && (
          <Text color="danger" variant="small" paddingLeft={1}>
            비밀번호는 필수입니다
          </Text>
        )}
      </Box>
      <Button width="100%" type="submit">
        로그인
      </Button>
    </form>
  )
}

export default SigninForm
```

로그인 폼의 스토리북을 구현합니다. onSignin은 로그인 버튼을 클릭했을 때 호출되는 이벤트 핸들러를
지정합니다.

```tsx
import { ComponentMeta, ComponentStory } from '@storybook/react'
import SigninForm from './index'

export default {
  title: 'Organisms/SigninForm',
  argTypes: {
    onSignin: {
      description: '로그인 버튼을 클릭했을 때의 이벤트 핸들러',
      table: {
        type: { summary: 'function' },
      },
    },
  },
} as ComponentMeta<typeof SigninForm>

const Template: ComponentStory<typeof SigninForm> = (args) => (
  <SigninForm {...args} />
)
export const Form = Template.bind({})
```

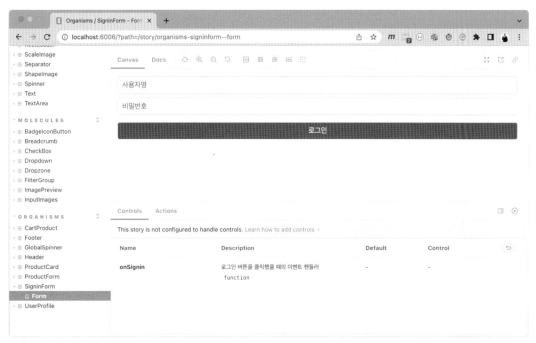

그림 6.24 로그인 폼 컴포넌트

6.7.7 사용자 프로필 – UserProfile

사용자 프로필 오거니즘 컴포넌트를 구현합니다. 이 컴포넌트는 사용자 정보를 표시할 때 사용합니다.
variant에 따라 이미지 크기, description의 표시/비표시를 변경할 수 있습니다.

코드 6.47 _ src/components/organisms/UserProfile/index.tsx

```tsx
import ShapeImage from 'components/atoms/ShapeImage'
import Text from 'components/atoms/Text'
import Box from 'components/layout/Box'
import Flex from 'components/layout/Flex'

interface UserProfileProps {
  /**
   * 변형(표지 스타일)
   */
  variant?: 'normal' | 'small'
  /**
   * 사용자명
   */
  username: string
  /**
   * 사용자 이미지 URL
   */
  profileImageUrl: string
  /**
   * 사용자가 소유한 상품 수
   */
  numberOfProducts: number
  /**
   * 사용자 설명
   */
  description?: string
}

/**
 * 사용자 프로파일
 */
const UserProfile = ({
  variant = 'normal',
```

```
  username,
  profileImageUrl,
  numberOfProducts,
  description,
}: UserProfileProps) => {
  const profileImageSize = variant === 'small' ? '100px' : '120px'


  return (
    <Flex>
      <Box minWidth={profileImageSize}>
        {/* 사용자 이미지 */}
        <ShapeImage
          shape="circle"
          quality="85"
          src={profileImageUrl}
          alt={username}
          height={profileImageSize}
          width={profileImageSize}
        />
      </Box>
      <Box padding={1}>
        <Flex
          height="100%"
          flexDirection="column"
          justifyContent="space-between"
        >
          <Box>
            {/* 사용자명 */}
            <Text
              as="p"
              fontWeight="bold"
              variant="mediumLarge"
              marginTop={0}
              marginBottom={1}
            >
              {username}
            </Text>
            {/* 상품 등록 수 */}
            <Text marginBottom={1} marginTop={0} as="p">
```

```
            {numberOfProducts}개 제품 게시 완료
          </Text>
          {/* 사용자 개요 */}
          {variant === 'normal' && (
            <Text margin={0} as="p">
              {description}
            </Text>
          )}
        </Box>
      </Flex>
    </Box>
  </Flex>
  )
}

export default UserProfile
```

사용자 프로필의 스토리북을 구현합니다. variant로 크기를 변경할 수 있으며 small 또는 normal 중 하나를 지정합니다. username은 사용자명, profileImageUrl은 사용의 이미지 URL, numberOfProducts는 상품 수, description은 사용자 설명을 지정합니다.

코드 6.48 _ src/components/organisms/UserProfile/index.stroies.tsx

```
import { ComponentMeta, ComponentStory } from '@storybook/react'
import UserProfile from './index'

export default {
  title: 'Organisms/UserProfile',
  argTypes: {
    variant: {
      options: ['normal', 'small'],
      control: { type: 'radio' },
      defaultValue: 'normal',
      description: '변형(표지 스타일)',
      table: {
        type: { summary: 'normal | small' },
        defaultValue: { summary: 'normal' },
      },
    },
```

```
      username: {
        control: { type: 'text' },
        description: '사용자명',
        table: {
          type: { summary: 'string' },
        },
      },
      profileImageUrl: {
        control: { type: 'text' },
        description: '사용자 이미지 URL',
        table: {
          type: { summary: 'string' },
        },
      },
      numberOfProducts: {
        control: { type: 'number' },
        description: '사용자 소유한 상품 수',
        table: {
          type: { summary: 'number' },
        },
      },
      description: {
        control: { type: 'text' },
        description: '사용자 설명',
        table: {
          type: { summary: 'string' },
        },
      },
    },
} as ComponentMeta<typeof UserProfile>

const Template: ComponentStory<typeof UserProfile> = (args) => (
  <UserProfile {...args} />
)

export const Small = Template.bind({})
Small.args = {
  variant: 'small',
  username: '테스트 사용자',
```

```
  profileImageUrl: '/images/sample/1.jpg',
  numberOfProducts: 2000,
  description: '샘플 텍스트',
}

export const Normal = Template.bind({})
Normal.args = {
  variant: 'normal',
  username: '테스트 사용자',
  profileImageUrl: '/images/sample/1.jpg',
  numberOfProducts: 2000,
  description: '샘플 텍스트',
}
```

그림 6.25 사용자 프로필 컴포넌트

6.8 템플릿 구현

템플릿(Templates)에 관해 설명합니다. 템플릿에서는 페이지 전체 레이아웃을 구현합니다.

6.8.1 레이아웃

Layout 컴포넌트는 주로 Header와 Footer 컴포넌트, 메인 콘텐츠인 children으로 구성됩니다. 이번 장의 애플리케이션에서는 템플릿은 1개만 존재하지만, 헤더의 종류를 변경하는 등 다른 레이아웃 페이지를 작성하고 싶을 때는 템플릿을 여러 개 작성합니다.

코드 6.49 _ src/components/templates/Layout/index.tsx

```tsx
import Separator from 'components/atoms/Separator'
import Box from 'components/layout/Box'
import Footer from 'components/organisms/Footer'
import Header from 'components/organisms/Header'

interface LayoutProps {
  children: React.ReactNode
}

const Layout = ({ children }: LayoutProps) => {
  return (
    <>
      <Header />
      <main>{children}</main>
      <Separator />
      <Box padding={3}>
        <Footer />
      </Box>
    </>
  )
}

export default Layout
```

6.9 페이지 설계와 구현

이전 장까지 모든 컴포넌트를 만들었습니다. 이제부터는 각 페이지를 구현합니다. 페이지 종류는 이번 장에서 이미 설명했지만, 여기에서 한 번 더 설명합니다.

페이지
로그인 페이지
사용자 페이지
톱 페이지
검색 페이지
상품 상세 페이지
쇼핑 카트 페이지
상품 등록 페이지

페이지를 구현하기에 앞서 4장에서 설명한 프레젠테이션 컴포넌트와 컨테이너 컴포넌트를 다시 확인해 봅니다.

프레젠테이션 컴포넌트는 형태를 구현하는 컴포넌트입니다. 지금까지 작성한 아톰, 몰리큘, 오거니즘, 템플릿은 프레젠테이션 컴포넌트에 속합니다.

한편, 컨테이너 컴포넌트는 훅을 가질 수 있으며, 상태를 사용해 표시 내용을 전환하고, API 호출 등의 부가 작용을 실행하는 등의 작동을 구현합니다. 또한, 콘텍스트를 참조해 프레젠테이션 컴포넌트에서의 표시에 필요한 데이터를 전달합니다. 컨테이너 컴포넌트를 사용함으로써 페이지를 구현할 때의 코드가 복잡해지는 것을 막을 수 있습니다.

프레젠테이션 컴포넌트와 컨테이너 컴포넌트를 조합하면서 페이지를 구현합니다.

6.9.1 로그인 페이지

로그인 페이지를 구현합니다. 이 페이지는 사용자명과 비밀번호를 입력해 로그인하는 기능이 구현돼 있습니다. 이 페이지의 비즈니스 로직은 주로 컨테이너 컴포넌트인 SigninFormContainer에 구현됩니다.

컨테이너 컴포넌트인 SigninFormContainer는 SigninForm에 대해 사용자명/비밀번호 입력 정보를 사용해 인증 API를 호출하고, 결과는 onSignin 이벤트 핸들러로 반환합니다. 인증이 성공한 후에는 톱 페이지로 리다이렉트하거나, 쿼리 파라미터인 redirect_to가 있는 경우에는 지정된 페이지로 리다이렉트됩니다. 리다이렉트에는 next/router의 router.push를 사용합니다. 컨테이너 컴포넌트는 별도 파일에 구현합니다.

코드 6.50 _ src/pages/signin.tsx

```tsx
import type { NextPage } from 'next'
import { useRouter } from 'next/router'
import AppLogo from 'components/atoms/AppLogo'
import Box from 'components/layout/Box'
import Flex from 'components/layout/Flex'
import Layout from 'components/templates/Layout'
import SigninFormContainer from 'containers/SigninFormContainer'

const SigninPage: NextPage = () => {
  const router = useRouter()
  // 인증 후의 이벤트 핸들러
  const handleSignin = async (err?: Error) => {
    if (!err) {
      // 로그인에 성공하고, 쿼리가 지정돼 있을 때는 해당 URL로 이동한다.
      // 기본은 톱 페이지로 이동한다.
      const redurectTo = (router.query['redirect_to'] as string) ?? '/'

      console.log('Redirecting', redurectTo)
      await router.push(redurectTo)
    }
  }

  return (
    <Layout>
      <Flex
        paddingTop={2}
        paddingBottom={2}
        paddingLeft={{ base: 2, md: 0 }}
        paddingRight={{ base: 2, md: 0 }}
        justifyContent="center"
      >
        <Flex
          width="400px"
```

```
          flexDirection="column"
          justifyContent="center"
          alignItems="center"
        >
          <Box marginBottom={2}>
            <AppLogo />
          </Box>
          <Box width="100%">
            {/*
               로그인 폼 컨테이너
               SigninForm의 사용자명/비밀번호로부터 인증 API를 호출하고,
               onSignin 콜백이 호출된다
             */}
            <SigninFormContainer onSignin={handleSignin} />
          </Box>
        </Flex>
      </Flex>
    </Layout>
  )
}

export default SigninPage
```

SigninFormContainer를 구현합니다. SigninForm에서 username과 password를 받아, signin 함수에서 username과 password를 사용해 인증 API를 호출합니다. 인증 결과는 props의 onSignin을 통해 상위 컴포넌트에 이벤트가 전파됩니다.

코드 6.51 _ src/containers/SigninFormContainer.tsx

```
import SigninForm from 'components/organisms/SigninForm'
import { useAuthContext } from 'contexts/AuthContext'
import { useGlobalSpinnerActionsContext } from 'contexts/GlobalSpinnerContext'

interface SigninFormContainerProps {
  /**
   * 로그인했을 때 호출되는 이벤트 핸들러
   */
  onSignin: (error?: Error) => void
}
```

```
/**
 * 로그인 폼 컨테이너
 */
const SigninFormContainer = ({ onSignin }: SigninFormContainerProps) => {
  const { signin } = useAuthContext()
  const setGlobalSpinner = useGlobalSpinnerActionsContext()
  // 로그인 버튼을 눌렀을 때의 이벤트 핸들러
  const handleSignin = async (username: string, password: string) => {
    try {
      // 로딩 스피너를 표시한다
      setGlobalSpinner(true)
      await signin(username, password)
      onSignin && onSignin()
    } catch (err: unknown) {
      if (err instanceof Error) {
        // 에러 내용을 표시한다
        window.alert(err.message)
        onSignin && onSignin(err)
      }
    } finally {
      setGlobalSpinner(false)
    }
  }

  return <SigninForm onSignin={handleSignin} />
}

export default SigninFormContainer
```

6.9.2 사용자 페이지

사용자 페이지를 구현합니다. 이 페이지는 사용자의 정보와 사용자 게시한 상품 리스트를 표시합니다. 이 페이지의 비즈니스 로직은 주로 컨테이너 컴포넌트인 SigninFormContainer와 UserProductCardListContainer에 구현돼 있습니다.

UserPage는 사용자가 이름을 변경하는 등에 따라 동적으로 콘텐츠가 변경될 가능성이 있으므로, getStaticProps에 revalidate를 설정합니다. 10초마다 정적 페이지의 캐시가 stale(최신이 아닌) 상태가 되어 백엔드 측에서 페이지를 점진적 정적 재생성(ISR)합니다.

또한, 이 개선을 해도 10초 동안에는 최신이 아닌 콘텐츠가 표시될 가능성이 있습니다.[16] 그래서 5.1.2에서 설명한 것처럼, 페이지를 한 번 표시한 뒤에 클라이언트 사이드로부터 최신 정보를 얻어, 표시할 콘텐츠를 덮어 씁니다. 이렇게 함으로써 어느 정도 높은 정합성[17]을 보장할 수 있고, 만에 하나 정적 페이지의 캐시가 10초 동안 고정돼 있다 하더라도 항상 최신 정보를 표시할 수 있습니다.

코드 6.52 _ src/pages/users/[id].tsx

```tsx
import type {
  GetStaticPaths,
  GetStaticPropsContext,
  InferGetStaticPropsType,
  NextPage,
} from 'next'
import Link from 'next/link'
import { useRouter } from 'next/router'
import BreadcrumbItem from 'components/atoms/BreadcrumbItem'
import Separator from 'components/atoms/Separator'
import Box from 'components/layout/Box'
import Flex from 'components/layout/Flex'
import Breadcrumb from 'components/molecules/Breadcrumb'
import Layout from 'components/templates/Layout'
import UserProductCardListContainer from 'containers/UserProductCardListContainer'
import UserProfileContainer from 'containers/UserProfileContainer'
import getAllProducts from 'services/products/get-all-products'
import getAllUsers from 'services/users/get-all-users'
import getUser from 'services/users/get-user'
import type { ApiContext } from 'types'

type UserPageProps = InferGetStaticPropsType<typeof getStaticProps>

const UserPage: NextPage<UserPageProps> = ({
  id,
  user,
  products,
}: UserPageProps) => {
```

---

16 구체적으로는 UserPageProps의 업데이트에 따라 최신이 아닌 데이터가 전달되어 오는 경우를 생각할 수 있습니다.

17 분산 컴퓨팅에서 사용되는 정합성 모델에서 '데이터는 최신의 것이다'라는 것을 보증합니다.

```
const router = useRouter()

if (router.isFallback) {
  return <div>Loading...</div>
}

return (
  <Layout>
    <Flex
      paddingTop={2}
      paddingBottom={2}
      paddingLeft={{ base: 2, md: 0 }}
      paddingRight={{ base: 2, md: 0 }}
      justifyContent="center"
    >
      <Box width="1180px">
        <Box marginBottom={2}>
          <Breadcrumb>
            <BreadcrumbItem>
              <Link href="/">
                <a>톱</a>
              </Link>
            </BreadcrumbItem>
            {user && <BreadcrumbItem>{user.username}</BreadcrumbItem>}
          </Breadcrumb>
        </Box>
        <Box>
          <Box marginBottom={1}>
            {/*
              사용자 프로필 컨테이너
              사용자 정보를 표시한다. useUser로 항상 최신 데이터를 얻는다.
            */}
            <UserProfileContainer userId={id} user={user} />
          </Box>
          <Box marginBottom={1}>
            <Separator />
          </Box>
          {/*
            사용자 상품 카드 리스트 컨테이너
```

```
              사용자가 소유한 상품 카드 리스트를 표시한다. useSearch로 항상 최신 데이터를 얻는다.
          */}
            <UserProductCardListContainer userId={id} products={products} />
          </Box>
        </Box>
      </Flex>
    </Layout>
  )
}

export const getStaticPaths: GetStaticPaths = async () => {
  const context: ApiContext = {
    apiRootUrl: process.env.API_BASE_URL || 'http://localhost:5000',
  }
  const users = await getAllUsers(context)
  const paths = users.map((u) => `/users/${u.id}`)

  return { paths, fallback: true }
}

export const getStaticProps = async ({ params }: GetStaticPropsContext) => {
  const context: ApiContext = {
    apiRootUrl: process.env.API_BASE_URL || 'http://localhost:5000',
  }

  if (!params) {
    throw new Error('params is undefined')
  }

  // 사용자 정보와 사용자가 소유한 상품을 얻고, 정적 페이지를 생성한다
  // 10초 동안 revalidate 상태로 하고, 정적 페이지를 업데이트한다
  const userId = Number(params.id)
  const [user, products] = await Promise.all([
    getUser(context, { id: userId }),
    getAllProducts(context, { userId }),
  ])

  return {
    props: {
```

```
      id: userId,
      user,
      products: products ?? [],
    },
    revalidate: 10,
  }
}

export default UserPage
```

컨테이너 컴포넌트인 UserProfileContainer를 구현합니다. useUser의 커스텀 훅을 통해 사용자 API로 부터 항상 최신 데이터를 얻어 UserProfile을 표시합니다.

코드 6.53 _ src/containers/UserProfileContainer.tsx

```
import UserProfile from 'components/organisms/UserProfile'
import useUser from 'services/users/use-user'
import type { ApiContext, User } from 'types'

const context: ApiContext = {
  apiRootUrl: process.env.NEXT_PUBLIC_API_BASE_PATH || '/api/proxy',
}

interface UserProfileContainerProps {
  /**
   * 사용자 ID
   */
  userId: number
  /**
   * 초기에 표시할 사용자
   */
  user?: User
}

/**
 * 사용자 프로필 컨테이너
 */
const UserProfileContainer = ({ userId, user }: UserProfileContainerProps) => {
  // 최신 사용자 정보를 얻어 업데이트가 있을 때는
```

```
  // initial에 지정돼 있는 데이터를 덮어 쓴다
  const { user: u } = useUser(context, { id: userId, initial: user })

  if (!u) return <div>Loading...</div>

  return (
    <UserProfile
      username={`${u.username} (${u.displayName})`}
      profileImageUrl={u.profileImageUrl}
      numberOfProducts={100}
      description={u.description}
    />
  )
}

export default UserProfileContainer
```

컨테이너 컴포넌트인 UserProductCardListContainer를 구현합니다. useSearch의 커스텀 훅을 통해
제품 API로부터 항상 최신 데이터를 얻어, ProductCard 리스트를 표시합니다.

코드 6.54 _ src/containers/UserProductCardListContainer.tsx

```
import Link from 'next/link'
import { Fragment } from 'react'
import ProductCard from 'components/organisms/ProductCard'
import ProductCardList from 'components/organisms/ProductCardList'
import useSearch from 'services/products/use-search'
import type { ApiContext, Product } from 'types'

const context: ApiContext = {
  apiRootUrl: process.env.NEXT_PUBLIC_API_BASE_PATH || '/api/proxy',
}

interface UserProductCardListContainerProps {
  /**
   * 상품을 소유한 사용자 ID
   */
  userId: number
  /**
```

```
     * 초기에 표시할 상품 리스트
     */
    products?: Product[]
}

/**
 * 사용자 상품 카드 리스트 컨테이너
 */
const UserProductCardListContainer = ({
  userId,
  products,
}: UserProductCardListContainerProps) => {
  // 사용자가 가진 최신 상품을 얻고, 업데이트가 있는 경우에는 initial에 지정되어 있는 데이터를 덮어쓴다.
  const { products: userProducts } = useSearch(context, {
    userId,
    initial: products,
  })

  return (
    <ProductCardList numberPerRow={6} numberPerRowForMobile={2}>
      {userProducts.map((p) => (
        <Fragment key={p.id}>
          <Link href={`/products/${p.id}`} passHref>
            <a>
              {/* 상품 카드 */}
              <ProductCard
                variant="small"
                title={p.title}
                price={p.price}
                imageUrl={p.imageUrl}
              />
            </a>
          </Link>
        </Fragment>
      ))}
    </ProductCardList>
  )
}

export default UserProductCardListContainer
```

useUser의 커스텀 훅을 구현합니다. SWR을 사용해 사용자 API를 호출하고, 지정한 ID의 사용자 정보를 얻습니다. 반환값인 user는 사용자 정보, isLoading은 API 호출 중 여부, isError는 API 호출 중 에러 발생 여부를 나타냅니다.

코드 6.55 _ src/services/users/use-user.ts

```ts
import useSWR from 'swr'
import type { ApiContext, User } from 'types'

export type UseUserProps = {
  /**
   * 취득할 사용자 ID
   */
  id: number
  /**
   * 초기 상태
   */
  initial?: User
}

export type UseUser = {
  /**
   * 취득할 사용자
   */
  user?: User
  /**
   * 로드 플래그
   */
  isLoading: boolean
  /**
   * 에러 플래그
   */
  isError: boolean
}

/**
 * 사용자 API(개별 취득)의 커스텀 훅
 * @param context API 콘텍스트
 * @returns 사용자와 API 호출 상태
 */
```

```
const useUser = (
  context: ApiContext,
  { id, initial }: UseUserProps,
): UseUser => {
  const { data, error } = useSWR<User>(
    `${context.apiRootUrl.replace(/\/$/g, '')}/users/${id}`,
  )

  return {
    user: data ?? initial,
    isLoading: !error && !data,
    isError: !!error,
  }
}

export default useUser
```

useSearch의 커스텀 훅을 구현합니다. SWR을 사용해서 제품 API를 호출하고, 상품 리스트를 얻습니다. 다양한 검색 조건을 지정할 수 있습니다. category는 상품의 종류, condition은 상품의 상태, userId는 소유자의 사용자 ID, sort는 정렬 키, order는 오름차순/내림차순을 나타냅니다.

코드 6.56 _ src/services/products/use-search.ts

```
import useSWR from 'swr'
import type { ApiContext, Category, Condition, Product } from 'types'

export type UseSearchProps = {
  /**
   * 상품 카테고리
   */
  category?: Category
  /**
   * 상품 상태
   */
  conditions?: Condition[]
  /**
   * 소유한 사용자 ID
   */
  userId?: number
```

```
  /**
   * 정렬할 키
   */
  sort?: keyof Omit<Product, 'owner'>
  /**
   * 오름차순 또는 내림차순
   */
  order?: 'asc' | 'desc'
  /**
   * 초기 상태
   */
  initial?: Product[]
}

export type UseSearch = {
  /**
   * 검색에 일치한 상품 리스트
   */
  products: Product[]
  /**
   * 로드 플래그
   */
  isLoading: boolean
  /**
   * 에러 플래그
   */
  isError: boolean
}

/**
 * 제품 API(목록 취득)의 커스텀 훅
 * @param context API 콘텍스트
 * @param params 검색 조건
 * @returns 상품 목록과 API 호출 상태
 */
const useSearch = (
  context: ApiContext,
  {
    category,
```

```
    userId,
    conditions,
    initial,
    sort = 'id',
    order = 'desc',
  }: UseSearchProps = {},
): UseSearch => {
  const path = `${context.apiRootUrl.replace(/\/$/g, '')}/products`
  const params = new URLSearchParams()

  category && params.append('category', category)
  userId && params.append('owner.id', `${userId}`)
  conditions &&
    conditions.forEach((condition) => params.append('condition', condition))
  sort && params.append('_sort', sort)
  order && params.append('_order', order)
  const query = params.toString()
  const { data, error } = useSWR<Product[]>(
    query.length > 0 ? `${path}?${query}` : path,
  )

  return {
    products: data ?? initial ?? [],
    isLoading: !error && !data,
    isError: !!error,
  }
}

export default useSearch
```

6.9.3 톱 페이지

톱 페이지를 구현합니다. 이 페이지는 HERO 이미지와 각 카테고리의 상품 카드 캐러셀을 표시합니다.

HomePage는 상품 정보의 변경 등에 따라 동적으로 콘텐츠가 변경될 가능성이 있으므로, getStaticProps
에 revalidate를 설정합니다. 하지만 톱페이지의 정보는 사용자 페이지와 같이 강한 정합성이 요구되므
로, 60초마다 캐시를 유효하게 설정합니다. 60초마다 정적 페이지 캐시가 stale(최신이 아닌) 상태가 되므
로, 백엔드 측에서 페이지를 점진적으로 정적 재생성합니다.

각 페이지에 대해 데이터 정합성에 관한 유스케이스가 다르므로, 캐시 시간은 유연하게 변경합니다.

코드 6.57 _ src/pages/index.tsx

```tsx
import type { GetStaticProps, InferGetStaticPropsType, NextPage } from 'next'
import Link from 'next/link'
import Text from 'components/atoms/Text'
import Box from 'components/layout/Box'
import Flex from 'components/layout/Flex'
import ProductCard from 'components/organisms/ProductCard'
import ProductCardCarousel from 'components/organisms/ProductCardCarousel'
import Layout from 'components/templates/Layout'
import getAllProducts from 'services/products/get-all-products'
import { ApiContext, Product } from 'types'

type HomePageProps = InferGetStaticPropsType<typeof getStaticProps>

const HomePage: NextPage<HomePageProps> = ({
  bookProducts,
  clothesProducts,
  shoesProducts,
}: HomePageProps) => {
  // 상품 카드 캐러셀을 렌더링
  const renderProductCardCarousel = (products: Product[]) => {
    return (
      <ProductCardCarousel>
        {products.map((p: Product, i: number) => (
          <Box paddingLeft={i === 0 ? 0 : 2} key={p.id}>
            <Link href={`/products/${p.id}`} passHref>
              <a>
                <ProductCard
                  variant="small"
                  title={p.title}
                  price={p.price}
                  imageUrl={p.imageUrl}
                  blurDataUrl={p.blurDataUrl}
                />
              </a>
            </Link>
          </Box>
```

```
      ))}
    </ProductCardCarousel>
  )
}


return (
  <Layout>
    <Flex padding={2} justifyContent="center" backgroundColor="primary">
      <Flex
        width={{ base: '100%', md: '1040px' }}
        justifyContent="space-between"
        alignItems="center"
        flexDirection={{ base: 'column', md: 'row' }}
      >
        <Box width="100%">
          <Text as="h1" marginBottom={0} color="white" variant="extraLarge">
            Gihyo C2C에서
          </Text>
          <Text as="h1" marginTop={0} color="white" variant="extraLarge">
            마음에 드는 아이템을 찾자
          </Text>
        </Box>
        <Box width="100%">
          <Text as="p" color="white" variant="mediumLarge">
            Gihyo C2C는 실전적인 Next.js 애플리케이션 개발에서 사용되는 데모 애플리케이션입니다. 목
```
서버를 사용하고 있습니다. 소스 코드는
```
            <Text
              as="a"
              style={{ textDecoration: 'underline' }}
              target="_blank"
              href="https://github.com/wikibook/ts-nextbook-app"
              variant="mediumLarge"
              color="white"
            >
              이쪽
            </Text>
            의 Github에서 다운로드할 수 있습니다.
          </Text>
          <Text as="p" color="white" variant="mediumLarge">
```

이 애플리케이션은 타입스크립트/Next.js로 작성되어 있으며, 백엔드의 목 API는 json-server가 사용되고 있습니다.

```
          </Text>
        </Box>
      </Flex>
    </Flex>
    <Flex paddingBottom={2} justifyContent="center">
      <Box
        paddingLeft={{ base: 2, md: 0 }}
        paddingRight={{ base: 2, md: 0 }}
        width={{ base: '100%', md: '1040px' }}
      >
        <Box marginBottom={3}>
          <Text as="h2" variant="large">
            의류
          </Text>
          {renderProductCardCarousel(clothesProducts)}
        </Box>
        <Box marginBottom={3}>
          <Text as="h2" variant="large">
            책
          </Text>
          {renderProductCardCarousel(bookProducts)}
        </Box>
        <Box>
          <Text as="h2" variant="large">
            신발
          </Text>
          {renderProductCardCarousel(shoesProducts)}
        </Box>
      </Box>
    </Flex>
  </Layout>
  )
}

export const getStaticProps: GetStaticProps = async () => {
  const context: ApiContext = {
    apiRootUrl: process.env.API_BASE_URL || 'http://localhost:5000',
```

```
  }
  // 각 상품의 톱 6개를 얻어, 정적 페이지를 작성
  // 60초 동안 revalidate 상태로 하고, 정적 페이지를 업데이트한다
  const [clothesProducts, bookProducts, shoesProducts] = await Promise.all([
    getAllProducts(context, { category: 'clothes', limit: 6, page: 1 }),
    getAllProducts(context, { category: 'book', limit: 6, page: 1 }),
    getAllProducts(context, { category: 'shoes', limit: 6, page: 1 }),
  ])

  return {
    props: {
      clothesProducts,
      bookProducts,
      shoesProducts,
    },
    revalidate: 60,
  }
}

export default HomePage
```

6.9.4 검색 페이지

검색 페이지를 구현합니다. 이 페이지는 다양한 검색 쿼리에 대해 일치하는 상품 리스트를 표시합니다. 상품 카드 리스트를 표시하는 비즈니스 로직은 주로 컨테이너 컴포넌트의 ProductCardListContainer에 구현돼 있습니다.

다양한 쿼리에 대해 정적 페이지를 제공하는 것은 어려우므로, 클라이언트 사이드에서 검색 결과를 얻습니다. 컨테이너 컴포넌트의 ProductCardListContainer는 검색 쿼리(선택한 상품의 카테고리, 상품 상태)로부터 상품 카드 리스트를 표시합니다.

또한, pages/search/[[...slug]].tsx라는 파일명은 /search 아래의 모든 경로에 대한 요청을 받기 위해 작성합니다. 예를 들어, search, search/book라는 경로 모두에 매칭합니다. 그리고 search/book의 요청에 대해 router.query.slog에는 { "slug": ['book'] } 객체가 지정됩니다.

```tsx
import type { NextPage } from 'next'
import Link from 'next/link'
import { useRouter } from 'next/router'
import styled from 'styled-components'
import BreadcrumbItem from 'components/atoms/BreadcrumbItem'
import Text from 'components/atoms/Text'
import Box from 'components/layout/Box'
import Flex from 'components/layout/Flex'
import Breadcrumb from 'components/molecules/Breadcrumb'
import FilterGroup from 'components/molecules/FilterGroup'
import Layout from 'components/templates/Layout'
import ProductCardListContainer from 'containers/ProductCardListContainer'
import type { Category, Condition } from 'types'

const Anchor = styled(Text)`
  cursor: pointer;
  &:hover {
    text-decoration: underline;
  }
`

const categoryNameDict: Record<Category, string> = {
  book: '책',
  shoes: '신발',
  clothes: '의류',
}

const SearchPage: NextPage = () => {
  const router = useRouter()
  // 상품 카테고리를 쿼리로부터 얻는다
  const slug: Category[] = Array.isArray(router.query.slug)
    ? (router.query.slug as Category[])
    : []
  // 상품 상태를 쿼리로부터 얻는다
  const conditions = (() => {
    if (Array.isArray(router.query.condition)) {
      return router.query.condition as Condition[]
    } else if (router.query.condition) {
      return [router.query.condition as Condition]
```

```
    } else {
      return []
    }
  })()

const handleChange = (selected: string[]) => {
  router.push({
    pathname: router.pathname,
    query: {
      slug,
      condition: selected,
    },
  })
}

return (
  <Layout>
    <Box
      paddingLeft={{
        base: 2,
        md: 3,
      }}
      paddingRight={{
        base: 2,
        md: 3,
      }}
      paddingTop={2}
      paddingBottom={2}
    >
      <Box marginBottom={1}>
        <Breadcrumb>
          <BreadcrumbItem>
            <Link href="/">
              <a>톱</a>
            </Link>
          </BreadcrumbItem>
          <BreadcrumbItem>
            <Link href="/search">
              <a>검색</a>
            </Link>
```

```
        </BreadcrumbItem>
        {/* 빵 부스러기 리스트를 선택한 카테고리에서 생성 */}
        {slug.slice(0, slug.length - 1).map((category, i) => (
          <BreadcrumbItem key={i}>
            <Link href={`/search/${slug.slice(0, i + 1).join('/')}`}>
              <a>{categoryNameDict[category] ?? 'Unknown'}</a>
            </Link>
          </BreadcrumbItem>
        ))}
        {slug.length == 0 && <BreadcrumbItem>すべて</BreadcrumbItem>}
        {slug.length > 0 && (
          <BreadcrumbItem>
            {categoryNameDict[slug[slug.length - 1]] ?? 'Unknown'}
          </BreadcrumbItem>
        )}
      </Breadcrumb>
    </Box>
    <Flex>
      <Flex flexDirection={{ base: 'column', md: 'row' }}>
        <Box as="aside" minWidth="200px" marginBottom={{ base: 2, md: 0 }}>
          {/* 상품 상태 필터 */}
          <FilterGroup
            title="상품 상태"
            items={[
              { label: '새 상품', name: 'new' },
              { label: '중고 상품', name: 'used' },
            ]}
            value={conditions}
            onChange={handleChange}
          />
          <Box paddingTop={1}>
            <Text as="h2" fontWeight="bold" variant="mediumLarge">
              카테고리
            </Text>
            <Box>
              <Link href="/search/" passHref>
                <Anchor as="a">모두</Anchor>
              </Link>
            </Box>
          </Box>
```

```
        {/* 카테고리 링크 */}
        {Object.keys(categoryNameDict).map(
          (category: string, i: number) => (
            <Box key={i} marginTop={1}>
              <Link href={`/search/${category}`} passHref>
                <Anchor as="a">
                  {categoryNameDict[category as Category]}
                </Anchor>
              </Link>
            </Box>
          ),
        )}
      </Box>
    </Box>
    <Box>
      <Text
        as="h2"
        display={{ base: 'block', md: 'none' }}
        fontWeight="bold"
        variant="mediumLarge"
      >
        상품 목록
      </Text>
      {/*
        상품 카드 리스트 컨테이너
        상품 쿼리로부터 상품 카드 리스트를 표시
      */}
      <ProductCardListContainer
        category={slug.length > 0 ? slug[slug.length - 1] : undefined}
        conditions={conditions}
      />
    </Box>
  </Flex>
  </Flex>
  </Box>
  </Layout>
  )
}

export default SearchPage
```

ProductCardListContainer를 구현합니다. useSearch 커스텀 훅을 사용해서 URL의 쿼리 파라미터에 대해 표시되는 콘텐츠를 변경합니다. 또한, 로드 중에는 플레이스홀더(RectLoader)를 표시함으로써 사용자에게 콘텐츠가 업데이트 중인 것을 전달합니다.

코드 6.59 _ src/containers/ProductCardListContainer.tsx

```tsx
import Link from 'next/link'
import RectLoader from 'components/atoms/RectLoader'
import Box from 'components/layout/Box'
import ProductCard from 'components/organisms/ProductCard'
import ProductCardList from 'components/organisms/ProductCardList'
import useSearch from 'services/products/use-search'
import type { ApiContext, Category, Condition } from 'types'

const context: ApiContext = {
  apiRootUrl: process.env.NEXT_PUBLIC_API_BASE_PATH || '/api/proxy',
}

interface ProductCardListContainerProps {
  /**
   * 검색 쿼리 - 카테고리
   */
  category?: Category
  /**
   * 검색 쿼리 - 상품 상태
   */
  conditions?: Condition[]
}

/**
 * 상품 카드 리스트 컨테이너
 */
const ProductCardListContainer = ({
  category,
  conditions,
}: ProductCardListContainerProps) => {
  const { products, isLoading } = useSearch(context, {
    category,
    conditions,
```

```
  })

  return (
    <ProductCardList>
      {/* 로드 중에는 RectLoader를 표시 */}
      {isLoading &&
        Array.from(Array(16), (_, k) => (
          <Box key={k}>
            <Box display={{ base: 'none', md: 'block' }}>
              <RectLoader width={240} height={240} />
            </Box>
            <Box display={{ base: 'block', md: 'none' }}>
              <RectLoader width={160} height={160} />
            </Box>
          </Box>
        ))}
      {!isLoading &&
        products.map((p) => (
          <Box key={p.id}>
            <Link href={`/products/${p.id}`} passHref>
              <a>
                {/* 상품 카드 */}
                <ProductCard
                  variant="listing"
                  title={p.title}
                  price={p.price}
                  imageUrl={p.imageUrl}
                  blurDataUrl={p.blurDataUrl}
                />
              </a>
            </Link>
          </Box>
        ))}
    </ProductCardList>
  )
}

export default ProductCardListContainer
```

6.9.5 상품 상세 페이지

상품 상세 페이지를 구현합니다. 이 페이지는 상품의 상세 정보(게시자, 상품 이미지, 상품명 등)를 표시합니다. 또한, 카트에 추가 버튼으로 상품을 저장할 수 있습니다.

이 페이지는 동적으로 콘텐츠가 변경될 가능성이 있으므로 getStaticProps에는 revalidate를 설정합니다. 정적 페이지인 캐시의 사고방식은 사용자 페이지와 같습니다. 점진적 정적 재생성으로 표시한 콘텐츠에 대해, 클라이언트 사이드에서 useProduct의 커스텀 훅을 사용해서 최신 정보를 얻고, 표시할 콘텐츠를 덮어 씁니다.

컨테이너 컴포넌트의 AddToCartButtonContainer는 카트에 추가 버튼을 눌렀을 때 ShoppingCart Context에 상품을 추가하는 기능이 구현돼 있습니다.

코드 6.60 _ src/pages/products/[id].tsx

```tsx
import type {
  GetStaticPaths,
  GetStaticProps,
  GetStaticPropsContext,
  InferGetStaticPropsType,
  NextPage,
} from 'next'
import Link from 'next/link'
import { useRouter } from 'next/router'
import BreadcrumbItem from 'components/atoms/BreadcrumbItem'
import Separator from 'components/atoms/Separator'
import Text from 'components/atoms/Text'
import Box from 'components/layout/Box'
import Flex from 'components/layout/Flex'
import Breadcrumb from 'components/molecules/Breadcrumb'
import ProductCard from 'components/organisms/ProductCard'
import UserProfile from 'components/organisms/UserProfile'
import Layout from 'components/templates/Layout'
import AddToCartButtonContainer from 'containers/AddToCartButtonContainer'
import getAllProducts from 'services/products/get-all-products'
import getProduct from 'services/products/get-product'
import useProduct from 'services/products/use-product'
import type { ApiContext, Category } from 'types'
```

```
const categoryNameDict: Record<Category, string> = {
  book: '책',
  shoes: '신발',
  clothes: '의류',
}


const context: ApiContext = {
  apiRootUrl: process.env.NEXT_PUBLIC_API_BASE_PATH || '/api/proxy',
}


type ProductPageProps = InferGetStaticPropsType<typeof getStaticProps>

const ProductPage: NextPage<ProductPageProps> = ({
  id,
  product: initial,
}: ProductPageProps) => {
  const router = useRouter()
  // 상품
  const data = useProduct(context, { id, initial })

  // 카트에 추가했다면, 자동으로 카트 페이지로 이동한다
  const handleAddToCartButtonClick = () => {
    router.push('/cart')
  }

  if (router.isFallback) {
    return <div>Loading...</div>
  }

  const product = data.product ?? initial

  return (
    <Layout>
      <Flex
        paddingTop={2}
        paddingBottom={2}
        paddingLeft={{ base: 2, md: 0 }}
        paddingRight={{ base: 2, md: 0 }}
        justifyContent="center"
```

```
        flexDirection={{ base: 'column', md: 'row' }}
>
  <Box>
    <Breadcrumb>
      <BreadcrumbItem>
        <Link href="/">
          <a>톱</a>
        </Link>
      </BreadcrumbItem>
      <BreadcrumbItem>
        <Link href="/search">
          <a>검색</a>
        </Link>
      </BreadcrumbItem>
      <BreadcrumbItem>
        <Link href={`/search/${product.category}`}>
          <a>{categoryNameDict[product.category as Category]}</a>
        </Link>
      </BreadcrumbItem>
      <BreadcrumbItem>{product.title}</BreadcrumbItem>
    </Breadcrumb>
    <Flex paddingTop={2} paddingBottom={1} justifyContent="center">
      <ProductCard
        variant="detail"
        title={product.title}
        price={product.price}
        imageUrl={product.imageUrl}
      />
    </Flex>
    <Separator />
    <Box paddingTop={1}>
      <Text as="h2" variant="large" marginTop={0}>
        게시자
      </Text>
      <Link href={`/users/${product.owner.id}`}>
        <a>
          {/* 사용자 프로필 */}
          <UserProfile
            variant="small"
```

```
                username={product.owner.username}
                profileImageUrl={product.owner.profileImageUrl}
                numberOfProducts={100}
              />
            </a>
          </Link>
        </Box>
      </Box>
      <Box padding={2} width={{ base: '100%', md: '700px' }}>
        <Flex
          justifyContent="space-between"
          flexDirection="column"
          height={{ base: '', md: '100%' }}
        >
          {/* 상품 개요를 표시, 줄바꿈별로 텍스트 컴포넌트로 감싼다 */}
          <Box>
            {product.description
              .split('\n')
              .map((text: string, i: number) => (
                <Text key={i} as="p">
                  {text}
                </Text>
              ))}
          </Box>
          {/*
            카트 추가 버튼 컨테이너
            버튼을 눌렀다면 ShoppingCartContext에 상품을 추가한다 */}
          <AddToCartButtonContainer
            product={product}
            onAddToCartButtonClick={handleAddToCartButtonClick}
          />
        </Flex>
      </Box>
    </Flex>
  </Layout>
  )
}

export const getStaticPaths: GetStaticPaths = async () => {
```

```
  const context: ApiContext = {
    apiRootUrl: process.env.API_BASE_URL || 'http://localhost:5000',
  }
  // 상품으로부터 경로를 생성
  const products = await getAllProducts(context)
  const paths = products.map((p) => `/products/${p.id}`)

  return { paths, fallback: true }
}

export const getStaticProps: GetStaticProps = async ({
  params,
}: GetStaticPropsContext) => {
  const context: ApiContext = {
    apiRootUrl: process.env.API_BASE_URL || 'http://localhost:5000',
  }

  if (!params) {
    throw new Error('params is undefined')
  }

  // 상품을 얻고, 정적 페이지를 생성
  // 10초 동안 stale 상태로 만들고, 정적 페이지를 업데이트한다
  const productId = Number(params.id)
  const product = await getProduct(context, { id: productId })

  return {
    props: {
      id: productId,
      product,
    },
    revalidate: 10,
  }
}

export default ProductPage
```

AddToCartButtonContainer를 구현합니다. 카드에 추가 버튼을 클릭했을 때 ShoppingCartContext라는 카트에 같은 상품이 존재하지 않을 경우에는 addProductToCart를 통해 상품을 추가합니다.

```tsx
import Button from 'components/atoms/Button'
import { useShoppingCartContext } from 'contexts/ShoppingCartContext'
import type { Product } from 'types'

interface AddToCartButtonContainerProps {
  /**
   * 추가될 상품
   */
  product: Product
  /**
   * 추가 버튼을 클릭했을 때의 이벤트 핸들러
   */
  onAddToCartButtonClick?: (product: Product) => void
}

/**
 * 카트 추가 버튼 컨테이너
 */
const AddToCartButtonContainer = ({
  product,
  onAddToCartButtonClick,
}: AddToCartButtonContainerProps) => {
  const { cart, addProductToCart } = useShoppingCartContext()
  const handleAddToCartButtonClick = () => {
    const productId = Number(product.id)
    const result = cart.findIndex((v) => v.id === productId)

    // 같은 상품이 카트에 없으면 카트에 추가한다
    if (result === -1) {
      addProductToCart(product)
    }

    onAddToCartButtonClick && onAddToCartButtonClick(product)
  }

  return (
    <Button
      width={{ base: '100%', md: '400px' }}
```

```
      height="66px"
      onClick={handleAddToCartButtonClick}
    >
      카트에 추가
    </Button>
  )
}

export default AddToCartButtonContainer
```

useProduct의 커스텀 훅을 구현합니다. SWR을 사용해 제품 API를 호출하고, 지정한 ID의 상품을 얻습니다. 반환값인 product는 상품, isLoading은 API 호출 중 여부, isError는 API 호출 중 에러 발생 여부를 표시합니다.

코드 6.62 _ src/services/products/use-product.ts

```
import useSWR from 'swr'
import type { ApiContext, Product } from 'types'

export type UseProductProps = {
  id: number
  initial?: Product
}

export type UseProduct = {
  product?: Product
  isLoading: boolean
  isError: boolean
}

const useProduct = (
  context: ApiContext,
  { id, initial }: UseProductProps,
): UseProduct => {
  const { data, error } = useSWR<Product>(
    `${context.apiRootUrl.replace(/\/$/g, '')}/products/${id}`,
  )

  return {
```

```
    product: data ?? initial,
    isLoading: !error && !data,
    isError: error,
  }
}


export default useProduct
```

6.9.6 쇼핑 카트 페이지

쇼핑 카드 페이지를 구현합니다. 이 페이지는 카트에 추가된 상품을 표시, 구입, 삭제할 수 있습니다. 이 페이지의 비즈니스 로직은 주로 컨테이너 컴포넌트인 CartContainer에 구현돼 있습니다.

컨테이너 컴포넌트인 CartContainer는 카트에 있는 상품을 표시, 구입, 삭제합니다. useAuthGuard의 커스텀 훅은 인증 가드로서, 인증하지 않은 사용자를 이 페이지에 도달하지 않도록 하는 데 사용합니다.

코드 6.63 _ src/pages/cart.tsx

```tsx
import type { NextPage } from 'next'
import Link from 'next/link'
import BreadcrumbItem from 'components/atoms/BreadcrumbItem'
import Text from 'components/atoms/Text'
import Box from 'components/layout/Box'
import Flex from 'components/layout/Flex'
import Breadcrumb from 'components/molecules/Breadcrumb'
import Layout from 'components/templates/Layout'
import CartContainer from 'containers/CartContainer'
import { useAuthGuard } from 'utils/hooks'

const CartPage: NextPage = () => {
  // 인증 가드
  useAuthGuard()

  return (
    <Layout>
      <Flex
        paddingTop={2}
        paddingBottom={2}
```

```
          paddingLeft={{ base: 2, md: 0 }}
          paddingRight={{ base: 2, md: 0 }}
          justifyContent="center"
        >
        <Box width="1240px">
          <Breadcrumb>
            <BreadcrumbItem>
              <Link href="/">
                <a>톱</a>
              </Link>
            </BreadcrumbItem>
            <BreadcrumbItem>카트</BreadcrumbItem>
          </Breadcrumb>
          <Box>
            <Text display="block" variant="large" as="h1">
              카트
            </Text>
            {/*
              카트 컨테이너
              카트에 있는 상품을 표시, 구입, 삭제
            */}
            <CartContainer />
          </Box>
        </Box>
      </Flex>
    </Layout>
  )
}

export default CartPage
```

CartContainer를 구현합니다. CartProduct에서 삭제 버튼을 클릭했을 때의 이벤트 핸들러 onRemoveButtonClick과 구입 버튼을 클릭했을 때의 이벤트 핸들러 onByButtonClick를 지정합니다. handleRemoveButtonClick이 호출됐을 때에는 removeProductFromCart를 통해, ShoppingCart Context로부터 상품을 삭제합니다. handleBuyButtonClick이 호출됐을 때는 purchase 함수에서 구입 API를 호출합니다. 그 후 구입한 상품은 카트에서 삭제합니다.

```tsx
import CartProduct from 'components/organisms/CartProduct'
import { useGlobalSpinnerActionsContext } from 'contexts/GlobalSpinnerContext'
import { useShoppingCartContext } from 'contexts/ShoppingCartContext'
import purchase from 'services/purchases/purchase'
import { ApiContext } from 'types'

const context: ApiContext = {
  apiRootUrl: process.env.NEXT_PUBLIC_API_BASE_PATH || '/api/proxy',
}

/**
 * 카트 컨테이너
 */
const CartContainer = () => {
  const setGlobalSpinner = useGlobalSpinnerActionsContext()
  const { cart, removeProductFromCart } = useShoppingCartContext()
  // 삭제 버튼 클릭 시, 상품을 삭제
  const handleRemoveButtonClick = (id: number) => {
    removeProductFromCart(id)
  }
  // 구입 버튼 클릭 시, 상품을 구입
  const handleBuyButtonClick = async (id: number) => {
    try {
      setGlobalSpinner(true)
      await purchase(context, { productId: id })
      window.alert('구입했습니다')
      // 상품 구입 후에는 카트에서 상품을 삭제한다
      removeProductFromCart(id)
    } catch (err: unknown) {
      if (err instanceof Error) {
        window.alert(err.message)
      }
    } finally {
      setGlobalSpinner(false)
    }
  }

  return (
```

```
    <>
      {cart.map((p) => (
        <CartProduct
          key={p.id}
          id={p.id}
          imageUrl={p.imageUrl}
          title={p.title}
          price={p.price}
          onRemoveButtonClick={handleRemoveButtonClick}
          onBuyButtonClick={handleBuyButtonClick}
        />
      ))}
    </>
  )
}

export default CartContainer
```

useAuthGuard의 커스텀 훅을 구현합니다. 사용자를 얻을 수 없을 때는 로그인 페이지로 리다이렉트합니다. 또한 redirect_to에는 리다이렉트 전의 페이지의 경로를 지정해서 되돌아가도록 합니다. 몇 가지 용도로 범용적으로 사용하기 위해 src/utils/hooks.ts에 처리를 입력합니다.

코드 6.65 _ src/utils/hooks.ts

```
import { useRouter } from 'next/router'
import { useEffect } from 'react'
import { useAuthContext } from 'contexts/AuthContext'

export const useAuthGuard = (): void => {
  const router = useRouter()
  const { authUser, isLoading } = useAuthContext()

  useEffect(() => {
    // 사용자를 얻을 수 없을 때는 로그인 페이지로 리다이렉트
    if (!authUser && !isLoading) {
      const currentPath = router.pathname

      router.push({
        pathname: '/signin',
```

```
    query: {
      redirect_to: currentPath,
    },
  })
}
}, [router, authUser, isLoading])
}
```

6.9.7 상품 등록 페이지

상품 등록 페이지를 구현합니다. 이 페이지는 상품 정보를 입력하고 새롭게 상품을 게시하는 기능이 구현 돼 있습니다. 이 페이지의 비즈니스 로직은 컨테이너 컴포넌트인 `ProductFormContainer`에 구현돼 있습니다.

컨테이너 컴포넌트인 `ProductFormContainer`는 상품 정보를 입력하고, 제품 API를 통해 상품을 저장합니다.

코드 6.66 _ src/pages/sell.tsx

```tsx
import type { NextPage } from 'next'
import { useRouter } from 'next/router'
import AppLogo from 'components/atoms/AppLogo'
import Box from 'components/layout/Box'
import Flex from 'components/layout/Flex'
import Layout from 'components/templates/Layout'
import ProductFormContainer from 'containers/ProductFormContainer'
import { useAuthContext } from 'contexts/AuthContext'
import { useAuthGuard } from 'utils/hooks'

const SellPage: NextPage = () => {
  const router = useRouter()
  const { authUser } = useAuthContext()

  const handleSave = (err?: Error) => {
    if (authUser && !err) {
      // 성공하면 사용자 페이지로 이동한다
      router.push(`/users/${authUser.id}`)
    }
```

```
  }

  // 인증 가드
  useAuthGuard()

  return (
    <Layout>
      <Flex
        paddingTop={{
          base: 2,
          md: 4,
        }}
        paddingBottom={{
          base: 2,
          md: 4,
        }}
        paddingLeft={{ base: 2, md: 0 }}
        paddingRight={{ base: 2, md: 0 }}
        justifyContent="center"
      >
        <Flex
          width="800px"
          flexDirection="column"
          justifyContent="center"
          alignItems="center"
        >
          <Box display={{ base: 'none', md: 'block' }} marginBottom={2}>
            <AppLogo />
          </Box>
          <Box width="100%">
            {/*
                상품 등록 폼 컨테이너
                상품 정보를 입력하고 제품 API를 통해 상품을 저장
            */}
            <ProductFormContainer onSave={handleSave} />
          </Box>
        </Flex>
      </Flex>
    </Layout>
```

```
  )
}

export default SellPage
```

ProductFormContainer를 구현합니다. ProductForm에는 onProductSave 이벤트 핸들러를 설정하고, 게시할 상품 데이터(ProductFormData)를 받습니다. 여기에서는 이미지 업로드 기능은 작성하지 않는 대신, 더미 이미지의 경로를 지정하고 addProduct 함수를 통해 제품 API를 호출해 상품을 게시합니다.

코드 6.67 _ sr/containers/ProductFormContainer.tsx

```
import ProductForm, { ProductFormData } from 'components/organisms/ProductForm'
import { useAuthContext } from 'contexts/AuthContext'
import { useGlobalSpinnerActionsContext } from 'contexts/GlobalSpinnerContext'
import addProduct from 'services/products/add-product'
import { ApiContext, Product } from 'types'

const context: ApiContext = {
  apiRootUrl: process.env.NEXT_PUBLIC_API_BASE_PATH || '/api/proxy',
}

interface ProductFormContainerProps {
  /**
   * 상품이 저장됐을 때의 이벤트 핸들러
   */
  onSave?: (error?: Error, product?: Product) => void
}

/**
 * 상품 등록 폼 컨테이너
 */
const ProductFormContainer = ({ onSave }: ProductFormContainerProps) => {
  const { authUser } = useAuthContext()
  const setGlobalSpinner = useGlobalSpinnerActionsContext()
  // 게시 버튼을 눌렀을 때
  const handleSave = async (data: ProductFormData) => {
    if (!authUser) return

    const product = {
```

```
      image: data.image,
      title: data.title,
      description: data.description,
      category: data.category,
      condition: data.condition,
      price: Number(data.price),
      imageUrl: '/products/shoes/feet-1840619_1920.jpeg', // 더미 이미지
      blurDataUrl: '',
      owner: authUser,
    }

    try {
      setGlobalSpinner(true)
      // 제품 API로 상품을 추가한다
      const ret = await addProduct(context, { product })
      onSave && onSave(undefined, ret)
    } catch (err: unknown) {
      if (err instanceof Error) {
        window.alert(err.message)
        onSave && onSave(err)
      }
    } finally {
      setGlobalSpinner(false)
    }
  }

  return <ProductForm onProductSave={handleSave} />
}

export default ProductFormContainer
```

6.10 컴포넌트의 단위 테스트 구현

리액트 테스팅 라이브러리(4.4 참조)를 사용해 아톰, 몰리큘, 오거니즘에 대한 단위 테스트를 작성합니다.

6.10.1 버튼에 대한 단위 테스트

버튼에 대한 단위 테스트를 구현합니다. 먼저 beforeEach 함수 안에서 Jest의 목 함수(jest.fn)를 사용해 handleClick을 생성합니다. 다음으로, render 함수를 사용해 Button 컴포넌트를 렌더링합니다. 그때, 앞에서 작성한 handleClick을 Button의 onClick에 인수로 전달합니다.

테스트 케이스를 작성합니다. 테스트 케이스 "**버튼 클릭 시 onClick이 호출된다**"는 fireEvent.click에서 버튼을 눌렀을 때 handleClick이 호출되는지 확인합니다. 또한, 렌더링된 Button 요소는 screen.getByText('Button')으로 얻습니다.

코드 6.68 _ src/components/atoms/Button/index.spec.tsx

```tsx
import { render, screen, fireEvent, RenderResult } from '@testing-library/react'
import Button from '.'

describe('Button', () => {
  let renderResult: RenderResult
  let handleClick: jest.Mock

  beforeEach(() => {
    handleClick = jest.fn()
    renderResult = render(
      <Button variant="primary" onClick={handleClick}>
        Button
      </Button>,
    )
  })

  afterEach(() => {
    renderResult.unmount()
  })

  it('버튼 클릭 시 onClick이 호출된다', () => {
    fireEvent.click(screen.getByText('Button'))
    expect(handleClick).toHaveBeenCalledTimes(1)
  })
})
```

6.10.2 드롭다운에 대한 단위 테스트

드롭다운에 대한 단위 테스트를 구현합니다. 테스트 코드를 작성하기 전에 data-testid 속성을 드롭다운 컴포넌트의 자식 요소로 추가합니다. 이렇게 하면 지정한 요소를 얻어, 테스트 코드에서 컴포넌트를 조작할 수 있습니다. DropdownControl에 dropdown-control, DropdownOption에 dropdown-option의 data-testid를 각각 추가합니다.

```tsx
코드 6.69 _ src/components/molecules/Dropdown/index.tsx

<DropdownControl
  hasError={hasError}
  onMouseDown={handleMouseDown}
  onTouchEnd={handleMouseDown}
  data-testid="dropdown-control"
>
// 중략
<DropdownOption
  key={idx}
  onMouseDown={(e) => handleSelectValue(e, item)}
  onClick={(e) => handleSelectValue(e, item)}
  data-testid="dropdown-option"
>
  <DropdownItem item={item} />
</DropdownOption>
```

테스트 코드를 작성합니다. 먼저, beforeEach 함수 안에서 Jest 목 함수(jest.fn)를 사용해서 handleChange를 생성합니다. 다음으로 render 함수를 사용해서 Dropdown 컴포넌트를 렌더링합니다. 그 때, 앞에서 작성한 handleChange를 Dropdown의 onChange에 인수로 전달합니다. 주의할 점은 Dropdown 은 내부에서 ThemeProvider를 사용하고 있기 때문에 Dropdown 컴포넌트를 감싸야 한다는 점입니다.

테스트 케이스를 작성합니다. 테스트 케이스 "**파일이 드롭되면 onDrop이 호출된다**"는 fireEvent. mouseDown으로 옵션 드롭다운을 열고, fireEvent.click으로 맨 처음 옵션을 선택한 때에 handleChange 가 호출되는 것을 확인합니다.

act 함수에서 처리를 감싸서 렌더, 사용자 이벤트, 데이터 얻기 태스크를 통해 업데이트가 모두 처리되어 DOM에 반영되는 것을 보증할 수 있습니다. 또한, 테스트 케이스에서 사용하는 Dropdown의 자식 요소는 screen.findByTestId('dropdown-control')과 screen.getAllByTestId('dropdown-option')으로 검색해서 얻고 있습니다.

```tsx
import {
  render,
  screen,
  act,
  fireEvent,
  RenderResult,
} from '@testing-library/react'
import { ThemeProvider } from 'styled-components'
import Dropdown from '.'
import { theme } from 'themes'

describe('Dropdown', () => {
  let renderResult: RenderResult
  let handleChange: jest.Mock

  beforeEach(() => {
    // 더미 함수
    handleChange = jest.fn()
    renderResult = render(
      <ThemeProvider theme={theme}>
        <Dropdown
          options={[
            { value: 'used', label: '중고' },
            { value: 'new', label: '신품' },
          ]}
          onChange={handleChange}
        />
      </ThemeProvider>,
    )
  })

  afterEach(() => {
    renderResult.unmount()
  })

  it('파일이 드롭되면 onDrop이 호출된다', async () => {
    // act 함수로 감싸서 풀다운을 열고 있도록 DOM이 업데이트된 것을 보증한다
    await act(async () => {
```

```
    // 클릭해서 드롭다운 선택지의 뷰를 표시한다
    const element = await screen.findByTestId('dropdown-control')
    element && fireEvent.mouseDown(element)
  })

    // 드롭다운의 선택지 뷰에서 선택한다
    const elements = await screen.getAllByTestId('dropdown-option')
    elements && fireEvent.click(elements[0])

    expect(handleChange).toHaveBeenCalledTimes(1)
  })
})
```

6.10.3 드롭존에 대한 단위 테스트

드롭존에 대한 단위 테스트를 구현합니다. 테스트 코드를 작성하기 전에 **data-testid** 속성을 드롭존 컴포넌트의 자식 요소(DropzoneRoot)에 추가합니다. dropzone의 **data-testid**를 추가합니다.

코드 6.71 _ src/components/molecules/Dropdown/index.tsx

```
<DropzoneRoot
  ref={rootRef}
  isFocused={isFocused}
  onDrop={handleDrop}
  onDragOver={handleDragOver}
  onDragLeave={handleDragLeave}
  onDragEnter={handleDragEnter}
  onClick={handleClick}
  hasError={hasError}
  width={width}
  height={height}
  data-testid="dropzone"
>
```

테스트 코드를 작성합니다. 먼저 **beforeEach** 함수 안에서 Jest 목 함수(**jest.fn**)를 사용해 **handleDrop**을 생성합니다. 다음으로 **render** 함수를 사용해서 **Dropzone** 컴포넌트를 렌더링합니다. 그때, 앞에서 작성한 **handleDrop**을 **Dropzone**의 **onDrop**에 인수로 전달합니다. 주의할 점은 **Dropzone**은 내부에서 **ThemeProvider**를 사용하고 있으므로 **Dropzone**의 컴포넌트를 감싸야 한다는 점입니다.

테스트 케이스를 작성합니다. 테스트 케이스 "**파일이 드롭되면 onDrop이 호출된다**"에서 fireEvent.drop 으로 파일을 드롭할 때 handleDrop이 호출되는 것을 확인합니다. 또한 테스트 케이스에서 사용하는 Dropdown의 자식 요소는 screen.findByTestId('dropzone')으로 검색해서 얻습니다.

코드 6.72 _ src/components/molecules/Dropzone/index.spec.tsx

```tsx
import { render, screen, fireEvent, RenderResult } from '@testing-library/react'
import { ThemeProvider } from 'styled-components'
import Dropzone from '.'
import { theme } from 'themes'

describe('Dropzone', () => {
  let renderResult: RenderResult
  let handleDrop: jest.Mock

  beforeEach(() => {
    handleDrop = jest.fn()
    renderResult = render(
      <ThemeProvider theme={theme}>
        <Dropzone onDrop={handleDrop} />
      </ThemeProvider>,
    )
  })

  afterEach(() => {
    renderResult.unmount()
  })

  it('파일이 드롭되면 onDrop이 호출된다', async () => {
    // 파일을 드롭한다
    const element = await screen.findByTestId('dropzone')
    fireEvent.drop(element, {
      dataTransfer: {
        files: [new File(['(-□_□)'], 'chucknorris.png', { type: 'image/png' })],
      },
    })

    // 파일이 입력됐는지 확인
    expect(handleDrop).toHaveBeenCalledTimes(1)
  })
})
```

6.10.4 헤더에 대한 단위 테스트

헤더에 대한 단위 테스트를 구현합니다. 테스트 코드를 작성하기 전에 data-testid 속성을 추가합니다. 헤더 컴포넌트의 자식 요소가 되는 ShapeImage에 profile-shape-image, BadgeWrapper에 badge-wrapper라는 2개의 data-testid를 추가합니다.

```
코드 6.73 _ src/components/organisms/Header/index.tsx에 추가

<Anchor as="a">
  <ShapeImage
    shape="circle"
    src={authUser.profileImageUrl}
    width={24}
    height={24}
    data-testid="profile-shape-image"
  />
</Anchor>
```

```
코드 6.74 _ src/components/molecules/BadgeIconButton/index.tsx

{badgeContent && (
  <BadgeWrapper data-testid="badge-wrapper">
    <Badge
      content={`${badgeContent}`}
      backgroundColor={badgeBackgroundColor}
    />
  </BadgeWrapper>
)}
```

테스트 케이스를 작성합니다. 준비로 ShoppingCartContext의 useShoppingCartContext를 jest.mock을 사용해서 목으로 바꿔, 더미 사용자의 authUser와 더미 상품 product를 정의합니다.

테스트 케이스를 작성합니다. 테스트 케이스 **"상품이 존재한다"**는 카트에 상품이 있을 때 배지가 표시되는지 확인합니다. 먼저 mockReturnValue를 사용해서 ShoppingCartContext의 초기 상태를 조작해, 카트에 상품이 1개 담기도록 합니다. 다음으로 render 함수를 사용해 Header의 컴포넌트를 콘텍스트와 함께 렌더링하고, screen.getAllByTestId('badge-wrapper')를 사용해 배지의 요소가 존재하는 것을 확인합니다.

두 번째 테스트 케이스 '미 로그인'은 카트가 비어 있고 프로필 이미지도 표시되지 않은 것을 확인합니다. 먼저 mockReturnValue를 사용해 ShoppingCartContext의 초기 상태를 조작해 카트를 비웁니다. 다음으로 render 함수로 Header의 컴포넌트를 콘텍스트와 함께 렌더링한 뒤, screen.queryByTestId('profile-shape-image')와 screen.queryByTestId('badge-wrapper')를 사용해 프로파일 이미지와 배지 요소가 존재하지 않는 것을 확인합니다.

코드 6.75 _ src/components/organisms/Header/index.spec.tsx

```tsx
import { render, screen, RenderResult } from '@testing-library/react'
import { ThemeProvider } from 'styled-components'
import Header from '.'
import { AuthContextProvider } from 'contexts/AuthContext'
import { theme } from 'themes'
import type { User, Product } from 'types'

// ShoppingCartContext의 목
jest.mock('contexts/ShoppingCartContext')
// eslint-disable-next-line import/order
import { useShoppingCartContext } from 'contexts/ShoppingCartContext'
// 오리지널 ShoppingCartContextProvider를 취득
const { ShoppingCartContextProvider } = jest.requireActual(
  'contexts/ShoppingCartContext',
)

// 더미 사용자
const authUser: User = {
  id: 1,
  username: 'dummy',
  displayName: 'Taketo Yoshida',
  email: 'test@example.com',
  profileImageUrl: '/images/sample/1.jpg',
  description: '',
}

// 더미 상품
const product: Product = {
  id: 1,
  category: 'book',
  title: 'Product',
  description: '',
```

```
    imageUrl: '/images/sample/1.jpg',
    blurDataUrl: '',
    price: 1000,
    condition: 'used',
    owner: authUser,
}

describe('Header', () => {
  let renderResult: RenderResult
  const useShoppingCartContextMock =
    useShoppingCartContext as jest.MockedFunction<typeof useShoppingCartContext>

  it('카트에 상품이 존재한다', async () => {
    useShoppingCartContextMock.mockReturnValue({
      cart: [product],
      // eslint-disable-next-line @typescript-eslint/no-empty-function
      addProductToCart: () => {},
      // eslint-disable-next-line @typescript-eslint/no-empty-function
      removeProductFromCart: () => {},
    })

    renderResult = render(
      <ThemeProvider theme={theme}>
        <ShoppingCartContextProvider>
          <AuthContextProvider
            authUser={authUser}
            context={{ apiRootUrl: 'https://dummy' }}
          >
            <Header />
          </AuthContextProvider>
        </ShoppingCartContextProvider>
      </ThemeProvider>,
    )

    // 카트에 들어있다(배지가 표시된다)
    expect(screen.getAllByTestId('badge-wrapper').length).toBeGreaterThan(0)

    renderResult.unmount()
    useShoppingCartContextMock.mockReset()
  })
})
```

```
it('미 로그인', async () => {
  useShoppingCartContextMock.mockReturnValue({
    cart: [],
    // eslint-disable-next-line @typescript-eslint/no-empty-function
    addProductToCart: () => {},
    // eslint-disable-next-line @typescript-eslint/no-empty-function
    removeProductFromCart: () => {},
  })

  renderResult = render(
    <ThemeProvider theme={theme}>
      <ShoppingCartContextProvider>
        <AuthContextProvider context={{ apiRootUrl: 'https://dummy' }}>
          <Header />
        </AuthContextProvider>
      </ShoppingCartContextProvider>
    </ThemeProvider>,
  )

  // 로그인하지 않았음
  expect(screen.queryByTestId('profile-shape-image')).toBeNull()

  // 카트가 비어 있음
  expect(screen.queryByTestId('badge-wrapper')).toBeNull()

  renderResult.unmount()
  useShoppingCartContextMock.mockReset()
})
})
```

6.10.5 로그인 폼에 대한 단위 테스트

로그인 폼에 대한 단위 테스트를 구현합니다. 먼저 beforeEach 함수 안에서 Jest의 목 함수(jest.fn)를 사용해 handleSignin을 생성합니다. 다음으로 render 함수를 사용해 SigninForm의 컴포넌트를 렌더링합니다. 그때, 앞에서 작성한 handleSignin을 SigninForm의 onSignin에 인수로 전달합니다. 주의할 점은 SigninForm은 내부에서 ThemeProvider를 사용하기 때문에 SigninForm 컴포넌트를 감싸야 한다는 점입니다.

테스트 케이스를 작성합니다. 테스트 케이스 "**사용자명과 비밀번호를 입력한 뒤, onSignin이 호출된다**"
는 fireEvent.change로부터 사용자명과 비밀번호를 입력하고 fireEvent.click으로 로그인 버튼을 클릭
한 뒤, handleSignin이 호출되는 것을 확인합니다. 또한, 테스트 케이스에서 사용하는 각 input 요소는
screen.getByPlaceholderText를 사용해서 얻습니다.

두 번째 테스트 케이스 "**사용자명 입력만으로는 변형 에러로 인한 onSignin이 호출되지 않습니다**"는 비
밀번호를 입력하지 않고 앞에서와 동일한 과정을 수행합니다. 그때 React Hook Form을 통한 밸리데이션
에러에서 handleSignin이 호출되지 않는 것을 확인합니다.

코드 6.76 _ src/components/organisms/SigninForm/index.spec.tsx

```
import {
  render,
  act,
  screen,
  fireEvent,
  RenderResult,
} from '@testing-library/react'
import { ThemeProvider } from 'styled-components'
import SigninForm from '.'
import { theme } from 'themes'

describe('SigninForm', () => {
  let renderResult: RenderResult
  let handleSignin: jest.Mock

  beforeEach(() => {
    // 더미 함수
    handleSignin = jest.fn()
    renderResult = render(
      <ThemeProvider theme={theme}>
        <SigninForm onSignin={handleSignin} />
      </ThemeProvider>,
    )
  })

  afterEach(() => {
    renderResult.unmount()
```

```
})

  it('사용자명과 비밀번호를 입력한 뒤, onSignin이 호출된다', async () => {
    // DOM이 변경되는 것을 보증, React Hook Form의 handleSubmit이 호출될 때까지 대기한다
    await act(async () => {
      // 사용자명 입력
      const inputUsernameNode = screen.getByPlaceholderText(
        /사용자명/,
      ) as HTMLInputElement
      fireEvent.change(inputUsernameNode, { target: { value: 'user' } })
      // 비밀번호 입력
      const inputPasswordNode = screen.getByPlaceholderText(
        /비밀번호/,
      ) as HTMLInputElement
      fireEvent.change(inputPasswordNode, { target: { value: 'password' } })
      // 로그인 버튼을 클릭
      fireEvent.click(screen.getByText('로그인'))
    })

    // handleSignin이 호출되지 않는 것을 확인
    expect(handleSignin).toHaveBeenCalledTimes(1)
  })

  it('사용자명 입력만으로는 변형 에러로 인한 onSignin이 호출되지 않습니다', async () => {
    // DOM이 업데이트되는 것을 보증, React Hook Form의 handleSubmit이 호출될 때까지 대기한다
    await act(async () => {
      // 사용자명 입력
      const inputUsernameNode = screen.getByPlaceholderText(
        /사용자명/,
      ) as HTMLInputElement
      fireEvent.change(inputUsernameNode, { target: { value: 'user' } })
      // 로그인 버튼을 클릭
      fireEvent.click(screen.getByText('로그인'))
    })

    // handleSignin가 호출되지 않은 것을 확인
    expect(handleSignin).toHaveBeenCalledTimes(0)
  })
})
```

6.10.6 상품 등록 폼에 대한 단위 테스트

상품 등록 폼에 대한 단위 테스트를 구현합니다. 준비 작업으로 URL.createObjectURL이라는 스텁을 준비합니다. 여기에서는 적당한 더미 URL 텍스트를 반환하는 함수를 지정했습니다.

beforeEach 함수 안에서 Jest 목 함수(jest.fn)를 사용해 handleProductSave를 생성합니다. 다음으로, render 함수를 사용해 ProductForm의 컴포넌트를 렌더링합니다. 그때, 앞에서 작성한 handleProductSave를 ProductForm의 onProductSave에 인수로 전달합니다. 주의할 점은 ProductForm은 내부에서 ThemeProvider를 사용하므로 ProductForm의 컴포넌트를 감싸야 한다는 점입니다.

테스트 케이스를 작성합니다. 테스트 케이스 "폼 입력 후, onProductSave가 호출된다"는 fireEvent.drop으로 상품 이미지를 입력하고, fireEvent.change에서 상품 제목과 상품 정보 및 가격을 입력하고, fireEvent.click으로 게시 버튼을 클릭해 handleProductSave가 호출되는 것을 확인합니다. 또한, 테스트 케이스에서 사용하는 각 input 요소는 screen.getByPlaceholderText를 사용해서 얻고, Dropdown의 자식 요소는 screen.findByTestId('dropzone')으로 검색해서 얻을 수 있습니다.

두 번째 테스트 케이스 "상품 제목 입력만으로는 밸리데이션 에러에 의한 onProductSave가 호출되지 않는다"는 상품 제목만을 입력하고 앞에서와 같은 작동을 수행합니다. 그때, React Hook Form을 통한 밸리데이션 에러로 handleProductSave가 호출되지 않는 것을 확인합니다.

코드 6.77 src/components/organisms/ProductForm/index.spec.tsx

```
import {
  render,
  act,
  screen,
  fireEvent,
  RenderResult,
} from '@testing-library/react'
import { ThemeProvider } from 'styled-components'
import ProductForm from '.'
import { theme } from 'themes'

describe('ProductForm', () => {
  let renderResult: RenderResult
  let handleProductSave: jest.Mock
  // 스텁
  global.URL.createObjectURL = () => 'https://test.com'
```

```
beforeEach(() => {
  // 더미 함수
  handleProductSave = jest.fn()
  renderResult = render(
    <ThemeProvider theme={theme}>
      <ProductForm onProductSave={handleProductSave} />
    </ThemeProvider>,
  )
})

afterEach(() => {
  renderResult.unmount()
})

it('폼 입력 후, onProductSave가 호출된다', async () => {
  // DOM이 업데이트되는 것을 보증, React Hook Form의 handleSubmit이 호출될 때까지 기다린다
  await act(async () => {
    // 상품 이미지를 입력
    const element = await screen.findByTestId('dropzone')
    fireEvent.drop(element, {
      dataTransfer: {
        files: [
          new File(['(ﾟ□ﾟ)'], 'chucknorris.png', { type: 'image/png' }),
        ],
      },
    })

    // 상품 제목을 입력
    const inputUsernameNode = screen.getByPlaceholderText(
      /상품 제목/,
    ) as HTMLInputElement
    fireEvent.change(inputUsernameNode, { target: { value: '상품' } })

    // 상품 정보를 입력
    const inputPasswordNode = screen.getByPlaceholderText(
      /최고의 상품입니다/,
    ) as HTMLInputElement
    fireEvent.change(inputPasswordNode, { target: { value: '테스트테스트' } })
```

```
    // 가격을 입력
    const inputPriceNode = screen.getByPlaceholderText(
      /100/,
    ) as HTMLInputElement
    fireEvent.change(inputPriceNode, { target: { value: '100' } })

    // 등록 버튼을 클릭한다
    fireEvent.click(screen.getByText('등록'))
  })

  // handleProductSave가 호출된 것을 확인
  expect(handleProductSave).toHaveBeenCalledTimes(1)
})

it('상품 제목 입력만으로는 밸리데이션 에러에 의한 onProductSave가 호출되지 않는다', async () => {
  // DOM이 업데이트되는 것을 보증, React Hook Form의 handleSubmit이 호출될 때까지 기다린다
  await act(async () => {
    // 상품 제목을 입력
    const inputUsernameNode = screen.getByPlaceholderText(
      /상품 제목/,
    ) as HTMLInputElement
    fireEvent.change(inputUsernameNode, { target: { value: '상품' } })

    // 등록 버튼을 클릭
    fireEvent.click(screen.getByText('등록'))
  })

  // handleProductSave가 호출되지 않은 것을 확인
  expect(handleProductSave).toHaveBeenCalledTimes(0)
  })
})
```

이상으로 애플리케이션 설계와 구현을 마쳤습니다. 일부 설명을 생략한 부분은 샘플 파일을 참조하기 바랍니다.

다음 장에서는 애플리케이션의 배포, SEO 대책, 접근성 등에 관해 설명합니다.

애플리케이션 개발 3
~릴리스와 개선~

이번 장에서는 릴리스를 하기까지 필요한 다음 내용에 관해 설명합니다.

- 헤로쿠와 버셀을 사용한 애플리케이션 배포

- 로깅

- SEO 대책

- 접근성

- 보안

7.1 배포와 애플리케이션 전체의 시스템 아키텍처

배포를 위해 애플리케이션 전체의 시스템 아키텍처를 설명합니다.

앞 장에서 작성한 프런트엔드 Next.js 애플리케이션과 백엔드 JSON 서버 애플리케이션은 각각 버셀과 헤로쿠(Heroku)[1] 서비스에 배포합니다.

---

1 https://www.heroku.com/home

프런트엔드[2]와 API 백엔드를 나눈 구성은, 최근 가장 자주 볼 수 있는 아키텍처입니다. 사용하는 서비스가 달라도 이 형태를 갖는 경우가 많습니다. 여러분이 진행하는 프로젝트에서도 같은 형태를 도입한다고 가정합니다.

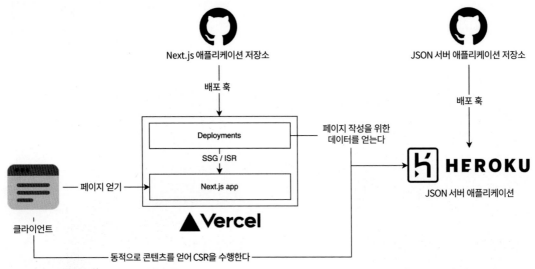

그림 7.1 시스템 아키텍처

각 애플리케이션은 각 깃허브 저장소로부터 deploy hook[3]을 사용해서 버셀과 헤로쿠에 배포됩니다.

프런트엔드 Next.js 애플리케이션을 빌드 및 배포할 때는 JSON 서버 애플리케이션에 대해 요청을 보내 콘텐츠를 얻고 SSG를 수행합니다. 정기적으로 업데이트되는 일부 페이지에 대해서는 SSG로 생성한 뒤 ISR로 업데이트합니다. 한편, 사용자 인증과 같이 개별적으로 표시하는 콘텐츠는 클라이언트로부터 JSON 서버 애플리케이션에 요청을 보내, CSR을 수행해서 페이지를 표시합니다.

7.2 헤로쿠

헤로쿠는 애플리케이션 개발부터 실행, 운용까지의 모든 것을 제공하는 PaaS 서비스입니다. 많은 개발자가 이 플랫폼을 사용해 애플리케이션을 배포, 관리, 확장하고 있습니다. 또한, 효율성과 유연성도 뛰어나며 간단하게 애플리케이션을 공개할 수 있습니다.

---

2 버셀에 배포하는 Next.js는 서버 사이드에서의 처리도 포함하지만, 주된 담당 영역이 프런트엔드이므로 프런트엔드라고 표현했습니다.

3 감시 대상 브랜치에 변경이 있을 때 발생하는 이벤트

헤로쿠는 JSON 서버를 배포할 때 활용합니다. 테스트용 백엔드이므로 확장은 필요하지 않습니다. 배포까지의 순서가 간단하며, 책에서의 유스케이스는 무료로 사용 가능한 범위로 한정했습니다.

여기에서는 JSON 서버를 헤로쿠에 배포하는 방법을 설명합니다. https://heroku.com/에 접속한 뒤 계정을 작성합니다.

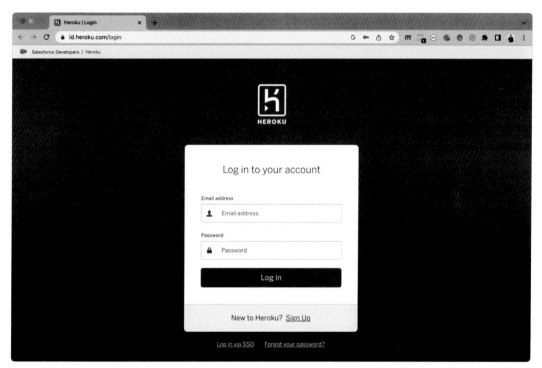

그림 7.2 헤로쿠 로그인 페이지

계정을 작성하고 로그인에 성공했다면 **Create new app**으로 새로운 애플리케이션을 작성합니다.

그림 7.3 애플리케이션 만들기

App name은 애플리케이션의 ID를 지정합니다. 여기에서는 `wiki-json-server`로 했습니다. 이 ID는 글로벌에서 고유하므로, 등록할 수 없는 경우에는 다른 애플리케이션 ID명을 지정합니다.

그림 7.4 애플리케이션 이름 정하기

다음으로 배포할 애플리케이션의 소스 코드가 있는 저장소를 지정합니다. 여기에서는 깃허브에 소스 코드가 있으므로 `Connect to GitHub` 버튼을 클릭하고 지정할 저장소를 선택합니다.

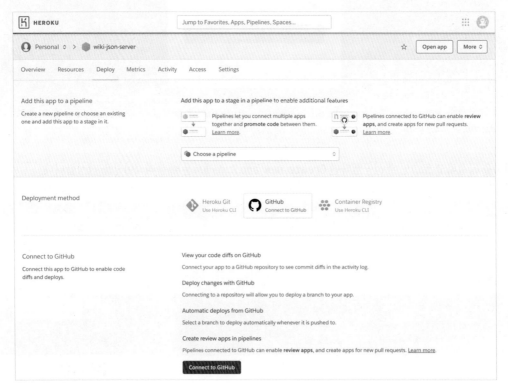

그림 7.5 깃허브에 연결

타입스크립트, 리액트, Next.js로 배우는 실전 웹 애플리케이션 개발

그림 7.6 저장소 선택

저장소를 선택하면 빌드 파이프라인이 실행되고, 빌드에 성공하면 애플리케이션이 헤로쿠에 배포됩니다. View 버튼을 클릭해 브라우저에서 JSON 서버에 접속할 수 있습니다. 페이지가 정상적으로 표시되면 모든 단계가 완료됩니다.

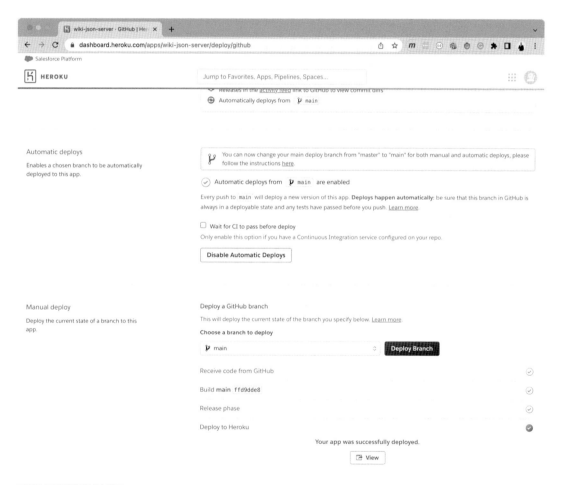

그림 7.7 애플리케이션 빌드

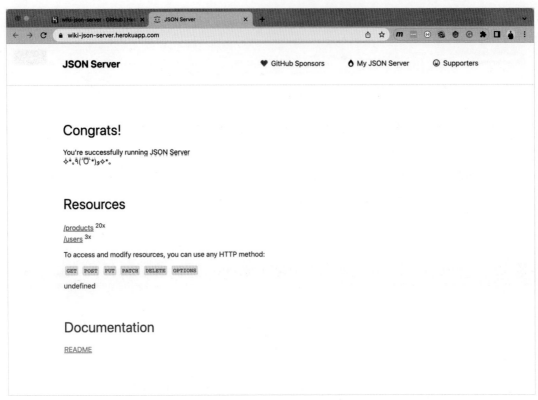

그림 7.8 JSON 서버

7.3 버셀

Next.js 애플리케이션은 다양한 플랫폼에 배포할 수 있습니다. 가장 간단한 방법은 Next.js 개발사가 제공하는 버셀을 사용하는 것입니다.

버셀은 글로벌한 에지 네트워크[4]로의 배포부터 협업 기능까지 웹 개발에 도움이 되는 광범위한 기능을 제공하는 플랫폼입니다.

버셀은 간단한 배포를 제공할 뿐만 아니라, 서버리스 ISR을 지원합니다. 이를 통해 Next.js의 기능을 완전하게 활용할 수 있습니다.

---

4   전 세계에 에지(서버)를 배치하고, 클라이언트와 네트워크상 가까운 거리에서 처리하는 네트워크. CDN의 발전형.

7.3.1 버셀로 애플리케이션 배포

프로덕션용 환경 변수 설정으로서 환경 변수 파일인 **.env.production**을 준비합니다. `API_BASE_URL`은 앞에서 헤로쿠에 배포한 JSON 서버의 URL을 설정합니다. `NEXT_PUBLIC_API_BASE_PATH`는 그대로 변경하지 말고 **/api/proxy**를 지정합니다.

코드 7.1 _ .env.production

```
API_BASE_URL=<프로덕션 환경의 JSON 서버의 URL>
NEXT_PUBLIC_API_BASE_PATH=/api/proxy
```

다음으로 버셀에 개발한 애플리케이션을 배포하는 방법을 설명합니다. https://vercel.com/signup에 접속해 계정을 작성합니다. 여기에서는 깃허브에 업로드한 저장소를 사용하므로, 깃허브 계정을 사용했습니다.

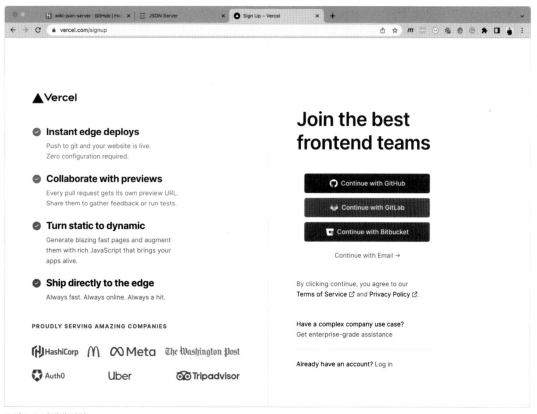

그림 7.9 버셀에 가입

계정을 작성하고 로그인한 뒤, Import를 클릭해 Next.js 애플리케이션의 저장소를 선택합니다.

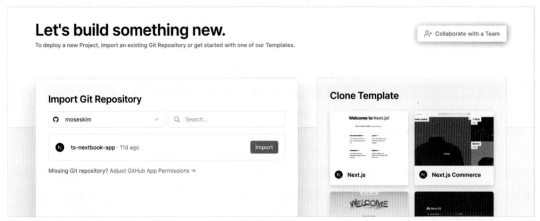

그림 7.10 새로운 애플리케이션 작성

그다음은 기본 설정으로 Deploy까지 진행합니다. 그러면 빌드 파이프라인이 실행되고, 빌드가 성공하면 배포가 완료됩니다. 빌드에 실패하면 npm run build를 로컬에서 실행해서 빌드가 성공하는지 확인합니다.

You're almost done.

Please follow the steps to configure your Project and deploy it.

ts-nextbook-app

- Configure Project
- Deploy

GIT REPOSITORY

moseskim/ts-nextbook-app
main
./

Import a different Git Repository →
Browse Templates →

Configure Project

ts-nextbook-app
No custom settings applied.   Change

Deploy

Deployment started 43s ago...

> Building	42s
> Running Checks	○
> Assigning Domains	○

Merge pull request #4 from moseskim/feature/translate-into-korea...   Cancel Deployment

그림 7.11 Next.js 애플리케이션 빌드

빌드 파이프라인이 모두 정상으로 종료된 뒤에는, 대시보드 페이지에서 배포 대상 URL을 클릭해 공개 완료를 확인합니다.

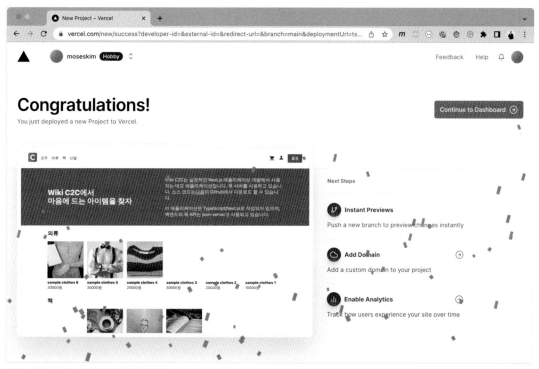

그림 7.12 Next.js 애플리케이션 빌드 완료

7.4 로깅

애플리케이션 로그는 작동하는 애플리케이션의 상태, 발생한 이벤트, 에러 등의 정보를 출력합니다. 사용자의 사용 상황 확인이나 에러 감지를 위해 로그를 수집합니다.

Next.js에서는 서버 사이드와 클라이언트 사이드 모두에서 `console` 객체를 사용할 수 있습니다. 양쪽 모두에서 `console.log()` 함수 등을 호출해 로그를 출력할 수 있습니다. 단, 실행되는 환경에 따라 로그 출력 위치가 달라집니다.

`getStaticProps()`, SSG의 초기 그림, API의 핸들러 안에서 실행된 것은 서버를 실행하는 프로세스의 표준 출력으로 출력됩니다. 클라이언트 사이에서 그릴 때의 그리기 함수 안에서 실행된 것은 개발자 도구의 콘솔 탭에 표시됩니다.

```
const HomePage = ({
  bookProducts,
  clothesProducts,
  shoesProducts,
}: InferGetStaticPropsType<typeof getStaticProps>) => {
  console.log('HomePage 컴포넌트 그리기에서 호출된 로그입니다')
  ...
}

export async function getStaticProps() {
  ...
  console.log('getStaticProps 안에서 호출된 로그입니다')
  ...
}

export default HomePage
```

그림 7.13 서버 사이드의 로그 출력 예

그림 7.14 클라이언트 사이드의 로그 출력 예

또한 로깅용 라이브러리를 사용함으로써 특정 포맷에 맞는 로그를 출력하거나, 파일이나 외부 서비스로 로그를 출력할 수도 있습니다. Next.js에서는 공식적으로 pino[5]라는 라이브러리 사용을 권장하고 있습니다.

---

5 https://github.com/pinojs/pino

여기에서는 pino를 사용해 서버 사이드와 클라이언트 사이드 양쪽의 로그를 로그플레어(Logflare)[6]라는 외부 서비스에 전송하는 방법을 소개합니다.

먼저, 프로젝트에 필요한 모듈을 설치합니다. 로깅 라이브러리 본체인 pino와 pino의 로그를 로그플레어로 전송하기 위한 pino-logflare를 설치합니다.

```
$ npm install pino pino-logflare
```

다음으로 로그플레어의 페이지로 이동해, 로그인을 하고 새로운 프로젝트를 작성하면 Source ID와 API Key가 표시되므로, 이를 복사합니다.

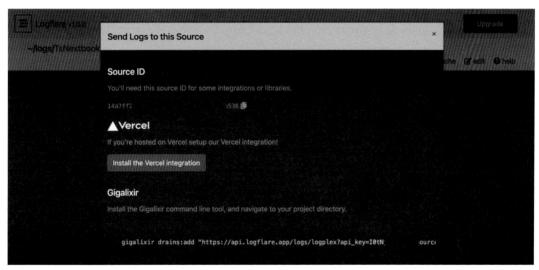

그림 7.15 로그플레어의 API 키

이 값들을 .env 파일에 LOGFLARE_API_KEY와 LOGFLLARE_SOURCE_ID로 저장합니다.

```
...
NEXT_PUBLIC_LOGFLARE_API_KEY=10...
NEXT_PUBLIC_LOGFLARE_SOURCE_ID=17...
```

---

6   https://logflare.app/

다음으로 로거 초기화 부분의 코드를 입력합니다. `src/utils/logger.ts`라는 파일을 새로 작성합니다. `pino-logflare`로부터 `createWriteStream`과 `createPinoBrowserSend` 2가지를 임포트하고, 각각 Source ID와 API Key를 전달해서 `stream`과 `send` 객체를 작성합니다. 그리고 `stream`과 `send` 객체를 사용해서 로거를 초기화하고, 서버 사이드와 클라이언트 사이트에 각각 로거를 설정합니다. 클라이언트 사이드의 로그 설정은 `browser` 객체 아래 설정합니다.

```
import pino from 'pino'
import { createPinoBrowserSend, createWriteStream } from 'pino-logflare'

const stream = createWriteStream({
  apiKey: process.env.NEXT_PUBLIC_LOGFLARE_API_KEY,
  sourceToken: process.env.NEXT_PUBLIC_LOGFLARE_SOURCE_ID,
})

const send = createPinoBrowserSend({
  apiKey: process.env.NEXT_PUBLIC_LOGFLARE_API_KEY,
  sourceToken: process.env.NEXT_PUBLIC_LOGFLARE_SOURCE_ID,
})

const logger = pino(
  {
    browser: {
      transmit: {
        level: 'info',
        send: send,
      },
    },
    level: 'debug',
    base: {
      env: process.env.NODE_ENV,
    },
  },
  stream
)

export default logger
```

시험 삼아 인덱스 페이지에서 로그 출력을 테스트합니다. **src/pages/index.tsx**에 로거를 설치하고, **getStaticProps**와 HomePage의 그리기 함수 안에서 로그를 출력합니다.

```
...
import logger from 'utils/logger'

const HomePage = ({
  bookProducts,
  clothesProducts,
  shoesProducts,
}: InferGetStaticPropsType<typeof getStaticProps>) => {
  ...
  logger.info('HomePage 컴포넌트의 그리기 함수 안에서 호출된 로그입니다')
  ...
}

export async function getStaticProps() {
  ...
  logger.info('getStaticProps 안에서 호출된 로그입니다')
  ...
}

export default HomePage
```

서버를 기동해 페이지를 표시하면 로그플레어상에 로그가 출력되는 것을 확인할 수 있습니다.

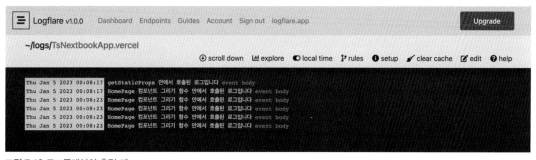

그림 7.16 로그플레어의 출력 예

또한, 버셀에 애플리케이션을 배포할 때는 프로젝트에 로그플레어를 추가할 수 있습니다. 이때, 빌드 시의 로그나 CDN으로의 접근 로그 등을 자동적으로 로그플레어에 집약할 수 있습니다.

로그플레어의 셋업 화면에서 Install the Vercel integration을 클릭하면, 버셀의 화면으로 이동합니다. Add integration을 클릭하면, 다이얼로그가 표시되고 추가할 대상 계정과 프로젝트를 선택할 수 있습니다.

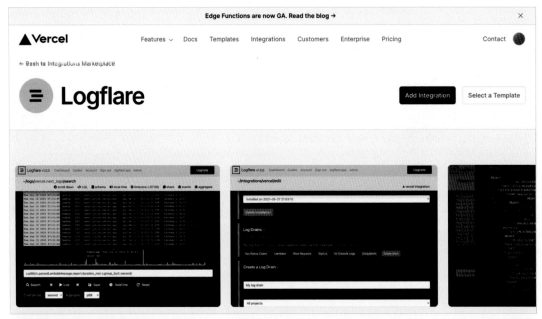

그림 7.17 버셀에 로그플레어를 추가

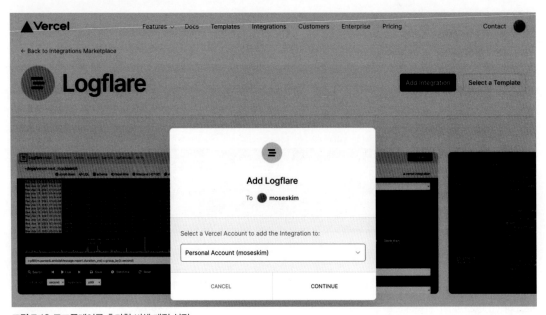

그림 7.18 로그플레어를 추가할 버셀 계정 설정

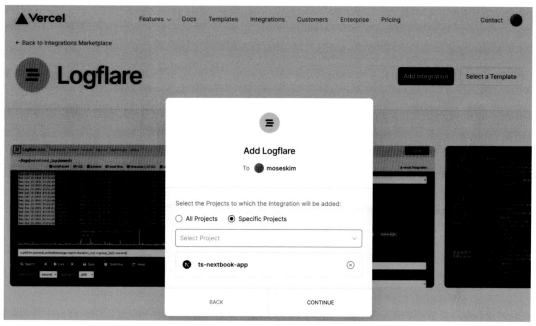

그림 7.19 로그플레어를 추가할 버셀 프로젝트 설정

CONTINUE → ADD INTEGRATION을 클릭하면 프로젝트에 로그플레어가 추가됩니다. Configure를
클릭하면 다시 로그플레어의 화면으로 이동합니다.

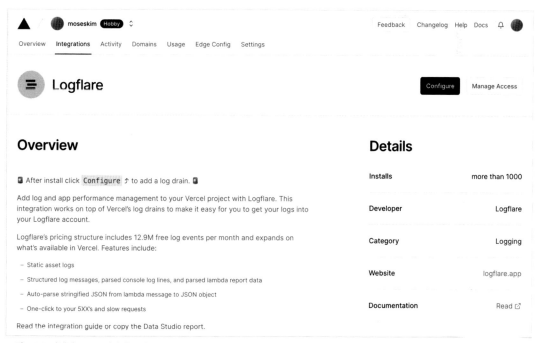

그림 7.20 버셀에 로그플레어 추가 후

로그플레어 화면에서 로그를 출력할 대상의 프로젝트를 지정하고, Create drain을 클릭하면 버셀의 로그가
표시됩니다.

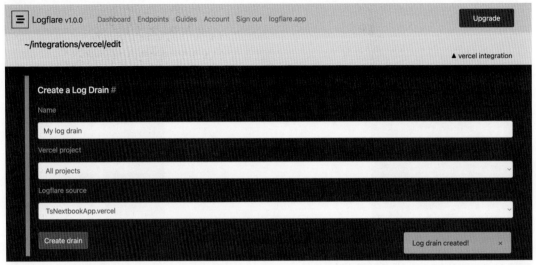

그림 7.21 로그플레어에서 버셀의 설정

칼럼

로그 레벨

pino에서는 로그 레벨을 설정할 수 있습니다. `trace`, `debug`, `info`, `warn`, `error`, `fatal`, `silent`의 7개 레벨
로 나누어집니다. 레벨별로 함수가 제공되며 `logger.error("에러")`와 같이 로그 레벨에 맞춰 호출하는 함수를
나눠 사용합니다. 로그 레벨은 로그에 중요도를 설정할 수 있을 뿐만 아니라, 특정 로그 레벨 이상의 로그만 출력하
게 설정할 수 있습니다.

각 로그 레벨을 나누어 사용하면 프로젝트에 따라 달라지며, 다음과 같은 지표로 많이 사용됩니다.

- trace: 개발 시에 디버그 정보를 출력할 때에 사용, debug보다 상세한 정보를 출력할 때 사용한다

- debug: 개발 시에 디버그 정보를 출력할 때 사용

- info: 양쪽에서 로그인이나 API 콜 등의 정보를 출력할 때 사용

- warn: 처리를 지속할 수 있지만, 바람직하지 않은 상황이나 에러가 발생했을 때 사용

- error: API 콜 에러 등 실행이 실패했을 때 등에 사용

- fatal: 크래시 등의 애플리케이션 실행 유지가 곤란한 심각한 에러가 발생했을 때 사용

7.5 검색 엔진 최적화

검색 엔진 최적화(SEO: Search Engine Optimization)란 구글 등의 검색 엔진으로 검색을 했을 때, 보다 상위에 표시되도록 개선하는 것을 목표로 합니다.

구글은 Googlebot이라 불리는 웹 크롤러를 사용해서, 여러 사이트를 정기적으로 돌아다니며 콘텐츠를 수집합니다. 이 데이터들은 구글 서버로 전송되어 분석되고, 인덱스에 반영됩니다. 구글 검색 시에는 이 인덱스를 사용해서 보다 적절한 페이지가 상위에 나타나도록 검색 결과를 사용자에게 제공합니다.

웹 크롤러가 표시하고 있는 콘텐츠를 올바르게 얻을 수 없을 때는 인덱스에 반영되지 않습니다. 즉, 검색 결과에 표시되지 않는 문제가 발생합니다.

Googlebot은 자바스크립트를 처리할 수 있지만, SPA 등 자바스크립트를 중심으로 구축한 웹사이트에서는 주의가 필요합니다. 클라이언트 사이드에서 그리므로(CSR), 화면을 그리는 데 시간이 걸리면 도중에 크롤러는 처리를 멈추게 되어, 콘텐츠가 올바르게 얻을 수 없는 문제가 있습니다.

이를 위해, CSR만 제공할 수 있는 라이브러리나 프레임워크는 SEO에 문제가 있습니다.[7]

Next.js는 SEO에도 강한 프레임워크입니다.[8] Next.js의 SSR이나 SSG를 사용하면, 클라이언트 사이드에서 초기 그리기를 하지 않아도 웹 크롤러가 올바를 내용을 얻을 수 있습니다. SPA와 같은 CSR과 비교하면, SSR이나 SSG를 사용하는 방법이 SEO에 유리합니다.

SSR/SSG에서 페이지를 표시하는 것뿐만 아니라 적절한 요소나 속성을 추가함으로써 웹 크롤러에게 콘텐츠 정보를 명시적으로 전달할 수 있습니다. 검색 엔진에 싣고 싶은 페이지는 SSR이나 SSG를 사용합니다.

이후에는 SSR/SSG 이외의 SEO 대책에 관해서 다룹니다.

7.5.1 메타 태그

메타 태그란 <head> 요소 안에 있는 <meta> 요소로 정의된 것으로, 웹 크롤러에게 페이지의 내용을 전달하는 역할을 합니다.

---

7 Google 검색의 Googlebot은 자바스크립트를 실행한다고 되어 있습니다만, 일부 미대응 크롤러에 대한 대책은 크롤러에 대한 응답을 빠르게 하기 위해서도 SSR이나 SSG는 유효합니다. https://developers.google.com/search/docs/advanced/javascript/javascript-seo-basics
8 Next.js의 공식 사이트에도 SEO에 관한 콘텐츠가 있습니다. https://nextjs.org/learn/seo/introduction-to-seo

Next.js에서는 next/head의 Head 컴포넌트 안에서 정의한 것을 페이지의 <head> 요소로 감쌉니다. 페이지 컴포넌트 안에서 <head> 컴포넌트를 배치하고 그 안에 메타 태그를 기술합니다.

<title> 태그와 <meta name="description"> 태그에는 각각 페이지의 제목과 개요를 기술합니다. 이 태그들은 웹 크롤러가 수집해, 각각 검색 엔진에서 표시할 때 항목의 제목과 설명이 됩니다.

property 속성인 og:로 시작하는 <meta> 태그는 OGP(Open Graph Protocol)용 메타데이터를 정의합니다. 이 데이터들은 페이스북이나 트위터 등 SNS에서 페이지 링크를 공유했을 때 섬네일을 표시하는 내용을 정의합니다. 각 property에는 다음과 같은 값을 정의합니다.

OGP용 값	설명
og:title	제목을 지정합니다.
og:description	페이지 설명문을 지정합니다.
og:site_name	페이지 사이트명을 지정합니다.
og:image	섬네일 이미지 URL을 지정합니다.
og:url	페이지의 URL을 지정합니다.
og:type	객체 타입(webpage, article, video.movie 등)을 지정합니다.

지정한 타입에 따라 추가 메타데이터를 설정해야 합니다.

```
import Head from 'next/head'

const HomePage = ({
  bookProducts,
  clothesProducts,
  shoesProducts,
}: InferGetStaticPropsType<typeof getStaticProps>) => {
  return (
    <React.Fragment>
      <Head>
        <title>Gihyo C2C</title>
        <meta
          name="description"
          content="Gihyo C2C는 실전적인 Next.js 애플리케이션 개발에 사용되는 데모 애플리케이션입니다."
        />
        <meta property="og:site_name" content="Gihyo C2C" />
```

```
            <meta property="og:title" content="Gihyo C2C의 톱페이지" />
            <meta
              property="og:description"
              content="Gihyo C2C는 실전적인 Next.js 애플리케이션 개발에 사용되는 데모 애플리케이션입니다."
            />
            <meta property="og:type" content="website" />
            <meta property="og:url" content="http://localhost:3000" />
            <meta
              property="og:image"
              content="http://localhost:3000/thumbnail.png"
            />
            <meta property="og:locale" content="ko_KR" />
          </Head>
          <Layout>
          ...
          </Layout>
        </React.Fragment>
    )
}
```

7.5.2 빵 부스러기 리스트

빵 부스러기 리스트란 현재 표시하고 있는 페이지의 계층이 어디인지를 나타내는 계층 구조 리스트입니다.[9]

각 리스트의 요소들은 링크로 되어 있으며, 클릭하면 부모 페이지로 이동할 수 있습니다.

빵 부스러기 리스트를 제공함으로써, 사용자가 직접 방문했을 때 해당 페이지가 어떤 페이지인지 쉽게 이해하도록 도움 수 있습니다. 또한, 웹 크롤러에 사이트 구조를 전달할 수 있어 보다 정확하게 페이지의 내용을 나타낼 수 있습니다.

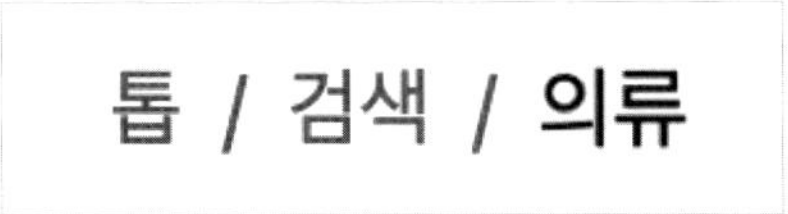

톱 / 검색 / 의류

그림 7.22 빵 부스러기 리스트 예

---

9 (엮은이) 동화 "헨젤과 그레텔"에서 아이들이 돌아오는 길을 표시하기 위해 빵 부스러기를 떨어뜨린 데서 유래하며, '브레드크럼(breadcrumbs)'이라고도 합니다.

빵 부스러기 리스트를 작성할 때는 다음 코드와 같이, 링크의 리스트로 표현합니다. 빵 부스러기 리스트 전체를 `<ol>` 요소로 감싸고, 리스트의 각 요소를 `<li>` 요소로 감쌉니다.

```
const SearchPage = () => {
  return (
    <Layout>
      ...
      <ol>
        <li>
          <Link href="/">
            <a>톱</a>
          </Link>
        </li>
        <li>
          <Link href="/search">
            <a>검색</a>
          </Link>
        </li>
        <li>
          <Link href="/search/clothes">
            <a>의류</a>
          </Link>
        </li>
      </ol>
      ...
    </Layout>
  )
}
```

사용자가 사용할 때는 이것으로 충분하지만, 웹 크롤러에게 빵 부스러기 리스트임을 인식시키려면 구조화 데이터를 추가해야 합니다. 구조화 데이터란 페이지 정보를 크롤러가 해석하기 쉽도록 모은 데이터입니다.

구조화 데이터는 주로 다음 2가지 방법으로 작성할 수 있습니다.

첫 번째는 JSON-LD라 불리는 형식입니다. `<script>` 요소를 `<head>` 아래에 배치하고, 그 안에 `json`으로 구조화 데이터를 정의합니다.

리액트 컴포넌트에서는 `<script>` 요소 안에 직접 JSON을 삽입할 수 없으므로, `<script>` 요소의
dangerouslySetInnerHTML에 객체를 JSON 문자열로 한 것을 전달합니다. 빵 부스러기 리스트용 JSON-
LD에서는 @typeBreadcrumbList를 정의하고, itemListElement에 링크 요소를 각각 전달합니다.

```
const SearchPage = () => {
  const jsonld = {
    '@context': 'https://schema.org/',
    '@type': 'BreadcrumbList',
    name: '빵 부스러기 리스트',
    itemListElement: [
      {
        '@type': 'ListItem',
        position: 1,
        item: { name: '톱', '@id': 'https://localhost:3000/' },
      },
      {
        '@type': 'ListItem',
        position: 2,
        item: { name: '검색', '@id': 'https://localhost:3000/search' },
      },
      {
        '@type': 'ListItem',
        position: 3,
        item: {
          name: '의류',
          '@id': 'https://localhost:3000/search/clothes',
        },
      },
    ],
  }

  return (
    <Layout>
      <Head>
        <script
          type="application/ld+json"
          dangerouslySetInnerHTML={{ __html: JSON.stringify(jsonld) }}
        />
```

```
      </Head>
      <ol>
        <li>
          <Link href="/">
            <a>톱</a>
          </Link>
        </li>
        <li>
          <Link href="/search">
            <a>검색</a>
          </Link>
        </li>
        <li>
          <Link href="/search/clothes">
            <a>의류</a>
          </Link>
        </li>
      </ol>
      ...
    </Layout>
  )
}
```

두 번째는 `Microdata`라는 형식입니다. 이것은 빵 부스러기 리스트 요소에 추가 속성을 지정합니다. 각각 필요한 속성은 다음의 코드대로입니다. 빵 부스러기 리스트 안의 각 요소에 적절한 `itemType`을 지정합니다. 또한, `<a>` 요소와 마찬가지로 계층에 `<meta>` 요소를 배치하고, 그 항목의 순서를 지정합니다.

```
const SearchPage = () => {
  return (
    <Layout>
      ...
      <ol itemscope itemtype="https://schema.org/BreadcrumbList">
        <li itemprop="itemListElement" itemscope itemtype="http://schema.org/ListItem">

          <Link href="/">
            <a itemprop="item">
              <span itemprop="name">
                톱
```

```
          </span>
        </a>
        <meta itemprop="position" content="1" />
      </Link>
    </li>
    <li itemprop="itemListElement" itemscope itemtype="http://schema.org/ListItem">
      <Link href="/search">
        <a itemprop="item">
          <span itemprop="name">
            검색
          </span>
        </a>
        <meta itemprop="position" content="2" />
      </Link>
    </li>
    <li itemprop="itemListElement" itemscope itemtype="http://schema.org/ListItem">
      <Link href="/search/clothes">
        <a itemprop="item">
          <span itemprop="name">
            의류
          </span>
        </a>
        <meta itemprop="position" content="3" />
      </Link>
    </li>
      </ol>
    </Layout>
  )
}
```

7.5.3 사이트맵

사이트맵(sitemap)이란 웹 페이지의 링크를 모은 것입니다.

사용자용 링크를 나열한 것도 사이트맵이지만, SEO에서는 XML 사이트맵을 나타냅니다.

웹 페이지의 링크를 XML 형식으로 나열하고 **/sitemap.xml**로 작성한 것입니다. 이 XML 파일은 웹 크롤러가 방문했을 때 로딩됩니다.

웹 크롤러는 이 파일을 참조해 웹사이트 안에 어떤 페이지가 있는지 인식합니다. 이것에 따라 효율적이고 전체적으로 애플리케이션 안의 페이지를 돌아다닐 수 있습니다.

▪ sitemap.xml의 구조

XML 사이트맵은 다음과 같은 형식으로 되어 있습니다. 먼저, `<?xml>` 태그로 그 XML 파일의 버전과 인코딩을 지정합니다. 다음으로 `<urlset>` 태그를 기술하고, xmlns 속성에는 어떤 XML 스키마에 따라 기술했는지 지정합니다. 여기에서는 사이트맵용 스키마를 지정합니다. `<urlset>` 태그 내부에 페이지 수만큼 `<url>` 태그를 기술합니다.

```xml
<?xml version="1.0" encoding="UTF-8"?>
<urlset xmlns="http://www.sitemaps.org/schemas/sitemap/0.9">
  <url>
    <loc>http://localhost:3000</loc>
    <lastmod>2021-10-01</lastmod>
    <changefreq>daily</changefreq>
    <priority>0.8</priority>
  </url>
</urlset>
```

`<url>` 태그 안에서는 1개의 페이지 정보를 기술합니다. `<url>` 태그 안에서는 다음과 같은 태그를 정의할 수 있습니다.

- `<loc>URL</loc>`: 페이지의 URL을 지정합니다. http/https 등의 프로토콜로 시작하는 절대 지정 URL이어야 합니다. 길이는 2048 문자 이내여야 합니다.

- `<lastmod>2021-10-01</lastmod>`: 페이지의 최종 업데이트일을 지정합니다. 포맷은 W3C Datetime 포맷을 따릅니다.

- `<changefreq>daily</changefreq>`: 페이지 업데이트 빈도를 지정합니다. always, hourly, daily, weekly, monthly, yearly, never 중 하나를 지정할 수 있습니다. 크롤러는 이 값을 참조용으로만 사용합니다. never가 지정된 URL이라 하더라도 웹 크롤러는 여러 차례 방문하기도 합니다.

- `<priority>0.8</priority>`: 페이지의 우선도를 0.0부터 1.0 사이의 값으로 지정합니다. 기본값은 0.5입니다.

▪ Next.js에서 sitemap.xml 생성

Next.js에서 sitemap.xml을 다루는 방법은 몇 가지가 있습니다.

가장 간단한 방법은 `sitemap.xml`을 만들고, 프로젝트의 `public` 디렉터리 아래 배치하는 것입니다. 이것으로 `/sitemap.xml`에 접근하면 `sitemap.xml`을 얻을 수 있습니다.

단, 수동으로 `sitemap.xml`을 만들어 정적 파일로 제공하는 경우, 상품 상세 페이지 등 동적으로 페이지가 추가되는 것에 대응하기 어려운 점이 문제가 됩니다. 그래서 SSR 기능을 사용해 동적으로 `sitemap.xml`을 생성하는 방법에 관해 설명합니다.

먼저 `pages` 디렉터리 아래 `sitemap.xml` 디렉터리를 만들고, 그 안에 `index.tsx`를 배치합니다. 이 파일에 `sitemap.xml`용 코드를 기술합니다. 이 페이지에서는 getServerSideProps의 res 객체에 직접 XML 코드를 삽입함으로써, 클라이언트에 XML을 제공합니다. 그러므로 페이지 컴포넌트는 아무것도 반환하지 않도록 합니다. 정적으로 경로가 결정된 페이지는 상수로 정의하고, 사용자 페이지나 제품 페이지 등 동적으로 페이지가 늘거나 줄어드는 URL은 getServerSideProps 안에서 API를 호출해 필요한 페이지를 나열합니다. 그리고 이 정보들을 기반으로 XML을 생성해, `res.write()`에 전달해서 호출함으로써 클라이언트에 XML 파일을 제공합니다. 또한, `res.setHeader()`에 Cache-Control을 지정해 캐시를 설정하고, 유효 기간 내라면 CDN이 캐시한 `sitemap.xml`을 클라이언트에 반환하도록 설정합니다.

```
import React from 'react'
import { GetServerSideProps } from 'next'
import getAllUsers from 'services/users/get-all-users'
import type { ApiContext } from 'types'
import getAllProducts from 'services/products/get-all-products'

const SiteMap = () => null

type SitemapInfo = {
  path: string
  lastmod?: Date
  changefreq:
    | 'always'
    | 'hourly'
    | 'daily'
    | 'weekly'
    | 'monthly'
    | 'yearly'
    | 'never'
  priority: number
```

```
}

// 정적으로 결정돼 있는 경로를 정의
const StaticPagesInfo: SitemapInfo[] = [
  {
    path: '/',
    changefreq: 'hourly',
    priority: 1.0,
  },
  {
    path: '/search',
    changefreq: 'always',
    priority: 1.0,
  },
  {
    path: '/signin',
    changefreq: 'daily',
    priority: 0.5,
  },
]

// 동적인 경로 정보를 얻는다
const getProductPagesInfo = async (): Promise<SitemapInfo[]> => {
  const context: ApiContext = {
    apiRootUrl: process.env.API_BASE_URL || 'http://localhost:5000',
  }
  const products = await getAllProducts(context)

  return products.map((product) => ({
    path: `/products/${product.id}`,
    changefreq: 'daily',
    priority: 0.5,
  }))
}

const getUserPagesInfo = async (): Promise<SitemapInfo[]> => {
  const context: ApiContext = {
    apiRootUrl: process.env.API_BASE_URL || 'http://localhost:5000',
  }
```

```
  const users = await getAllUsers(context)

  return users.map((user) => ({
    path: `/users/${user.id}`,
    changefreq: 'daily',
    priority: 0.5,
  }))
}

// 각 페이지의 정보로부터 sitemap.xml을 생성한다
const generateSitemapXML = (baseURL: string, sitemapInfo: SitemapInfo[]) => {
  // <url> 태그를 생성한다
  const urls = sitemapInfo.map((info) => {
    const children = Object.entries(info)
      .map(([key, value]) => {
        if (!value) return null

        switch (key) {
          case 'path':
            return `<loc>${baseURL}${value}</loc>`
          case 'lastmod': {
            const year = value.getFullYear()
            const month = value.getMonth() + 1
            const day = value.getDate()

            return `<lastmod>${year}-${month}-${day}</lastmod>`
          }
          default:
            return `<${key}>${value}</${key}>`
        }
      })
      .filter((child) => child !== null)

    return `<url>${children.join('\n')}</url>`
  })

  // 공통 XML 부분을 감싼다
  return `<?xml version="1.0" encoding="UTF-8"?>\n<urlset xmlns="http://www.sitemaps.org/sche-
mas/sitemap/0.9">\n${urls.join(
```

```
    "\n"
  )}</urlset>`
}


export const getServerSideProps: GetServerSideProps = async ({ req, res }) => {
  // 베이스 URL을 req로부터 얻는다
  const host = req?.headers?.host ?? 'localhost'
  const protocol =
    req.headers['x-forwarded-proto'] || req.connection.encrypted
      ? 'https'
      : 'http'
  const base = `${protocol}://${host}`

  // sitemap.xml에 필요한 URL을 나열
  const simtemapInfo = [
    ...StaticPagesInfo,
    ...(await getProductPagesInfo()),
    ...(await getUserPagesInfo()),
  ]

  const sitemapXML = generateSitemapXML(base, simtemapInfo)

  // 캐시를 설정하고, 24시간마다 1번 정도의 빈도로 XML을 생성하도록 한다
  res.setHeader('Cache-Control', 's-maxage=86400, stale-while-revalidate')
  res.setHeader('Content-Type', 'text/xml')
  res.write(sitemapXML)
  res.end()

  return {
    props: {},
  }
}

export default SiteMap
```

7.5.4 robots.txt

robots.txt는 sitemap.xml과 마찬가지로 웹 크롤러가 로딩하는 정적 파일입니다. sitemap과 용도는 상당히 다릅니다. robots.txt에서는 크롤러가 방문할 수 있는 페이지 여부를 규칙 기반으로 정의합니다. 사용자별 동적 페이지 등은 크롤러에게 크롤링되어서는 안 되므로 제외합니다.

robots.txt 서식은 다음과 같습니다. 1행씩 콜론으로 구분해 키와 값을 지정합니다.

```
# 모든 크롤러를 허가한다
User-agent: *
# http://localhost:3000/cart 아래 페이지에 대한 방문을 금지한다
Disallow: http://localhost:3000/cart
# http://localhost:3000/products/ 아래 페이지에 대한 방문을 허가한다
Allow: http://localhost:3000/products/
# Sitemap의 URL을 지정한다
Sitemap: http://localhost:3000/sitemap.xml
```

User-agent는 크롤러의 종류를 지정하며, *로 모든 크롤러를 지정합니다. Disallow에는 크롤러가 방문하지 않아야 할 경로를 지정합니다. 반대로 Allow에는 크롤러가 방문할 수 있는 경로를 지정합니다. Disallow와 Allow에서 지정한 경로 아래의 각 페이지에도 유효합니다. Sitemap에는 sitemap.xml의 URL을 지정합니다.

특정 User-agent에 다른 규칙을 지정하고 싶을 때는 다음과 같이 규칙별로 빈 행을 넣어서 정의합니다. 각 규칙의 맨 처음에는 User-agent를 지정하고, 어떤 크롤러에 대한 규칙인지 지정합니다.

```
# 이미지용 Google bot이 /users 아래의 페이지에 방문하는 것을 금지한다
User-agent: Googlebot-Image
Disallow: http://localhost:3000/users

# 모든 크롤러에 대해 유효한 규칙
User-agent: *
Allow: /
Sitemap: http://localhost:3000/sitemap.xml
```

정적으로 생성한 것을 배포 시에 함께 배치하면 됩니다.

7.6 접근성

접근성(accessibility)이란 다양한 사용자들이 쉽게 사용할 수 있는 애플리케이션을 제공하는 것을 말합니다.

사용자는 다양한 장치나 지원 도구를 사용해서 서비스에 접근합니다. 예를 들어, 시각 장애가 있는 사용자는 표시된 문자를 읽어주는 화면 리더를 활용합니다. 운동 장애나 경련 등으로 마우스를 사용해 정확한 조작을 하기 어려운 사용자는 헤드 포인터를 사용하거나, 마우스를 쓰지 않고 키보드만으로 입력하기도 합니다. 키보드만으로 애플리케이션 안의 콘텐츠를 잘 다룰 수 없게 되면, 그런 사용자에게는 사용하기 어려운 애플리케이션이 됩니다.

표시된 내용을 지원 도구가 올바르게 이해하고 사용자에게 올바르게 정보를 전달하려면, 적절한 요소나 구조로 콘텐츠를 표시하는 것이나, 보조적인 데이터를 속성에 부여하는 것이 중요합니다. 또한, 색의 대비나 문자의 크기에 조정 또한 가독성을 높이기 위해 필요합니다.

웹 애플리케이션의 접근성에 관해서는 W3C(World Wide Web Consortium)에서 웹 콘텐츠 접근성 지침[10]을 제공하고 있습니다. 이 가이드라인을 따르면, 다양한 장애를 가지고 있는 사용자가 콘텐츠에 접근하기 쉽게 할 수 있습니다. 여기서는 웹 애플리케이션의 접근성을 높이는 데 필요한 점과 구현 방법을 설명합니다.

여기에서 소개하는 내용은 Next.js에 한정된 것이 아니라, 웹 애플리케이션 전반에 통용되는 내용입니다. 현재, Next.js에 특화한 완전한 접근성 라이브러리가 있는 것은 아닙니다. 일반적인 웹사이트의 지식을 활용하면서, 꾸준히 구현합니다.

최근에는 접근성에 관심이 높아져, 각 라이브러리에서 접근성 대응 시 주의 사항 등을 문서로 제공합니다.[11] [12] 이 문서들을 확인해 보는 것도 좋습니다.

7.6.1 시맨틱

시맨틱(semantic)이란 '의미', '의미론'을 나타내는 용어입니다. 적절한 HTML 요소를 사용함으로써, 해당 요소의 역할을 정확하게 전달할 수 있습니다.

---

10 https://www.w3.org/WAI/standards-guidelines/wcag/

11 접근성 React https://ko.reactjs.org/docs/accessibility.html

12 고급 사용법 React Hook Form – Simple React forms validation https://react-hook-form.com/advanced-usage#AccessibilityA11y

예를 들어, 버튼을 구현할 때 <button> 대신 <div> 등 다른 HTML 요소를 사용한 적은 없습니까? 사실 CSS와 콜백을 적절하게 설정하면 <div> 요소로 <button>과 비슷한 기능을 구현할 수 있습니다. 하지만, 키보드만으로 조작하는 경우, 기본적으로 <div> 요소는 Tab 키로 선택할 수 없으며, Enter 키를 눌러도 클릭한 것으로 판정되지 않습니다. 그렇기 때문에 완전히 <button>과 같은 기능을 구현하려면 추가적인 속성이나 콜백을 지정해야 합니다.

또한, 화면 리더를 사용하는 경우에는 이를 버튼으로 읽을 수 없기 때문에, 사용자는 버튼인지 판별하지 못할 가능성이 있습니다. 그러므로 올바른 HTML 요소를 사용함으로써 기본 기능을 활용할 수 있을 뿐만 아니라, 접근성이 높은 페이지를 제공할 수 있습니다.

SEO에서는 제목이나 링크 등을 중요시하므로 h1이나 a를 적절하게 사용하는 편이 바람직한 결과를 얻을 수 있습니다.

페이지 구성에 관해서도 주의해야 합니다. 적절한 HTML 요소를 사용해 분할합니다.

HTML5나 HTML Living Standard에서는 다음의 HTML 요소를 사용할 수 있습니다. 이들을 활용해 콘텐츠의 종류를 올바르게 전달할 수 있습니다.

요소	설명
header	헤더 부분을 나타냅니다. 이 안에 사이트의 제목이나 메뉴 등을 배치합니다. body 바로 아래 배치하면 페이지 전체 헤더가 되며 section 바로 아래에 배치하면 해당 섹션의 헤더로 인식됩니다.
main	페이지 안의 주요한 콘텐츠 부분을 나타냅니다.
footer	푸터를 나타냅니다. 콘텐츠의 저작자 정보나 관련 링크 등을 배치합니다. header와 마찬가지로 body뿐만 아니라 section 아래에도 배치할 수 있습니다.
section	독립된 콘텐츠를 나타냅니다.
article	1개의 아티클, 댓글, 상품 카드 등 같은 유형의 콘텐츠가 여럿 배치될 때 그중 하나의 콘텐츠를 나타냅니다.
nav	링크를 제공하기 위한 섹션을 나타냅니다.

구조에 관한 HTML 요소 이외에도, 의미를 갖도록 할 수 있는 인라인 요소도 있습니다.

요소	설명
mark	눈에 띄게 하거나 강조하고자 하는 문자열을 나타냅니다.
time	날짜나 시각을 나타내는 요소입니다. 크롤러가 콘텐츠 생성일/변경일을 얻을 때 사용합니다. time이 아니라 적절한 포맷으로 표현된 날짜 및 시각이 아닐 때는 datetime 속성에 적절한 포맷으로 날짜 및 시각을 지정합니다.

Next.js의 **Image** 컴포넌트는 **img**에 전개되고, **Link** 컴포넌트도 적절한 링크(a 요소를 사용한 것)로 변환됩니다. 올바르게 사용하면, Next.js의 컴포넌트에 의한 시맨틱 문제가 발생하기 어렵습니다.

컴포넌트를 직접 만들 때는 시맨틱을 가장 중시합니다. 나중에 그것들을 재사용하기만 하면 되므로 문제가 발생하기 어렵습니다.

7.6.2 보조 텍스트

이미지를 표시할 때, 화면 리더가 읽어 주지 못한다는 문제가 있습니다. 또한 폼에서도 텍스트 박스에 무엇을 입력해야 하는지, 화면 리더를 사용했을 때는 알기 어렵기도 합니다.

이때는 라벨과 입력을 적절히 연관시켜 줘야 합니다. 여기에서는 화면 리더를 사용할 때도 콘텐츠를 올바르게 전달하기 위해 필요한 보조 텍스트에 관해 설명합니다.

■ 이미지 대체 텍스트

img 요소의 **alt** 속성을 사용해, 이미지에 대한 대체 텍스트를 지정할 수 있습니다.

```
<img src="/products/books/red-book.png" alt="상품 이미지" />
```

alt 속성을 지정하면 화면 리더는 이미지 URL 대신 그 **alt** 속성값을 읽습니다. 또한, 이미지가 존재하지 않는 등 무언가의 이유로 이미지를 표시할 수 없을 때는 **alt** 속성으로 지정한 텍스트를 표시합니다.

sample book 6　　sample book 5
60000원　　　　30000원

그림 7.23 이미지가 올바르게 표시되는 경우

책

🖼️상품 이미지

sample book 6
60000원

sample book 5
30000원

그림 7.24 이미지 올바르게 표시되지 않는 경우

alt 속성을 지정할 때는 특정하기 쉽도록 구체적인 설명을 지정하는 것이 좋습니다.

```
<img src="/products/books/red-book.png" alt="YOU ARE YOUR ONLY LIMIT의 상품 이미지" />
```

장식 등으로 사용하는 특별한 의미가 없는 이미지는 alt 속성을 빈 문자열로 지정합니다. 이렇게 하면 화면 리더는 이미지의 URL을 읽지 않습니다.

```
<img src="/img/star.png" alt=" "/>
```

alt 속성의 지정은 화면 리더를 사용하는 사용자에게 이미지의 내용을 전달할 뿐만 아니라, 표시할 수 없는 경우나 크롤러에게 어떤 이미지인지를 전달하는 데도 도움이 됩니다.

Next.js의 경우, Image 컴포넌트에 alt 속성을 부여해서 alt가 붙은 img를 구현할 수 있습니다. alt를 생략해도 빌드 에러는 발생하지 않지만, 실제 웹 애플리케이션을 개발할 때는 alt를 지정해야 합니다.

```
import { NextPage } from 'next'
import Image from 'next/image'
import BibleImage from '../public/images/bible.jpeg'

const ImageSample: NextPage = (props) => {
  return (
    <div>
      <Image
        src={BibleImage}
        alt="Next.js 바이블 표지."
```

```
      />
    </div>
  )
}

export default ImageSample
```

▪ 입력 라벨

폼은 입력 박스 부근에 텍스트를 표시함으로써, 무엇을 입력해야 할지 설명하는 경우가 있습니다.

표시된 내용을 볼 수 없는 경우, 텍스트와 입력 박스의 위치로부터 이들의 연관성을 추측할 수 있습니다. 하지만 화면 리더를 사용하는 경우에 입력 박스를 선택했을 때는 라벨 부분을 읽어주지 않는다는 문제가 발생합니다.

```
<div>
  <div>이름</div>
  <input type="text" name="name" />
</div>
```

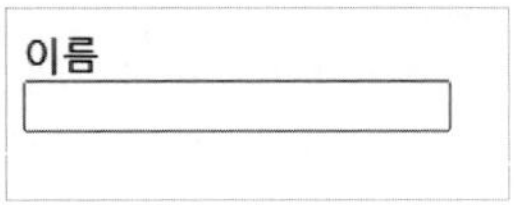

그림 7.25 접근성이 좋지 않은 폼

이런 경우 `<label>` 요소를 사용해서 텍스트를 표시하도록 하고 `htmlFor`와 `<input>`의 `id`를 더해 두 요소를 연관시킬 수 있습니다. 이렇게 하면 화면 리더를 사용하는 도중 입력 박스가 선택됐을 때, 라벨을 읽어줍니다. 또한, `<label>`을 사용해서 표시함으로써 해당 라벨을 클릭했을 때 입력 박스에 포커스가 맞는 효과도 얻을 수 있습니다.

```
<div>
  <label for="name">이름</label>
  <input type="text" name="name" id="name" />
</div>
```

JSX/TSX에서는 for를 htmlFor로 해야 합니다.

```
<div>
  <label htmlFor="name">이름</label>
  <input type="text" name="name" id="name" />
</div>
```

6.6.1에서 htmlFor를 나열한 체크 박스를 구현했습니다. 해당 내용을 참조하기 바랍니다.

7.6.3 WAI-ARIA

WAI-ARIA란 Web Accessibility Initiative - Accessible Rich Internet Applications의 약어로, W3C가 결정한 Web용 접근성 규격입니다. WAI-ARIA는 HTML 요소에 새로운 속성을 추가해 접근성을 향상하기 위한 보조적인 기능을 추가합니다. WAI-ARIA에는 역할(role), 속성(property), 상태(state)와 같은 3가지 유형이 있습니다.

- **역할(Role)**

역할은 요소가 어떤 역할을 하는지 role 속성을 사용해서 지정합니다. 역할의 종류는 다양하며, 새로운 유형 또는 기존 시맨틱을 요소에 부여할 수 있습니다.

역할 search는 '검색'이라는 시맨틱을 요소에 부여하고, 검색을 위한 섹션이라는 것을 나타낼 수 있습니다. 이것은 기존의 HTML 요소를 사용한 시맨틱에서는 구현할 수 없었던 새로운 역할입니다.

```
<form id="search" role="search">
  <label for="search-input">제품을 검색</label>
  <input type="search" id="search-input" name="search" spellcheck="false">
  <input value="검색한다" type="submit">
</form>
```

또한 역할을 지정함으로써 기존 시맨틱을 부여할 수 있습니다. 아래 예에서는 div 요소에 button role을 부여했습니다. 이렇게 하면 해당 요소가 버튼임을 나타낼 수 있습니다. 하지만 역할을 지정해도 button 요소와 같은 기능을 부여할 수 있는 것은 아닙니다.

그렇기 때문에 탭 키를 눌러서 선택할 수 있도록 하고, Enter 키를 눌렀을 때 클릭한 것으로 인식되게 하려면, 적절하게 속성이나 콜백을 지정해야 합니다. 기본적으로는 적절한 HTML 요소를 사용해 시맨틱을 구축하고, 어려운 위치에만 role을 사용해 시맨틱을 보완합니다.

```
<div role="button" tabindex="0" onClick={onClick} onKeyDown={onKeyDown} >
  <img src="button-icon.png" />
</div>
```

■ 속성(Property)

속성을 사용하면 요소의 특성을 정의해서 추가적인 의미를 부여할 수 있습니다.

aria-label을 지정해서 요소에 라벨을 지정하고, 설명을 부여할 수 있습니다. 예를 들어, 화면 리더에 아이콘 버튼으로 어떤 버튼인지 나타내거나, 링크 텍스트로 자세한 내용을 표시할 수 있습니다.

```
<button onClick={onCloseClick} aria-label="닫는다">
  <svg />
</button>

<a href="/products/01" aria-label="빨간 책의 상품 상세로 이동한다">상품 상세로</a>
tabindex를 지정하면 원래는 포커스 할 수 없는 요소를 선택할 수 있습니다.[13]
<div role="button" tabindex="0">
  표시한다
</div>
```

■ 상태(State)

상태는 요소의 상태를 지정합니다. 속성과 달리 동적으로 변화하는 것을 지정합니다.

예를 들어, 클릭하면 내용이 표시되는 것과 같은 아코디언 메뉴를 구현한다고 가정해 봅니다. 아코디언 메뉴는 닫혀 있을 때와 열려 있을 때의 2가지 상태(state)를 갖습니다. aria-selected로 선택된 상태, aria-expanded로 열려 있는 상태, aria-hidden으로 표시되지 않은 상태 등을 지정할 수 있습니다.

---

13 Tab 키를 눌러 포커스를 이동하는 경우, 기본적으로는 순서에 따라 포커스가 움직입니다. tabindex에 0을 지정하면 일반적인 순서대로 선택되고, 1 이상의 값을 지정하면 그 요소에 가장 먼저 포커스가 맞습니다. 여러 요소의 tabindex가 0보다 큰 경우는, 작은 순으로 포커스가 움직입니다. tabindex에 음의 값을 지정하면 Tab 키를 눌렀을 때 포커스가 맞지 않게 됩니다.

```
<button role="tab" aria-controls="accordion" aria-selected={isOpen} onClick={onClickTab}>
  클릭하면 아코디언이 열립니다
</button>
<div role="tablist">
  <div id="accordion" aria-expanded={isOpen} aria-hidden={!isOpen}>
    ...
  </div>
</div>
```

데이터 취득 중과 같이 업데이트 중임을 표시할 때는 **aria-busy**를 지정합니다. 업데이트 중일 때는 **true**를 지정하고, 업데이트가 끝나면 **false**를 지정합니다.

```
<div class="contents" aria-busy={isLoading}>
{isLoading? <Spinner /> : <Contents data={data} />} />
</div>
```

▪ 리액트에서의 WAI-ARIA

상태 등의 예에서 추측할 수 있는 것처럼, 적절한 WAI-ARIA 설정에는 자바스크립트의 지원도 필요합니다. 그래서 자바스크립트 기반으로 UI를 구축하는 리액트는 WAI-ARIA와 쉽게 조합할 수 있습니다.

리액트에서는 WAI-ARIA의 **aria-*** 속성을 지원합니다. 단, 사용하려면 다소 주의할 점이 있습니다.

리액트에서 **aria-*** 속성은 모두 HTML과 같은 규칙으로 명명(하이픈을 붙인 '케밥 케이스'로 기술)합니다. 리액트에서는 일반적인 요소에 부여하는 속성은 캐멀 케이스로 기술하는데, 그 법칙에서 벗어나는 점에 주의해야 합니다.

```
<div aria-label="..."> //○
<div ariaLabel="..."> //×
{/* JSX로 기술한 예 */}
<div>
  <button
    aria-label="닫는다"
    onClick={onClickHandler}
    className="close-button"
  />
</div>
```

7.7 보안

웹 애플리케이션에서 보안은 중요합니다.

웹 애플리케이션의 대부분은 기본적으로 누구나 접속할 수 있으므로, 사이버 공격을 당하기 쉬운 형태라고 말할 수 있습니다. 일본의 IPA(정보 처리 추진 기구)가 2022년 1분기 동안의 취약성 관련 신고를 모은 자료에 따르면, 소프트웨어 종류별 누계 건수로는 웹 애플리케이션이 43%를 점유하고 있습니다.

또한, 원인별로 보면 웹 애플리케이션의 취약성에 따른 것이 전체의 55%를 점유하고 있습니다.[14]

웹 애플리케이션이 악의를 가진 공격자에게 공격을 받으면 표시 페이지가 조작되어 개인 정보가 유출되는 피해가 발생합니다. 지금은 전자상거래 사이트나 금융 거래 등 다양한 분야에서 웹 애플리케이션이 사용되고 있어, 웹 애플리케이션이 다루는 개인 정보도 여러 방면에 걸쳐 있습니다.

따라서 공격에 의해 정보 누출이 발생하면 사용자들은 큰 피해를 입습니다. 또한, 해당 애플리케이션을 운용하는 개인 및 조직이 소송을 당하거나 사회적 신용을 잃을 위험이 있습니다. 따라서 보안 대책은 웹 애플리케이션을 운용함에 있어 대단히 중요합니다.

웹 프런트엔드 개발에서의 취약성과 리액트/Next.js에서의 대책에 관해 설명합니다.

7.7.1 프런트엔드 개발에서의 취약성과 그 대책

여기에서는 프런트엔드 개발에서의 전형적인 취약성과 그 대책에 관해 설명합니다.

▪ 크로스 사이트 스크립팅(XSS)

크로스 사이트 스크립팅(XSS: Cross Site Scripting)은 개발자가 의도하지 않은 스크립트가 실행되는 취약성입니다. 이것은, 공격자가 스크립트를 포함하는 내용을 게시하거나, URL에 삽입함으로써 다른 사용자가 임의의 스크립트를 실행하게 하는 것입니다.

XSS에 의해 부정한 팝업이 표시되거나, 외부에 사용자의 쿠키 내용을 전송하는 등의 피해를 생각할 수 있습니다. XSS는 서버 사이드에서 HTML을 생성할 때, 악의를 가진 사용자의 게시 내용에 따라 스크립트가 삽입되어 주로 발생합니다. 클라이언트 사이드에서 화면을 그릴 때 XSS가 발생하기도 합니다.

---

14 〈소프트웨어 등의 취약성 관련 정보에 관한 유출 상황, 2022년 제1분기(1월~3월)〉, IPA 독립 행정 법인 정보 처리 추진 기구, https://www.ipa.go.jp/security/vuln/report/vuln2022q1.html (일본어)

다음은 간단한 게시판 샘플입니다. 사용자가 텍스트 박스에 내용을 입력하고 송신 버튼을 누르면 내용이 API로 전송됩니다. 또한, 그 아래 모든 사용자가 과거에 송신한 메시지를 순서대로 표시합니다. 과거의 메시지를 표시하는 부분은 API로부터 데이터를 얻어 표준 DOM API를 사용해 동적으로 태그를 작성해서 추가합니다. 메시지용으로 작성한 태그인 innerHTML에 메시지 본문을 대입합니다. innerHTML에 대입할 때, 내용에 태그가 포함돼 있으면 그것을 태그로 인식해서 자식 요소에 추가됩니다.

```html
<html>
  <head>...</head>
  <body>
    <h1>게시판</h1>
    <h2>메시지를 송신</h2>
    <div>
      <textarea id="input-message" name="message" rows="3" style="display: block;"></textarea>
      <button onclick="onSubmit()">송신</button>
    </div>
    <h2>과거의 메시지</h2>
    <ul id="messages">
      <!--자바스크립트를 사용해 동적으로 메시지를 추가한다 -->
    </ul>
  </body>
  <script>
  const onSubmit = (e) => {
    // ...API로 메시지를 게시한다
  }

  const showMessages = () => {
    // API로부터 메시지를 얻는다
    // API는 과거 메시지 리스트를 반환한다
    fetch('http://localhost:8000/messages')
    .then(response => response.json())
    .then(messages => {
      for(const message of messages) {
        const messagesContainer = document.getElementById('messages')
        const messageContainer = document.createElement('li')
        // innerHTML에 대입함으로써 li 태그 안에 메시지를 표시한다
        messageContainer.innerHTML = message
        messagesContainer.appendChild(messageContainer)
      }
```

```
    })
  }

  // 페이지를 모두 읽은 단계에서 API로부터 메시지를 얻어서 표시한다
  showMessages()
</script>
</html>
```

그림 7.26 게시판 샘플

이것을 브라우저에서 표시하면 다음과 같이 되며, 텍스트 메시지를 게시하면 올바르게 표시되는 것을 알 수 있습니다. 그럼 메시지로 다음 내용을 게시해 봅니다.

```
<img src=/ onerror=alert(1)>
```

위 내용을 게시하고 새로 고침을 하면 다음 화면과 같이 표시됩니다. 메시지가 태그로 삽입되므로, 브라우저는 img 태그의 작동으로 이미지를 표시하고, 이미지가 없기 때문에 로딩에 실패합니다. 그리고 img 태그에 설정된 onerror 콜백이 실행됩니다. 따라서 onerror 태그 안에 임의의 스크립트를 실행할 수 있습니다.

그림 7.27 XSS 예 1

이를 방지하려면 innerHTML 대신 innerText를 사용해, 표시 전에 이스케이프 처리를 하는 대책을 생각할 수 있습니다.

같은 페이지를 리액트를 사용해서 구현하면 다음과 같은 코드가 됩니다.

```
const Page = () => {
  const [messages, setMessages] = useState([])

  useEffect(() => {
    (async () => {
      const response = await fetch('http://localhost:8000/messages')
      const messages = await response.json()
      setMessages(messages)
    })()
  })

  const [inputMessage, setInputMessage] = useState('')
  const onInputMessageChange = useCallback(
    (e: React.ChangeEvent<HTMLInputElement>) => {
      setInputMessage(e.target.value)
    },
    []
  )

  const onSubmit = useCallback(() => {
    // 메시지를 API로 송신한다
    ...
  }, [inputMessage])

  return (
    <div>
      <h1>게시판</h1>
      <h2>메시지를 송신</h2>
      <div>
        <textarea
          name="message"
          rows={3}
          value={inputMessage}
          onChange={onInputMessageChange}
```

```
        style={{ display: 'block' }}
      />
      <button onClick={onSubmit}>송신</button>
    </div>
    <h2>과거의 메시지</h2>
    <ul id="messages">
      {messages.map((message, index) => (
        <li key={index}>{message}</li>
      ))}
    </ul>
  </div>
  )
}
```

그림 7.28 리액트에서의 XSS 삽입 예

실제로 표시해 보면 얼럿이 나오지 않고, `img` 태그 메시지는 텍스트로 화면에 그려집니다.

리액트에서는 값을 삽입할 때는 이스케이프 처리가 자동으로 수행됩니다. 그러므로 리액트를 사용한 웹 애플리케이션에서는 기본적으로 XSS가 발생하지 않게(발생하기 어렵게) 되어 있습니다. 단, 몇 가지 경우에 XSS가 발생하는 경우가 있으므로 주의해야 합니다.

▪ dangerouslySetInnerHTML

리액트에서 삽입한 값은 이스케이프 처리를 실행한 뒤 그려지므로, HTML을 포함한 값은 그대로 텍스트로 표시됩니다. 따라서 `<script>` 태그를 삽입하는 등의 사고를 피할 수 있습니다.

만약 HTML을 포함하는 텍스트를 올바르게 태그로 그리고 싶을 때는 삽입하는 대신 `dangerously SetInnerHTML`을 사용합니다. 이것은 요소인 `dangerouslySetInnerHTML` 속성 안에 표시할 값을 다음과 같이 지정합니다.

```
<h2>과거의 메시지</h2>
<ul id="messages">
  {messages.map((message, index) => (
    <li key={index} dangerouslySetInnerHTML={{ __html: message }} />
  ))}
</ul>
```

이렇게 하면 `innerHTML`을 사용했던 것처럼 HTML을 포함하는 텍스트를 태그로 그릴 수 있습니다. 물론 이 것을 사용하면 XSS가 발생할 수 있습니다. 따라서 기본적으로 `dangerouslySetInnerHTML`은 사용하지 않아야 합니다. 만약 `dangerouslySetInnerHTML`을 사용할 때는, 표시할 문자열 안에 포함된 HTML로부터 스크립트 부분만 제외시켜 XSS를 회피할 수 있습니다. 이것은 소독 처리(sanitizing)라 불리며 `DOMPurify` 같은 라이브러리가 유명합니다.

▪ URL 스킴

사용자가 입력한 URL에 기반한 링크를 그릴 때도 주의해야 합니다. URL의 앞부분이 `http:` 또는 `https:` 가 아닌 `javascript:`를 사용한 것을 `<a>` 태그의 `href`에 설정하면 그 링크를 클릭했을 때 임의의 스크립트를 실행할 수 있습니다. 이것은 `next/link`의 `<Link>` 컴포넌트를 사용했을 때도 마찬가지입니다.

```
const Page = () => {
  const url = `javascript:alert('링크를 클릭했습니다')`

  return (
    <div>
      <a href={url}>링크를 클릭하면 얼럿이 표시됩니다</a>
      <Link href={url}>
        <a>다음 링크에서도 동일하게 표시됩니다</a>
      </Link>
    </div>
  )
}
```

덧붙여, `<iframe>` 태그의 **src**에 삽입했을 때도 XSS가 발생합니다. 이때는 그려진 시점에 스크립트가 실행됩니다. 또한, **next/router**를 사용한 때도 마찬가지로 XSS가 발생합니다.

```
const Page = () => {
  const router = useRouter()
  const url = `javascript:alert('버튼을 클릭했습니다')`

  const onClick = useCallback(() => {
    router.push(url)
  }, [])

  return (
    <div>
      <button onClick={onClick}>버튼을 클릭하면 얼럿이 표시됩니다</button>
    </div>
  )
}
```

이것을 방지하려면 URL의 앞을 체크해서 **http**나 **https**일 때만 링크로 표시하도록 합니다.

```
const Page = () => {
  const url = `javascript:alert('링크를 클릭했습니다')`
  const isValidURL = useMemo(() => {
    // 앞이 http 또는 https로 시작하는지 확인
    return url.match(/^https?:\/\//)
  }, [url])

  return <div>{isValidURL? <a href={url}>{url}</a> : <span>{url}</span>}</div>
}
```

CSRF

XSS와 함께 유명한 공격 방법으로 크로스 사이트 요청 위조(CSRF: Cross-site request forgery)가 있습니다. 이것은 사용자가 공격 대상인 웹 애플리케이션에 로그인한 상태일 때, 공격자가 만든 함정 페이지를 경유해 사용자가 의도하지 않은 부정한 요청이나 정보를 전송하게 하는 공격입니다. CSRF를 사용한 공격은 다음 순서로 이루어집니다.

01. 사용자가 대상 웹 애플리케이션에 로그인한다. 이때, 세션 ID 등이 클라이언트의 쿠키에 저장된다. 로그인 완료 상태의 사용자가 수행하는 작업(게시)을 할 때, 이 세션 ID의 정보가 서버에 전송되어 인증된다.

02. 공격자는 함정 사이트를 작성하고, 사용자를 접근시킨다.

03. 함정 페이지에 접근하면 폼을 사용해서 공격 대상 서버에 요청을 자동으로 보낸다. 이때, 사용자의 세션 ID도 동시에 보내진다.

04. 서버는 일반적인 경우와 같은 요청을 수신하므로, 정상 처리한다. 그렇기 때문에 사용자가 의도하지 않은 조작이 실행된다.

CSRF에 관한 대책은 몇 가지가 있습니다. 가장 간단한 방법은 일반적인 폼 페이지에 사용자가 접근했을 때 일회성 토큰을 부여하는 것입니다. 함정 사이트에서는 일회성 토큰이 없는 상태에서 요청을 보내게 되므로, 부정한 요청 여부를 확인할 수 있습니다.

또한, 최근에는 세션 ID 대신 JWT(JSON Web Token)을 사용한 인증이 늘어나고 있습니다. JWT는 사용자의 인증 정보 등을 JSON 형식으로 저장한 것을 전자 서명한 것입니다. 전자 서명을 사용하므로, 변조 등을 감지할 수 있습니다. JWT를 사용해서 서버에 요청을 던질 때는 Authorization 헤더에 JWT를 설정합니다. Authorization 헤더는 폼에 의해 덮어쓸 수 없으므로, CSRF에 의한 공격을 방지할 수 있습니다.

■ 보안 헤더

최근의 웹 브라우저에는 다양한 보안 대책 기능이 구현돼 있습니다. 이 기능들 중에는 특정한 HTTP 헤더를 설정함으로써 활성화할 수 있는 것도 있습니다.

Next.js에서는 `next.config.js`에 다음과 같이 사용하는 보안 헤더를 지정할 수 있습니다.

```js
// next.config.js

/** @type {import('next').NextConfig} */
const nextConfig = {
  reactStrictMode: true,
  rootPaths: ["./src"],
```

```
async headers() {
  return [
    {
      // 모든 페이지에 설정
      source: "/(.*)",
      // 사용할 보안 헤더를 설정
      headers: [
        {
          key: "X-DNS-Prefetch-Control",
          value: "on",
        },
        {
          key: "Strict-Transport-Security",
          value: "max-age=63072000; includeSubDomains; preload",
        },
        ...
      ],
    },
  ]
}
}
module.exports = nextConfig
```

■ 주요 보안 헤더

사용을 검토해야 할 주요한 보안 헤더들을 소개합니다.

X-DNS-Prefetch-Control

X-DNS-Prefetch-Control은 외부 링크, 이미지, CSS, 자바스크립트 등에서 참조하는 도메인명을 사전에 해결할지 제어합니다. 이 기능은 링크를 클릭하기 전에 도메인명이 해결돼 있으므로, 대기 시간을 줄이는 데 효과적입니다.

```
{
  key: 'X-DNS-Prefetch-Control',
  value: 'on'
}
```

Strict-Transport-Security

Strict-Transport-Security는 HTTP로 접근할 때 HTTPS를 사용해 통신하도록 지시하는 기능입니다. 이 헤더가 설정돼 있는 사이트에 접근한 경우, 브라우저는 같은 도메인의 URL에 대해 다음번부터 HTTPS로 접근하도록 합니다.

value에는 몇 가지 값을 설정할 수 있습니다. max-age는 유효 기간을 지정하고, Strict-Transport-Security를 포함한 응답을 받은 뒤에 그 기간 동안 HTTPS로 접근합니다.

includeSubDomains를 지정하면 서브 도메인의 경우에도 마찬가지로 HTTPS로 접근하도록 지정합니다. preload를 지정하면, 브라우저가 가진 리스트에 포함된 도메인의 경우 처음부터 HTTPS로 연결할 수 있습니다. 이 리스트에 도메인을 추가하고 싶을 때는 https://hstspreload.org/에 신청해야 합니다.

```
{
  key: 'Strict-Transport-Security',
  value: 'max-age=63072000; includeSubDomains; preload'
}
```

X-Frame-Options

X-Frame-Options는 외부 사이트에서 iframe으로 페이지를 표시할 때의 작동을 지정합니다.

DENY를 지정하면 어떤 경우에도 표시되지 않습니다. SAMEORIGIN은 같은 오리진의 페이지인 경우에만 허가합니다.[15]

```
{
  key: 'X-Frame-Options',
  value: 'DENY'
}
```

X-Frame-Options는 클릭 재킹(click-jacking)[16]을 방지하는 데 효과적입니다. 외부 사이트가 프레임에 표시되는 것을 방지합니다.

---

15 ALLOW-FROM ⟨uri⟩를 설정하면 지정된 오리진에서만 표시를 허가하는 사양이 있었지만, 현재는 폐지되어 최신 브라우저에서는 지원하지 않습니다.

16 클릭 재킹 공격은 악의를 가진 사이트에서 공격 대상 사이트를 프레임으로 표시합니다. 그때, 프레임을 표시하는 내용은 투명하게 처리합니다. 이렇게 함으로써 사용자가 클릭했을 때 공격 대상이 되는 사이트(iframe 안의 사이트)의 요소를 클릭할 수 있어, 사용자가 의도하지 않은 조작이 수행됩니다.

X-Content-Type-Options

X-Content-Type-Options는 브라우저 파일의 MIME Type이라는 자동 식별 기능을 설정합니다. 이 자동 식별 기능에서는 리소스의 Content-Type을 참조하는 것이 아니라, 내용을 보고 어떤 파일인지 식별합니다. 따라서, 만약 이미지 파일로 위장한 HTML 파일을 얻는다면, HTML 파일로서 다룰 가능성이 있고, 임의의 스크립트를 실행할 수 있게 됩니다. nosniff를 지정하면, 이런 브라우저의 기능을 방지할 수 있습니다.

```
{
  key: 'X-Content-Type-Options',
  value: 'nosniff'
}
```

Referrer-Policy

Referrer-Policy는 링크를 클릭했을 때, 이동 대상 페이지의 HTTP 요청의 Referer 헤더에 포함되는 정보를 제어합니다.

```
{
  key: 'Referrer-Policy',
  value: 'origin-when-cross-origin'
}
```

Referer 헤더는 다음과 같은 포맷으로 이동 이전의 URL을 포함합니다. 아무것도 제어하지 않을 때는 오리진, 경로, 쿼리 문자열을 모두 포함합니다.

```
Referer: https://example.com/items?page=1
```

Referrer-Policy에는 다음과 같은 값을 지정할 수 있습니다.

설정값	내용
no-referrer	Referer 헤더가 전송되지 않습니다.
origin	이동 전의 URL의 오리진만 송신합니다.
origin-when-cross-origin	같은 오리진 사이에서의 이동에서는 오리진, 경로, 쿼리 문자열을 송신하지만, 이 외의 이동에서는 오리진만 송신합니다.

설정값	내용
same-origin	같은 오리진 사이의 이동에서는 송신하지만, 그 이외에는 송신하지 않습니다.
strict-origin	프로토콜이 같을 때는 송신원의 오리진만 송신하지만, 다를 때는 송신하지 않습니다.
strict-origin-when-cross-origin	프로토콜이 같을 때만 송신합니다. 같은 오리진일 때는 오리진, 경로, 쿼리 문자열을 송신하고 다른 오리진일 때는 오리진만 송신합니다.

Content-Security-Policy

Content-Security-Policy는 콘텐츠의 사용 정책을 제어합니다. 이 기능을 설정하면 XSS, 데이터 인젝션, 패킷 도청 등의 다양한 공격에 대해 효과적인 대책을 수행할 수 있습니다. 정책은 세미콜론으로 구분해서 여러 개를 지정할 수 있습니다. 1개의 정책은 리소스 타입을 지정한 뒤, 허가할 콘텐츠의 도메인이나 오리진을 지정합니다. 예를 들어, 다음 설정에서는 이미지를 무조건 얻지만, 그 이외의 콘텐츠는 같은 도메인의 것만 얻을 수 있습니다.

```
{
  key: 'Content-Security-Policy',
  value: "default-src 'self'; img-src *;"
}
```

칼럼

Permissions-Policy

Permissions-Policy는 브라우저가 페이지 안에서 사용할 수 있는 기능을 제어합니다.[17]

예를 들어, camera=()를 지정하면 브라우저의 카메라 기능을 사용할 수 없게 됩니다. 기능=*을 지정하면 언제나 그 기능을 사용할 수 있습니다. 괄호 안에 self를 지정하면 해당 사이트만 활성화하고, iframe 아래에서는 사용할 수 없습니다. 또한, 특정한 오리진을 지정하면, 해당 오리진의 페이지만 iframe에서 표시했을 때도 기능을 사용할 수 있습니다. Permissions-Policy는 현재 시험적인 기능이므로 사용에 주의합니다.[18]

```
{
  key: 'Permissions-Policy',
  value: 'camera=(), geolocation=*, fullscreen=(self "https://example.com")'
}
```

---

17 과거 Feature Policy라 불렸습니다.

18 현재 Chrome, Edge, Opera에서는 몇 가지 기능을 제어할 수 있지만, Firefox, Safari는 전혀 지원하지 않습니다.

X-XSS-Protection 헤더

지금은 사용하지 않는 X-XSS-Protection이라는 보안 헤더가 있습니다.

이것은 브라우저의 XSS 필터를 설정합니다. 1로 **XSS 필터**를 활성화, 0으로 비활성화합니다. mode=block을 설정하면 XSS를 감지했을 때 브라우저는 그리기를 정지합니다. mode=block을 지정하지 않으면 XSS가 발생할 것 같은 부분을 브라우저가 치환합니다. 또한, 사파리나 크롬에서는 report=<reporting-uri>를 지정함으로써, XSS를 감지했을 때 지정한 URL로 보고할 수 있습니다.

```
{
  key: 'X-XSS-Protection',
  value: '1; mode=block'
}
```

하지만 집필 시점 현재 많은 브라우저의 최신판에는 XSS 필터가 없는 상황입니다. 2018년에 에지 브라우저가 XSS Filter를 폐지하고, 2019년에는 크롬이 XSS Auditor를 폐지했습니다. 또한, 파이어폭스에는 이런 기능이 구현돼 있지 않습니다.

XSS 필터는 XSS를 방지할 것이라고 기대됐지만, 필터가 작동하지 않는 경우가 있거나 치환을 역으로 사용한 XSS 공격 방법이 나타나기도 했습니다.

최신 환경에서 XSS를 방지하려면 소독 처리를 실행하거나, 콘텐츠 보안 정책(Content Security Policy)을 지정하는 것이 효과적입니다.

보안 테스트

웹 애플리케이션의 보안을 유지하려면 취약성을 없애야 합니다. 어딘가 하나라도 취약성이 있으면, 그 부분을 공격받게 됩니다. 또한, 매일 새로운 취약성이나 공격 방법이 발견되고 있어, 웹 애플리케이션을 공개한 뒤에도 항상 확인해서 업데이트해야 합니다.

그러므로 애플리케이션 전체에 취약성이 없는지 확인하는 데는 풍부한 지식과 노력이 필요합니다.

침투 테스트(penetration test)나 취약성 진단을 활용해 취약성을 발견하는 것도 한 가지 방법입니다. 이것들은 전용 애플리케이션을 사용하거나 전문 기업에 의뢰해서, 실제로 작동하는 웹 애플리케이션에 접속해서 취약성을 발견합니다.

침투 테스트는 보안상의 목적으로 특정한 애플리케이션이나 서버에 공격을 실시하고, 취약성을 악용해 비정상적으로 작동을 일으킬 수 있는지 테스트하는 활동입니다. 한편, 취약성 진단은 대상 애플리케이션이나 서버에 대해 취약성이 있는지 전체적으로 확인합니다.

Next.js의 백엔드에 관한 사고

Next.js를 웹 애플리케이션으로서 본격적으로 운용하는 경우, 대부분은 백엔드에 JSON을 반환하는 Web API 서버를 제공합니다. Next.js는 그 자체로 API 기능을 가지고 있지만, 기능은 제한적입니다. RDBMS와의 연동이나 로그인 기능 구현 등을 고려하면, Next.js가 제공하는 것과는 다른 별도의 서버를 만듦으로써 간단하게 구축할 수 있습니다.

서버는 JSON만 반환한다면 무엇이든 관계없습니다. 필자가 경험한 바로는 express[19]를 API 서버로 사용하는 경우가 많았습니다.

API 서버는 스마트폰 애플리케이션에도 재사용할 수 있으므로, 현재는 많은 서비스를 시작할 때부터 구축을 검토할 것입니다. 스마트폰용 API 서버를 백엔드 구현에 재사용할 수 있는 점이 Next.js의 강점입니다.

Rails 등 기존 웹 애플리케이션 프레임워크를 사용할 때는, 먼저 그 서버들을 API 서버로 바꾸는 것부터 시작합니다. WordPress(워드프레스) 같은, 소위 헤드리스 CMS(headless CMS)[20]와 조합해서 사용할 수도 있습니다.

Next.js의 인증

API 서버를 사용할 때, 각 사용자의 개별 정보에 대한 접근 등 인증(로그인 관리)이 필요할 때가 많습니다. Next.js를 시작으로 SPA 인증은 앞에서 설명한 JWT를 사용하는 등, 일반적인 웹사이트와 다른 점도 있습니다. 보다 안전한 인증을 구현하기 위해, 서버 사이드 인증을 직접 구현하지 말고 SPA용 인증 라이브러리나 인증 기능을 사용하는 것이 좋습니다.

현재 인기 있는 서버 사이드 웹 애플리케이션 프레임워크에서는 대부분이 SPA용 인증 기능 및 기본 라이브러리들을 제공합니다.

Next.js에서는 iron-session[21], next-auth[22]를 소개합니다. 또한, Auth0[23]와 같은 인증용 서비스도 있습니다.

---

19 https://expressjs.com/ko/
20 https://vercel.com/guides/using-a-headless-cms-with-vercel
21 https://github.com/vercel/next.js/tree/canary/examples/with-iron-session
22 https://github.com/nextauthjs/next-auth-example
23 https://auth0.com/

부록

Next.js의 다양한 활용

부록에서는 Next.js를 중심으로 한 애플리케이션 개발에 관한 주제들을 소개합니다.

이 책에서는 EC 샘플 애플리케이션을 예시로 프로젝트를 구현했습니다. 이 책의 내용을 기반으로 한층 실전용으로 커스터마이즈할 때는 결제 기능이 반드시 필요할 것입니다.

온라인을 통한 구매 수요가 높아지고, EC는 물론 구독 등의 결제를 포함한 서비스가 급속하게 늘어나고 있습니다. 그 흐름과 함께 개발 현장에서 결제 관련 구현이 필요하게 됐습니다.

처음부터 신용카드 등의 결제 시스템을 구현하려면, 개발 공수 측면이나 보안 측면의 큰 장벽과 맞닥뜨리게 됩니다. 특히, 신용카드 정보 등 개인의 결제 정보를 자사 데이터베이스에 가지고 있는 것은 보안상 큰 리스크를 갖는 것을 의미합니다.

따라서, 일반적인 웹 서비스에서 결제 기능을 구현하는 경우, 결제 관련 정보는 자사 데이터베이스보다는 안전한 결제 플랫폼에 저장한 뒤, 적정한 토큰을 사용해서 결제합니다.

부록에서는 Next.js를 사용해서 결제 기능을 구현할 때 사용할 수 있는 선택지로 스트라이프와 토스 페이먼츠를 소개합니다.

A.1 스트라이프

스트라이프(Stripe)[1]는 2011년에 런칭한 결제 플랫폼으로 미국 샌프란시스코와 아일랜드 더블린에 본사를 두고 있습니다. 결제와 관련된 복잡성을 배제하는 것을 목표로 하고 있으며, 전 세계 스타트업부터 대기업에까지 널리 쓰입니다. 스트라이프의 특징은 다음과 같습니다.

---

[1] https://stripe.com/

- 정기 구독, 마켓플레이스, 링크 결제 등을 포함한 다양한 기능을 제공

- 44개국 이상의 글로벌한 사업에 대한 결제 대응

- 풍부한 개발자용 API 및 문서

- 풍부한 기능의 대시보드(관리 화면) 제공

- 풍부한 클라이언트 라이브러리

- Shopify, WooCommerce 등 풍부한 파트너 서비스 연동

- 머신러닝을 사용한 자동적인 부정 이용 감지 등 최적화 기능 제공

- 개발자 커뮤니티를 통한 충실한 지원

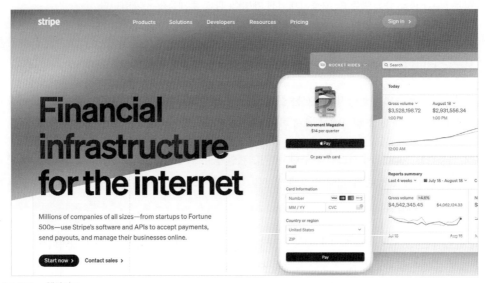

그림 A.1 Stripe 웹사이트

또한, 초기 비용이나 월별 과금 등은 존재하지 않지만, 트랜잭션 기반으로 결제 금액에 따른 수수료가 청구됩니다. 자세한 내용은 공식 요금 체계 페이지를 참조하기 바랍니다.[2]

A.1.1 스트라이프 셋업

스트라이프 셋업에 관해 설명합니다. 상세한 내용이나 최신 정보에 관해서는 공식 문서를 참조하기 바랍니다.

---

2 https://stripe.com/pricing

■ 스트라이프 계정 만들기

스트라이프 계정 등록 자체는 회원 가입 페이지[3]에서 곧바로 할 수 있습니다. 계정 작성 직후부터 테스트 환경을 사용해서 개발을 진행할 수 있습니다. 단, 프러덕션 환경에서 결제 거래를 수행하기 위해서는 사업자 관련 정보의 제출 및 심사가 필요하므로, 서비스 릴리스를 예정하고 있다면 사전에 절차를 진행해 둡니다.

프러덕션 계정 작성에 관한 상세한 정보는 공식 문서를 참조하기 바랍니다.

■ 스트라이프 대시보드(관리 화면)

스트라이프의 대시보드 기능에서는 지불 정보 관리, 고객 관리, 상품 관리 등을 사용할 수 있으면 기능이 매우 다양합니다. 또한, 검색 기능도 뛰어난 것이 매력적입니다. 계정을 작성하고 로그인하면 거래 요약이나 모든 트랜잭션을 확인할 수 있습니다.

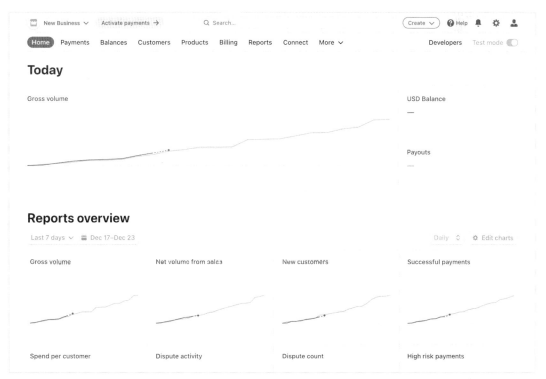

그림 A.2 스트라이프 대시보드

---

3 https://dashboard.stripe.com/register

▪ API 키

애플리케이션에 스트라이프의 결제 기능을 조합하기 위해서는, API 키를 사용합니다. 대시보드의 Developers → API Keys 메뉴에서 확인할 수 있습니다.

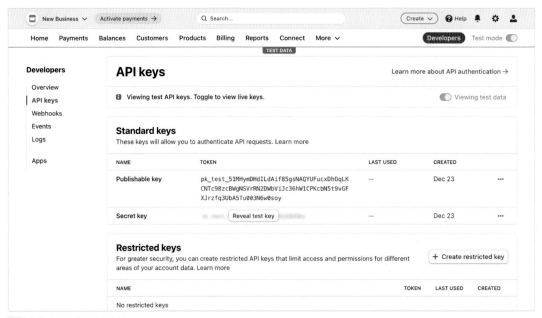

그림 A.3 스트라이프의 API 키

API 키는 다음 2종류가 존재합니다.[4]

키 종류	내용
공개 가능 키	웹사이트상의 자바스크립트 등 클라이언트 구현 측에서 사용되는 공개 가능 키
시크릿 키	CLI나 서버 측에서만 보유하는 키. 공개해서는 안 되는 것으로, 실수로 클라이언트 측의 자바스크립트의 코드에 포함되지 않도록 주의해야 한다

A.1.2 스트라이프 API 사용

다음으로 웹사이트상에서 스트라이프 결제 기능을 조합한 간단한 샘플 프로그램을 소개합니다.

---

[4] 만에 하나 시크릿 키가 공개되면 부정 사용되지 않도록 대시보드에서 곧바로 비활성화해야 합니다. 테스트 환경과 프러덕션 환경에서의 키가 각각 다릅니다. 웹 애플리케이션 구현 시에는 환경 변수 등으로 설정합니다.

■ **상품 등록**

결제를 하기 위한 준비로, 대시보드의 상품 메뉴에서 상품을 등록해 봅니다.

상품을 등록하는 버튼을 클릭합니다. 다음 예에서는 T-Shirt, 20,000 KRW로 결제하는 상품을 등록하고 있습니다.

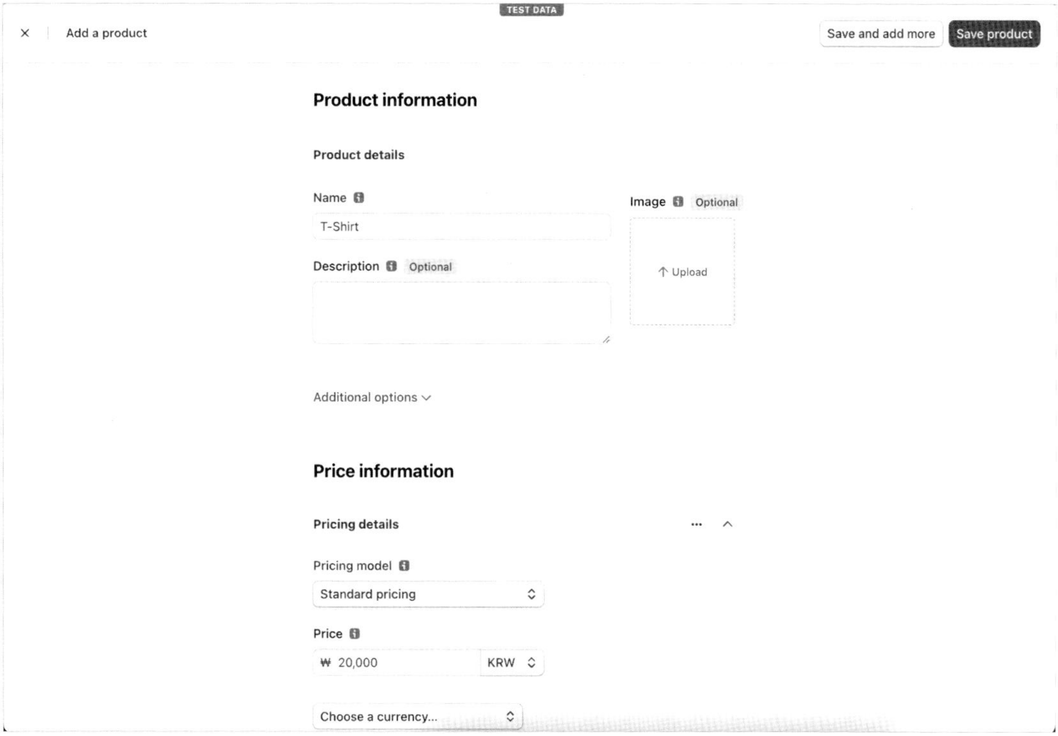

그림 A.4 스트라이프 상품 추가

상품을 등록한 후 price_XXXXXXXXXXXX라는 형식의 Price Id가 부여됩니다. 다음 샘플 구현에서 사용하므로 잘 기억합니다.

결제에는 전 세계의 많은 통화를 선택할 수 있습니다. 스트라이프 결제에 대응하는 통화에 관해서는 공식 문서[5]를 참조합니다.

---

5 https://stripe.com/docs/currencies

■ 스트라이프 라이브러리 설치

스트라이프 기능을 사용하기 위해 Next.js 프로젝트에서 다음 라이브러리를 설치합니다.

```
npm install stripe @stripe/stripe-js axios
```

■ Next.js API 구현

Next.js 프로젝트의 API의 기능으로 서버 사이드를 구현합니다. 서버 사이드에서는 결제 요청이 있을 때마다 스트라이프의 세션을 작성해야 합니다. src/pages/api/payment/session.ts 파일을 작성하고 다음과 같이 기술합니다. 시크릿 키와 Price ID를 각각 여러분의 스트라이프 계정의 것으로 바꾸기 바랍니다.

```
import { NextApiRequest, NextApiResponse } from 'next'
// 아래의 시크릿 키를 여러분의 것으로 치환한다
const stripe = require('stripe')('sk_test_xxxxxxxxxxxxxxxxxxx')

export default async function payment(
  _req: NextApiRequest,
  res: NextApiResponse
) {
  // 클라이언트로부터 결제 버튼이 클릭됐을 때, 스트라이프의 카드 결제를 수행한다
  const session = await stripe.checkout.sessions.create({
    payment_method_types: ['card'],
    line_items: [
      {
        // 다음 Price ID를 여러분의 것으로 치환한다
        price: 'price_XXXXXXXXXXXXX',
        quantity: 1,
      },
    ],
    mode: 'payment',
    success_url: 'http://localhost:3000/payment/success',
    cancel_url: 'http://localhost:3000/payment/cancel',
  })
  res.json({ id: session.id })
}
```

이 시점에서 `http://localhost:3000/api/payment/session`에 브라우저로 접속했을 때, 다음과 같은 JSON 데이터가 반환되면 서버 사이드 준비는 완료입니다.

```json
{"id": "cs_test_XXXXXXXXXXXX"}
```

▪ Next.js의 UI 구현

클라이언트 측 결제 폼 UI 구현에 대한 접근 방식은 크게 2가지입니다. 스트라이프가 기본 제공하는 공식 폼 부품을 사용하거나 커스텀 폼을 구현할 수 있습니다.

미리 제공된 부품을 사용해도 문제가 없다면 라이브러리를 로딩하는 것만으로 결제를 사용할 수 있어 간편합니다. 하지만, 애플리케이션의 특성에 따라서는 UI를 커스터마이즈하고 싶을 때도 있을 것입니다. 그때는 직접 스트라이프 사용 가이드의 설명에 따라 HTML/CSS/자바스크립트로 폼을 구현해야 합니다.

이 책에서는 기본 제공되는 폼을 사용하는 방법을 소개합니다.

다음의 간단한 샘플 구입 화면용 페이지를 `src/pages/payment/index.tsx`로 저장합니다.

```tsx
import { loadStripe } from '@stripe/stripe-js'
import axios from 'axios'

// 아래 공키 가능 키는 여러분의 것으로 치환한다
const stripePromise = loadStripe('pk_test_XXXXXXXXXXXXX')

function Payment() {
  const createPaymentSession = async () => {
    const stripe = await stripePromise
    if (stripe) {
      // 앞에서 구현한 서버 사이드의 API를 호출한다
      const res = await axios.post('/api/payment/session')
      // JSON 형식으로 반환되는 세션 ID를 지정해서 스트라이프 결제 페이지로 리다이렉트한다
      const result = await stripe.redirectToCheckout({
        sessionId: res.data.id,
      })
      if (result.error) {
        alert(result.error.message)
      }
```

```
    }
  }

  return (
    <div>
      <section>
        <div>
          <h3>T-Shirt</h3>
          <h5>20,000KRW</h5>
        </div>
        <div>
          <button onClick={createPaymentSession}>구입한다</button>
        </div>
      </section>
    </div>
  )
}

export default Payment
```

다음으로 결제가 성공했을 때 표시되는 결제 완료 페이지의 UI를 구현합니다. **src/pages/payment/ success.tsx**라는 파일을 작성합니다.

```
function PaymentSuccess() {
  return (
    <div>
      <section>
        <div>
          <h3>결제에 성공했습니다!</h3>
        </div>
      </section>
    </div>
  )
}

export default PaymentSuccess
```

다음 명령어로 Next.js를 기동합니다.

```
npm run dev
```

기동 후, 브라우저에서 `http://localhost:3000/payment`에 접근하면 다음과 같이 구입 화면이 표시됩니다.

그림 A.5 샘플 구입 페이지

■ **결제 실행**

샘플 구입 페이지의 구입 버튼을 클릭하면, 앞에서 구현한 Next.js의 API상의 프로그램을 경유해서, 다음과 같은 스트라이프가 제공하는 결제 폼 화면이 표시됩니다

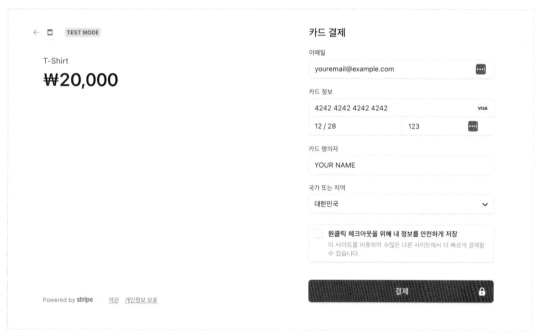

그림 A.6 스트라이프 폼 화면

테스트 환경에서 결제를 할 때는 4242 4242 4242 4242라는 카드 번호를 사용할 수 있습니다.

카드 번호 이외의 정보는 임의의 값으로 입력할 수 있습니다. 테스트 환경에서 미리 에러를 검증하고 싶은 경우 등, 사용할 수 있는 카드 정보에 관해서는 공식 테스트에 관한 문서[6]을 참조하기 바랍니다.

결제가 올바르게 완료되면, API 코드에서 `success_url` 값에 설정한 페이지인 `http://localhost:3000/payment/success`로 리다이렉트 되고, 결제 완료 메시지가 표시됩니다. 동시에 지불의 이력 정보로서 스트라이프의 대시보드 화면에 엔트리가 추가되는 것을 확인할 수 있습니다.

A.1.3 스트라이프 공식 문서

이 책에서는 스트라이프가 공식으로 미리 제공하는 결제 폼을 활용한 간단한 결제 샘플 구현에 관해 설명했습니다.

스트라이프에는 이외에도 정기 구독(subscription) 등의 다양한 기능을 제공합니다. 직접 구매 폼을 구현해서 사용할 수도 있습니다. 개발하는 서비스에 필요한 기능을 수시로 확인하고 도입해 보면 좋을 것입니다. 사용 방법도 수시로 변경되므로, 개발할 때는 먼저 공식 문서를 참조하기 바랍니다. [7]

A.2 토스 페이먼츠 (한국어 특전)

토스 페이먼츠(Toss Payments)의 특징은 다음과 같습니다.

- 코어 API, 브랜드 페이 API, 일반 결제 SDK 든 다양한 API와 SDK 제공

- 풍부한 개발자용 API 및 문서

- 풍부한 기능의 대시보드(관리 화면) 제공

- 풍부한 클라이언트 라이브러리

- 한국 내 간편 결제 서비스와의 손쉬운 연동

---

[6] https://stripe.com/docs/testing

[7] https://stripe.com/docs

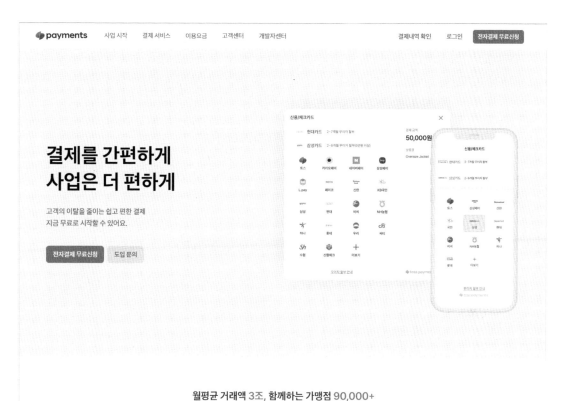

그림 A.7 토스 페이먼츠 웹 사이트

스트라이프와 마찬가지로 초기 비용이나 월별 과금 등은 존재하지 않지만, 트랜잭션 기반으로 결제 방법에 따른 수수료가 부과됩니다. 자세한 내용은 공식 요금 체계 페이지를 참조하기 바랍니다.[8]

A.2.1 토스 페이먼츠 셋업

토스 페이먼츠 셋업에 관해 설명합니다. 상세한 내용이나 최신 정보에 관해서는 공식 문서를 참조하기 바랍니다.[9]

---

8 https://www.tosspayments.com/about/fee

9 토스 페이먼츠 구현에서는 appDir 기능을 사용하며, 이를 사용하기 위해서는 Node v16.8 이상을 설치해야 합니다. 설치와 관련된 세부 내용은 Node의 공식 문서를 참조하기 바랍니다.

■ **토스 페이먼츠 계정 작성**

토스 페이먼츠 계정 등록은 회원 가입 페이지[10]에서 곧바로 할 수 있습니다. 계정 작성 직후부터 테스트 환경을 사용해서 개발을 진행할 수 있습니다. 단, 프러덕션 환경에서 결제 거래를 수행하기 위해서는 사업자 관련 정보의 제출 및 심사가 필요하므로 서비스 출시를 예정하고 있다면 사전에 준비해 둡니다.

사업자 정보 등록에 관한 상세한 정보는 웹 페이지를 참조하기 바랍니다.[11]

■ **개발자용 테스트 상점(관리 화면)**

사업자 등록을 하지 않아도 개발자용 테스트 상점[12]에서 웹훅, 브랜드페이, 테스트 결제내역 등을 확인할 수 있습니다. 사업자 정보 등록을 한 뒤에는 라이브 상점을 사용할 수 있습니다.

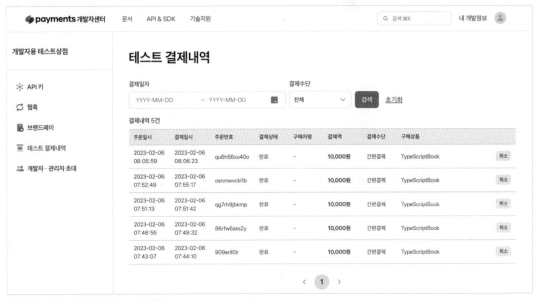

그림 A.8 토스 페이먼츠 테스트 결제내역

---

10 https://app.tosspayments.com/signup

11 https://onboarding.tosspayments.com/create/merchant

12 https://developers.tosspayments.com/my/api-keys

- **API 키**

애플리케이션에 토스 페이먼츠의 결제 기능을 조합하기 위해서는 API를 사용해야 합니다. 개발자용 테스트 상점의 API 키 메뉴에서 API 키를 확인할 수 있습니다.

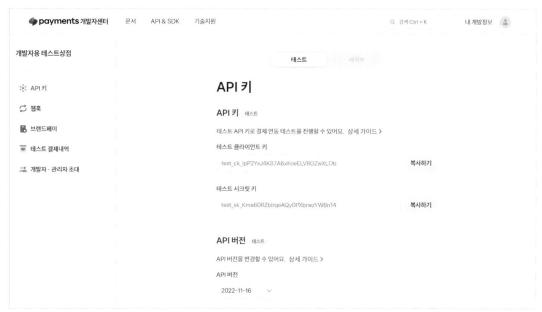

그림 A.9 토스 페이먼츠의 API 키

API 키는 다음 2종류가 존재합니다.

키 종류	내용
클라이언트 키	웹사이트상의 자바스크립트 등 클라이언트 구현 측에서 사용되는 공개 가능 키
시크릿 키	CLI나 서버 측에서만 보유하는 키. 공개헤서는 안 되는 것으로, 실수로 클라이언트 측의 자바스크립트의 코드에 포함되지 않도록 주의해야 한다

A.2.2 토스 페이먼츠 API 사용

다음으로 웹사이트상에서 토스 페이먼츠 결제 기능을 조합한 간단한 샘플 프로그램을 소개합니다. 여기에서는 일반 결제 SDK[13]를 사용합니다.

---

[13] https://docs.tosspayments.com/reference/js-sdk

▪ 토스 페이먼츠 라이브러리 설치

토스 페이먼츠 기능을 사용하기 위해 Next.js 프로젝트에서 다음 라이브러리를 설치합니다.

```
npm install @tosspayments/payment-sdk --save
```

패키지가 잘 설치되면 **package.json**에 패키지 정보가 추가됩니다.

```
{
  "dependencies": {
    ...
    "@tosspayments/payment-sdk": "^1.4.0"
    ...
  }
}
```

▪ API Key 설정

./.env 파일에 API 값을 설정합니다.

```
NEXT_PUBLIC_TOSS_CLIENT_KEY=클라이언트키
TOSS_SECRET_KEY=시크릿키
```

▪ Next.js의 UI 구현

클라이언트 측 결제 폼은 토스 페이먼츠가 기본으로 제공하는 공식 폼을 사용할 수 있습니다. 결제 방법은 카드, 가상 계좌, 게임문화 상품권 등 다양하게 제공됩니다. 여기에서는 카드 결제 방법을 사용해 결제 테스트를 진행합니다. 샘플 구입 화면용 페이지를 **src/app/page.js**에 저장합니다.

```
"use client";
import { loadTossPayments } from "@tosspayments/payment-sdk";

function Page() {
  const handleClick = async () => {
    const tossPayments = await loadTossPayments(
      process.env.NEXT_PUBLIC_TOSS_CLIENT_KEY
    );
```

```
    await tossPayments.requestPayment("카드", {
      amount: 10000,
      orderId: Math.random().toString(36).slice(2),
      orderName: "TypeScriptBook",
      successUrl: `${window.location.origin}/api/payments`,
      failUrl: `${window.location.origin}/api/payments/fail`,
    });
  };
  return (
    <div>
      <button onClick={handleClick}>TypeScriptBook 10,000원</button>
    </div>
  );
}


export default Page
```

다음으로 결제가 성공했을 때 표시되는 결제 완료 페이지의 UI를 구현합니다. `src/app/payments/complete/page.js`라는 파일을 작성합니다.

```
async function Page({ searchParams }) {
  const secretKey = process.env.TOSS_SECRET_KEY || "";
  const basicToken = Buffer.from(`${secretKey}:`, `utf-8`).toString("base64");

  const url = `https://api.tosspayments.com/v1/payments/orders/${searchParams.orderId}`;
  const payments = await fetch(url, {
    headers: {
      Authorization: `Basic ${basicToken}`,
      "Content-Type": "application/json",
    },
  }).then((res) => res.json());

  const { card } = payments;
  return (
    <div>
      <h1>결제가 완료되었습니다</h1>
      <ul>
        <li>결제 상품: {payments.orderName}</li>
```

```
        <li>주문 번호: {payments.orderId} </li>
        <li>승인 번호: {card.approveNo} </li>
        <li>카드 번호: {card.number}</li>
        <li>결제 금액: {card.amount}</li>
        <li>
          결제승인날짜{" "}
          {Intl.DateTimeFormat().format(new Date(payments.approvedAt))}
        </li>
      </ul>
    </div>
  );
}


export default Page
```

■ **Next.js API 구현**

다음으로 서버 사이드 API를 구현합니다. **src/pages/api/payments.js** 파일을 작성하고 다음과 같이 기술합니다.

```
async function handler(req, res) {
  const { orderId, paymentKey, amount } = req.query;
  const secretKey = process.env.TOSS_SECRET_KEY;

  const url = "https://api.tosspayments.com/v1/payments/confirm";
  const basicToken = Buffer.from(`${secretKey}:`, "utf-8").toString("base64");

  await fetch(url, {
    method: "post",
    body: JSON.stringify({
      amount,
      orderId,
      paymentKey,
    }),
    headers: {
      Authorization: `Basic ${basicToken}`,
      "Content-Type": "application/json",
    },
  }).then((res) => res.json());
```

```
  res.redirect(`/payments/complete?orderId=${orderId}`);
}

export default handler
```

다음 명령어로 Next.js를 기동합니다.

```
npm run dev
```

기동 후, 브라우저에서 `http://localhost:3000`에 접근하면 다음과 같이 구입 화면이 표시됩니다.

그림 A.10 샘플 구입 페이지

■ **결제 실행**

샘플 구입 페이지의 구입 버튼을 클릭하면, 앞에서 구현한 Next.js의 API상의 프로그램을 경유해서 토스 페이먼츠가 제공하는 결제 폼 화면이 표시됩니다.

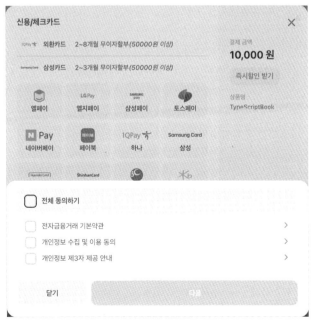

그림 A.11 토스 페이먼츠의 결제 폼 화면(카드 결제)

결제가 올바르게 완료되면, API 코드에서 `successUrl` 값에 설정한 페이지인 `http://localhost:3000/api/payments`로 리다이렉트되어 결제 완료 화면에 표시됩니다. 동시에 결제 정보가 토스 페이먼츠의 개발자 센터의 테스트 결제 내역에 기록됩니다.

결제가 완료되었습니다

결제 상품: TypeScriptBook
주문 번호: qu6h56xu40o
승인 번호: 00000000
카드 번호: 377
결제 금액: 10000
결제승인날짜 2023. 2. 6.

그림 A.12 토스 페이먼츠의 결제 완료 화면(카드 결제)

A.2.3 토스 페이먼츠 공식 문서

여기에서는 토스 페이먼츠가 제공하는 기본 결제품을 활용한 간단한 결제 샘플 구현에 관해 설명했습니다. 사용 방법은 수시로 변경될 수 있으므로, 개발 시에는 공식 문서를 우선 참조하기 바랍니다.[14]

A.3 StoryShots – UI 스냅숏 테스트

모던 프런트엔드 개발에서는 일반적으로 여러 UI 컴포넌트를 작성합니다.

서비스 규모가 커짐에 따라 컴포넌트의 수도 증가하며, 프런트엔드의 코드의 규모 또한 커지고 복잡해집니다. 어느 정도 컴포넌트 수가 많아지면, 예기치 못한 작동을 할 가능성이 있습니다.

기능 테스트로서 Jest 같은 단위 테스트 도구를 도입하는 것이 일반적입니다. 자바스크립트나 타입스크립트의 함수 등이 올바르게 동작하는지 확인하기 위해 사용합니다.

단, 함수의 입력과 출력이 올바르게 동작하더라도, 무언가의 변경에 따라 예기치 않은 UI가 부서지는 일도 발생합니다.

그런 외형의 변경을 감지하기 위해서는 컴포넌트의 렌더링 결과를 평가해야 합니다. 다음에 소개할 StoryShots는 Storybook 기반으로, 컴포넌트의 렌더링을 한 상태에서 UI를 평가하는 테스트 도구의 하나입니다. 이런 도구를 사용함으로써 비용을 들이지 않고, 사용자에 대해 높은 품질의 서비스를 지속적으로 제공할 수 있는 구조를 만들 수 있습니다.

---

14 https://docs.tosspayments.com/reference

A.3.1 StoryShots

StoryShots 애드온[15]은 Storybook의 UI 컴포넌트의 렌더링 결과를 스냅숏으로 저장하고, 변경을 감지하기 위한 테스트 도구입니다. Storybook이 공식으로 제공하는 도구이며, Just의 스냅숏 테스트 기능을 Storybook용으로 확장한 것입니다.

StoryShots는 다음과 같은 특징을 가진 UI 테스트 도구입니다.

- Storybook으로 관리하는 컴포넌트에 대해 테스트 코드를 작성하지 않고도 도입할 수 있다
- 인기 테스트 도구인 Jest 기반으로 실행할 수 있다
- 컴포넌트에 전달한 모든 데이터를 자동을 확인할 수 있다
- UI를 의도적으로 변경했을 때는 명령어 옵션을 업데이트할 수 있다

보통 UI의 테스트를 사람이 직접 수행한다면, 큰 릴리스를 할 때마다 모든 화면을 적절한 데이터를 넣어야하며, 수많은 시간이 걸립니다. 스냅숏 테스트를 도입하면 UI 컴포넌트를 렌더링한 결과를 저장하고, 기록된 스크린샷과 최신 변경에 따른 렌더링 결과를 자동으로 비교할 수 있습니다. Storybook에서 컴포넌트를 관리하는 프로젝트라면, stories로 기술되어 있는 데이터 자체가 테스트에 사용됩니다.

테스트 코드를 작성하지 않고 도입할 수 있다는 점도 매력적입니다.

예를 들어, 다음과 같은 Link 컴포넌트를 `index.stories.tsx` 파일 안에 기술한 코드를 살펴봅니다.

```
import React from 'react';
import Link from './index';

export default { title: 'Atoms/Link' };

export const Icon = () => <Link page="https://www.facebook.com">Facebook</Link>;
```

StoryShots를 실행했을 때는 다음과 같이 렌더링 결과가 테스트 결과로 저장됩니다.

```
<a
  className="normal"
```

---

15 https://github.com/storybookjs/storybook/tree/main/addons/storyshots/storyshots-core

```
  href="https://www.facebook.com"
  onMouseEnter={[Function bound _onMouseEnter]}
  onMouseLeave={[Function bound _onMouseLeave]}>
  Facebook
</a>
```

UI 추가 개발을 통해 위의 렌더링 결과로 변경이 있을 때, StoryShots의 테스트 결과는 에러가 됩니다. 그 에러가 예상된 것이라면 새로운 결과를 최신 버전으로 업데이트합니다. 만약 예상된 것이 아닌 에러라면, 눈치채지 못했던 문제로서 컴포넌트 구현을 수정하고, 이제까지와 동일하게 출력되도록 수정해 품질을 유지할 수 있습니다.

■ **StoryShots 셋업**

다음에서 설명하는 StoryShots 셋업은 본편에서 다루었던 Next.js, Storybook, Jest를 기반으로 한 프로젝트를 가정하고 있습니다. Jest에 관해서는 본편에서 다루었으므로 별도로 설명하지 않습니다. 자세한 설치 방법은 공식 문서[16]를 참조하기 바랍니다.

본편의 샘플 코드를 기반으로 Storybook용 스냅숏 테스트 플러그인 @storybook/addon-storyshots를 설치합니다. 또한, Jest용 fetch 목 라이브러리인 jest-fetch-mock도 설치합니다.

```
npm install --save-dev @storybook/addon-storyshots jest-fetch-mock
```

다음으로 package.json 안의 scripts에 다음과 같이 storyshots 항목을 신규로 추가합니다.

```
"scripts": {
  ...
  "test": "jest",
  "storyshots": "jest --config ./jest.config.storyshots.js"
},
"resolutions": {
  "react-test-renderer": "18.1.0"
},
...
```

---

16 https://jestjs.io/docs/getting-started

이 책 집필 시점에서는 React의 테스트 모듈의 의존 관계로 인해 패키지 관리는 npm이 아닌 yarn을 사용해야만 작동합니다. 이 책에서 소개한 샘플 코드 환경에서, 한 번 더 다음 명령어로 클린한 뒤, yarn 명령어로 의존 모듈을 설치합니다.

```
# npm을 통해 설치한 모듈 삭제
rm -rf node_modules

# yarn을 글로벌로 설치
npm install -g yarn

# yarn을 통해 의존 모듈 설치
yarn
```

Jest 설정을 로딩한 StoryShots 설정 파일인 jest.config.storyshots.js를 새로 작성합니다.

```
const nextJest = require('next/jest')
const createJestConfig = nextJest({ dir: './' })
const customJestConfig = {
  testPathIgnorePatterns: ['<rootDir>/.next/', '<rootDir>/node_modules/'],
  setupFilesAfterEnv: ['<rootDir>/jest.setup.js'],
  moduleDirectories: ['node_modules', '<rootDir>/src'],
  testEnvironment: 'jsdom',
  testMatch: ['<rootDir>/test/test.storyshots.ts'],
}
module.exports = createJestConfig(customJestConfig)
```

스냅숏 테스트에 대한 엔트리 포인트 파일로, 프로젝트 바로 아래 test 디렉터리를 만들고 그 안에 test.storyshots.ts를 배치합니다.

```
import initStoryshots from '@storybook/addon-storyshots'

// 애니메이션을 활용한 컴포넌트 스냅숏을 통한 테스트가 실패한다
// StoryShots의 테스트를 모든 컴포넌트에서 성공하게 하기 위해 RectLoader의 테스트를 대상에서 제외한다
initStoryshots({
  storyKindRegex: /^((?!.*?RectLoader).)*$/,
})
```

마지막으로 fetch를 컴포넌트 안에서 사용한다면, StoryShots 실행 시 목을 사용하기 위해 다음을 jest. setup.js에 추가합니다.

```
import '@testing-library/jest-dom/extend-expect'
// 다음 1행을 추가한다
require('jest-fetch-mock').enableMocks()
```

이것으로 StoryShots 셋업 완료입니다.

▪ StoryShots 실행

StoryShots 실행은 package.json에 정의한 다음 명령어로 실행합니다.

```
npm run storyshots
```

명령어를 실행하면 다음과 같은 화면이 표시됩니다.

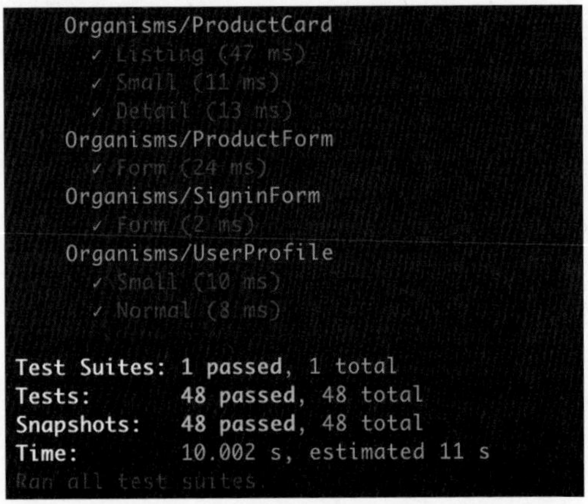

그림 A.13 storyshots 실행 결과

렌더링 실행 결과 스냅숏 파일이 **test** 디렉터리 아래 저장됩니다.

이 파일들은 실행 시 이전과 차이가 있는지 감지하기 위한 것입니다.

예를 들어 **ProductForm** 컴포넌트에 버튼을 1개 추가한 경우 등, JSX/TSX의 렌더링 결과를 조금이라도 바꾸면 다음번 StoryShots를 실행 시 다음과 같이 에러로 취급됩니다.

그림 A.14 storyshots 에러 결과

의도하지 않은 에러가 발생했다면 컴포넌트를 수정합니다. 변경이 의도한 것이고, 새로운 스냅숏 데이터로 덮어쓰고 싶을 때는 npm run storyshots-- -u와 같이 옵션을 추가해서 실행합니다.

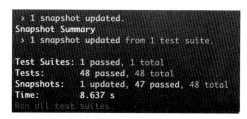

그림 A.15 storyshots 업데이트 결과

위와 같이 업데이트한 뒤에는 StoryShots를 실행해도 에러가 표시되지 않습니다.

그 외에, StoryShots의 고급 사용 방법에 관해서는 Storybook 공식 문서 안의 스냅숏 테스트 페이지[17]을 참조하시기 바랍니다. 그리고, Jest 공식 문서의 스냅숏 테스트 관련 페이지[18]도 참조하기 바랍니다.

A.3.2 storyshots-puppeteer - 스냅숏 페이지를 사용한 UI 테스트

여기까지 소개한 StoryShots의 기능만으로도 그 가치는 충분하지만, 의도적인 변경에 따라 DOM의 구조가 변하더라도 테스트 결과에서는 에러가 발생합니다. 예를 들어, 버튼을 감싼 DOM 요소를 추가한 경우, 형태가 변하지 않고 기대한 대로 동작하더라도 DOM의 구조가 달라지기 때문에 StoryShots에서는 에러가 발생합니다. 브라우저에서 그린 UI 이미지의 차이를 감지해 불필요한 테스트 에러를 없앨 수 있습니다.

DOM이 아닌 이미지를 사용해서 UI 스냅숏을 실행하는 도구인 storyshots-puppeteer를 소개합니다.

- StoryShots 확장 기능

- Chrome의 헤드리스 브라우저용 Node.js 라이브러리 Puppeteer 기반 구현

- 자동으로 이미지의 차이를 감지해 의도하지 않은 UI 변경이 있으면 에러가 된다

- 테스트 코드를 작성할 필요가 없으므로 도입 비용이 낮다

- 초기 UI 표시 상태의 차이를 감지하는 것이기 때문에 JS에 의한 액션을 트리거하는 차이는 감지하지 못한다

카드 컴포넌트의 배경색을 변경한 경우

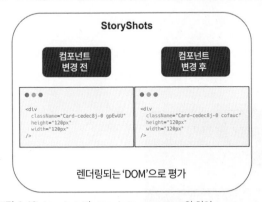

그림 A.16 storyshots과 storyshots-puppeteer의 차이

---

17 https://storybook.js.org/docs/react/writing-tests/snapshot-testing

18 https://jestjs.io/docs/snapshot-testing

이 책에서는 storyshots-puppeteer의 상세한 사용 방법은 설명하지 않습니다. 흥미가 있다면 공식 문서[19]를 참조하기 바랍니다.

A.4 AWS Amplify에 Next.js 애플리케이션 배포

AWS Amplify[20]은 Amazon Web Service[21]가 제공하며, 프런트엔드 및 모바일 개발자가 확장 가능한 풀스택 애플리케이션을 구축할 수 있는 플랫폼입니다.

이번 장에서는 Next.js 애플리케이션을 AWS Amplify에 배포하는 방법을 설명합니다.

A.4.1 Next.js 애플리케이션을 AWS Amplify에 배포

가장 먼저, 배포할 Next.js 애플리케이션을 `create-next-app`으로 작성합니다.

```
$ npx create-next-app@latest nextjs-amplify
```

애플리케이션 작성 후에는 준비로서 GitHub에 커밋 & 푸시해 둡니다.

■ AWS Amplify Console에서 Next.js 애플리케이션을 호스트

AWS Amplify에서는 GitHub 등의 저장소와 연동해서 손쉽게 Next.js 애플리케이션을 호스팅할 수 있습니다. 또한, CI/CD[22] 서포트 등을 제공하므로 Next.js 애플리케이션을 호스팅하기 위한 선택지의 하나로 주목되고 있습니다.

앞에서 설명한 저장소의 준비가 끝났다면, AWS Amplify Console에 접속합니다.

---

19 https://storybook.js.org/addons/@storybook/addon-storyshots-puppeteer
20 https://aws.amazon.com/ko/amplify/
21 https://aws.amazon.com/ko/
22 continuous integration, continuous deploy(지속적인 통합 및 배포)

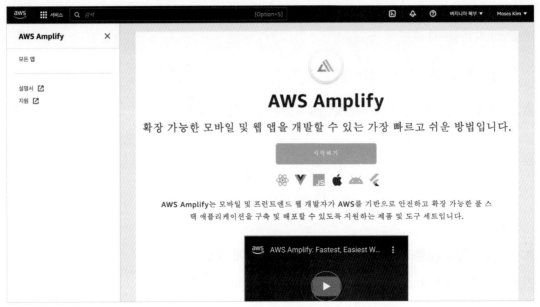

그림 A.17 AWS Amplify Console: 톱 페이지

이전에 아무런 Amplify 애플리케이션도 작성하지 않았다면, 화면 아래 '웹 앱 호스팅'에서 '시작하기'를 선택하고, Next.js 애플리케이션 호스팅을 시작합니다.

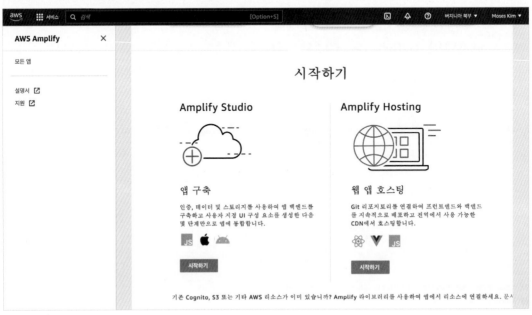

그림 A.18 AWS Amplify Console: 웹 앱 호스팅

'GitHub'를 선택하고, 인증 후 여러분의 깃허브에 있는 저장소 목록이 표시되므로, 앞에서 만든 저장소와 브랜치를 선택합니다.

그림 A.19 AWS Amplify Console: Amplify Hosting 시작 방법

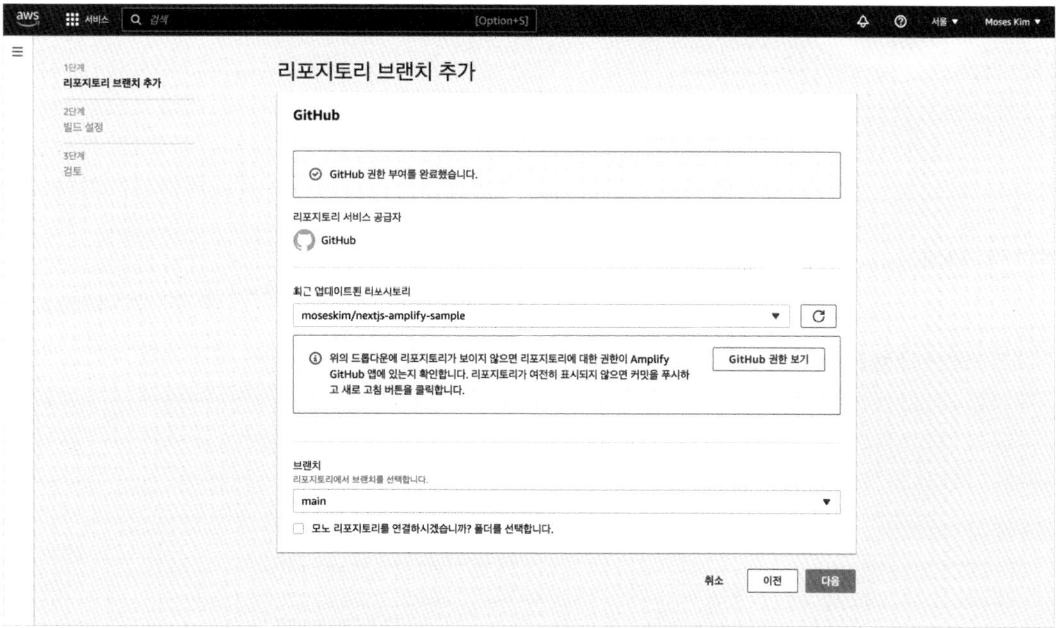

그림 A.20 AWS Amplify Console: 리포지토리 브랜치 추가

Next.js 애플리케이션이라면 자동으로 빌드 설정이 감지됩니다. 만약, `package.json`의 빌드 명령에 `next build`만 입력돼 있다면 SSR 애플리케이션으로 인식됩니다.

SSG를 사용한 애플리케이션을 선택하고 싶을 때는 부록 A.4.2를 참조하기 바랍니다. 또한, 상세 설정에서는 빌드할 Docker 이미지를 지정할 수 있습니다. 기본 이미지가 유스케이스에 맞지 않을 때는 변경을 추가합니다.

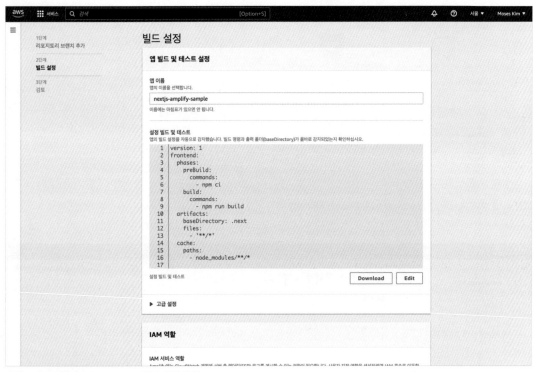

그림 A.21 AWS Amplify Console: 환경 설정 구성

마지막으로 프레임워크가 Next.js – SSR이 되어 있는 것을 확인하고, '저장 및 배포'를 클릭합니다.

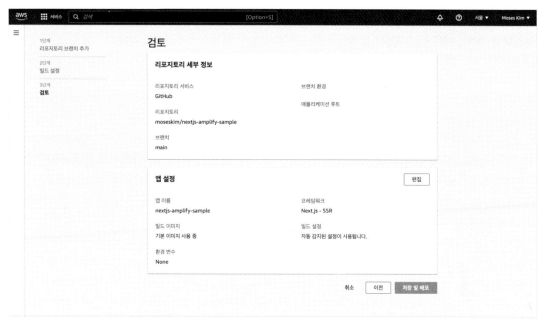

그림 A.22 AWS Amplify Console: 확인

그러면 작성한 애플리케이션의 톱 페이지로 이동하므로, 배포가 완료될 때까지 잠시 기다립니다.

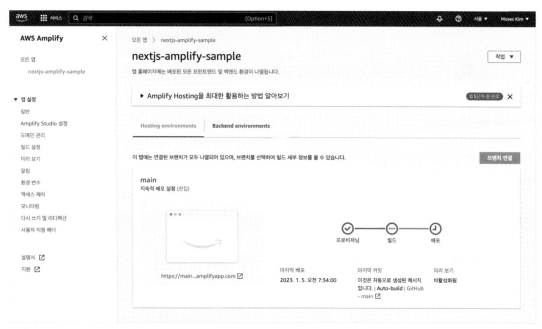

그림 A.23 AWS Amplify Console: 배포 중

배포 파이프라인이 모두 종료된 후, URL을 클릭했을 때 다음과 같은 페이지가 표시되면 호스팅이 완료된 것입니다. 또한, 이후에는 지정한 브랜치에 코드를 푸시하면, 배포 파이프라인이 작동하고 자동으로 배포됩니다.

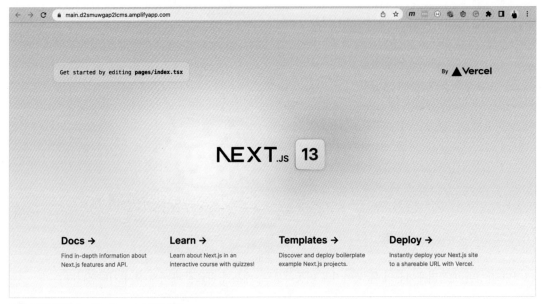

그림 A.24 AWS Amplify Console: 배포 완료

A.4.2 SSG를 사용한 Next.js 애플리케이션을 AWS Amplify에 배포

앞에서는 SSR을 사용한 Next.js 애플리케이션의 AWS Amplify에 배포하는 방법을 설명했습니다. 여기에서는 SSG를 사용한 애플리케이션을 배포하는 방법에 관해 설명합니다.

먼저, `package.json`의 빌드 명령어를 수정해 `next export`에 추가합니다. 이것으로, Amplify에서 SSG 애플리케이션으로 인식됩니다.

코드 A.1 _ package.json

```json
"scripts": {
  "dev": "next dev",
  "build": "next build && next export",
  "start": "next start"
},
```

- ### next/image 교체

next/image[23]는 next export에서 지원되지 않으므로, 원래의 `<img>` 태그로 치환해야 합니다.

```
import Image from 'next/image'
```

프로젝트 안의 `<Image>` 태그를 `<img>` 태그로 수정합니다.

```
<Image src="/vercel.svg" alt="Vercel Logo" width={72} height={16} />
<img src="/vercel.svg" alt="Vercel Logo" width={72} height={16} />
```

다음은 AWS Amplify Console에서 다시 웹 앱 호스팅을 시작하고, 가장 마지막 확인 화면에서 프레임워크가 Next.js – SSG로 되어 있으면 완료입니다.

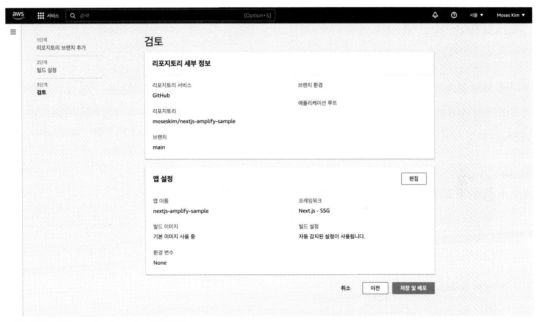

그림 A.25 AWS Amplify Console: SSG 확인

---

23 https://nextjs.org/docs/api-reference/next/image/

A.5 국제화 도구 i18n

i18n은 internationalization의 약어로 다국어 대응(국제화)을 의미합니다. 맨 앞의 글자가 i, 맨 마지막 글자가 n, 그 사이에 18개의 문자가 있어 i18n으로 표시합니다.

i18n은 다양한 나라나 지역의 사용자가 사용할 수 있도록 표시 등을 언어나 지역에 따라 변경하는 구조를 가리킵니다.

언어별 인터넷 사용자 비율을 보면 2020년 조사[24]에서는 영어 사용자가 25.9%로 가장 많고, 중국어 사용자가 19.4%로 두 언어를 사용하는 사용자를 합치면 45% 정도 됩니다.

글로벌 전개 등으로 해외에서의 사용자 유입을 기대하는 경우 i18n은 필수 요소라고 할 수 있습니다. 또한, 국내 사용자를 대상으로 하는 서비스라 하더라도, 국내의 외국인이나 방문객이 증가하는 시대이므로 i18n은 사용자 친화적인 웹사이트를 구현할 때 반드시 고려해야 합니다.

i18n은 표시되는 텍스트를 다른 언어로 번역하는 것에 국한되지 않습니다. 시각이나 값의 표기 방법 등도 국가에 따라 다르므로, 그 포맷에 관해서도 고려해야 합니다.

언어에 따라 표시를 바꾸는 처리를 추가하는 데는 많은 노력이 듭니다. i18n에서는 기본적으로는 라이브러리 등을 활용해서 대응하는 경우가 대부분입니다. 여기에서는 `Next.js`에서 제공하는 기능인 `next-i18next`라는 라이브러리에 관해 소개합니다.

A.5.1 경로에 따른 언어 라우팅

Next.js에서는 URL에서 로케일(언어 정보)[25]을 읽는 기능을 제공합니다. 이때, URL에서 로케일을 표현하는 방법은 2가지가 있습니다. Next.js의 표준 기능에서는 2가지 방법을 모두 지원합니다.

- 도메인으로 구분: `/test.com`, `test.co.kr`
- 경로로 구분: `/test.com/en/items`, `/test.com/ko/items/`

두 경우 모두 `next.config.js`에 지원할 언어 정보를 기술합니다. `locales` 필드에 대응할 로케일, `defaultLocale`에는 기본으로 사용할 로케일을 입력합니다.

---

[24] https://www.internetworldstats.com/stats7.htm
[25] 국가(지역)나 언어

로케일 표기 방법에는 ko와 같이 언어만 기술하는 것과, en-us와 같이 언어 뒤에 국가를 붙이는 것이 있습니다.

코드 A.2 _ next.config.js

```js
/** @type {import('next').NextConfig} */
const nextConfig = {
  reactStrictMode: true,
  i18n: {
    // 지원할 언어
    locales: ['ko', 'en'],
    // 기본으로 표시할 언어
    defaultLocale: 'ko',
    // 도메인으로 나눌 때는 도메인별로 설정을 기술한다
    domains: [
      {
        domain: 'example.co.kr',
        defaultLocale: 'ko',
      },
      {
        domain: 'example.com',
        defaultLocale: 'en',
      },
    ],
  }
}

module.exports = nextConfig
```

getServerSideProps의 인수와 useRouter를 사용해 현재의 로케일을 얻을 수 있습니다. 이 값을 참조해, 현재 로케일에 대한 처리나 표시를 전환할 수 있습니다.

```js
import { useRouter } from 'next/router'

const Page = (props) => {
  const {locale} = useRouter()

  return (
    <div>
```

```
      {locale === 'ko' && <span>한국어용 표시입니다</span>}
      {locale === 'en' && <span>영어용 표시입니다</span>}
    </div>
  )
}


export async function getServerSideProps({ locale }) {
    console.log(locale)
}


export default Page
```

또한, 로케일을 지정해 페이지를 선택할 때는 Link나 router에 지정할 수 있습니다.

```
// (1) Link에 지정하는 방법
import Link from 'next/link'
const Page = (props) => {
  return (
    <Link href="/profile" locale="en">
      <a>영어용 /profile 페이지로 이동합니다</a>
    </Link>
  )
}

// (2) router에 지정하는 방법
const Page = (props) => {
  const router = useRouter()
  return (
    <div
      onClick={() => {
        router.push('/profile', { locale: 'ko' })
      }}
    >
      한국어용 /profile 페이지로 이동합니다
    </div>
  )
}
```

A.5.2 next-i18n을 사용한 텍스트의 i18n 대응

Next.js에서는 URL로부터 로케일을 얻는 방법만 제공합니다. 그러므로 로케일별로 표시를 자동으로 전환하려면 별도로 구현해야 합니다. next-i18next[26]는 자바스크립트에서 자주 사용되는 I18next의 Next.js 버전의 라이브러리입니다. 이 라이브러리를 사용하면 로케일에 맞춰 간단하게 표시할 수 있습니다.

Next.js 프로젝트에 next-i18next를 설치합니다.

```
npm install next-i18next
```

계속해서, 번역 파일을 추가합니다. public/locales/ko와 public/locales/en이라는 디렉터리를 만들고, 각 디렉터리 안에 common.js이라는 파일을 작성합니다.

JSON 파일에 각 로케일에 대응한 언어 문장을 기술합니다. 문자를 삽입할 때는 {{name}}과 같이 감쌉니다.

```
{
  "title": "이것은 샘플 페이지입니다",
  "message": "안녕하세요, {{name}}님"
}

{
  "title": "This is a sample page",
  "message": "Hello, {{name}}"
}
```

next-i18next를 활성화하기 위해 pages/_app.tsx에서 익스포트하는 컴포넌트를 appWithTranslation으로 감쌉니다.

```
import { appWithTranslation } from 'next-i18next';

...

export default appWithTranslation(MyApp);
```

---

26 https://github.com/i18next/next-i18next

컴포넌트로 사용할 때는 useTranslation 훅을 호출합니다. useTranslation의 인수에는 사용할 번역 파일의 이름을 지정합니다. 혹은 t라는 함수를 반환합니다. 번역된 텍스트를 사용할 때는 t 함수에 번역 파일에 사용한 키를 지정하면, 키와 로케일에 대응한 텍스트가 반환됩니다. 값을 삽입할 때는 두 번째 인수의 객체로 지정합니다.

```
import { useTranslation } from 'next-i18next';

export const Header = () => {
  const { t } = useTranslation('common');

  return (
    <header>
      <title>{t('title')}</title>
      <p>{t('message', {name: 'A'})}<p>
    </header>
  );
};
```